LAROUSSE
SCHOKOLADE

LAROUSSE
SCHOKOLADE

380 Rezepte
von **Pierre Hermé**

CHRISTIAN VERLAG

Aus dem Französischen übersetzt von Helmut Ertl
Redaktion: Silvia Rehder
Korrektur: Petra Tröger
Umschlaggestaltung: Cornelia Niere, Büro für Gestaltung, München
Satz: Wigel, München

2. Auflage 2007

www.christian-verlag.de

Die Originalausgabe mit dem Titel *Larousse du Chocolat*
wurde erstmals 2005 im Verlag Larousse, Paris, veröffentlicht.

Art Direktor: Emmanuel Chaspoul
Fotos: Nicolas Bertherat, außer (siehe Bildnachweis auf Seite 367)
Foodstyling: Sabine Paris, Coco Jobard

Druck und Bindung: Pollina, Luçon
Printed in France

ISBN 978-3-88472-741-6

Der Verlag dankt Dr. Paule Nathan, Ernährungswissenschaftler,
und dem *centre d'études du sucre* (CEDUS, 30 rue de Lübeck, 75116 Paris)
sowie Lucile Donnat, Julie Gerbet und Cloée Triboulet für ihre wertvolle Mitarbeit.

Hinweis

Alle Informationen und Hinweise, die in diesem Buch enthalten sind, wurden vom Autor nach bestem Wissen erarbeitet und von ihm und dem Verlag mit größtmöglicher Sorgfalt überprüft. Unter Berücksichtigung des Produkthaftungsrechts müssen wir allerdings darauf hinweisen, dass inhaltliche Fehler oder Auslassungen nicht völlig auszuschließen sind. Für etwaige fehlerhafte Angaben können Autor, Verlag und Verlagsmitarbeiter keinerlei Verpflichtung und Haftung übernehmen.

Korrekturhinweise sind jederzeit willkommen und werden gerne berücksichtigt.

Vorwort

Nach dem großen Erfolg des »Larousse des desserts« in Frankreich entführt Pierre Hermé den Leser erneut in die Welt der süßen Schlemmerei, diesmal ins Reich der Schokolade. Gewohnt virtuos kombiniert der »Picasso der Patisserie« (Vogue) Aromen, Texturen und Temperaturen und verwandelt ein schlichtes Schokoladendessert in ein Meisterwerk der Konditorkunst. Für dieses Werk hat er außerdem eine ganze Reihe renommierter Persönlichkeiten – Patissiers, Chocolatiers, Küchenchefs ... – aus ganz Frankreich und dem Ausland (Brüssel, Madrid, Beirut, New York ...) um sich versammelt, ein beeindruckendes Aufgebot an Können und Kreativität rund um das Thema Schokolade.

In diesem Buch erfahren Sie genussvoll alles Wissenswerte über das »braune Gold« und wie man daraus die verlockendsten Köstlichkeiten macht. Seit die Maya vor dreitausend Jahren die Schokolade zum Elixier der Götter und Helden kürten, hat sie nichts von ihrer Faszination verloren und immer neue Anhänger gewonnen. Heute werden edle Schokoladen diskutiert, verkostet und bewertet wie große Weine, und obwohl ausgiebig erforscht und genossen, hält die »Götterspeise« immer noch Überraschungen bereit.

Schokolade ist vielseitiger, als manch einer weiß. Sie ist nicht nur der Rohstoff edelster Desserts, Süßigkeiten und Getränke, sondern lässt sich auch erstaunlich kreativ für salzige und pikante Gerichte verwenden. Und da mit Pierre Hermé und seinen Kollegen die gesamte »Crème de la Crème« der Zunft am Werk war, sind die Rezepte ebenso einzigartig wie mannigfaltig: alte Klassiker neu aufgelegt und verfeinert, aber auch originelle neue, bislang unveröffentlichte Kreationen und echte Entdeckungen für den Gaumen. Ob Anfänger oder alter Hase, lassen Sie sich inspirieren. Unter den 380 Rezepten ist sicher für jeden Schokoladenfan etwas dabei.

Die Rezepte sind so aufbereitet, dass sie auch ohne große Vorkenntnisse zu Hause gelingen. Wichtige Handgriffe werden verständlich erklärt, illustrierte Schritt-für-Schritt-Anleitungen vermitteln anschaulich wesentliche Grundtechniken der Patisserie. Achtzig einfache Rezepte ermöglichen es auch Debütanten, sich erfolgreich mit der neuen Materie vertraut zu machen.

Und nun sollten Sie nicht länger warten und sich gleich in das sündhafte Vergnügen »Schokolade« stürzen – mit Genuss und ohne Reue!

Inhalt

Hinweise zum Gebrauch dieses Buches

Schokoladenrezepte

Seite 55–307

- 380 Rezepte für süße und salzige Köstlichkeiten
- 80 einfache Rezepte für jede Gelegenheit

Die ganze Welt der Schokolade – Genuss pur in 9 Kapiteln mit 380 Rezepten

Kuchen, Tartes und Crumbles, Klein- und Feingebäck, Eiscremes und Eisdesserts, Pralinen, Konfekt und Getränke, ein ganzes Menü aus Schokolade sowie zahlreiche Grundrezepte.

Einfache Rezepte, die auch Anfängern gelingen

Sie sind mit einem Piktogramm gekennzeichnet

Ordnung der Rezepte nach Schwierigkeitsgrad

Jedes Kapitel beginnt mit einfachen Rezepten, die auch dem Anfänger leicht von der Hand gehen, gefolgt von besonders originellen Kreationen, die etwas aufwendiger sind und echte Glanzpunkte setzen.

TRÜFFELN, PRALINEN, BONBONS UND KONFITÜREN GANZ EINFACH 229

»Trüffeln, Pralinen, Bonbons und Konfitüren ganz einfach«

ganz einfach

Ergibt etwa 20 Spieße
Zubereitung: 15 Minuten
Kühlen: 2 Stunden

200 g dunkle Ganache (siehe S. 289)
2 Zitronen
4 Bananen

20 kleine Holzspieße

Bananenspieße mit Schokolade

1 Die Ganache zubereiten. Ein Tablett mit Pergamentpapier auslegen und einen flachen Tortenring (oder den Ring einer niedrigen Springform) daraufsetzen. Die Ganache 1,5 cm hoch in den Ring gießen und im Kühlschrank 2 Stunden fest werden lassen.
2 Den Saft der Zitronen auspressen und in eine Schüssel geben. Die Bananen schälen, in 1,5 cm dicke Scheiben schneiden und in dem Zitronensaft wenden.
3 Die erstarrte Ganache auf einen zweiten Bogen Pergamentpapier stürzen und das Papier von der Unterseite abziehen. In etwa 1,5 cm große Würfel schneiden.
4 Jeweils eine Bananenscheibe und einen Ganachewürfel auf die Spieße stecken und bis zum Servieren kalt stellen.

Für 3 Gläser à 375 g
Am Vortag beginnen
Vorbereitung: 20 + 20 Minuten
Garzeit: 10 + 10 Minuten

1,2 kg reife Williams-Birnen
750 g Einmachzucker
1 unbehandelte Orange
50 ml frisch gepresster Zitronensaft
250 g Edelbitter-Schokolade (60 % Kakaoanteil)

3 Gläser mit Schraubverschluss

Ch. Ferber
Maison Ferber (Niedermorschwihr)

Birnen-Schokoladen-Konfitüre »Belle-Hélène«

1 Am Vortag die Birnen schälen, halbieren und die Kerngehäuse entfernen. Das Fruchtfleisch in feine Scheiben schneiden und mit dem Zucker in einen Topf geben (vorzugsweise einen Marmeladenkochtopf aus Kupfer). Die Orangenzeste dünn abreiben, den Saft der Frucht auspressen. Den Zitronensaft sowie den Saft und die Zeste der Orange zugeben und zum Kochen bringen. Die Mischung vorsichtig in eine Schüssel füllen.
2 Die Schokolade mit einem Sägemesser hacken und unter die Konfitüre rühren, bis sie geschmolzen ist. Die Konfitüre mit Pergamentpapier zudecken, damit sich keine Haut bildet, und über Nacht in den Kühlschrank stellen.
3 Am nächsten Tag die Konfitüre wieder zum Sieden bringen. Unter ständigem Rühren bei lebhafter Hitze 5 Minuten kochen lassen. Abschäumen und mit einem Küchenthermometer die Temperatur kontrollieren. Sobald sie 105 °C erreicht hat, den Garprozess unterbrechen. Die kochend heiße Konfitüre mit einer Kelle durch einen Trichter in sterile Gläser füllen. Die Gläser bis zum Rand füllen, da die Konfitüre beim Abkühlen wieder etwas an Volumen verliert. Die Ränder und Seiten sorgfältig säubern und die Gläser fest verschließen. Bis zum vollständigen Erkalten auf den Kopf stellen, damit im Glas ein Unterdruck entsteht.

Konfitüren halten sich am längsten in sterilen Gläsern mit Schraubverschluss, die man gleich nach dem Abfüllen der noch heißen Konfitüre fest verschließt.

Zum Sterilisieren legen Sie die Gläser und Deckel einige Minuten in kochendes Wasser oder stellen Sie für 5 Minuten in den 110 °C heißen Ofen.

Zeitangaben für die Arbeitsschritte erleichtern die Planung

Zubereitungszeiten für fertige Grundzutaten sind hier nicht mitgerechnet. Diese Zeiten finden Sie bei den Basisrezepten, Seite 280–307.

Übersichtliche Auflistung der Zutaten

Sämtliche Zutaten erscheinen in der Reihenfolge ihrer Verarbeitung.

Tipps, Tricks und Abwandlungen komplettieren die Rezepte

Sie stellen den Erfolg sicher und liefern wertvolle Anregungen.

Namhafte Persönlichkeiten aus der Gastronomie

Ob Patissiers, Chocolatiers, Köche, Konditoren oder Autoren, hier stellen sie ihre neuen Kreationen für Sie vor.

Basisrezepte
Grundtechniken des Chocolatiers

Seite 280–307
Seite 322–331

■ Grundlegende Zubereitungen und Handgriffe aus der Patisserie und Chocolaterie

Praktische Hinweise und Tipps

Sie garantieren sicheres Gelingen.

Abwandlungen

Sie geben Anregungen für geschmackliche Variationen.

Farbige Bildfolgen

Sie veranschaulichen Schritt für Schritt alle wichtigen Handgriffe und Phasen der Zubereitung.

286 ■ BASISREZEPTE

Chantilly-Sahne mit Edelbitter-Schokolade

1 Die Schokolade mit einem Sägemesser hacken und in eine Schüssel legen. Die Sahne in einen Topf gießen, den Zucker einstreuen und mit einem Holzlöffel gründlich verrühren. Bei schwacher Hitze langsam zum Kochen bringen und wieder vom Herd nehmen.
2 Die heiße Sahne sofort über die Schokolade gießen und dabei kräftig mit einem Schneebesen verschlagen.
3 Die Mischung abkühlen lassen, mit Frischhaltefolie bedecken und für mindestens 6–8 Stunden in den Kühlschrank stellen. Sie sollte beim Aufschlagen nicht wärmer als 4 °C sein.
4 Eine Glas- oder Edelstahlschüssel für 15 Minuten in den Gefrierschrank stellen. Die kalte Schokoladensahne hineingießen und mit dem elektrischen Handrührgerät auf mittlerer Stufe steif schlagen. Nicht zu lange schlagen, sonst wird die Chantilly körnig.

Wenn Sie möchten, können Sie Schritt 1–3 bereits am Vortag erledigen und die Chantilly-Sahne mit Frischhaltefolie bedeckt (damit sich keine Haut bildet) über Nacht in den Kühlschrank stellen.

Chantilly-Sahne mit Vollmilchschokolade
Auf gleiche Weise lässt sich auch eine Chantilly mit Vollmilchschokolade zubereiten. Rechnen Sie 210 g Vollmilchschokolade auf 300 ml Sahne und 50 g Zucker. Und denken Sie daran: Die Sahne darf beim Steifschlagen nicht wärmer als 4 °C sein.

Für 500 ml Sahne
Zubereitung: 10–15 Minuten
Kühlen: 6–8 Stunden

100 g Edelbitter-Schokolade (70 % Kakaoanteil)
500 ml Sahne
50 g extrafeiner Zucker

Eine Bohne macht Karriere

Seite 13–53

- Ein umfassender Blick in die Welt der Schokolade auf 40 Seiten, mit viel Wissenswertem über den Ursprung und die Kulturgeschichte der »Götterspeise«, aber auch zu den aktuellen Fragen und Themen rund um die süße Versuchung.
- Zahlreiche Abbildungen, Zitate und Zeitzeugnisse aus unterschiedlichen Epochen dokumentieren die mehr als 3000 Jahre alte Erfolgsgeschichte der Schokolade.

22 ■ SCHOKOLADE ENTDECKEN

Kakao — Ursprung und Verbreitung

Ursprünglich stammt der Kakaobaum aus Amazonien. Doch mittlerweile hat er sich am Äquator entlang um die ganze Welt ausgebreitet, mit Früchten, die je nach Sorte und Region ganz unterschiedlich aussehen und schmecken.

Der Kakaobaum und sein Lebensraum
Der Baum
Der Kakaobaum, *Theobroma cacao*, gehört zur Gattung der Sterkuliengewächse, die ihre Heimat im tropischen Amerika haben. Obwohl eine Nutzpflanze, wird er wegen seiner außergewöhnlichen Schönheit auch als Zierbaum kultiviert. Von Natur aus hoch aufgeschossen, erreicht er wild wachsend im tropischen Regenwald bis zu 15 Meter, als Kulturpflanze jedoch kaum 6 Meter Höhe. Seine Lebensdauer beträgt zwischen 40 und 100 Jahren. Das glänzende Laub des Kakaobaumes bildet eine dichte Krone, die sich ständig erneuert. Der Baum trägt jedes Jahr 10.000 bis 20.000 winzige weiße und rosafarbene Blüten, von denen lediglich 1 % Früchte ausbilden. Die Blüten erscheinen das ganze Jahr an kleinen Verdickungen des Holzes, den »Blütenkissen«.
Die leuchtend gelben, grünen, roten oder violetten Früchte wachsen direkt an dem silbrigen Stamm und an älteren Zweigen. Im Französischen nennt man sie *cabosses*, abgeleitet vom altfranzösischen *caboce* für »Kopf« (1732), eine Anspielung auf die künstlich deformierten Schädel der alten Maya. Die Früchte wiegen etwa 400 Gramm und sind 15–20 Zentimeter lang. Sie enthalten rund 40 Samen, die wie beim Mais ährenförmig zu beiden Seiten des Traubenstiels angeordnet sind. Sie sind in ein sämiges Fruchtmus mit säuerlich-blumigem Geschmack eingebettet.

Lebensbedingungen
Der Kakaobaum ist empfindlich. Er braucht feuchtwarmes Klima mit Temperaturen zwischen 24 und 28 °C und mindestens 1.500 Millimeter Niederschlag, möglichst gleichmäßig über das ganze Jahr verteilt. Dagegen macht ihm überfluteter Untergrund nichts aus. In diesem Fall erfolgt die Ernte mit dem Einbaum. Der Lebensraum erstreckt sich beiderseits des Äquators bis 20° südlicher und nördlicher Breite und liegt hauptsächlich in der Tiefebene. In Ecuador reichen seine Kulturen bis in 700 Meter Höhe. Der Kakaobaum verträgt keinen stürmischen Wind, der seine einzigartigen Pfahlwurzeln erodiert, ebenso wenig wie direkte Sonne, die sein Laub verbrennt.

Bildtafel aus Les Nouveaux Voyages aux Îles de l'Amérique (1722), Reiseberichte des Dominikaners und Missionars Jean-Baptiste Labat (1663–1738) von den Westindischen Inseln aus den Jahren 1693–1705.

»Der Kakaobaum, der hoch oben lautlos seine köstlichen Mandeln ausschüttet.«
Miguel Angel Asturias, Die Maismenschen (1949).

URSPRUNG UND VERBREITUNG DES KAKAOS ■ 23

Selbst die Früchte derselben Kakaosorte können in Form und Farbe sehr unterschiedlich ausfallen – rund oder länglich, glatt oder von tiefen Rillen zerfurcht, ja sogar mit »Warzen« und Runzeln überzogen.

Die Kakaomütter
Die alten Maya und später die Spanier, die sie imitierten, pflanzten ihre Kakaobäume im Schutze größerer, robusterer Bäume, die sie »Kakaomütter« nannten (*cacahuanantli* auf Aztekisch). Dabei handelte es sich um Hülsenfrüchtler, die mit ihrem Laubdach Schatten spendeten und die Bäume mit ihrem überschüssigen Stickstoff versorgten. Noch heute ist diese Art der Kultur verbreitet, besonders im biologischen Anbau.

Ursprung des Kakaos und seine Varianten
Ein botanisches Rätsel
Der Ursprung des Kakaos bereitete den Forschern lange Zeit Kopfzerbrechen. Seine Klassifizierung und Zuordnung stellte Botaniker vor scheinbar unlösbare Probleme, da jede Sorte Früchte der unterschiedlichsten Formen und Farben hervorbrachte. Erst Anfang dieses Jahrhunderts ergaben genetische Untersuchungen, dass die lange vor unserer Zeit in Mexiko und Mittelamerika kultivierten Kakaobäume ganz anderer Herkunft sein mussten. Heute weiß man, dass alle alten Kakaosorten von einer einzigen riesigen Baumschule abstammen, die sich vom Fuße der Anden über das gesamte Becken des Amazonas und des Orinoco (Kolumbien, Ecuador, Peru, Venezuela) erstreckte. Erst durch fortschreitende Isolierung infolge klimatischer Veränderungen haben sich eigene Varietäten wie »Criollo«, »Forastero« und »Nacional« herausgebildet.

Criollo
Criollo, die edelste aller Kakaosorten, bildet runde, creme- bis rosafarbene Bohnen von mildem Aroma und kurzer Fermentationsdauer. Sie ist sehr empfindlich, weshalb robustere Sorten heute den Vorzug genießen. Ihr Anteil an der weltweiten Produktion beträgt kaum 1 % (Mexiko, Belize, Venezuela, Kolumbien, Java). Die Seltenheit der Criollos steigert noch das Prestige eines Kakaos, dessen Genuss seit den ersten Plantagen in Soconuzco in Mexiko bis ins 19. Jahrhundert allein spanischen Adelsfamilien vorbehalten war. Zu neuem Ruhm gelangte der Kakao Venezuelas im dritten Jahrtausend mit dem Chuao, einer Kreuzung aus Criollo, Nacional und Forasterohybriden. Sie liefert mehr Schokolade, so sagt man, als Bohnen geerntet wurden. Chuao ist der einzige Kakao, der mit dem europäischen Gütesiegel *indication géographique protegée* (IGP) ausgezeichnet ist, das eine bestimmte Herkunft schützt.

Forastero
Der widerstandsfähige, ertragreiche Forastero (spanisch »Fremdling«) ist an seinen violetten, abgeflachten Bohnen zu erkennen. Die zahlreichen Züchtungen lassen sich in zwei große Gruppen unterteilen, die Forasteros vom unteren und die vom oberen Amazonas. Erstere, Amelonados genannt, wurden 1746 in Brasilien eingeführt, von wo aus sie São Tomé (1830), dann Ghana (1850) und schließlich die Elfenbeinküste eroberten. Da sie nur eine große Ernte pro Jahr (80 % der Produktion) liefern und relativ delikat sind, wurden sie ausgiebig für Kreuzungen verwendet, die allerdings viel von dem charakteristischen Honig- und Kakaoaroma eingebüßt haben. Die Forasteros vom oberen Amazonas hielten in größerem Umfang nach einer Expedition des berühmten Genetikers F. J. Pound im Jahre 1938 Einzug auf den

Kakaofrucht und Bohnen.

Umrechnungstabellen

OFENTEMPERATUREN

Thermostat	Elektroofen	Gasofen
1	ca. 60 °C	ca. 155 °C
2	ca. 80 °C	ca. 170 °C
3	ca. 100 °C	ca. 190 °C
4	ca. 120 °C	ca. 210 °C
5	ca. 140 °C	ca. 235 °C
6	ca. 150 °C	ca. 260 °C
7	ca. 180 °C	ca. 280 °C
8	ca. 210 °C	ca. 295 °C
9	ca. 270 °C	
10	ca. 300 °C	

Diese Angaben sind ungefähre Richtwerte, die von Ofen zu Ofen etwas abweichen können. Zu Informationen über Umluftöfen lesen Sie die Bedienungsanleitung.

KONZENTRATION VON ZUCKERSIRUP (LÄUTERZUCKER)

Konzentration in °Bé (Baumé)		Verwendung
400 g/1 l Wasser	ca. 12–15°Bé	▸ Obstkompott
600 g/1 l Wasser	ca. 15°Bé	▸ Tränken von Biskuits
750 g/1 l Wasser	ca. 20°Bé	▸ Basis für Sorbets
1.000 g/1 l Wasser	ca. 25°Bé	▸ Kandieren von Früchten

Traditionelle Zuckerwaagen geben die Konzentration in °Bé an, moderne Dichtemesser messen die Konzentration in Gramm pro Liter (g/l).

Mehr über das Kochen von Zucker und die verschiedenen Kochstadien des Sirups erfahren Sie auf Seite 291

UMRECHNUNG VON HOHLMASSEN UND GEWICHTEN

Wenn Sie kein geeignetes Gefäß oder Gerät zum Abmessen der Zutaten haben, können Sie sich mit dieser Tabelle behelfen.

	Volumen	Gewicht
1 Teelöffel	5 ml	3 g Stärke, 5 g Kaffee, Salz, Zucker, Tapioka
1 Dessertlöffel	10 ml	
1 Esslöffel	15 ml	5 g geriebener Käse, 8 g Kakao, Kaffee oder Semmelmehl, 12 g Mehl, Reis, Grieß, Crème fraîche oder Öl, 15 g feiner Zucker, feines Salz oder Butter
1 Mokkatasse	80–90 ml	
1 Kaffeetasse	100 ml	
1 Teetasse	120–150 ml	
1 Bechertasse	200–250 ml	
1 Müslischale	350 ml	225 g Mehl, 320 g feiner Zucker, 300 g Reis, 260 g Rosinen, 260 g Kakao
1 Suppenteller	250–300 ml	
1 Likörglas	25–30 ml	
1 Sherryglas	50–60 ml	
1 Bordeauxglas	100–150 ml	
1 großes Wasserglas	250 ml	150 g Mehl, 220 g feiner Zucker, 200 g Reis, 190 g Grieß, 170 g Kakao
1 Senfglas	150 ml	100 g Mehl, 140 g feiner Zucker, 125 g Reis, 110 g Grieß, 120 g Kakao, 120 g Rosinen

Schokolade entdecken

Dreitausend Jahre Genuss

Die alten Maya in Mexiko und Mittelamerika glaubten, dass es die Götter waren, die sich als Erste am Kakao delektierten und mit ihrem Beispiel die Menschen animierten, es ihnen gleichzutun. Auch heute, dreitausend Jahre später, gilt Schokolade noch immer als »Speise der Götter« und als himmlischer Genuss.

Elixier der Götter und Helden

Kakao – der Leben spendende Baum

Die genauen Ursprünge der Schokolade liegen im Dunkel der Geschichte verborgen. Die feuchten, heißen Urwälder Mexikos, in denen die Olmeken 1.200 Jahre v. Chr. im Schatten riesiger Bäume den ersten Kakao kultivierten, haben alle archäologischen Spuren eines wie auch immer gearteten Konsums der Bohnen überwuchert.

Überdauert hat immerhin eine mündlich überlieferte Tradition, dokumentiert und fortgeschrieben von der Kultur der Maya, den Erben der olmekischen Kakaoplantagen am Golf von Mexiko. So viel ist zumindest sicher: In einem Krug in Belize gefundene Kakaoreste belegen, dass es Trinkschokolade seit mindestens dem 6. Jahrhundert v. Chr. gibt.

Nach der Legende des *Popol Vuh*, der heiligen Schrift der Maya, war der erste Kakaotrank göttlichen Ursprungs. Zubereitet wurde er von den mythischen Ahnen des Maisgottes Hun Hunahpu anlässlich seiner übernatürlichen Vereinigung mit einer Jungfrau von Xibalbá. Die Herren von Xibalbá, der Unterwelt der Maya, hatten den Unglücklichen enthauptet und seinen Kopf an einen toten Baum gehängt. Dieser Baum begann darauf wie durch ein Wunder, Früchte zu tragen, Flaschenkürbisse, so heißt es im *Popol Vuh*, andere Quellen berichten dagegen von Kakaoschoten. Als die Jungfrau den Kopf des Helden ansprach, spuckte dieser in ihre Hände und bewirkte die wundersame Empfängnis. Seither begleitete Kakao die geheimen Hochzeitsverhandlungen. Man trank ihn gewöhnlich aus leeren Kalebassen, in Anlehnung an den Kalebassenbaum im *Popol Vuh*. Das Brautpaar und ihre Eltern besiegeln die Verhandlungen mit dem »chokola'h« – sie stoßen mit einem Becher Schokolade an.

Der eng mit der Gottheit des Hun Hunahpu verbundene Kakao von Xibalbá begleitete symbolisch auch die Geburt der Menschen. So wurden neugeborene Maya ähnlich wie bei der katholischen Taufe mit einem Zweig, den man in reines, mit Blüten und Kakao vermengtes Quellwasser tauchte, einer rituellen Reinigung unterzogen. Als Frucht der

Eine Mexikanerin bereitet Kakao zu. Um ihn aufzuschäumen, gießt sie ihn mehrmals von einem Gefäß in das andere um. Faksimile aus dem Tudela-Kodex, Mitte des 16. Jahrhunderts, Museo de América, Madrid.

»Duft des Kakaos, tanzend im Takt der Trommel, verströmt er sein verschwenderisches Aroma ...«

Anonymer aztekischer Dichter

Das Schriftzeichen für Kakao

Bei den Maya waren Mais und Kakao im religiösen wie im täglichen Leben eng miteinander verbunden, denn beide waren Bestandteil vieler Getränke. Das Zeichen für Kakao (»kakaw« in der Sprache der Maya) greift die verschiedenen Elemente typografisch auf. Die Silbe »ka« wird durch einen Fisch und/oder eine Flosse dargestellt, die wegen der Doppelung der Silbe auch zweifach ausgeführt sein kann. Als Symbol der Wiedergeburt verweist der Fisch auf die Legende im *Popol Vuh*, nach der die Heldenbrüder Hunahpú und Xbalanqué getötet und ins Wasser geworfen wurden, um kurz darauf als schöne Jünglinge wieder aufzuerstehen. Die Silbe »aw« (»au« ausgesprochen) ist durch ein Maisblatt und eine Spirale abgebildet. Der Mais symbolisiert traditionell das Fleisch des nach der Sintflut wiedererstandenen Menschen, also das Leben, und die Spirale ist Sinnbild für den ewigen Kreislauf von Leben, Tod und Wiedergeburt.

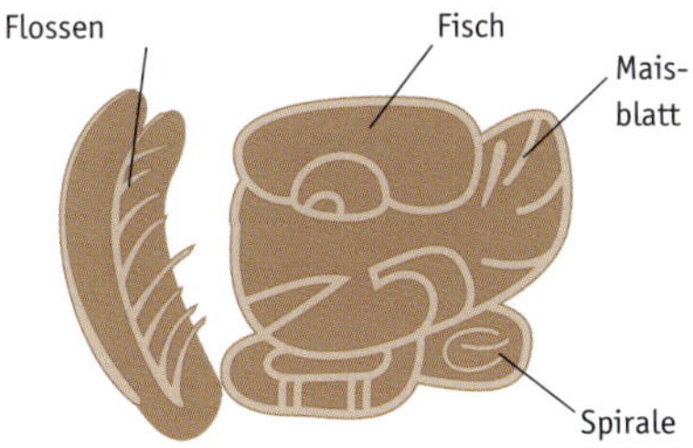

Schriftzeichen für Kakao bei den Maya.

Kakaokrug in der Form eines Hasen, Anthropologisches Museum, Mexiko-Stadt.

Unterwelt und Symbol der Wiedergeburt begleitete Kakao auch die Verstorbenen auf ihrer Reise ins Jenseits. In den Grabstätten alter Maya-Könige fand man zahlreiche Gefäße mit dem Schriftzeichen für Kakao.

Ein Privileg der Könige und Krieger

Um 1.300 n. Chr. ließen sich die Azteken, kriegerische Nomaden, die aus dem Norden kamen, in 2.000 Meter Höhe im Tal von Mexiko nieder. Von dort aus kontrollierten sie ein riesiges Reich, das sich bis ins heutige Guatemala erstreckte. Obwohl die Azteken nie Kakao kultivierten, da die Bäume in der Kälte des Hochplateaus schlecht gediehen, waren sie leidenschaftliche Anhänger des Gebräus. Allerdings war sein Genuss den Adeligen und Kriegern vorbehalten, nur sie durften dem begehrten Getränk, das sie »tlaquezalli« (kostbare Sache) nannten, regelmäßig zusprechen. Auf den Rücken von Männern gelangte die knappe Ware aus den entfernten Plantagen der Maya in Tabasco und Soconusco über Hunderte von Kilometern bis in die Hauptstadt Tenochtitlán, das spätere Mexiko-Stadt.

Die Bohnen waren überaus kostbar und dienten als gleichwertiges Zahlungsmittel neben Edelsteinen oder den leuchtend grünen Schwanzfedern des Quetzal, eines sagenhaften Vogels. Letzterer war Sinnbild der Gottheit Quetzalcoatl, dessen Name übersetzt »Gefiederte Schlange« bedeutet und der der Schutzpatron der *potcheca*, reicher, adeliger Kaufleute, war, die jede erfolgreiche Handelsreise mit Festbanketten feierten, auf denen der Kakao in Strömen floss.

Anfang des 16. Jahrhunderts wurde an der Tafel Moctezumas II., des letzten aztekischen Königs, jedes Mahl stilgerecht mit diversen, in einer Kalebasse servierten Getränken auf Kakaobasis beschlossen. Ob mit Vanille, Blüten, Annattosamen (siehe Seite 43), Pfeffer oder Honig aromatisiert oder sogar mit halluzinogenen Pilzen versetzt, am meisten schätzte man den Schaum des »xocolatl«, der erzeugt wurde, indem man das Getränk aus großer Höhe einschenkte. Für den krönenden Abschluss sorgte immer eine perfekt gerollte Zigarre. Auch Cortés, einst Gefährte von Christoph Kolumbus, wurde während seiner Eroberung Mexikos im Jahre 1519 in dieser Weise in das Zeremoniell der schäumenden Schokolade eingeweiht.

Hernán Cortés (1485–1547), spanischer Konquistador, mit seiner Dolmetscherin Malintzin während der Eroberung Mexikos (1519–1521). Lithografie aus dem 15. Jahrhundert. Paris, Bibliothèque Nationale.

Die süße Beute der Eroberer

Die neuen Herren in Mexiko, die spanischen Konquistadoren und Missionare, schlossen in Ermangelung von Wein, dessen Export die spanische Krone verbot, mit dem neuen Getränk rasch Freundschaft. Der Wert der Kakaobohnen, jenes »glücklichen Geldes«, wie sie der Dominikaner Petrus Martyr de Angleria im 16. Jahrhundert einmal nannte, trug ebenfalls zum Erfolg eines Getränkes bei, das offenbar nicht nur den Durst löschte, sondern auch den Hunger der Eroberer der Neuen Welt nach Reichtum stillte. Die Einführung des Zuckerrohrs erlaubte es, das von Natur aus bitter-scharfe Aroma des Kakaos durch Zugabe von Zucker, Vanille und Zimt etwas zu mildern. Derart versüßt erntete der Kakao bald allseitigen Beifall.

Doch keine gute Schokolade ohne schöne Schaumkrone. Im Vertrauen auf dieses indianische Prinzip schufen die spanischen Kolonisatoren die ersten Kakaokannen, einfache Steinkrüge mit Holzdeckel und einem Loch darin, durch das der Quirl eingeführt wurde, um den begehrten Schaum zu erzeugen.

Die Kolonialherren, vor allem ihre indianischen Frauen, schwelgten fortan in Schokolade, zweimal täglich mindestens, einmal heiß zum Frühstück und ein weiteres Mal als kalte Erfrischung am Nachmittag. In kalter Form floss die Schokolade auch in den Atole, ein Getränk aus in Wasser gekochtem Mais. Das Elixier der alten Götter fand sogar den Weg in die Kirche, wo es sich die Damen der guten Gesellschaft aus Chiapas während des Hochamtes servieren ließen! Der entrüstete Bischof bereitete dem skandalösen Benehmen schnell ein Ende. Das sollte ihm allerdings schlecht bekommen, denn wenig später starb er – an einer Tasse vergifteter Schokolade, wie man sagt.

Mit der Ausweitung des Anbaus und der verbesserten Versorgung mit Kakaobohnen setzte sich Schokolade mit geröstetem Brot oder Gebäck zum Eintunken und Konfitüre schon bald als gesunde Alternative zum herkömmlichen Abendessen durch. Ausgestattet mit einer faszinierenden Vergangenheit trat die exotische Bohne nun an, auch die europäischen Höfe zu erobern.

Mission Schokolade

Die Schokolade profitierte von der denkbar besten Reklame, dem Beifall der Fürsten in aller Welt. Besonders verdient machten sich jedoch die spanischen Missionare, die ihr Mutterhaus in der Heimat klugerweise nicht mit dem bitteren Kakao der Indianer, sondern mit einem durch Zugabe von Rohrzucker versüßten Getränk bekannt machten. Im 17. und 18. Jahrhundert waren die Würdenträger aller wichtigen Orden damit beschäftigt, die Rezepturen zu verbessern und in ganz Europa zu verbreiten. In Frankreich soll der Kardinal von Lyon, Alphonse de Richelieu, das Geheimrezept für Schokolade von spanischen Geistlichen erfahren haben, lange bevor die spätere Regentin Anna von Österreich mit ihrem Schokoladenservice eintraf.

Höfisches Ritual

Das Vorbild der Könige

Das Gold Moctezumas und der Kakao, die »Geldmandel« (N. Harwich, 1992), die unter den Reichtümern des aztekischen Herrschers einander aufwogen, gelangten zusammen im 16. Jahrhundert an den Palast von Kaiser Karl V. in Granada. Ein guter Start für die Schokolade, die bis zum 17. Jahrhundert bereits zum Liebling des spanischen Adels und Klerus avancierte. Von dort eroberte sie auch die anderen Länder der spanischen Krone, Flandern, die Niederlande und Teile Italiens. Nach Frankreich, so die offizielle Version, reiste der modische Trank im Jahre 1615 über Bayonne anlässlich der Hochzeit der spanischen Infantin Anna von Österreich mit König Ludwig XIII. ein. Die junge Prinzessin hatte ihr Schokoladennecessaire im Gepäck. Es war jedoch ihre Nichte Maria Theresia von Spanien, Gemahlin des Sonnenkönigs Ludwig XIV., die das Land mit dem Schokoladenvirus infizierte. Böse Zungen behaupten sogar, dass sie ihre schwarzen Zähne dem übermäßigen Kakaogenuss verdanke.

Das königliche Vorbild machte schnell Schule, denn schließlich gehörten gut essen und trinken zum vornehmen Lebensstil bei Hofe. Die bis zu dreitausend Menschen in Versailles konsumierten allerdings derartige Mengen Schokolade, die an drei Tagen in der Woche in Strömen floss, dass Ludwig XIV. schließlich dem maßlosen Verbrauch den Hahn abdrehen musste. Die Schokolade wurde heiß wie ihr Rivale, der Kaffee, auf einem großen Buffet von der Form einer silbernen Muschel angerichtet, das an Empfangstagen in dem prächtigen Salon d'Abondance thronte. In den 1720er-Jahren waren lediglich die Privilegierten zum Genuss der königlichen Morgenschokolade berechtigt. Für das gemeine Volk in Paris blieb die Schokolade bis zur Revolution tabu. Ganz Neugierige hatten allenfalls die Chance, einen Blick auf die Schokoladenkanne aus feinstem Porzellan der Königin Marie-Antoinette zu werfen, vorausgesetzt sie hatten beim Concierge angemessene Kleidung und Degen geliehen. Die Mahlzeiten des Souverän waren nämlich für die Öffentlichkeit zugänglich.

»Ein Herr und eine Dame trinken Schokolade«. Stich von Nicolas Guérard (1648–1719). Paris, Bibliothèque Nationale.

»Der Hof wollte wie die junge Königin (Maria Theresia von Spanien) Schokolade trinken, ihr zu Gefallen, so sagt man, und ganz Paris tat es ihm gleich.«

Julien Turgan, Les Grandes Usines, 1867.

Der Adel im Schokoladenfieber

Wer hat sie schon einmal getrunken und wer nicht, das war die Frage, die den französischen Adel spaltete, nachdem die Schokolade am Hofe salonfähig geworden war. Die tollsten Gerüchte rankten sich um das berauschende Modegetränk, das mal bejubelt, mal beschimpft wurde, denn »eine Zeit lang schmeichelt es einem, doch dann, ganz plötzlich, entfacht es ein anhaltendes Fieber«, wie die Marquise de Sévigné in ihren Briefen zu berichten wusste. Das allzu anregende Getränk, »welches das Blut in Wallung bringt«, rangierte in den kleinen Gemächern der königlichen Kurtisanen irgendwo zwischen extravagantem Amüsement und zügelloser Ausschweifung. Madame de Pompadour, die als kalt wie ein Fisch galt, trank mit Amber parfümierte Schokolade, um Ludwig XV. zu gefallen, während ihre nimmersatte Rivalin, Madame du Barry, mit dem stärkenden Tonikum das Feuer entkräfteter Liebhaber neu zu entfachen versuchte.

Auch die italienische Aristokratie erlag der Faszination dieses »Getränks ewiger Glückseligkeit« (L. Magalotti, 17. Jahrhundert). Doch ob heiß getrunken in der behaglichen Intimität eines Boudoirs oder gefroren genossen als Sorbet und Teil eines sommerlichen Buffets, der liebliche Genuss der Schokolade blieb ein Privileg der oberen Klasse.

Eine eher libertäre Clubatmosphäre pflegte die gute Londoner Gesellschaft, die sich in den ersten *chocolate houses* sehen ließ. In Etablissements wie dem *Cocoa-tree* oder dem *White's*, eine Mischung aus Politclub, Spielhölle und Schokoladentempel, traf sich ein Klientel aus Fürsten, Premierministern und professionellen Spielern bei einer guten Tasse Schokolade. Auch hier schäumte das süße Getränk und kochte die Leidenschaft, wenngleich auch mit gewohntem Understatement und weniger frivol.

Das unverzichtbare Service

Nach ihrer Reise über den Atlantik wurden die schlichten, schmucklosen Schokoladenkannen der Kolonisatoren schon bald zu wahren Kunstobjekten. Typisch für das Jahrhundert der Aufklärung waren Kannen aus Edelmetall – Kupfer, Silber oder Silbergold – mit drei Füßen zur Stabilisierung. Der Griff war aus Hartholz, damit man die Kanne auf das Feuer stellen konnte, ohne sich zu verbrennen. Der hoch angesetzte Schnabel verhinderte das Überschäumen. Kannen aus Porzellan waren oft mit Motiven aus Feingold dekoriert. Getrunken wurde aus kleinen Tassen, den »Trembleuses«, die in einem Unterbecher standen, damit sie nicht rutschten. Zu ihnen gehören auch die von Marqués de Mancera, dem Gouverneur Neuspaniens, im 18. Jahrhundert kreierten »Mancerinas«.

Die Schokolade erobert die Massen

Vom sündhaften Laster zur Heilkost

Trotz der zahlreichen Abhandlungen, die seit fast drei Jahrhunderten die gesundheitsfördernden Vorzüge der Schokolade rühmen, dauerte es bis zum Ende des 19. Jahrhunderts, bis der »Nektar der Indianer« (H. Stubbe, 1662) seinen leicht anrüchigen Ruf verlor, der ihn zum exklusiven Genussmittel »nur für Erwachsene« machte. Schluss mit den Amouren, den Wonnen und Orgien! Die Schokolade der schönen adeligen Damen sollte in Zukunft Alte und Kranke wieder auf die Beine bringen, denn »wie das Wasser aus einem Jungbrunnen, verjüngt dieses Getränk jeden, der es regelmäßig zu sich nimmt« (A. Grimod de la Reynière, 1810). Dank der Apotheker, die sie aller anstößigen Substanzen beraubten und naturbelassen als »Gesundheitsschokolade« verkauften, galt die »Milch des Alters« (Caylus, 1720) plötzlich als tugendrein.

Schokoladenkanne mit Palmenwedeln als Rankenornamente. Hartporzellan, Holz und Vermeil, 18. Jahrhundert. Limoges, Musée Adrien-Dubouché.

Trembleuse mit Deckel »à la reine«. Hartporzellan, 18. Jahrhundert. Limoges, Musée Adrien-Dubouché.

Dreifüßige Kakaokanne aus Silber mit Quirl, Griff aus Ebenholz, 18. Jahrhundert. Collection Chantal du Chouchet.

Jean-Baptiste Charpentier, La Famille du Duc de Penthièvre, oder La Tasse de Chocolat, Öl auf Leinwand, 1768. Musée des Châteaux de Versailles et de Trianon.

Auch die industrielle Revolution half das Ansehen der Schokolade maßgeblich zu verändern. Noch immer von hohem Prestige, doch nun für jedermann zugänglich, verlor die himmlische Speise den Nimbus des Elitären und wurde zum irdischen Nahrungsmittel und zur alltäglichen Handelsware. Neue, fortschrittliche Verfahren erweiterten die Produktpalette und den Kreis der Käufer. Das Patent des Holländers Coenraad Johannes van Houten aus dem Jahre 1828 zur Herstellung eines fettreduzierten, bekömmlicheren Kakaopulvers hatte zuallererst die Gesundheit des Verbrauchers, ganz gleich welchen Alters, im Blick. Der Ruf des Kakaopulvers als gesundes, nahrhaftes Lebensmittel erwies sich schnell als absatzförderndes Verkaufsargument und bot den Schokoladenbossen Gelegenheit zu einem nützlichen Werk. Das Pulver, dessen Preis durch die Herstellung im industriellen Stil radikal fiel, bewährte sich als probates Mittel im Kampf gegen den Alkoholmissbrauch in Arbeiterkreisen.

Fünfzig Jahre später brach für die »Götterspeise« abermals eine neue Zeit an: Als Milchschokolade förderte sie das Wachstum der Kinder und versüßte ihnen die Kalziumzufuhr. Erfunden wurde die Milchschokolade in Vevey in der Schweiz von Daniel Peter, der, nachdem er Fanny Cailler, die Tochter eines Schokoladenfabrikanten geehelicht hatte, nach einer Rezeptur für eine Schokolade mit Milch, dem Schweizer »Rohstoff« schlechthin, suchte. Das gelang ihm im Jahre 1875 mit Milchpulver.

Schokolade auf Rezept

Nicht nur wegen ihrer belebenden Wirkung geriet Schokolade im 20. Jahrhundert ins Visier der Pharmazeuten. Ihr kräftiges Aroma machte es auch möglich, übelschmeckende oder bittere Substanzen zu kaschieren. So kamen allerlei schokoladige Arzneien auf den Markt, darunter Eisenschokolade mit Feilstaub (gegen Anämie), Flechtenschokolade (gegen Husten) und vieles mehr. Bei der *»beef-chocolate«*, wegen ihres doppelt so hohen Nährwerts 1894 in Lyon ausgezeichnet, gelang sogar die Glanzleistung, getrocknetes Rindfleisch einzuarbeiten, ohne dass man es schmeckte.

»Schokolade, sorgfältig zubereitet, ist ein gesundes und zuträgliches Nahrungsmittel.«

Brillat-Savarin, Physiologie des Geschmacks, 1825.

Die Erfindung der Schokoladentafel

Das neue Verfahren van Houtens hatte einen nicht unerheblichen Nebeneffekt, es erzeugte einen Überschuss an Kakaobutter, gewissermaßen den ersten »Butterberg« der Geschichte. Damit er nicht als Abfall endete, versuchte die englische Firma Fry & Sons, die noch sehr trockene und krümelige Konsistenz fester Schokolade mit dem Fett zu verbessern und goss 1847 die erste Tafel, die sie »schmackhafte Ess-Schokolade« nannte. Obwohl immer noch so hart, dass man sie gut kauen musste, schlug der Prototyp der Urtafel enorm ein.

In Frankreich mühte sich indessen Émile Menier nach Kräften, die Qualität der Schokolade zu verbessern und gleichzeitig ihre Herstellung zu verbilligen. In Noisiel (Seine-et-Marne) ließ der Pionier in den 1870er-Jahren als Erster eine den Produktionsabläufen entsprechend konzipierte Musterfabrik errichten. Ziel war ein radikaler Preissturz und die Demokratisierung der Schokolade als Massenprodukt. Seine weitsichtige Strategie trug der Fabrik zahlreiche Auszeichnungen ein, die fortan das kanariengelbe Papier der Tafeln zierten.

1930 tauschte das Mädchen von den ersten Menier-Plakaten seine Zöpfe gegen einen »Bubikopf«

Bis zur modernen Tafel, der »Fondant-Schokolade«, die 1879 in der Schweiz geboren wurde, musste der Zufall jedoch noch ein entscheidendes Mal nachhelfen. Ein gewisser Rudolphe Lindt, damals noch Anfänger in der Schokoladenbranche und ein wenig zerstreut, soll vor einem Jagdausflug über das Wochenende vergessen haben, seine Maschine abzustellen. Darin wurden nun Kakaomasse und Kakaobutter drei Tage und Nächte lang unablässig gewalzt. Als Lindt zurückkam, fand er in dem Kessel eine Schokolade von unvergleichlich zartem Schmelz. Die in Formen gegossene, erstarrte Schokolade zerging förmlich auf der Zunge.

Lindts Verfahren grenzte an Magie, denn die besten Chemiker Europas mühten sich vergebens, mit eingehenden Analysen den neuartigen Tafeln ihr Geheimnis zu entlocken. Es sollte noch bis ins Jahr 1901 dauern, bis das Rätsel gelöst war, und noch einige Jahre länger, bis alle Schokoladenfans in den Genuss der neuen Erfindung kamen.

Weltausstellung in Paris

»Das Haus Menier, »zweifellos die größte Schokoladenfabrik der Welt«, stellt eine gigantische Rekonstruktion der *Triomphant* aus, jenes berühmten Schiffes, das 1679 die erste Ladung Kakaobohnen aus Martinique nach Frankreich brachte. Die Laderäume beherbergen eine originalgetreue Nachbildung der Fabrikräume »von perfekter Illusion, mit gemalten oder lebensechten Darstellungen von Arbeitern und allen Herstellungsschritten eines Produkts, für das günstige Winde wehen: die Schokoladentafel.« (Zitat nach L. Rousselet, Besucher der Weltausstellung von 1900 in Paris).

WELTWEITER SCHOKOLADENVERBRAUCH IM JAHRE 2003 (in kg pro Kopf)

Belgien	10,7	Irland	9,2	Frankreich	6,8	Niederlande	4,4
Deutschland	10,5	Großbritannien	9,2	Vereinigte Staaten	5,4	Italien	3,9
Schweiz	10,3	Norwegen	9	Finnland	5,2	Spanien	3,3
Österreich	9,4	Schweden	7	Australien	4,4	Japan	2,2

Europäischer Durchschnitt 2003 (15 Länder): 7 kg pro Kopf
Quelle: Caobisco und Chocosuisse

Das goldene Zeitalter beginnt

Schokolade für jeden Geschmack

Modell des französischen Couturiers Jean-Louis Scherrer auf dem Salon du Chocolat in Tokio im Jahre 2000.

Im 20. Jahrhundert verfügte die Schokolade über die entscheidenden Trümpfe, um die Massen zu erobern: Preise auf dem Tiefstand bei ständig steigender Qualität. Immer neue, auf die verschiedenen Märkte zugeschnittene Produkte entstanden. In Europa und den Vereinigten Staaten zeichneten sich zwei Haupttendenzen ab: die besonders in den USA und in Nordeuropa populären industriell hergestellten Milchschokoladen (hauptsächlich Riegel) und die in den romanischen Ländern Europas beliebteren Tafeln und Pralinen, häufig aus Handarbeit.

In der zweiten Hälfte des 20. Jahrhunderts demonstrierte die Schokolade ihre ganze Vielseitigkeit mit nationalen und regionalen Spezialitäten, die längst zum Klassiker geworden sind: Belgische Pralinen, gefüllt mit Buttercreme oder Crème fraîche, die Sachertorte aus Österreich (siehe Seite 102), Schweizer Milchschokolade, britische Schokotrüffel mit Minze, italienischer Gianduja (cremiger Haselnussnougat) oder heiße Trinkschokolade aus Spanien, nach Zimt duftend wie das mexikanische Vorbild. Heute ist die Schokolade im Begriff, über die Türkei Asien und den Fernen Osten zu erobern. In Japan hat sie bereits Fuß gefasst, derzeit feiert sie erste Erfolge in China.

Frankreich von seiner Schokoladenseite

Am Beginn des 21. Jahrhunderts ist Schokolade nicht nur Teil der französischen Geschichte, sie gehört fest zum Alltag der Franzosen, von denen 17 Millionen aller Altersklassen mindestens einmal täglich davon naschen. In erster Linie aus purem Genuss, aber auch aus Gründen der Gesundheit. Am beliebtesten ist die Tafel, die 70 % des Gesamtverbrauchs ausmacht. In den letzten zwanzig Jahren ist das Angebot auf dem französischen Markt vielfältiger geworden. Die rustikale »chocolat de ménage« (Haushaltsschokolade – entsprcht unserer Blockschokolade), die man für den Sonntagskuchen verwendete, wurde zu Gunsten einer »chocolat de dégustation« (Genuss-Schokolade) mit hohem Kakaoanteil weitgehend ausrangiert. Ende des letzten Jahrhunderts folgte die »chocolat cru«, eine Schokolade bestimmter Herkunft.

Viele Schokoholics schlossen sich in Privatclubs zusammen wie dem berühmten »Club des croqueurs de chocolat« (1981), Veranstaltungen wie der »Salon du chocolat«, der Erste seiner Art (1994), erfreuten sich zunehmender Beliebtheit, Initiativen, die im In- und Ausland viele Nachahmer fanden. Diese Passion für Schokolade brachte schließlich auch den Typus des »Chocolatiers mit Leib und Seele« hervor, der sein Metier als Kunst betrachtet und im Stile berühmter Modedesigner jedes Jahr eine neue »Kollektion« herausbringt.

»Ich liebe Schokolade. Ich bin hoffnungslos verrückt danach, unheilbare Schokomanin, sozusagen.«

Irène Frain, Chocolat passion n° 1, 1995.

Kakao – Ursprung und Verbreitung

Ursprünglich stammt der Kakaobaum aus Amazonien. Doch mittlerweile hat er sich am Äquator entlang um die ganze Welt ausgebreitet, mit Früchten, die je nach Sorte und Region ganz unterschiedlich aussehen und schmecken.

Der Kakaobaum und sein Lebensraum

Der Baum

Der Kakaobaum, *Theobroma cacao*, gehört zur Gattung der Sterkuliengewächse, die ihre Heimat im tropischen Amerika haben. Obwohl eine Nutzpflanze, wird er wegen seiner außergewöhnlichen Schönheit auch als Zierbaum kultiviert. Von Natur aus hoch aufgeschossen, erreicht er wild wachsend im tropischen Regenwald bis zu 15 Meter, als Kulturpflanze jedoch kaum 6 Meter Höhe. Seine Lebensdauer beträgt zwischen 40 und 100 Jahren. Das glänzende Laub des Kakaobaumes bildet eine dichte Krone, die sich ständig erneuert. Der Baum trägt jedes Jahr 10.000 bis 20.000 winzige weiße und rosafarbene Blüten, von denen lediglich 1 % Früchte ausbilden. Die Blüten erscheinen das ganze Jahr an kleinen Verdickungen des Holzes, den »Blütenkissen«.

Die leuchtend gelben, grünen, roten oder violetten Früchte wachsen direkt an dem silbrigen Stamm und an älteren Zweigen. Im Französischen nennt man sie *cabosses*, abgeleitet vom altfranzösischen *caboce* für »Kopf« (1732), eine Anspielung auf die künstlich deformierten Schädel der alten Maya. Die Früchte wiegen etwa 400 Gramm und sind 15–20 Zentimeter lang. Sie enthalten rund 40 Samen, die wie beim Mais ährenförmig zu beiden Seiten des Traubenstiels angeordnet sind. Sie sind in ein sämiges Fruchtmus mit säuerlich-blumigem Geschmack eingebettet.

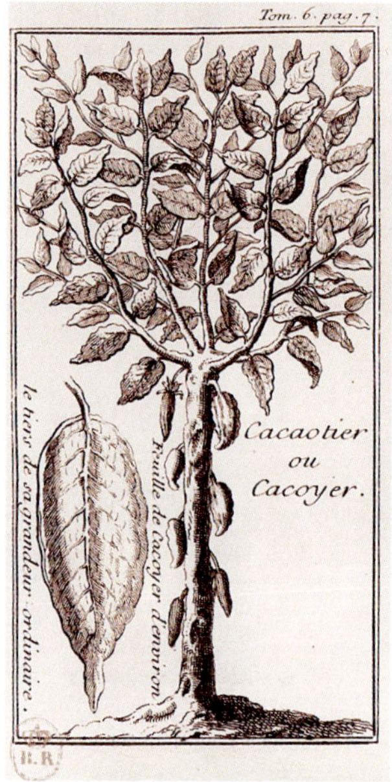

Bildtafel aus Les Nouveaux Voyages aux Îles de l'Amérique (1722), Reiseberichte des Dominikaners und Missionars Jean-Baptiste Labat (1663–1738) von den Westindischen Inseln aus den Jahren 1693–1705.

Lebensbedingungen

Der Kakaobaum ist empfindlich. Er braucht feuchtwarmes Klima mit Temperaturen zwischen 24 und 28 °C und mindestens 1.500 Millimeter Niederschlag, möglichst gleichmäßig über das ganze Jahr verteilt. Dagegen macht ihm überfluteter Untergrund nichts aus. In diesem Fall erfolgt die Ernte mit dem Einbaum. Der Lebensraum erstreckt sich beiderseits des Äquators bis 20° südlicher und nördlicher Breite und liegt hauptsächlich in der Tiefebene. In Ecuador reichen seine Kulturen bis in 700 Meter Höhe. Der Kakaobaum verträgt keinen stürmischen Wind, der seine einzigartigen Pfahlwurzeln erodiert, ebenso wenig wie direkte Sonne, die sein Laub verbrennt.

»Der **Kakaobaum**, der hoch oben lautlos seine **köstlichen** Mandeln ausschüttet.«

Miguel Angel Asturias, Die Maismenschen (1949).

Selbst die Früchte derselben Kakaosorte können in Form und Farbe sehr unterschiedlich ausfallen – rund oder länglich, glatt oder von tiefen Rillen zerfurcht, ja sogar mit »Warzen« und Runzeln überzogen.

Die Kakaomütter

Die alten Maya und später die Spanier, die sie imitierten, pflanzten ihre Kakaobäume im Schutze größerer, robusterer Bäume, die sie »Kakaomütter« nannten (*cacahuanantli* auf Aztekisch). Dabei handelte es sich um Hülsenfrüchtler, die mit ihrem Laubdach Schatten spendeten und die Bäume mit ihrem überschüssigen Stickstoff versorgten. Noch heute ist diese Art der Kultur verbreitet, besonders im biologischen Anbau.

Ursprung des Kakaos und seine Varianten

Ein botanisches Rätsel

Der Ursprung des Kakaos bereitete den Forschern lange Zeit Kopfzerbrechen. Seine Klassifizierung und Zuordnung stellte Botaniker vor scheinbar unlösbare Probleme, da jede Sorte Früchte der unterschiedlichsten Formen und Farben hervorbrachte. Erst Anfang dieses Jahrhunderts ergaben genetische Untersuchungen, dass die lange vor unserer Zeit in Mexiko und Mittelamerika kultivierten Kakaobäume ganz anderer Herkunft sein mussten. Heute weiß man, dass alle alten Kakaosorten von einer einzigen riesigen Baumschule abstammen, die sich vom Fuße der Anden über das gesamte Becken des Amazonas und des Orinoco (Kolumbien, Ecuador, Peru, Venezuela) erstreckte. Erst durch fortschreitende Isolierung infolge klimatischer Veränderungen haben sich eigene Varietäten wie »Criollo«, »Forastero« und »Nacional« herausgebildet.

Criollo

Criollo, die edelste aller Kakaosorten, bildet runde, creme- bis rosafarbene Bohnen von mildem Aroma und kurzer Fermentationsdauer. Sie ist sehr empfindlich, weshalb robustere Sorten heute den Vorzug genießen. Ihr Anteil an der weltweiten Produktion beträgt kaum 1 % (Mexiko, Belize, Venezuela, Kolumbien, Java). Die Seltenheit der Criollos steigert noch das Prestige eines Kakaos, dessen Genuss seit den ersten Plantagen in Soconuzco in Mexiko bis ins 19. Jahrhundert allein spanischen Adelsfamilien vorbehalten war. Zu neuem Ruhm gelangte der Kakao Venezuelas im dritten Jahrtausend mit dem Chuao, einer Kreuzung aus Criollo, Nacional und Forasterohybriden. Sie liefert mehr Schokolade, so sagt man, als Bohnen geerntet wurden. Chuao ist der einzige Kakao, der mit dem europäischen Gütesiegel *indication géographique protegée* (IGP) ausgezeichnet ist, das eine bestimmte Herkunft schützt.

Kakaofrucht und Bohnen.

Forastero

Der widerstandsfähige, ertragreiche Forastero (spanisch »Fremdling«) ist an seinen violetten, abgeflachten Bohnen zu erkennen. Die zahlreichen Züchtungen lassen sich in zwei große Gruppen unterteilen, die Forasteros vom unteren und die vom oberen Amazonas. Erstere, Amelonados genannt, wurden 1746 in Brasilien eingeführt, von wo aus sie São Tomé (1830), dann Ghana (1850) und schließlich die Elfenbeinküste eroberten. Da sie nur eine große Ernte pro Jahr (80 % der Produktion) liefern und relativ delikat sind, wurden sie ausgiebig für Kreuzungen verwendet, die allerdings viel von dem charakteristischen Honig- und Kakaoaroma eingebüßt haben. Die Forasteros vom oberen Amazonas hielten in größerem Umfang nach einer Expedition des berühmten Genetikers F. J. Pound im Jahre 1938 Einzug auf den

Kakaoplantage.
Farblithografie von F. Dannenberg aus Plantes cultivées étrangères, 1894.

Plantagen. Die Forschergruppe war den Amazonas stromaufwärts in die grüne Hölle des Urwalds gereist, um nach wilden Kakaobäumen zu suchen. Man hoffte, dass sie gegen Krankheiten resistent waren, die auf den Plantagen in Trinidad und Ecuador die Bestände dezimierten. Ihre Funde erwiesen sich als sehr robust und überaus fruchtbar. Sie bildeten die Grundlage für die Hybriden vom Oberlauf des Amazonas, erstaunlich ertragreiche Bäume, die das ganze Jahre über Früchte in großer Zahl hervorbringen. Allerdings entwickeln die Bohnen oft eher neutrale bis bittere Aromen. Diese modernen Kreuzungen sind in Westafrika, Brasilien, Indonesien und Malaysia verbreitet und machen aktuell 80 % der weltweiten Bestände aus.

Trinitario

Diese Sorte erschien erstmals im 18. Jahrhundert in Trinidad in der Karibik, daher der Name »Trinitario«. Bis dahin wuchsen auf der Insel ausschließlich Criollos, wie man in Venezuela die dort beheimateten Sorten nannte. Nach einer rätselhaften Epidemie, der 1727 fast alle Bäume zum Opfer fielen, wurden die Bestände durch eine in Trinidad unbekannte Sorte, vermutlich Forasteros aus dem Orinocobecken, wieder aufgeforstet. Die Bäume kreuzten sich auf natürlichem Wege mit den wenigen verbliebenen Criollos. Das Ergebnis war eine Sorte mit malvenfarbenen Bohnen, die zugleich robust und aromatisch waren, der Trinitario. Die Bohne gewann schnell an Ansehen und verbreitete sich in Venezuela und in der Karibik, bevor sie den Rest der Welt eroberte.

Heute machen die Trinitarios noch 19 % der weltweiten Produktion aus. Je nach Anteilen der genetischen Zusammensetzung aus Forastero und Criollo bringen sie Kakao von einzigartigem Aroma hervor.

Nacional (Ecuador-Kakao)

Genetische Studien haben den Ecudaor-Kakao, auch Nacional genannt, mittlerweile als eigenständige Sorte anerkannt. Das besondere an ihm ist, dass seine Bohnen violett sind

ENTWICKLUNG DER WELTWEITEN KAKAOPRODUKTION

Jahr	1830	1898	1903	1913	1930	1960	1965	1990*	2002*
Produktion In Mio. Tonnen	10	86,8	126	255	524	901	1461	2505	3102*

*Quelle ICCO (Internationale Kakao-Organisation)

Genbank Trinidad

Die größte Kakaosamenbank der Welt befindet sich auf Trinidad, einer Insel der Kleinen Antillen im Norden Venezuelas. Als Arche Noah des Kakaos konzipiert, um den Artenreichtum vor den Folgen übermäßiger Abholzung zu schützen, umfasst sie allein 3.000 der weltweit 7.500 inventarisierten Genotypen, darunter so prominente Sorten wie die von F. J. Pound aus dem Amazonasgebiet mitgebrachten wilden Kakaobäume sowie Criollos aus Belize und weitere, mehr als hundert Jahre alte Trinitarios und Criollos aus der gesamten Karibik.

wie die des Forastero-Kakaos, jedoch so rasch fermentieren wie ein Criollo. Im 19. Jahrhundert war das blumige, durchdringende Aroma des Nacional vielen Schokoladenherstellern noch zu markant. Heute hat die Sorte leider durch zu häufiges Kreuzen ihre einstige Würze eingebüßt. Inzwischen bemüht man sich um ihre Rehabilitierung.

Herkunft und Qualität des Kakaos

Konsum- und Edelschokolade

Nachdem sich Schokolade im 20. Jahrhundert vor allem als Massenware in Form von Tafeln, Milchprodukten und Gebäck durchgesetzt hat, die es in jedem Supermarkt zu kaufen gibt, rückt sie heute mit edlen, sortenreinen Produkten bestimmter Herkunft wieder in den Blick der Kenner. Dieser Trend zu mehr Qualität setzt sich in Europa, vor allem in Frankreich, Italien und Belgien zunehmend durch.

In Frankreich wurden die ersten Tafeln aus Kakao eines einzigen Landes oder einer bestimmten Region erst 1984 hergestellt (Raymond Bonnat aus Voiron/Isère). Als »grand cru de cacao« etikettiert, bedienten sich diese Edelschokoladen mit 65 oder 75 % Kakaoanteil der im Weinbau üblichen Klassifizierung, allerdings ohne allzu strikte Auslegung: Anders als beim Wein bezeichnet *cru* weder ein Gewächs noch eine spezifische Lage, sondern lediglich ein Anbaugebiet oder Land. Dieser Trend setzte sich mit Schokoladen aus den Bohnen einer einzigen Plantage (Plantagenschokolade), zuweilen sogar eines einzigen Jahrgangs wie beim Wein (Jahrgangsschokolade) fort. Seit 2003 ist die europäische Regelung an die Maßgaben des »Institut national des appellations d'origine« (INAO) angelehnt, das in Frankreich die AOC-Gütesiegel für Weine und landwirtschaftliche Produkte erteilt. Unterschieden werden:

- »Chocolats d'origine«, Herkunftsschokoladen oder »ursprungsreine« (single-origin; origen único) Schokoladen, die nur aus dem Kakao eines bestimmten Anbaugebietes oder Landes gewonnen werden.
- »Chocolats de crus«: Ihre Bohnen stammen aus einer geografisch klar umrissenen Region oder sogar von nur einer Plantage (Plantagenschokolade, *chocolat de domaine, estate chocolate*).
- »Chocolats grands crus« oder »premiers crus« sind feinste Schokoladen aus edelsten Kakaosorten mit ausgeprägtem Sorten- oder Herkunftscharakter, der sich zum Beispiel bereits in einem erhöhten Kakaopreis zeigt.

Die Unterscheidung nach Herkunft ist nicht neu. Sie datiert aus dem 19. Jahrhundert, als Kakaobohnen nach dem Land oder der Region ihres Ursprungs und in grobe Aromagruppen wie »delikat«, »blumig«, »bitter« oder »herb« eingeteilt wurden. Diese empirische Klassifizierung war differenziert genug, bis die erfolgreichen Forasterohybriden vom Oberlauf des Amazonas begannen, den Kakaogeschmack zunehmend zu normieren. Das führte so weit, dass die Internationale Kakao-Organisation (ICCO) in London 1994 erstmals eine Liste von 22 Ländern erstellte, die »Edelkakao« (*fine or flavour cocoa*, d.h. Criollo und Trinitario) produzierten, erkennbar an dem Aroma und/ oder der Farbe der Kakaobohnen, im Unterschied zum »Konsumkakao« Forastero (*bulk* bzw. *ordinary cocoa*). Mit »flavour« ist die Summe aller durch Verkostung erfassten Geruchs- und Geschmackstoffe gemeint.

Kakaoplantage in Sarawak (Malaysia). Die frisch geernteten reifen Früchte werden mit der Machete geöffnet, um die Bohnen freizulegen.

Die Aroma- und Geschmacksstoffe der Schokolade

Ob am Duft einer dampfenden Morgenschokolade oder beim Biss in einen Riegel, Schokolade erkennt man mit geschlossenen Augen. Sie besteht aus 600 verschiedenen Substanzen (Wein enthält 1.500), von denen rund 50 für das Aroma verantwortlich sind. Schokolade besitzt kein charakteristisches Schlüsselmolekül, sodass ihre chemische

Zusammensetzung in den Labors der Lebensmitteldesigner noch immer eine Herausforderung darstellt. Das komplexe und darum nicht kopierbare Aroma dunkler Schokolade ist eng mit dem Werdegang der Kakaobohne verbunden. Die Aromen entstehen durch das Zusammenwirken mehrerer Faktoren; ihre Bildung vollzieht sich in drei Phasen (nach É. Cros, CIRAD/Zentrum für internationale Zusammenarbeit in der Agrarforschung) – während des Wachstums, nach der Ernte und während des Röstens.

Die während der Wachstumsphase entstehenden Aromen sind mit der Fruchtreife der rohen Bohnen voll entwickelt. Sie sind von der Sorte oder Untersorte und ihrer genetischen Abstammung sowie vom Boden und Klima abhängig und geben vor allem alten Sorten wie Criollo, Trinitario, Nacional und Forastero Amelonda ihre charakteristische Prägung.

Die nach der Ernte gebildeten Aromen entstehen durch enzymatische Zersetzungsprozesse beim Fermentieren und Trocknen der Bohnen. Die Fermentation fördert die Bildung von so genannten Aromavorstufen, Geschmackskomponenten, die erst beim Rösten zur vollen Entfaltung kommen. Auch sie sind abhängig von der Sorte, aber auch von der Mikroflora (Hefen, Schimmelpilze) und der Umgebung (Temperatur, Feuchtigkeit). Die Trocknung löst bei etwa 50 °C eine chemische Reaktion aus, die so genannte »Maillard-Reaktion«, bei der sich Geschmacks- und Geruchsstoffe bilden. Beim Fermentieren werden außerdem Bitterstoffe wie Theobromin und Koffein sowie adstringierende Substanzen wie Gerbsäure (Tannin) abgebaut. Zudem bildet sich Säure, die beim Trocknen teilweise verdampft.

Kakaoproduktion weltweit

Der größte Kakaoerzeuger im Jahr 2003 war die Elfenbeinküste mit schätzungsweise 1,3 Mio. Tonnen. Das entspricht 43 % der weltweiten Produktion. Der Anteil Westafrikas am globalen Aufkommen beläuft sich auf 67 % gegenüber 20 % in Asien und Ozeanien und nur 13 % in Amerika und der Karibik.

KAKAO ERZEUGENDE LÄNDER

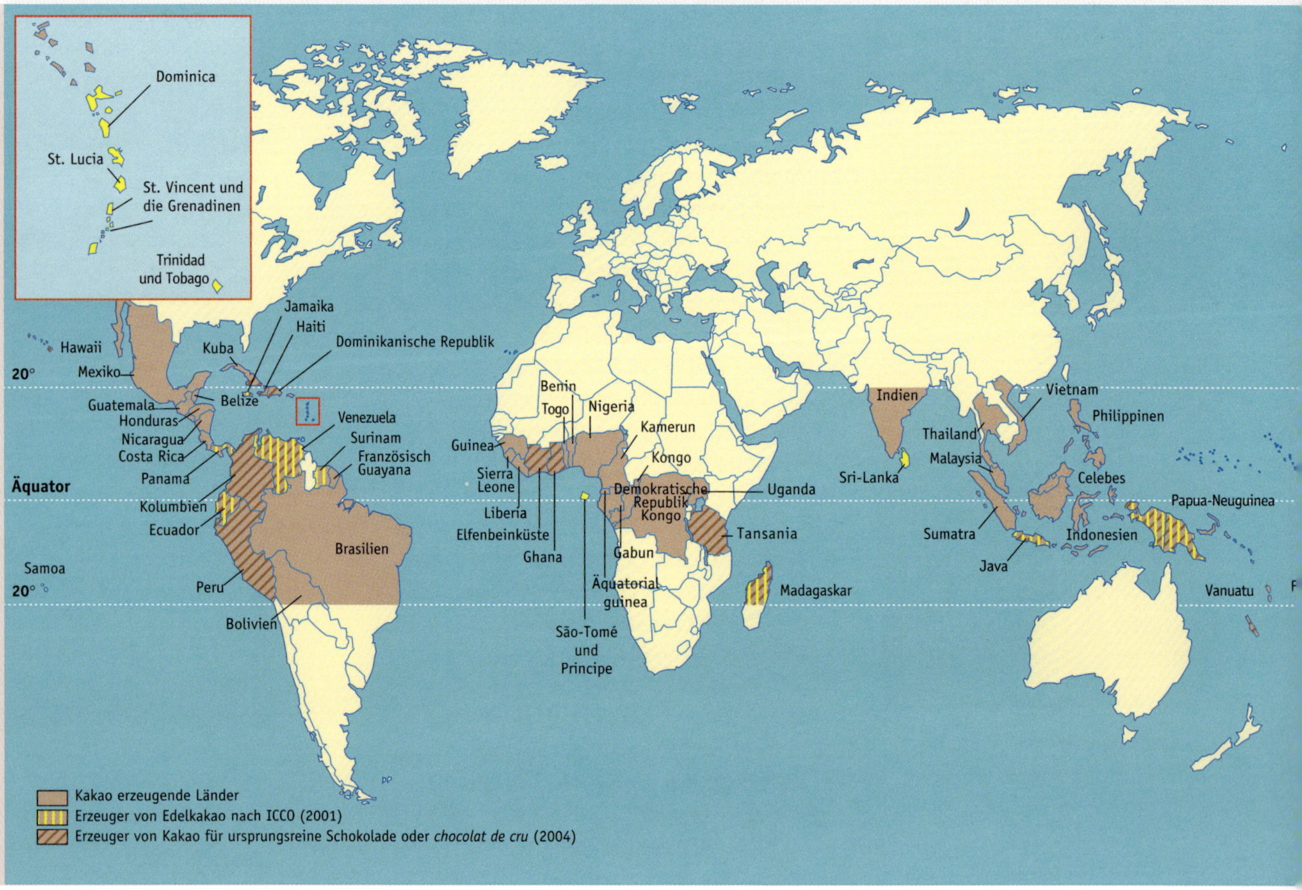

DIE AROMAFAMILIEN DER SCHOKOLADE

Sie entsprechen denen des Weins, sind aber etwas anders zugeordnet

Aromafamilie	Aromen
Früchte & Trockenfrüchte	Mandeln, Haselnüsse, Walnüsse, Feigen, Rosinen, Backpflaumen, Quitten, Aprikosen, rote Beeren, Bananen, Mango, Zitrusfrüchte
Blumig	Orangenblüten, Rosen, Veilchen, Jasmin, Honig
Holz	Exotische Hölzer, Lakritze, Bleistift
Pflanzlich	Kräuter, Tee, Tabak, Moor, Erde
Gewürze	Zimt, Vanille, Gewürznelke, Pfeffer, Muskatnuss, Minze
Röstaromen	Rauch, Karamell, gerösteter Kaffee und Kakao, Kautschuk
Tierische Noten	Wild, Leder, Großwild, Ziegenbock, Ziegenkäse, Schinken
Ätherische Noten (Fermentation)	Essig, Wein, Rum, Milch, Butter, Stall, Bier, Seife
Chemische Noten	Metall, Jute, Pharmazeutische Produkte

Qualitätskontrolle von Kakaobohnen aus biologischem Anbau für den »Fairen Handel« durch die Vereinigung der Kakaoproduzenten in Ecuador (UNOCADE).

Die durch thermische Behandlung gebildeten Aromen entstehen beim Rösten der Bohnen bei 110–160 °C. Hierbei kommt die Maillard-Reaktion erneut zum Tragen. Sie verwandelt die Aromavorstufen in komplexe Aromaverbindungen. Dazu gehören Pyrazine, die für den typischen nussartig-röstigen Geruch verantwortlich sind, ebenso wie Aldehyde (süßlich-fruchtige Aromen), die sich mit den bei der Fermentation und Trocknung entstandenen Aldehyden verbinden. Thermische Reaktionsaromen sorgen besonders bei Schokolade aus Forastero-Kakao für das würzige Kakaoaroma.

Vom Rohgeschmack zum Edelaroma

Einige Bohnen besitzen im Rohzustand blumige Aromen, wie der Nacional, bei anderen dominieren fruchtige Aromen wie Birne, saure Drops und vieles mehr, wobei jede Anbauregion und jede Plantage ihren ganz eigenen Charakter hat. Auch nach der Fermentation und dem Trocknen sind diese Geschmacksstoffe in unveränderter oder modifizierter Form weiter vorhanden, andere, neue Aromen sind hinzugekommen. Dieser durch schonendes Rösten bewahrte Reichtum an Aromen bestimmt schließlich das endgültige Bouquet der Schokolade, das neben dem typischen Kakaogeschmack auch blumige, fruchtige, würzige und viele andere Noten entfaltet. Bei ursprungsreinen Edelschokoladen kommen die für eine bestimmte Sorte oder Herkunft charakteristischen Aromen der Kakaobohnen besonders schön zur Geltung.

Kriterien der Wahrnehmung

Schokolade wird nach sieben Kriterien beurteilt:

- Aussehen (Farbe, Glanz, Fehler)
- Klang beim Bruch (weiches oder hartes Knacken)
- Geruch
- Beschaffenheit im Mund (glatt, körnig, schmelzend, klebrig)
- Grundgeschmack (sauer, bitter, süß) und eventuelle Adstringens (Hinweis auf Tannin)
- Komplexe Aromen im Mund und im Nasen-Rachenraum (am Anfang, in der Mitte, kurzzeitig oder nachhaltig)
- Abgang (kurz oder lang)

Schokolade verkosten

Edelschokoladen und feinste Pralinen aus Handarbeit werden verkostet wie große Weine. Dabei sind einige Regeln zu beachten:

- Die Verkostung erfordert eine ruhige Umgebung ohne störende Gerüche wie Küchendunst oder Parfüm. Die ideale Raumtemperatur beträgt 20 °C.
- Die Teilnehmer dürfen weder nüchtern, übermäßig satt noch erkältet oder fiebrig sein.
- Nützlich sind Wasser und Brot zur Neutralisierung des Gaumens zwischen den Kostproben.
- Die Zahl der Schokoladen sollte begrenzt sein (fünf bis sieben genügen). Interessanter ist eine Verkostung mit mehreren Personen, da sich die Aromen gemeinsam besser herausarbeiten lassen.

Der lange Weg zur Schokolade – Herstellung und Aufbewahrung

Der Weg von der Bohne zur Schokolade lässt sich in zwei große Abschnitte unterteilen: Die Gewinnung und Behandlung der Kakaobohnen auf den tropischen Plantagen und ihre eigentliche Verarbeitung zu Schokolade. Letztere vollzieht sich zu zwei Dritteln des Aufkommens im industriellen Stil in Europa und den Vereinigten Staaten.

Auf der Plantage: Ernte, Fermentierung und Trocknung

Die Ernte und Weiterverarbeitung der Kakaobohnen auf den Plantagen ist noch immer reine Handarbeit. Das mag erklären, warum 90 % des weltweiten Ertrags auch heute noch von kleinen, weniger als 5 Hektar großen Kulturen stammen. Traditionell fallen zwei Ernten pro Jahr an, die ertragreiche Haupternte und eine kleinere Nebenernte.

Ernten und Öffnen der Kakaofrüchte

Ein Hektar Anbaufläche liefert einen Ertrag von 400–700 Kilogramm Kakao. Voraussetzung für hohe Qualität ist eine Ernte der Schoten im ausgereiften Zustand. Die Bauern verlassen sich bei der Beurteilung des Reifegrads auf die Farbe, aber auch auf den Klang, den die Früchte beim Schütteln erzeugen. Mit einem gezielten Machetenschlag werden die Schoten geöffnet, ohne die Samen zu verletzen. Fruchtfleisch und Bohnen werden mit den Händen herausgelöst und gesichtet. Anschließend lässt man Pulpe und Bohnen je nach Größe der Plantage und ortsüblichem Verfahren auf Bananenblätter gehäuft (Ghana) oder in Körben (Nigeria), meistens jedoch in Holzkästen mit durchlöcherten Böden fermentieren. Die Kästen, die 100–1000 Kilogramm Bohnen fassen, sind zum leichteren Wenden und Umfüllen der Gärmasse oft stufenweise aufgestapelt.

Dreifache Fermentation

Der Gärprozess dauert je nach Kakaosorte 4–7 Tage. Nach 24 Stunden wird die Masse erstmals umgewälzt, dann erneut nach 48 Stunden und eventuell noch einmal nach 96 Stunden. Die erste Gärung verläuft anaerob (ohne Sauerstoff) unter schützenden Blättern. Dabei wird die süßsäuerliche Fruchtpulpe durch Hefen in Alkohol umgewandelt.

Kakaohandel und Qualität

Kakao rangiert an der Börse nach Umsätzen an dritter Stelle gleich hinter Öl und Kaffee. Auch die meisten Schokoladenfabriken lassen ihren Kakao über Broker an der Börse einkaufen. Wichtigster Terminmarkt für Europa ist London. Für den dort gehandelten Kakao gelten gewisse Qualitätsstandards, nach denen die Bohnen je nach Fermentationsgrad in drei Gruppen eingeteilt werden. Zur Musterprüfung schneidet man eine Bohne durch. Ist das Innere von »schieferiger« Farbe, deutet dies auf eine fehlerhafte Fermentierung hin. Sind 5 % der Bohnen »schieferig«, schimmelig oder von Insekten befallen, wird die gesamte Charge in eine niedrigere Qualitätsklasse heruntergestuft. Auch die Größe der Bohnen spielt für die Klassifizierung eine Rolle.

»Und draußen, rund um die Mauern herum, in einem Umkreis von fast einem Kilometer, hing ein schwerer, verführerischer Schokoladenduft in der Luft!«

Roald Dahl, Charlie und die Schokoladenfabrik, 1964.

Darauf folgt eine kurze Milchsäuregärung (wie bei der Herstellung von Joghurt und Käse), wobei sich das Fruchtfleisch weiter verflüssigt und von den Bohnen löst. Der Kontakt mit dem Sauerstoff löst im Innern des Keimblatts eine dritte Gärung (Essigsäuregärung) aus. Die hohe Temperatur von 50 °C, die dabei erreicht wird, tötet den Keim der Samen ab.

Bei diesen Prozessen durchlaufen die Bohnen eine Reihe biochemischer Reaktionen, die schließlich zur Bildung der Aromavorstufen führen (siehe Seite 26). Die ehemals cremefarbenen bis violetten Rohbohnen verfärben sich beim Fermentieren rot- bis schokoladenbraun.

Trocknen in der Sonne oder in Trockenöfen

Die fermentierten Bohnen werden auf flachen Rosten, zementierten Böden oder auf riesigen Planen 15 Tage unter der Sonne getrocknet. Damit dies gleichmäßig geschieht, müssen sie regelmäßig gerecht werden. Einige Trockenhöfe sind mit ausziehbaren Dächern ausgestattet, die zum Schutz vor Regen oder über Nacht eingesetzt werden können.

In besonders feuchten Gegenden (brasilianischer Amazonas), in denen die Kakaobäume im Wasser stehen, trocknet man die Bohnen bei 50 °C im Heißluftofen. Das verkürzt den Vorgang auf 24–48 Stunden. Die Trocknung, egal nach welchem Verfahren, reduziert den Wassergehalt der Kakaobohnen von 60 % auf 7 % und macht sie haltbar für Lagerung oder Transport. Die Trocknung spielt außerdem eine wichtige Rolle für die Aromabildung (siehe Seite 26–27).

Kakaobohnen in Fermentationskästen in der Elfenbeinküste.

In der Schokoladenfabrik – vom Rohkakao zur Schokolade

Schokoladenherstellung im Jahre 1908: Links: Das Verlesen der Bohnen vor dem Rösten; Oben: Das Rösten der Bohnen.

Heute wird Schokolade hauptsächlich in computergesteuerten High-Tech-Fabriken hergestellt, die im Dauerbetrieb arbeiten. Die hohen Anschaffungskosten der Maschinen sind der Grund, warum nur noch wenige kleine und mittelständische Betriebe Rohkakao verarbeiten.

Reinigen, Rösten und Brechen

Die Bohnen werden zuerst von Verunreinigungen und Fremdkörpern befreit und dann in riesigen Röstöfen in der Schale geröstet. Anschließend werden die jetzt spröden Bohnen in Walzen gebrochen und von der Schale getrennt. Übrig bleibt der Kakaobruch, auch Kakaonibs genannt.

Bei einem anderen Verfahren werden die Bohnen zuerst gebrochen und geschält; erst im Anschluss wird der rohe Kakaobruch geröstet.

Für die Bildung des typischen Kakaoaromas ist das Rösten von entscheidender Bedeutung (siehe Seite 27, Aromen durch thermische Behandlung). Dauer und Temperatur hängen von der Kakaosorte ab. Einfache Standardsorten, die praktisch ihr ganzes Aroma dem Rösten verdanken, werden relativ lange und hoch erhitzt (40 Minuten bei 140 °C). Edle und aromareiche Kakaos werden dagegen nur 20–30 Minuten bei 110 °C geröstet, damit sie ihre natürlichen Aromaqualitäten bewahren. Während des Röstens sinkt der Wassergehalt von 7 % auf 2 %.

Mahlen und Feinwalzen – vom Kakaobruch zur Kakaomasse

Textur und Konsistenz sind wichtige Qualitätsmerkmale der Schokolade, daher ist das Mahlen der Bohnen besonders wichtig. Dazu wird der Kakaobruch in fünfwalzigen Mahlwerken immer feiner gewalzt. So entsteht die »Kakaomasse«, deren feste Partikel mit rund 20 Tausendstel Millimeter so fein gekörnt sind, dass sie für den Menschen nicht mehr wahrnehmbar sind.

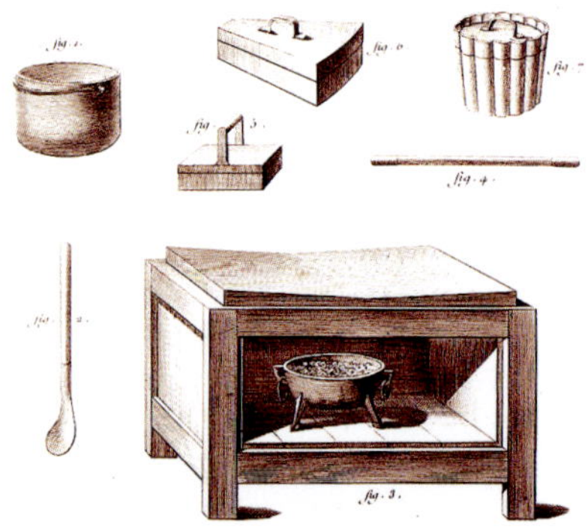

Mahltisch mit nach innen gewölbter Oberfläche, ähnlich dem mexikanischen Metate (Mahlstein der Indianer), mit Kohlebecken zum Erhitzen des Kakaos.

In einem Vierwalzwerk werden die Bohnen fein gewalzt.

Mischen und Conchieren – von der Kakaomasse zur Schokolade

Die Kakaomasse (auch Verschnitte mehrerer Massen unterschiedlicher Herkunft sind möglich) wird nun in einem großen Mélangeur mit anderen Zutaten wie Zucker und eventuell Milchpulver gemischt. Es folgt das Conchieren, ein Prozess, bei dem die Kakaomasse bei 60–80 °C weiter geknetet und gerührt wird. Dabei sinkt der Wassergehalt auf ca. 1 %, unerwünschte Säurereste werden verflüchtigt, und es entwickeln sich weitere Aromen (eventuell noch Zugabe von Vanille). Außerdem erhält die Schokolade ihren weichen, runden Schmelz.

Der ganze Vorgang dauert etwa 12 Stunden und unterteilt sich in eine trockene Phase, bei der die festen Kakao- und Zuckerbestandteile durch Zerreiben geglättet werden, und eine flüssige Phase, bei der die festen Partikel durch Zugabe von Kakaobutter mit einem feinen Fettfilm überzogen werden, um die Struktur, die Viskosität und den Glanz der Schokolade zu verbessern. Moderne, leistungsstarke Conchen (von spanisch *concha* – »Muschel«) machen die Zugabe von Emulgatoren wie Lecithin zunehmend überflüssig.

Vom flüssigen Zustand zum Endprodukt

Das Temperieren (Kristallisieren)

Nach dem Conchieren ist die Schokolade etwa 50 °C warm und dünnflüssig. Damit sie auch nach dem Erstarren seidig glänzt und leicht aus der Form zu lösen ist, muss sie temperiert werden. Das geschieht auf Fließbändern in einem »Temperierbad« nach einer dreistufigen Temperaturkurve, der so genannten »Kristallisationskurve«. Ziel ist, die Makro-Kristalle in möglichst viele Mikro-Kristalle umzuwandeln. Bei dunkler Schokolade liegen die Stufen bei 45 °C (totale Verflüssigung), 27 °C (Kristallisationspunkt) und schließlich 31 °C (ideale Verarbeitungstemperatur).

Das Gießen

Nach dem Temperieren wird die Schokolade maschinell in die entsprechenden Formen gegossen (Tafeln, Figuren, Pralinenhohlkörper), eventuell gibt man Nüsse, Puffreis oder Füllungen zu, dann wandern sie über ein vibrierendes Förderband, das die Schokolade gleichmäßig in der Form verteilt. Gefüllte Tafeln oder Pralinen werden mit einer Schicht Schokolade verschlossen. Die Schokolade wird in einem Kühltunnel bei 10 °C abgekühlt und anschließend aus der Form gelöst.

Umhüllung von Pralinen und Riegeln

Füllungen für Pralinen oder Riegel wie Ganache (Trüffelcreme), Nougat oder Marzipan, durchlaufen auf einem Förderband ein Schokoladenbad. Um Lufteinschlüsse zu vermeiden, erhalten sie manchmal einen doppelten Überzug. Edle Pralinen werden zum Überziehen oft noch per Hand mithilfe einer zweizinkigen Pralinengabel in temperierte Schokolade getaucht. Das Resultat ist ganz besonders erlesen.

Schokoladenherstellung auf Martinique

»Man röste die fermentierten getrockneten Kakaomandeln in einer Pfanne, um die harten Schalen zu entfernen. Anschließend werden sie in einem Mörser grob zermahlen und dann mit einer Eisenwalze auf einer Steinplatte mit Mulde gewalzt, etwa wie ein Bäcker seinen Blätterteig rollt. Man bearbeite die Paste unter der prallen Sonne, damit die Hitze den Kakao erweicht; dann wird sie im Schatten getrocknet. Aus der Masse werden ›Laibe wie kleine Backsteine oder Rollen‹ geformt und in Papier eingewickelt. Die Kakaopaste hält sich in ihrem Fett ein Jahr und länger.«
(Nach Révérend Père Labat, 1722).

Die Herstellung von Kakaopulver und Kakaobutter

Die Kakaobohne besteht zu etwa 50 bis 55 % aus Fett und zu 45–50 % aus festen Bestandteilen und Zellulose. Beide Anteile werden industriell durch Pressen der Kakaomasse voneinander getrennt. Man erhält die Kakaobutter und den Kakaopresskuchen. Bevor die Kakaobutter zur industriellen Weiterverarbeitung in den Handel gelangt, wird sie in der Regel durch Desodorierung geschmacksneutral gemacht.

Das eigentliche Kakaopulver entsteht durch Zermahlen des Kakaopresskuchens. Das so gewonnene Pulver dient vor allem als Rohstoff für alle möglichen Gebäcksorten. Kakaopulver zur Herstellung von Getränken, Eis und Cremespeisen wird aus Bohnen gewonnen, die im Rohzustand durch Alkalisierung behandelt wurden (siehe unten).

Pressen

Beim Pressen der Kakaomasse unter hohem Druck bei 100 °C in trommelähnlichen Presskammern fließt die reine, goldene Kakaobutter durch Filter ab. Zurück bleibt eine braune Masse, der Kakaopresskuchen. Über den endgültigen Fettanteil des Kakaopulvers (zwischen 10 und 25 %) entscheidet die Dauer des Pressens. Man unterscheidet »schwach entölten Presskuchen« mit mindestens 20 % Fett und »stark entölten Presskuchen« mit mindestens 10 % Fett.

Zermahlen (Pulverisieren)

Nach dem Pressen wird der Kakaopresskuchen in speziellen Mahlwerken ganz fein zu Pulver zermahlen. Der Mahlgrad beträgt im Durchschnitt 10–12 Mikrometer.

Alkalisieren

Bei der Alkalisierung wird gewöhnlich der rohe Kakaobruch, also die gebrochenen, geschälten Rohbohnen (siehe Seite 30) mit Alkalien wie Pottasche oder Natriumcarbonat behandelt und dann getrocknet und geröstet. Das Alkalisieren verbessert die Löslichkeit des Pulvers und beeinflusst seinen Geschmack, besonders aber seine Farbe und seinen Glanz. Die Schattierungen richten sich nach der späteren Verwendung des Kakaopulvers (zum Beispiel Getränke, Eisspeisen, Gebäck) und können – matt oder glänzend – von sandfarben über sämtliche Ocker- und Brauntöne bis zu Schwarz reichen.

Desodorieren

Kakaobutter soll in erster Linie für die richtige Konsistenz und zarten Schmelz sorgen und wird daher geschmacklich neutralisiert. Das geschieht durch Behandlung mit Dampf unter Luftabschluss. Die Desodorierung verhindert, dass die Kakaobutter während des Conchierens andere Aromen und Zutaten mit ihrem Eigengeschmack überlagert.

Kakaobutter und Austauschfette

Die EU erlaubt seit 2003 (Richtlinie vom 23. Juni 2000), den Kakaobutteranteil des Endproduktes bis zu 5 % durch andere Pflanzenfette zu ersetzen. Zugelassen sind die Fette Shea, Illipe, Sal, Kokum gurgi, Mangokernöl und Palmöl. Keines dieser Fett, die zum Großteil deutlich billiger sind als Kakaobutter, hat allerdings deren Qualitäten. Kakaobutter wird nicht ranzig, garantiert also dauerhaft die geschmackliche Reinheit der Schokolade; ihr Schmelzpunkt bei etwa 30 °C verbindet in idealer Weise knackigen Biss und zarten Schmelz. Außerdem führt sie dem Körper ungesättigte Fettsäuren zu, die zu einer Senkung des Cholesterinspiegels beitragen. Der qualitätsbewusste Verbraucher sollte sich also immer mit einem Blick auf die Verpackung vergewissern, ob die Schokolade nur Kakaobutter oder auch andere pflanzliche Fette enthält.

»Die **Schokolade** wollen wir auf die **Gesundheit** essen.«

Johann Wolfgang von Goethe, Goethes Ehe in Briefen, 1956

Kakaodosen aus der ersten Hälfte des 20. Jahrhunderts.

Schokolade richtig aufbewahren

Schokolade ist eine erstarrte Emulsion und daher von empfindlicher Struktur, zumal die enthaltene Kakaobutter bei etwa 30 °C schmilzt. Vorsicht ist also geboten vor allzu großer Hitze oder Feuchtigkeit, die einen zwar nicht schädlichen, aber auch nicht besonders appetitlichen weißen Film auf der Schokolade hinterlassen.

Tipps zur Aufbewahrung

- Die ideale Lagerungstemperatur für Schokolade liegt zwischen 12 und 20 °C. Bewahren Sie Schokolade in ausreichendem Abstand von Hitzequellen (z.B. Heizkörper) und geschützt vor direkter Sonneneinstrahlung auf.
- Schokolade ist feuchtigkeitsempfindlich und neigt zur Schimmelbildung, vor allem im Herbst, wenn die Umgebungsluft reich an Sporen ist. Ganz besonders anfällig für Pilzbefall ist klassische Ganache. Erstes Anzeichen ist ein unangenehm alkoholischer Geschmack, ausgelöst durch Gärungsprozesse.
- Lagern Sie angebrochene Schokolade möglichst in der eigenen Verpackung und gut isoliert vor Fremdgerüchen (Rauch, Käse etc.). Wegen des hohen Fettgehalts nimmt Schokolade andere Gerüche sehr leicht an (siehe »Enfleurage«, Seite 47). Eine gute Alternative bietet ein luftdicht schließender, geruchsneutraler Behälter.

Warum wird Schokolade weiß?

Unregelmäßige weißliche, raue Flecken (Zuckerreif) entstehen durch Kondensation, zum Beispiel nach der Herausnahme der Schokolade aus dem Kühlschrank. Dabei setzt sich der in der Feuchtigkeit teilweise gelöste Zucker in Kristallen auf der Oberfläche ab. Überzieht ein matter, weißlicher Belag die Schokolade, wurde sie entweder fehlerhaft temperiert oder zu warm gelagert. Gelöste Fettkristalle setzen sich an der Oberfläche als »Fettreif« ab. Häufig trocknet die Schokolade dabei aus. Die Folge: Sie wird hart und brüchig. In Extremfällen kann die Schokolade beträchtlich an Schmelz und Aroma verlieren, Qualitätseinbußen, die bei einer Verkostung zu erheblichen Abzügen führen.

Wie lange hält sich Schokolade?

Dunkle Schokolade ist etwa ein Jahr, Milchschokolade acht Monate und gefüllte Schokolade sechs Monate haltbar. Ganache und Trüffeln, die ohne Zugabe von Konservierungsmitteln hergestellt werden, haben je nach verwendeter Sahne oder Butter (roh, pasteurisiert, ultrahocherhitzt) eine Lebensdauer von drei bis fünfzehn Tagen.

In lange haltbaren Schokoladen entwickeln sich die Aromen mit zunehmender »Reife« weiter. Ist eine gewisse Zeit überschritten, lassen sie jedoch allmählich wieder nach; vor allem die besonders flüchtigen blumigen und fruchtigen Aromen haben eine relativ kurze Lebensdauer.

Lagerung im Kühlschrank

In sehr heißen Wetterphasen mit Temperaturen um die kritische 30-Grad-Marke, an der Schokolade zu schmelzen beginnt, bleibt nur die Lagerung im Gemüsefach des Kühlschranks. In diesem Fall empfiehlt sich, die Schokolade luftdicht verschlossen in einem Plastik- oder Metallbehälter zu verstauen oder in Papier zu wickeln, das Feuchtigkeit gut absorbiert. Eine Stunde vor dem Genuss sollte man die Schokolade wieder aus dem Kühlschrank nehmen, damit sie sich auf die ideale Temperatur von etwa 20 °C erwärmen kann.

Die süße Vielfalt – Tafeln, Riegel und Pralinen

Der moderne Verbraucher hat die Qual der Wahl: Mehr als 200 verschiedene Sorten umfasst das Angebot an Schokoladentafeln in den Supermärkten und Lebensmittelgeschäften. Hinzu kommen die Edelprodukte der gehobenen Preisklasse renommierter Chocolatiers. Hier sind einige Hinweise zur besseren Orientierung.

Schokoladenkuvertüre: Ein Produkt für Profis

»Schokoladenkuvertüre«, so die gesetzlich vorgeschriebene Bezeichnung, muss einen Gesamtfettgehalt von mindestens 31 % aufweisen – reine Kakaobutter bei dunkler Kuvertüre, Kakaobutter und Milchfett bei »Milchschokoladenkuvertüre«. Der hohe Fettanteil verleiht Kuvertüre optimale Fließeigenschaften (Viskosität). Je nach gewünschter Fließfähigkeit kann der Fettanteil bis zu 50 % betragen. Zum Einsatz kommt Kuvertüre als Tauchschokolade, in der Pralinenherstellung und als Überzug für Gebäck. Profiprodukte in Packungsgrößen bis zu 2,5 kg sind im Fachhandel oder über das Internet erhältlich. Für den Haushaltsgebrauch tut es in der Regel auch ein gutes Produkt aus dem gehobenen Lebensmittelhandel.

Schokolade und ihre gesetzlichen Verkehrsbezeichnungen

Zu unterscheiden sind die vom Gesetzgeber in der »Verordnung über Kakao- und Schokoladenerzeugnisse« festgelegten Verkehrsbezeichnungen (nach Maßgabe der EU-Richtlinie vom 23. Juni 2000) und die vom Hersteller selbst geprägten Fantasiebezeichnungen zum besseren Marketing ihrer Produkte. Die gesetzliche Regelung gilt für Schokoladentafeln und Pralinen gleichermaßen.

Schokolade und dunkle Schokolade

- Der Begriff »Schokolade« bezeichnet ein Erzeugnis aus Kakao und Zuckerarten mit mindestens 35 % Gesamtkakaotrockenmasse, davon mindestens 18 % Kakaobutter. Der Zucker kann Saccharose (Rohr- oder Rübenzucker) sein; aber auch andere Zuckerarten wie Glucose, Dextrose, Fructose, Maltose oder Laktose sind zulässig.
- Die Bezeichnung »Schokolade« darf mit einem Qualitätszusatz wie »dunkel«, »fein«, »extra«, »feinherb« ergänzt werden, wenn ihr Kakaoanteil mindestens 43 % beträgt und davon mindestens 26 % Kakaobutter sind. Unter diese Rubrik fällt der allergrößte Teil der auf dem Markt angebotenen Schokoladentafeln.

Milchschokolade und weiße Schokolade

»Milchschokolade« ist ein Erzeugnis aus Zucker, Kakao und Vollmilch bzw. entrahmter Milch oder Milcherzeugnissen (Sahne, Butter).

- »Haushaltsmilchschokolade« enthält mindestens 20 % Kakaotrockenmasse und 20 % Trockenmasse aus Milch oder Milchprodukten.
- »Milchschokolade« (ohne Zusatz) besteht zu mindestens 25 % aus Kakaotrockenmasse und zu 14 % aus Trockenmasse aus Milch oder Milchprodukten.
- »Milchschokolade« mit ergänzender Qualitätsbezeichnung muss mindestens 30 % Kakaoanteil und 18 % Milchtrockenmasse enthalten. In diese Kategorie fällt der größte Teil aller Milchschokoladen.
- »Weiße Schokolade« besteht zu mindestens 20 % aus Kakaobutter und zu 14 % aus Milchtrockenmasse oder Trockenmasse aus Milchprodukten (Sahne, Butter).

Werbeplakat von Firmin Bouisset (1859–1925) aus dem Jahre 1898. Der berühmte Plakatkünstler, der auch für das Haus Menier arbeitete, malte für die Firma Poulain 1896 als Erstes einen kleinen Schuljungen, der auf einem Schemel sitzt, und 1898 diesen Pierrot.

Zulässige Zusätze und ihre Handelsbezeichnungen

- Schokolade dürfen bei entsprechender Kennzeichnung weitere Zutaten wie Haselnüsse, Mandeln, Rosinen, Puffreis oder auch Kakaobruch (zermahlene Bohnen) und vieles mehr zugesetzt werden, wenn ihr Anteil höchstens 40 % des Endprodukts beträgt. Dagegen sind tierische Fette außer Milchfett sowie der Zusatz von Mehl und Stärke nicht zulässig. Eine Ausnahme ist die traditionelle spanische »chocolate a la taza«, die Mehl und Mais-, Reis- oder Weizenstärke enthalten darf.
- Bei »gefüllter Schokolade« oder »Schokolade mit ...füllung« muss der Schokoladenanteil am Gesamtgewicht mindestens 25 % betragen.
- Schokolade mit der Bezeichnung »Gianduja-Haselnuss« besteht aus Zucker, mindestens 32 % Kakao und zwischen 20 und 40 % fein gemahlenen Haselnüssen. Dieser Anteil darf mit Walnüssen oder Mandeln auf insgesamt 60 % erhöht werden.

Schokoladen, bei denen neben Kakaobutter auch andere pflanzliche Fette zugesetzt werden, tragen keine eigenen Handelsbezeichnungen, da diese Fette als gleichwertiger Ersatz gelten und – im Rahmen der maximal zugelassenen 5 % – auf den Gesamtfettanteil angerechnet werden. Allerdings muss der Hinweis »enthält neben Kakaobutter auch andere pflanzliche Fette« neben der Verkehrsbezeichnung deutlich sichtbar angebracht sein.

Natürliche oder künstliche Aromen (wie Birne oder Vanille usw.) dürfen zugesetzt werden, solange sie nicht den Geschmack von Schokolade oder Milch nachahmen.

Weitere Handelsbezeichnungen

Neben den von der EU festgesetzten Verkehrsbezeichnungen haben sich auf einem immer größer werdenden Markt weitere Bezeichnungen etabliert.

Edel- und Herkunftsschokoladen

Schokoladen mit Herkunftsbezeichnungen wie »chocolat d'origine« (Ursprungsschokolade) oder »chocolat de cru« (*chocolat de domaine*, Plantagenschokolade, *estate chocolate*) zeichnen sich durch besondere Aromen (blumig, fruchtig) aus, die charakteristisch für eine bestimmte Kakaosorte oder einen Boden *(terroir)* sind. Neben diesen geschmacklichen Qualitäten haben sie auch einen besonders hohen Kakaoanteil. Er beträgt 60–85 % bei dunkler Schokolade und zwischen 40 und 65 % bei Milchschokolade. Schokoladen, die mit ihrem Sorten- oder Herkunftscharakter werben, müssen diesen kenntlich machen. Insbesondere die Herkunft muss auf der Verpackung deutlich angegeben werden.

In Deutschland haben sich für dunkle Schokolade Bezeichnungen wie »Edelbitter« (mindestens 60 % Kakaoanteil; manchmal auch »Herrenschokolade« genannt) und »Zart- oder »Halbbitter« (mindestens 50 % Kakaoanteil) durchgesetzt. Unter den Milchschokoladen enthält die »Vollmilchschokolade« mit mindestens 30 % den größten Kakaoanteil.

»Darauf erschien Jeannette mit einer heißen, duftenden, mattschimmernden Schokolade und einem saftigen Braten mit Anis ...«

Alphonse Daudet; Die wundersamen Abenteuer des Tartarin von Tarascon, 1872 (dt. 1882).

WAS VERRÄT DIE VERPACKUNG ÜBER DIE SCHOKOLADE?

Die Zutaten sind nach ihrem mengenmäßigen Anteil geordnet. Kurze Zutatenlisten sind in der Regel ein Zeichen für gute Qualität.

Tafelvorderseite

Produkt X	▸ Markenname, Hersteller.
Edelbitter-Schokolade	▸ Handelsbezeichnung der Schokolade.
60 % Kakao	▸ Enthält 60 % Kakao und Kakaobutter, also 40 % Zucker.
»reine Kakaobutter«	▸ Enthält keine anderen Pflanzenfette.
100 g Inhalt	▸ Netto-Gewicht ohne Verpackung.

Tafelrückseite

Zutaten

Kakao / Kakaomasse	▸ Erzeugt aus Kakaobohnen.
Zucker	▸ Rübenzucker oder Rohrzucker (Bio- und Edel-Schokoladen).
Kakaobutter	▸ Eigenanteil der Kakaobohnen und beim Conchieren zugefügte Kakaobutter.
Andere Pflanzenfette	▸ Bis zu 5 % des Gesamtfettgehalts (siehe Seite 32).
Fettarmes Kakaopulver	▸ Eventuelle Beigabe zur Aromaaufbesserung des Kakaos. Verleiht der Schokolade eine pulverige Konsistenz.
Lecithin	▸ Natürlicher Emulgator zur homogenen Vermischung der Zutaten (≤ 0,5 %; optional).
Aroma Vanille / Vanillin	▸ Echte Vanille oder künstliches Vanillearoma.
Kann Spuren von Erdnüssen ... enthalten	▸ Hinweis auf Zutatenspuren aus Vorverarbeitungsprodukten wie Erdnüsse (Allergen), Mandeln etc.
Mindestens haltbar bis	▸ Mindesthaltbarkeitsdatum.
AB 138	▸ Herstellungscode der Charge.

Obgleich in erster Linie für den sofortigen Genuss gedacht, bieten diese Schokoladen auch in der Küche und Dessertküche interessante Möglichkeiten. Schon ein kleines Stück genügt, um einer Speise ein ganz besonderes Aroma zu verleihen.

Kuvertüre, Kochschokolade

Vor allem auf dem französischen Markt verbreitet sind Kochschokoladen (»chocolat de dessert« oder »à pâtisser«), die bei einem relativ hohen Kakaoanteil von 55–70 % mit qualitativ hochwertigen Genuss-Schokoladen konkurrieren können. Das Herstellungsverfahren ist jedoch in erster Linie auf gute Schmelzeigenschaften ausgerichtet. Verwendet werden sie in der Patisserie, als Kuchenglasur, für Hohlkörper und zuweilen auch als Tauchschokolade für Pralinen.

Riesentafeln

Bei den großen 200-g-Tafeln steht die Mischung mehrerer Zutaten unterschiedlicher Konsistenz im Vordergrund: ganze Nüsse, Keks und cremige Pralinémasse, Joghurt und Cornflakes, saftige Fruchtstückchen und vieles mehr.

Dessert-Tafeln

Füllungen für Tafeln orientieren sich immer häufiger an Trend-Desserts mit mehreren unterschiedlichen Schichten übereinander, wie das Vorbild aus der Dessertküche (Crème Caramel, Tiramisu, Crumble, Vanilleflammeri etc.). Ihre komplizierten Rezepturen bestehen aus bis zu dreißig Zutaten, darunter die ganze Palette der vom Gesetzgeber zugelassenen Aromastoffe und Pflanzenfette. Die Schokolade spielt dabei eher eine Nebenrolle.

Kakao und Fairer Handel

Das Konzept des »Fair Trade« verfolgt das Ziel eines gerechteren Handels zugunsten der Kleinbauern auf den Plantagen. Die meist in Kooperativen zusammengeschlossenen Kakaobauern erhalten einen garantierten Mindestpreis für ihren Kakao, der über dem Weltmarktniveau liegt. Der Kakao wird direkt vom Endabnehmer ohne Umweg über den Zwischenhandel bezogen. Für beide Seiten – Kooperativen und Abnehmer – ist die Teilnahme am Fairen Handel an vertraglich geregelte Bedingungen geknüpft. Ziel ist die langfristige Existenzsicherung der Kleinbauern und die Verbesserung ihrer Lebensumstände. Über die Qualität fair gehandelter Produkte sagt das TransFair-Siegel allerdings nichts aus.

Kakao aus Bio-Anbau

Wie bei allen Bio-Produkten sind auch die Standards für Bio-Schokolade in einer EU-Verordnung über den ökologischen Landbau geregelt. Der Anbau von Bio-Kakao verbietet den Einsatz von chemischen Düngern und Insektiziden. Bio-Schokolade enthält Kakao, Zucker (meist Rohrzucker) und eventuell Milchprodukte, die ebenfalls aus biologischer Milchwirtschaft stammen müssen. Gentechnisch verändertes Lecithin oder pflanzliche Ersatzfette anstelle von Kakaobutter sind nicht zulässig. Zu erkennen ist Bio-Schokolade an dem staatlichen Bio-Siegel.

Kakaoanteil und Qualität

Die meisten im Handel erhältlichen Schokoladentafeln enthalten mit einem Anteil von 55–70 % weitaus mehr Kakao als das gesetzlich vorgeschriebene Minimum. In die Höhe geschossen ist der Kakaogehalt in den 1980er-Jahren in Folge einer ganz simplen Annahme: Je höher der Kakaoanteil, desto besser die Schokolade.

Markt und Mode trieben schließlich den Anteil bei einigen Tafeln auf 99 %, die absolute Obergrenze, denn die Zugabe von Zucker, sei sie auch noch so gering (1 %), ist Voraussetzung für die Bezeichnung »Schokolade«.

Seit 2000 hat sich auch die Milchschokolade diesem Trend zu mehr Qualität verschrieben, um mit Kakaoanteilen von über 50 % vor allem den Markt der erwachsenen Schokoladenliebhaber zu erobern.

Was verrät der Kakaoanteil über die Qualität?

- Ein hoher Kakaogehalt lässt durchaus eine gewisse Qualität erwarten. Kenner und Fachleute beziffern den Kakaoanteil einer guten dunklen Schokolade auf 60–80 %. Liegt er darunter, ist die Schokolade zu süß, liegt er darüber, ist sie nur etwas für eingefleischte Kakaoenthusiasten.
- Für das Aroma sind die Sorte und die Qualität der Kakaobohnen viel entscheidender. Edelschokoladen bestimmter Herkunft, die bisweilen nur 63–65 % Kakao enthalten, zeichnen sich häufig durch ein vielschichtigeres Aroma mit längerem Abgang aus als Standard-Schokoladen mit 70 oder 80 % Kakaoanteil.
- Eine sehr hoher Kakaoanteil wirkt sich in jedem Fall günstig auf die »pharmakologischen« Eigenschaften der Schokolade aus (siehe Seite 50). Der Zucker dient in erster Linie als Energielieferant.

Schokoriegel und Pralinen

Das Sortiment der Schokoriegel bietet alle möglichen Füllungen von Nougat, Karamell und Marzipan bis hin zu Zerealien, Nüssen und Trockenfrüchten. Dennoch sind sie in den Augen des Gesetzgebers Schokoladenerzeugnisse. Der Anteil der Schokolade am Gesamtgewicht variiert und ist Sache des Herstellers.

Pralinen definiert der Gesetzgeber schlicht als »Schokoladenerzeugnis mundgerechter Größe«. Für die Bezeichnung »Praline« (oder Praliné) muss der Schokoladenanteil mindestens 25 % betragen; liegt er darunter, gelangt sie als »Konfekt« in den Handel. Die Auswahl möglicher Füllungen ist nahezu unbegrenzt: Nüsse, Nougat, Ganache, Marzipan, Früchte, Alkohol und vieles mehr. Ganz besonderen Genuss versprechen einzeln von Hand gemachte Pralinen – sie gehören zum Edelsten aus dem Sortiment des Chocolatiers.

Schokoriegel-Werbung von Dandy um 1965. »Die volle Energie und ein strahlendes Lächeln – dank Dandy!«

Kakaopulver und Schokoladenprodukte

Kakao und Trinkschokolade sind als Energiespender besonders bei Kindern zum Frühstück beliebt, während die kalorienreichen Nuss-Nougat-Cremes ein bewährtes Mittel gegen den Heißhunger zwischendurch sind. Als Würzzutat oder in Likörform verfeinert Kakao aber auch so manche Sauce.

Kakao, Schokolade und Instant-Pulver

Das Lebensmittelrecht unterscheidet drei Produktgruppen: Kakaopulver, Schokoladenpulver und kakaohaltiges Getränkepulver. Die ersten beiden sind zwar »löslich«, müssen aber nach und nach eingerührt werden, damit sich keine Klümpchen bilden. Instant-Getränkepulver löst sich dagegen in jeder kalten oder heißen Flüssigkeit sofort auf.

Kakaopulver. Reines »Kakaopulver« (100 % Kakao) wird aus gerösteten, gemahlenen Kakaobohnen gewonnen und enthält mindestens 20 % Kakaobutter. Ist der Kakaobuttergehalt niedriger, handelt es sich um »fettarmes« oder »mageres Kakaopulver« (auch die Bezeichnung »stark entölt« ist verbreitet). Reines Kakaopulver hat ein sehr kräftiges Aroma, das vor allem die Puristen unter den Kakaoliebhabern schätzen. Seine angenehm bittere Note lässt sich durch Zugabe von Zucker etwas glätten. Ob als Frühstücksgetränk, als Küchengewürz oder zum Bestäuben von Trüffeln, die Verwendungsmöglichkeiten sind vielfältig.

In der Lebensmittelindustrie dient Kakaopulver zum Aromatisieren von Milchprodukten (Cremes, Mousses, Joghurts), Eisspeisen und Gebäck. Sogar in der Tabakindustrie wird es als Zusatzstoff eingesetzt.

Schokoladenpulver. »Schokoladenpulver« ist eine Mischung aus Zucker und mindestens 32 % Kakaopulver. Ergänzungen wie »mager« oder »stark entölt« weisen auf die Verwendung von Kakaopulver mit weniger als 20 % Kakaobutteranteil hin.

»Trinkschokoladenpulver« oder »gezuckerter Kakao« besteht mindestens zu 25 % aus Kakaopulver und aus Zucker.

Schokoladenpulver darf auch den Emulgator Lecithin enthalten (im Durchschnitt 1–3 %), der für eine bessere Löslichkeit des Produktes sorgt, sowie natürliche oder künstliche Aromen wie Vanille oder Zimt.

Kakaohaltige Getränkepulver. Sie sind schnell löslich, haben einen hohen Brennwert, aber einen geringen Kakaoanteil. Instant-Getränkepulver dürfen verschiedene Mehle (Soja, Gerste, Banane) sowie Malz, Eier oder Milchpulver enthalten, aber auch Honig, Aromastoffe und Pflanzenfett. Häufig werden sie mit Vitaminen und Mineralien angereichert, die den empfohlenen Tagesbedarf ganz oder zum Teil decken.

Filmplakat für den italienischen Film »Bianca« (1984) von Nanni Moretti, in dem der Held versucht, seinem Leben mit einem gigantischen Glas Schokoladencreme ein süßes Ende zu bereiten.

Weniger ist mehr

Achten Sie auf das Verhältnis zwischen Einkaufspreis und Intensität des Aromas. Ein einziger Teelöffel reines Kakaopulver (100 % Kakao) verleiht einer Tasse Milch mehr Geschmack als zwei Esslöffel eines kakaohaltigen Billigproduktes.

Mycryo Kakaobutter

Mycryo, reine, geschmacksneutrale Kakaobutter in Pulverform, ist in der Konditorei eine kleine Revolution. Sie erleichtert das nicht ganz einfache Temperieren von Schokolade (siehe Seite 31), sodass es auch Anfängern gelingt. Sie dient außerdem als Gelatineersatz in Bayerischer Creme, Mousses und Ähnlichem. Bislang ist Mycryo nur im Fachhandel und über das Internet zu beziehen.

Brotaufstriche

Schoko- und Nuss-Nougat-Cremes erinnern in Konsistenz, Farbe und Geschmack zwar an Schokolade, ihr Kakaogehalt ist allerdings meist gering. Die Hauptzutaten sind Zucker, Pflanzenfett und Haselnüsse. Sie sind hochkalorisch (530 kcal pro 100 g), aber reich an Mineralien. Auf dem Markt findet man zunehmend auch Qualitätsprodukte kleiner Hersteller auf Kakaobasis mit oder ohne Haselnüsse und in der Regel ohne Zusatz pflanzlicher Fette.

Konfitüren und Gelees mit Schokolade sind noch relativ neu im Sortiment der Schokoladenprodukte. Meist handelt es sich um Schoko-Fruchtmischungen wie etwa Kirsch-Schokoladenkonfitüre oder Orangenkonfitüre mit Schokolade. Sie sind als Brotaufstrich ebenso geeignet wie als Füllung für Pfannkuchen, Waffeln oder Biskuits.

Kakaolikör und Crème de Cacao

Kakaolikör und Crème de Cacao sind in erster Linie als Digestif, pur oder in den Kaffee gemischt, bekannt, kommen aber auch in Cocktails zum Einsatz. In der Patisserie dienen sie etwa zum Tränken von Biskuits oder zum Nappieren von Eisdesserts, und in der Küche können sie beim Ablöschen oder Flambieren ein kleines Wunder in der Sauce vollbringen.

Kakaolikör. Der klare, bernsteinfarbene Likör wird aus einem Aufguss aus Kakaobohnen und Alkohol mit mindestens 100 Gramm Zucker pro Liter gewonnen (das Endprodukt hat zwischen 22 und 25 % Vol.). Das typische Kakao- und Röstaroma hat einen leicht bitteren Unterton, der zuweilen durch Gewürze oder pflanzliche Aromen unterstrichen wird. Weißer Kakaolikör hat ein verhaltenes Anisaroma, das sich gut in Cocktails macht.

Crème de Cacao. Ein milchiger Cremelikör mit einem Alkoholgehalt von rund 18 % Vol. und mindestens 250 Gramm Zucker pro Liter. Weitere Zutaten sind Schokolade und häufig auch Milch oder Sahne.

Weitere Produkte rund um die Schokolade

Auch folgende als Würzmittel oder in der Patisserie verwendete Produkte aus der Kakaobohne verdienen Erwähnung.

Schokoladenglasur: Ein gebrauchsfertiger Schokoladenguss, der lediglich verflüssigt werden muss. Praktisch in der Anwendung, aber sehr süß.

Tröpfchen, Späne, Raspel, Ornamente: Zum Garnieren und Dekorieren von Kuchen, Gebäck und Desserts; ihr Kakaogehalt ist in der Regel gering.

Confiture d'oignon au cacao: Ein aus Frankreich stammendes süßlich-bitteres Zwiebelkompott mit Kakao, mit dem man eine Hasenpastete, einen Braten oder Wild auf originelle Weise würzen kann (Erhältlich nur in gut sortierten Delikatessläden).

Schokoladensenf und Schokoladenessig: zum Würzen und Abrunden von Saucen. Im Feinkosthandel oder über das Internet zu beziehen.

Mole-Poblano-Paste: Mexikanische Gewürzpaste aus Kakao, Chili und Gewürzen, unverzichtbar für die berühmte gleichnamige Schokoladen-Chili-Sauce.

Kakaobohnensplitter: Ihr knuspriger Biss und ihr schönes Röstaroma machen sich besonders gut in einem Kuchen, in süßen und salzigen Saucen oder als Garnitur für Eiscreme. Es gibt sie im Schokoladengeschäft.

Velvet Hammer, ein gehaltvoller Cocktail, verbindet die sahnige Milde von Crème de Cacao mit der alkoholischen Durchschlagskraft von Wodka. Einige dunkle Schokostreusel darüber sind Pflicht.

Schokolade und ihre Partner

Schokolade, die an sich bereits eine große Vielfalt an Aromen bietet, lässt sich hervorragend mit den verschiedensten und selbst ungewöhnlichen Gewürzen, Früchten, Blüten und Gemüsesorten verbinden. Das Ergebnis ist köstlich, die Kunst des Kombinierens aber nicht ganz einfach. Auch Verbindungen mit Tee, Kaffee, Wein und Spirituosen bieten interessante und raffinierte Möglichkeiten.

Gewürze aufbewahren

Gewürze und getrocknete Kräuter bewahrt man am besten luftdicht verschlossen an einem dunklen, trockenen Ort auf. Die Lagerung im Kühlschrank empfiehlt sich nicht, da die Kälte das Aroma denaturiert. Kaufen Sie grundsätzlich unzerkleinerte Gewürze, die Sie erst im Moment ihrer Verwendung zermahlen oder reiben. Da sich das Aroma bereits gemahlener Gewürze sehr schnell verflüchtigt, sollte man sich immer über das Mindesthaltbarkeitsdatum vergewissern.

Gewürze

Früher wurden Gewürze wegen ihrer heilkräftigen und anregenden Wirkung eingesetzt, heute schätzt man sie auch als sanften bis pikanten Aromaschub bei Bitter- und Milchschokolade. Selbst weißer Schokolade bekommt die Extrawürze durchaus gut. Vorausgesetzt die Balance stimmt, denn die Aromen der Schokolade dürfen niemals durch allzu dominante Begleiter überdeckt werden.

Anis (Samen)

Herkunft: Ägypten, Naher Osten. Anis wurde bereits zu Zeiten der Pharaonen verwendet. Heute wird er im gesamten Mittelmeerraum angebaut.
Handelsformen und Verwendung: Die ovalen, aromatisch duftenden Samen kommen getrocknet vor allem in der Bäckerei, aber auch bei der Herstellung diverser Spirituosen zum Einsatz. In das mexikanische Rezept für Trinkschokolade gelangte Anis im 16. Jahrhundert durch spanische Kolonisatoren. Seit 2004 gibt es auch einen französischen Kakaolikör mit Anis.

Sternanis (Frucht)

Herkunft: China (vermutlicher Ursprung) und Vietnam.
Handelsformen und Verwendung: Die bräunliche, sternförmige Frucht hat ein kräftiges, an Lakritze erinnerndes Aroma. Wie herkömmlicher Anis wirkt sie verdauungsfördernd. In Verbindung mit Schokolade taucht Sternanis in zahlreichen Cremes, Eisspeisen und Ganache auf.

Zimt (Rinde)

Herkunft: Südindien und Sri Lanka (Hauptproduzent)
Handelsformen und Verwendung: Zimt wird in Stangenform (die getrocknete, aufgerollte Rinde) oder als Pulver angeboten. Die dünnen, brüchigen Röllchen des Ceylonzimts haben ein besonders intensives, leicht liebliches Aroma. Weniger würzig präsentiert sich der dickere und dunklere chinesische Zimt. Seit fünfhundert Jahren ist Zimt in Mexiko unverzichtbarer Bestandteil heißer Schokolade. Die Verbindung mit Bitter- oder Vollmilchschokolade ist längst zum Klassiker geworden.

Salz und Schokolade

Die erste »Salz-Praline« – mit Guérande-Salz – entstand Ende des 20. Jahrhunderts in der Bretagne, wo Kuchen traditionell mit gesalzener Butter gebacken wird. Auch bei Schokolade entfaltet Salz seine Qualität, den Eigengeschmack zu unterstreichen; zugleich sorgen die Kristalle für körnigen Biss und Glanz.

Kardamom (Samen)

Herkunft: Kardamomgebirge in Südindien
Handelsformen und Verwendung: Angeboten werden die ganzen Fruchtkapseln oder die gemahlenen Samen. Die sonnengetrockneten grünen Kapseln sind aromatischer als die größeren schwarzen oder weißen und daher vorzuziehen. Der frische, kräftige Geschmack mit Anklängen von Zitrusfrüchten macht sich hervorragend in Saucen auf Schokoladenbasis und in heißer Trinkschokolade.

Koriander (Samen und Blätter)

Herkunft: Nachweislich in Ägypten um 1.500 v. Chr. Möglicherweise ist Koriander das rätselhafte Manna aus der Bibel. In China nennt man das Kraut »Chinesische Petersilie«. Angebaut wird Koriander rund um den Globus.
Handelsformen und Verwendung: Als Kraut, Samen oder Pulver. Das intensive Aroma der Samen mit einem Hauch Bitterorange kommt wunderbar in Verbindung mit dunkler Schokolade, Milchschokolade und bei Pralinen zur Geltung.

Kreuzkümmel, Cumin (Samen)

Herkunft: Türkei, Iran. Schon zu Zeiten des antiken Babylonien schätzte man seine verdauungsfördernde Wirkung.
Handelsformen und Verwendung: Kleine, längliche, grau-gelbe Samen oder gemahlen als Pulver. Das liebliche, an Anis erinnernde und leicht pikante Aroma der Samen wirkt besonders attraktiv bei dunklen Pralinen.

Galgant (Wurzel)

Herkunft: China. Galgant machte sich als Gewürz- und Heilpflanze in Europa bereits im Mittelalter einen Namen, geriet dann aber in Vergessenheit.
Handelsformen und Verwendung: Das schlanke rotbraune Rhizom des Kleinen Galgant hat einen scharfen, bitteren Geschmack mit einer frischen Eukalyptusnote. Der süßere Große Galgant – auch »Chinesischer Ingwer« genannt – erinnert im Geschmack an Kiefern und rote Beeren. Verwendet wird er gerieben oder als Aufguss zum Aromatisieren von Ganache.

Ingwer (Wurzel)

Herkunft: Indien. Kultiviert wird Ingwer auch in Sri Lanka und Jamaika. In der Renaissance wurde er als Ersatz für den damals sehr teuren Pfeffer eingesetzt.
Handelsformen und Verwendung: Als frische Wurzel, eingelegt oder getrocknet und zu Pulver gemahlen. Ingwer wird für salzige und süße Speisen gleichermaßen verwendet. Besonders populär ist er in Großbritannien. Je nach Sorte fällt Ingwer mehr oder weniger scharf aus und entwickelt mit zunehmendem Alter ein leicht seifiges Aroma. Eingelegter Ingwer wird wie kandierte Früchte oft mit Schokolade umhüllt. Mit der frisch geriebenen Wurzel aromatisiert man gern helle Mousse au Chocolat und Ganache.

»Gott hat **die Nahrung** geschaffen, der Teufel **die Gewürze**.«

James Joyce, Ulysses

Gewürznelke (Blüte)

Herkunft: Molukken. Kulturen in Madagaskar und Sansibar.
Handelsformen und Verwendung: Die vor dem Aufblühen gepflückten Blütenknospen färben sich beim Trocknen braun und erinnern an kleine Nägel. Nelken haben ein sehr würziges, leicht brennendes Aroma, das, mit etwas Umsicht dosiert, eine Sauce oder ein Sorbet auf Kakaobasis wunderbar abrundet.

Minze (Blätter)

Herkunft: Mittelmeerraum und England (Auftauchen der Pfefferminze im 17. Jahrhundert)
Handelsformen und Verwendung: Frische oder getrocknete Blätter. Man unterscheidet die weiß- und schwarzstielige Pfefferminze, die in Marokko verbreitete Grüne Minze (Nana-Minze), die sehr fruchtige Apfelminze und die in der Süßwarenherstellung beliebte Poleiminze. Für kulinarische Zwecke ist frische grüne Minze am besten geeignet. Es waren die Briten, die den reizvollen Kontrast des frischen Minzgeschmacks zwischen zwei Schichten dunkler Schokolade entdeckten. Minze eignet sich zum Überziehen mit Schokolade, für Ganachen und auch als Sorbet in Verbindung mit Schokoladeneis.

Muskatnuss (Nuss) und **Muskatblüte** (Umhüllung der Nuss)

Herkunft: Molukken. Kulturen in Indonesien und auf Grenada.
Handelsformen und Verwendung: Am besten greift man zu ganzen Muskatnüssen, die man je nach Bedarf reibt, so bewahren sie auch über einen langen Zeitraum ihr Aroma. Die netzartige Umhüllung – die Muskatblüte – ist feiner im Aroma. Es gibt sie im ganzen, in Stücke zerteilt oder gemahlen. Nuss und Blüte sind klassische Gewürze für heiße Schokolade. Ein Hauch Muskat, kurz vor Ende zugegeben, verleiht einer Mousse oder Schokoladensauce das ganz besondere Etwas.

Chili, Cayennepfeffer (Früchte), **Piment** (Beeren)

Herkunft: Süd- und Mittelamerika. »Jedem Rezept sein Feuer«, sagt man in Mexiko, wo die Zahl der verwendeten Chilisorten angeblich die Hundert übersteigt.
Handelsformen und Verwendung: Frische oder im Ganzen getrocknete Schoten, gemahlen, eingelegt. Cayennepfeffer wird aus roten Chilischoten gewonnen und ist extrem scharf. Piment oder Allgewürz (wegen seiner Ähnlichkeit mit Pfeffer auch Jamaika- oder Nelkenpfeffer genannt) erinnert im Aroma an Pfeffer, Nelken, Zimt und Muskat. Cayennepfeffer und Piment fanden sich in den präkolumbischen Getränken auf Kakaobasis und sind traditioneller Bestandteil der Schokoladensauce *mole poblano*.

Pfeffer (Beeren)

Herkunft: Aus der Familie des echten Pfeffers (*Piperaceae;* auch Beeren anderer botanischer Familien tragen die Bezeichnung »Pfeffer«) kommt die beste Qualität aus Malabar (Indien).
Handelsformen und Verwendung: Echter Pfeffer wird in ganzen Beeren, geschrotet oder gemahlen angeboten. Je nach Reifestadium bei der Ernte unterscheidet man drei Sorten: den unreif geernteten grünen Pfeffer mit einem frischen, scharfen Aroma, den vor der Vollreife geernteten schwarzen Pfeffer mit einem brennenden, leicht holzigen Aroma und den milderen weißen Pfeffer, der aus den geschälten reifen Beeren gewonnen wird. »Rosa Pfeffer«, die Beeren des falschen Pfefferstrauchs, liefern einen mild-pikanten, lieblichen Akzent mit Zitrusanklängen. Ebenfalls weniger pfeffrig

Annatto – der Senior unter den Schokoladengewürzen

Annatto *(roucou)* sind die feuerroten Samen des Orleansstrauches. Die Maya und Azteken verwendeten sie, um ihre Trinkschokolade rot wie das Blut, Symbol der Seele und des Lebens, zu färben. So hießen die herzförmigen Kapseln, die die Samen enthielten, auf Nahuatl, der Sprache der Azteken, »Herzblut«. Heute ist der im Aroma an getrocknete Tomaten erinnernde Annatto noch in der mexikanischen und kreolischen Küche verbreitet, besonders als Fischgewürz. Schokolade färbt Annatto gegenwärtig nicht mehr, dagegen aber die orangefarbene Rinde bestimmter holländischer Käse.

Piment d'Espelette

Die feurigen roten Schoten aus dem baskischen Espelette (sie rühmen sich einer Appellation contrôlée), die gemeinsam mit den ersten Kakaobohnen in die Alte Welt kamen, gehörten im Baskenland schon immer zu dunkler Schokolade. Noch heute hat diese Tradition Bestand.

und mit einer zitronigen Note zeigt sich der aus China stammende Sichuanpfeffer (auch Anispfeffer).
Alle Pfeffersorten sind, frisch gemahlen und kurz vor Ende zugegeben, für Zubereitungen mit Schokolade geeignet.

Safran (Blütennarben)

Herkunft: Syrien. Kulturen: Spanien und Frankreich. Für ein Kilogramm getrockneten Safran benötigt man 100.000 Blüten des *Crocus sativus*.
Handelsformen und Verwendung: Ganze Fäden oder Pulver. Die Palette der Aromen des leuchtend orangeroten Safrans, der teurer als Gold ist, reicht von holzig über blumig bis fruchtig (Zitrusfrüchte) und ist unterlegt mit einer Spur Bitterkeit. Das kostbare Gewürz adelt so raffinierte Verbindungen wie Safran, Orange, Schokolade und Safran, Hummer und Kakao.

Vanille (Schote)

Herkunft: Mexiko. Kulturen: La Réunion, Madagaskar, Komoren, Tahiti.
Handelsformen und Verwendung: Als Schote, Pulver, Extrakt oder Essenz und als Aromastoff (natürlich oder synthetisch) in Vanillezucker. Die *Vanilla fragrans* (Bourbon-Vanille, La Réunion, Madagaskar und Komoren) hat das intensivste Vanillearoma und stellt den Großteil des Angebotes. Die *Vanilla tahitensis* (Tahiti) entwickelt mehr blumige und anisähnliche Noten.
Schon zu Zeiten der Azteken war Vanille eine beliebte Partnerin des Kakaos. Heute würzt sie dunkle Schokoladen und alle möglichen Desserts und Süßigkeiten auf Schokoladenbasis.

Nüsse, Samen, Trockenfrüchte

Ölhaltige Samenfrüchte liefern wertvolle Mineralstoffe und Fette mit hohem Anteil an ungesättigten Fettsäuren. Ihr delikates Aroma erinnert an Kakaobohnen bestimmter Criollo- und Trinitario-Sorten – die perfekte Harmonie sowohl mit dunkler Schokolade als auch mit Milchschokolade.

Mandel

Herkunft: Zentralasien (alle Sorten). Kulturen: Nordafrika (Bittermandeln); USA, Spanien, Frankreich und Italien (Süßmandeln).
Handelsformen und Verwendung: Bittermandeln werden als Aromastoff für Cremes und Milchprodukte eingesetzt und zu Likör verarbeitet. Das Angebot an Süßmandeln ist so vielseitig wie ihre Verwendungen in der Küche, Konditorei und Bäckerei: ganze Kerne (geschält oder ungeschält), gehobelt, gestiftelt oder gemahlen und als Rohmarzipan. In Verbindung mit Schokolade kennt man sie als Füllung und Garnitur für Pralinen und in Tafeln.

Esskastanie und Marone

Herkunft: China (weltweit größter Produzent), Frankreich (Cevennen); Kulturen im Limousin, auf Korsika sowie in Italien und Spanien. Wild wachsende Kastanien enthalten drei

kleinere Samen, während Maronen lediglich eine große Nuss ausbilden.
Handelsformen und Verwendung: Als Konserve (ganze Maronen und Kastaniencreme), tiefgefroren und vakuumverpackt. Kastanienmehl. Ganze Maronen kommen vor allem für die berühmten französischen *marrons glacés* (kandierte Maronen) zum Einsatz. Gesüßte Maronencreme ist in Verbindung mit Schokolade und Rum eine wichtige Zutat für den *bûche de Noël*, einen Weihnachtskuchen aus Frankreich.

Haselnuss

Herkunft: Asien. Kulturen in der Türkei, Italien, Spanien und Frankreich.
Handelsformen und Verwendung: Ganze Nüsse, gehackt und gemahlen. Haselnüsse waren die ersten Nüsse, die in Schokolade gegossen wurden, eine Erfindung des Schweizer Schokoladenfabrikanten Kohler aus dem Jahr 1830. Ihr knackiger Biss und ihr feines Aroma machen sie zu einer der häufigsten Zutaten in der Schokoladenverarbeitung (Tafeln, Gianduja, Pralinen, Rochers, Brotaufstriche).

Kokosnuss

Herkunft: Malaysia. Kulturen in Indonesien und in den feuchtwarmen Tropen.
Handelsformen und Verwendung: Das weiße Fleisch der Kokosnuss wird frisch (als ganze Nuss), in der Dose sowie getrocknet und geraspelt angeboten. Das in der hohlen Nuss enthaltene Kokoswasser ist ein guter Durstlöscher. Nicht zu verwechseln mit »Kokosmilch«, die durch Einweichen der zerstoßenen Pulpe in Milch oder Wasser gewonnen wird und ebenfalls sehr erfrischend schmeckt.
Am häufigsten wird Kokosnuss mit weißer Schokolade kombiniert (Tafeln, Konfekt, Desserts), gelegentlich auch mit Milchschokolade (Riegel).

Walnuss

Herkunft: Persien, Kalifornien (weltweit wichtigster Produzent). Die französischen Nüsse aus dem Périgord und aus Grenoble besitzen das AOC-Gütesiegel.
Handelsformen und Verwendung: Ganze Nüsse, ganze Nusskerne, Stücke, gemahlen, als Likör. Das Aroma der Walnuss und ihre leicht bittere Note harmonieren sehr gut sowohl mit dunkler als auch mit Milchschokolade, ob im ganzen Kern als Garnitur oder als Kuchenzutat wie bei dem Grenobler Walnusskuchen mit Schokolade.

Pekannuss

Herkunft: Die mit der Walnuss verwandte Pekannuss ist vor allem im Nordosten der USA sehr verbreitet.
Handelsformen und Verwendung: Die länglichen, zweilappigen Nusskerne mit brauner Haut und elfenbeinfarbenem Fleisch gelangen ganz oder gehackt in den Handel. Im Geschmack ähneln sie der europäischen Walnuss, sind aber süßer. In Gesellschaft von Schokolade verwendet man sie vor allem für Brownies, Kuchen und Eisspeisen.

Nüsse aufbewahren
Ölsamenfrüchte sind relativ lange haltbar (ca. ein Jahr), am besten aber schmecken sie etwa einen Monat nach der Ernte. Danach lässt das Aroma langsam nach, bis die Nüsse schließlich durch das darin enthaltene Öl einen unangenehm ranzigen Geschmack annehmen. Am besten bewahrt man Nüsse in ihrer Schale auf, zumindest aber mit ihrer braunen Außenhaut, die vor Austrocknung schützt. Bei geschälten oder gemahlenen Nüssen sollte man sich auf der Verpackung immer über das Mindesthaltbarkeitsdatum informieren.

»... es gibt ein ganzes Konzert von **Kostproben**, dessen **Grundharmonien** man unbedingt kennen lernen muss«.

Michel Richart, Chocolat mon amour, 2001.

Schokolade und Früchte – eine Liaison, die Gespür verlangt

Frische Früchte bieten eine große Bandbreite an Aromen, von ausgeprägt und markant wie Himbeeren bis mild und zurückhaltend wie Pfirsich. Die Wahl der richtigen Vor- oder Zubereitung der Früchte – roh, in Stücke zerteilt, als Coulis, Kompott oder teilkandiert – ist für die erfolgreiche Vermählung mit Schokolade entscheidend. Zum Aromatisieren einer Ganache mit Sahne müssen besonders wasserhaltige Früchte zum Beispiel gegart werden, von Zitrusfrüchten nimmt man dagegen nur die Zeste, nicht den Saft, damit die Sahne nicht gerinnt. Eine Gewürzzugabe kann durchaus helfen, eine zunächst eigenwillig erscheinende Kombination in die perfekte Balance zu bringen. Dank der großen Vielfalt an Farben, Formen und Aromen sind Früchte in allen Variationen ein idealer Partner der Schokolade, ob für Dessertzubereitungen, Gebäck oder Kuchen.

Macadamianuss

Herkunft: Australien. Kulturen gibt es auch auf Hawaii. Wegen ihrer Herkunft wird sie auch Australnuss genannt.

Handelsformen und Verwendung: Die runden, cremefarbenen Kerne erinnern im Geschmack an Haselnuss und Kokosnuss. Sie werden oft im Ganzen mit Schokolade umhüllt; in gehackter Form verwendet man sie genauso wie Pekannüsse.

Pistazie

Herkunft: Orient. Iran (weltweit größter Produzent), USA (Kalifornien), Türkei. Besonders geschätzt werden Pistazien aus Sizilien.

Handelsformen und Verwendung: Ganze oder gehackte grüne Samen oder in der halbgeöffneten Schale mit der rötlich braunen Außenhaut (gesalzen als Knabbersnack). In Berührung mit Schokolade kommen Pistazien als Bestandteil von Marzipanmassen, bei Eiscremes oder als Dekoration von Pralinen.

Rosinen

Herkunft: Kleinasien. Kulturen in der Türkei (helle Sultaninen aus Smyrna), Spanien (Muskateller-Rosinen aus Malaga), Griechenland (Korinthen), Australien (dunkle Sultaninen), Kalifornien.

Handelsformen und Verwendung: Lose oder in Tüten. Die kernlosen Trauben werden in der Sonne oder in Trockenanlagen getrocknet. Größere Rosinen werden auch mit Schokolade umhüllt, während man die kleineren Korinthen häufiger in Tafeln findet. In Tee, Wein oder Rum eingelegt sind sie besonders in Kuchen, Crumbles und Schokoladenkeksen beliebt.

Frische Früchte

Viele Früchte sind in der Welt der Schokolade gerade erst angekommen, andere machten mit der »Götterspeise« bereits Karriere.

Zitrusfrüchte

Die in China beheimatete Orange und die aus Kaschmir stammende Zitrone sind zweifellos die wichtigsten Vertreter aus der großen Familie der Zitrusfrüchte. Hinzu kommen zahlreiche Kreuzungen wie Grapefruits, Pomelos, kernlose Clementinen, die es nur von November bis Februar gibt, oder Tangerinen. Mit einer Jahresproduktion von knapp 100 Mio. Tonnen stehen die Zitrusfrüchte mengenmäßig an der Spitze aller weltweit geernteten Früchte.

In der Schokoladenverarbeitung schätzt man besonders ihre aromatische Zeste, genauer gesagt die in den Poren eingelagerten ätherischen Öle. Für diesen Zweck eignen sich am besten Früchte mit dicker, weicher Schale, die in jedem Fall unbehandelt sein sollten (gespritzte oder gewachste Ware muss gekennzeichnet sein).

Orangen werden wegen ihres frischen, süßsäuerlichen Aromas am häufigsten mit Schokolade kombiniert. Interessante Alternativen bieten Zitronen, geschmort, um die Säure etwas milder zu stimmen, oder als Gelee, die eher bittere als saure Pampelmuse, die wunderbar dekorative Kumquat und das duftige, säuerliche Aroma der japanischen Yuzu.

Exotische Früchte

Sie kommen aus den fernsten Winkeln der Erde und bieten größte geschmackliche Vielfalt, doch eines haben exotische Früchte gemein: Sie werden unreif geerntet und gelangen erst während der Lagerung bei milden Temperaturen zur Vollreife. Man sollte sie also nicht im Kühlschrank aufbewahren.
Zu den häufigen mit Schokolade kombinierten Exoten zählen die Banane in der »Titelrolle« des legendären Banana-Split (siehe Seite 203), die Passionsfrucht als Püree in Verbindung mit heller Ganache und Litchis für dunkle Ganache. Frische tropische Früchte schmecken auch gewürfelt und in ein Schokoladenfondue getaucht ganz wunderbar (siehe Seite 174), allen voran Ananas und Kapstachelbeeren (Physalis).

Beerenfrüchte

Rote Beerenfrüchte, in den gemäßigten Breiten ein Symbol der schönen Jahreszeit, sind ausnahmslos in Europa beheimatet, selbst wenn sie wie die Erdbeere Verwandte in Amerika haben. Die Kirsche stammt aus Kleinasien, doch die Kultur der Süßkirsche reicht bis nach Norwegen hinauf.

Kirschen: Unter ihnen kommen vor allem die Vertreter der sauren Sorten wie die Morella oder die französischen Montmorency oder Griottes mit Schokolade in Berührung, aber erst nachdem sie in Zuckersirup kandiert oder in Alkohol eingelegt wurden. Bekannte Bespiele sind die Schwarzwälder Kirschtorte (siehe Seite 87) oder die *griottes au kirsch*, in Kischwasser eingelegte und mit Schokolade umhüllte Kirschen.

Himbeeren und Brombeeren: Sie sind besonders als Püree in Ganache, als Kuchenbelag, überzogen mit einer Schokoladenglasur und als Fruchtcoulis zu Schokoladenmousse beliebt.

Erdbeeren: Besonders die aromatischen Sorten schmecken in weiße Schokolade getaucht ausgezeichnet.

Schwarze Johannisbeeren: Ihre erfolgreiche Vermählung mit dunklen Pralinen gelang Ende des letzten Jahrhunderts einem großen Pariser Chocolatier, dem die kleinen Früchte zu sauer waren.

Andere saisonale Früchte

Schokolade wurde schon immer mit den lokalen Erzeugnissen kombiniert, so finden sich saisonale Früchte besonders in regionalen Spezialitäten mit Schokolade: Äpfel in der Normandie, Mirabellen in Lothringen, Feigen und Pfirsiche im Süden der Loire etc.

Nur die Romanze zwischen der saftigen, mit Vanille pochierten Birne mit heißer Schokoladensauce hat es mit dem Klassiker »Birne Helene« (siehe Seite 210) zu internationalem Ruhm gebracht, und vielleicht die französische Birnen-Charlotte mit Schokolade. Für Zubereitungen mit Schokolade eignen sich die aromatischen, vollmundigen Birnensorten wie Williams-Christ (Sommer), Beurré Hardy (Gellerts Butterbirne; Herbst) und Edelcrassane (Winter) am besten.

Die Aprikose mit ihrem duftig frischen Aroma gelangte durch die berühmte Sachertorte (siehe Seite 102) zu einigen Ehren, in anderen Rezepten mit Schokolade taucht sie jedoch kaum auf.

Ähnliches gilt für den Apfel, den gefeierten Dauergast in der traditionellen Patisserie, der erst langsam für Desserts mit Schokolade entdeckt wird, etwa mit Honig und Gewürzen sautiert oder fein gewürfelt und lauwarm zu einem Kakao-Sorbet serviert.

Rote Beeren und Schokolade – ein delikates Paar

Um dunkler Schokolade standhalten zu können, sollten die Beeren in erstklassigem Zustand sein: prall, vollreif und von leuchtender Farbe. Vor allem frühe Erdbeeren sind oft mehlig und fest und daher zu meiden. Es ist ratsam, die Früchte nur kurz und noch unentstielt abzuspülen, so zerdrücken sie nicht so leicht. Walderdbeeren, Himbeeren und Brombeeren werden ohnehin nur leicht abgerieben und sollten, da sie sehr empfindlich sind, innerhalb von 24 Stunden gegessen oder verarbeitet werden. Auch die Sorte spielt eine wichtige Rolle. Aromareiche und etwas säuerliche Früchte harmonieren am besten mit Schokolade.

Das Geheimnis der Jasminschokolade

Im 17. Jahrhundert, so Piero Camporesi, traf ganz Italien der Tod von Cosimo II. de'Medici, ohne dass jenes wohlgehütete »Staatsgeheimnis« des Großherzogs gelüftet war: Wie macht man Jasminschokolade?
Die Antwort liefert die Technik der »Enfleurage«, eine Methode zur Gewinnung von Duftstoffen aus Blüten, die noch heute in der Parfumindustrie verbreitet und ganz einfach ist. Es genügt, die frischen Blüten mit der Schokolade in einem Gefäß fest zu verschließen und jeden Tag durch neue zu ersetzen. Nach zehn Tagen hat die Schokolade das Jasminaroma angenommen, das sie monatelang bewahrt.

Blüten und Gemüse

Blüten

Die Azteken, so die Mayaforscher Sophie und Michael Coe, steigerten das Aroma und die anregende Wirkung des Kakaos durch Zugabe von Vanille (würzig und stimmungsaufhellend), Magnolienblüten (kardiotonisch) und einer Borretschart mit dem Aroma von Wildrosen. In Europa, wo das Angebot frischer Blüten in der Stadt klein war, verwendete man Blüten häufiger in getrockneter Form (aus der Kräuterhandlung), als Konfitüre, kandiert oder als Blütenessenz. Essenzen erforderten in Verbindung mit Schokolade allerdings sparsames Dosieren. Frische, zum Verzehr bestimmte Blüten dürfen chemisch nicht behandelt sein. Die frischen oder getrockneten Blüten lässt man am besten in der für das jeweilige Rezept vorgesehenen Milch oder Sahne ziehen. Auch die traditionelle Enfleurage (siehe Kasten links) ist eine geeignete Methode. Die am häufigsten zum Aromatisieren von Schokolade verwendeten Blüten sind:

- Orangenblüten: frische Blüten, Orangenblütenwasser
- Jasmin: frische oder getrocknete Blüten.
- Lavendel: frisch oder getrocknet (erfordert vorsichtiges Dosieren)
- Magnolien: in Mexiko gibt man vor dem Servieren die frischen Blüten oder die geriebene Frucht in die heiße Trinkschokolade.
- Rosen: Blütenblätter, getrocknete Knospen, Konfitüre, Marzipan, Rosenwasser.
- Veilchen: mit Zucker oder in Sirup kandierte Blüten.

Gemüse

Rote Paprika und der nach Anis schmeckende Gemüsefenchel werden von Konditoren und Chocolatiers als Zutat für Ganache verwendet. Auch in salzigen Verbindungen harmonieren sie sehr gut mit Schokolade. Das gilt auch für alle zuckerreichen Gemüse wie Möhren, Zuckermais und den im Aroma an Kastanien erinnernden Potimarron-Kürbis.

Unter den exotischen Gemüsesorten bieten sich vier Vertreter an, die einen fruchtigen Akzent gegen das bittere Aroma des Kakaos setzen: Kochbananen (Planten; säuerlich), Süßkartoffeln, bevorzugt die rotfleischigen Sorten (leicht süßliches Aroma), Avocados (Haselnussnote) und Tomaten, möglichst sonnengereift wie ihre mexikanischen Vorfahren.

Das würzige Aroma von Wildpilzen wie Pfifferlinge, Steinpilze, Morcheln etc. macht sich ausgezeichnet in salzigen Saucen auf Schokoladenbasis.

»Und der liebliche **Jasminduft**, vermischt mit **Zimt**, **Vanille**, **Amber** und **Moschus**, verschmilzt mit der Schokolade zu einem köstlichen Genuss.«

Opere di Franceso Redi, 17. Jahrhundert.

Kaffee

Von der »Kirsche« zur gerösteten Bohne

Die Kaffeepflanze, deren bekannteste Vertreter aus Äthiopien *(Coffea arabica)* bzw. Zentralafrika (*Coffea canephora;* Robusta) stammen, ist ein strauchartiges Gewächs mit kleinen roten Früchten, den so genannten Kaffee-Kirschen. Jede Kirsche enthält zwei Kerne mit je einem Samen darin, die Kaffeebohnen. Die vom Fruchtfleisch befreiten grünen Bohnen werden bei etwa 250 °C geröstet. Dabei färben sie sich braun und entwickeln ihr typisches Aroma. Anschließend sind die Bohnen gebrauchsfertig.

Die beiden wichtigsten Kaffeesorten (botanisch »Arten«) sind:

- Arabica, eine empfindliche Bohne mit einem Koffeingehalt von 1–1,7 %. Sie kommt vornehmlich aus Amerika (Kolumbien, Mexiko, Brasilien) und Ostafrika.
- Robusta, widerstandsfähig, körperreich und bitter, enthält 2–4 % Koffein. Kultiviert wird sie in Westafrika, Asien und Brasilien.

Angeboten wird Kaffee als ganze Bohnen, gemahlen und als lösliches Granulat oder Pulver. Es gibt sowohl sortenreine Produkte als auch Verschnitte unterschiedlicher Herkunft. Komplettiert wird das Angebot durch entkoffeinierte Kaffees, deren Koffeingehalt unter 0,1 % liegt. Kaffee-Extrakt kommt vor allem in der Patisserie zum Einsatz.

Kaffee und Schokolade – ein Herz und eine Seele

Kaffee und Schokolade wurden bereits früh miteinander vermischt, besonders in Italien, wo 1763 in Turin der »Bicerin«, benannt nach dem Glas, in dem er serviert wurde, Furore machte, eine Mischung aus heißer Schokolade, Kaffee und Sahne, die auch heute noch sehr beliebt ist. Dass Kaffee und Schokolade sich so gut vertragen, verdanken sie ihrer Seelenverwandtschaft: durch Zucker im Zaum gehaltene Bitterstoffe, Säure, Röstaroma und eine gewisse fruchtige Note. Fast schon obligatorisch ist das kleine Schokoladentäfelchen, das vielerorts zum Kaffee dazugereicht wird. Dabei gibt es viel raffiniertere und lohnendere Allianzen: das wunderbar nussige Kaffeearoma eines Jamaika Blue Mountain zu einer Mandelpraline; ein Kaffee aus Panama und eine mit Zitronenzeste aromatisierte Ganache – beide mit einem Hauch von Zitrusfrucht –, oder ein milder und lieblicher Kaffee mexikanischer Provenienz mit Vollmilchschokolade …

Wasser

Reines Wasser ohne Fremdgeschmack passt hervorragend zu Schokolade und ist ideal zum Neutralisieren des Gaumens, etwa bei professionellen Verkostungen. Quellwasser oder natürliches Mineralwasser sollte ohne Kohlensäure etwa 15 °C kalt serviert werden, mit Kohlensäure bei 10 °C, nicht kälter, da zu stark gekühlte Getränke den Geschmackssinn beeinträchtigen.

Tee

Vielfalt der Blätter

Die ursprünglich aus China stammende Teepflanze ist ein strauchartiges Gewächs und wird bis in 3.500 Meter Höhe kultiviert. Botanisch unterscheidet man die *Camellia sinensis* (China) und die *Camellia assamica* (Assam). Der Tee wird je nach Fermentationsgrad in drei Gruppen unterteilt:

Unfermentierter Tee: erfrischend und arm an Koffein (Teein). Dazu zählen weißer Tee und grüner Tee, die sich durch ein frisches Blattaroma auszeichnen. Der japanische Matcha, ein fein gemahlener grüner Tee, liefert einen herben Aufguss von intensiver Farbe.

Halbfermentierter Tee: dazu gehören die Oolongs aus China und Taiwan. Koffeinarm, süßliches Aroma mit Anklängen von roten Beeren und Trockenfrüchten.

Schwarztee: durchfermentiert. Er kann aus ganzen Blättern (tips), gebrochenen Blättern (broken) oder zerriebenen Blattpartikeln (fannings) bestehen. Letztere liefern besonders würzige Aufgüsse. Je nach Anteil der Knospen, Blattspitzen und jungen Blättern wird Schwarztee in Qualitätsstufen eingeteilt. Relativ feine Qualität liefert der »Flowery Orange Pekoe« (FOP), gefolgt von »Orange Pekoe« und »Pekoe«. Der groß-

Pro und Contra Champagner

Champagner und Schokolade scheinen bei festlichen Anlässen ein unzertrennliches Paar zu sein. Dennoch raten Weinkenner von dieser Kombination ab, da die im Champagner enthaltene Säure die Bitterkeit der Schokolade betont und ihr einen metallischen Geschmack verleiht. Muss man also auf die erfrischenden, prickelnden Perlen und ein Schokoladendessert verzichten? Nein, nicht solange man sie in zwei Etappen genießt, zuerst das Dessert, dann den Champagner.

blättrige Lapsang Souchong ist ein geräucherter Tee. Schwarztee wird auch nach Herkunft unterschieden: Darjeeling und Assam (Indien), Ceylon (Sri Lanka) und China.

Aromatisierte Tees: Grüntees oder teilfermentierte Tees werden mit unterschiedlichen Aromen angereichert, zum Beispiel mit Bergamotte (Earl Grey), Jasmin oder Minze und vielem mehr. Immer populärer werden Fantasiekreationen mit allen möglichen natürlichen und künstlichen Aromazusätzen, darunter sogar Tees mit Schokoladenaroma.

Tee und Schokolade

In der Patisserie wird Tee in Verbindung mit Schokolade hauptsächlich zum Aromatisieren von Cremes, Mousses und Ganache eingesetzt. Darüber hinaus gibt es wenig Berührungspunkte. Feine Tees können dem ausgeprägten Schokoladenaroma nicht standhalten. Lässt man sie länger ziehen, werden sie zu herb und bitter, was wiederum der Schokolade abträglich ist. Sehr gut harmonieren dunkle Ecuador-Schokolade und Earl Grey – beide haben eine feine Bitterorangennote, die sich wunderbar ergänzt –, reizvoll ist auch der Kontrast zwischen der relativ süßen weißen Schokolade und dem recht bitteren grünen Matcha-Tee.

»Teatime« ist auch die Stunde des Schokoladengebäcks, und hier kann man mit einem Schwarztee, etwa mit einem Ceylon aus Nurawa Eliya, geglättet mit einem Schuss Milch, oder einem malzigen Assam, Blatt- oder Broken-Tee, beide 3–5 Minuten gezogen, nichts falsch machen.

Wein

Im 18. Jahrhundert kreuzten sich die Wege des Kakaos und des Weines am Hafenkai. Der eine kam aus Amerika, der andere war auf dem Weg dorthin, zwei Rivalen, die ein ganzes Reservoir an Aromen von einem Kontinent zum anderen trugen, Aromen, die eine erstaunliche Affinität zeigten. Die durch ihre Säure und Adstringens zunächst noch verschlossenen jungen Weine entwickeln mit zunehmender Reife fruchtige Noten und Röstaromen, die denen des Kakaos ähneln oder sie ergänzen. In der Verwandtschaft dieser Aromen liegen die Berührungspunkte zwischen Wein und Schokolade.

Zu einem Schokoladendessert harmonieren am besten Süßweine mit vollem, weichem Aroma wie Banyuls, Rivesaltes, Maury, Rasteau oder eine Beerenauslese. Aber auch Tawny-Ports sowie Likörweine sind eine geeignete Wahl. Die »betagteren« Vertreter (drei bis zehn Jahre alt) sind wegen ihres reiferen Bouquets mit Anklängen von Gewürzen, Trockenfrüchten, Nüssen, Kaffee oder geröstetem Kakao vorzuziehen. Sie werden gekühlt, ohne Eis, und in kleinen Mengen genossen.

Als Begleiter eines ganzen Menüs, von der Vorspeise bis zum Dessert, bieten sich verschiedene Rotweine an. Dabei ist auf ein ausgewogenes Verhältnis zwischen der Gerbsäure des Weines (Tannin), die mit zunehmender Reife abnimmt, und der Bitterkeit der Schokolade zu achten. Optionen sind ein Collioure (starker, trockener Rotwein aus Banyuls) mit einer röstigen Note oder ein Saint-Émillion mit einem Aroma von Kakao und Gewürzen. Auch nicht zu süße Weißweine, etwa eine Spätlese, können wunderbar harmonieren.

Übrigens sind für ein Schokoladen-Menü neben dunkler Schokolade auch Milchschokolade (helles Fleisch, Fisch und Krustentiere) und weiße Schokolade (Fisch und Krustentiere) geeignet.

Schokolade und Gesundheit

Kraftfutter und Aufbaunahrung? Sanfte Droge, nur für Erwachsene? Lebenselixier und Jungbrunnen? Ob als Teufelszeug verschrien oder als Allheilmittel gepriesen, zwischen Mythos und Wirklichkeit hat die Schokolade auch den Debatten immer wieder Nahrung gegeben.

Schokolade als Lebensmittel

Dunkle, helle oder weiße Tafelschokolade enthält im Durchschnitt zwischen 520 und 550 Kcal pro 100 g, das entspricht 2.130 bis 2.290 kJ. Den Rekord hält Vollmilchnussschokolade mit 580 Kcal.

Schokolade ist, in flüssiger wie in fester Form, also vor allem ein Nahrungsmittel, das dank eines hohen Anteils an leicht resorbierbarem Zucker (je nach Gesamtzuckergehalt zwischen 26 und 50 %) und Lipiden (Kakaobutter) schnell und wirksam den Hunger stillt. In Mexiko ersetzt noch heute eine große Tasse heiße, mit Zimt gewürzte Schokolade mit Gebäck eine vollwertige Mahlzeit. In Europa sind Schokoladentafeln und Riegel hingegen eher beliebt als Nascherei gegen den kleinen Hunger zwischendurch. Der hohe Energiegehalt, konzentriert auf relativ wenig Volumen, macht Schokolade auch zu einem praktischen Brennstoff bei Kälte und zum idealen Kraftspender bei längeren körperlichen Anstrengungen wie Wanderungen oder Bergsteigen.

Ein Quell der Mineralien und Vitamine

Schokolade, vor allem die dunkle, enthält zahlreiche Mineralstoffe und Spurenelemente. Legt man die empfohlene Tagesdosis dieser Inhaltsstoffe zugrunde, so ergibt sich für eine Tafel dunkle Schokolade (100 g) folgender Anteil am durchschnittlichen Tagesbedarf:

- 33 % Magnesium, wirkt belebend, spannungs- und angstlösend (Anxiolytikum)
- 30 % Phosphor, fördert nachweislich das Erinnerungsvermögen.
- 27 % Kalium, wirkt Muskelermüdung und Krämpfen entgegen.
- 25 % Kupfer, 20 % Eisen, 13 % Kalzium (wird vom Organismus jedoch kaum assimiliert) sowie geringe Mengen Fluor und Jod.

Darüber hinaus liefert dunkle Schokolade einen nicht zu vernachlässigenden Anteil wertvoller Vitamine:

- Vitamin E (100 g Schokolade entsprechen 18 % des Tagesbedarfs), Antioxidans, schützt vor Arteriosklerose.

Schokolade und Diät

Vor Zucker und Kakaobutter nur so strotzend scheint Schokolade kaum ein geeignetes Mittel für eine Abmagerungskur, nicht einmal in der »Light«-Version, bei der Süßstoffe und Polyole den Zucker ersetzen, die Zahl der Kalorien aber nur um geringe 15 % reduzieren – ganz zu schweigen von den geschmacklichen Einbußen. Der Griff zu einer dunklen Schokolade mit sehr wenig Zucker löst das Problem auch nicht, da der deutlich höhere Kakaobutteranteil die Kalorien eher in die Höhe treibt, als sie zu bändigen. Hier muss man allerdings differenzieren, denn, so die These von Doktor Myriam Chapelin, die Triglyceride, Hauptbestandteil der Kakaobutter, sind nur schlecht in körpereigenes Fettgewebe umwandelbar – mit anderen Worten: sie machen nicht dick!

»Ich halte mich strikt an meine Schokoladendiät, der allein ich meine Gesundheit zu verdanken glaube.«

Marie de Villars, Lettres à Madame de Coulanges, 17. Jahrhundert.

Werbeplakat der Firma Phoscao.

- Vitamin D (14 % des Tagesbedarfs), nötig für den Knochenaufbau.
- Vitamine B1, B2, B5 und PP (Niacin), wichtig für das Nervensystem und gesunde Haut und Haare.

Schokolade als Genussmittel

Nascherei mit Nebenwirkungen

Schon aus dem Babyfläschchen genossen, dem Milchpulver sei Dank, später dann als Weihnachtsmann oder Osterei, Schokolade ist untrennbar mit Kindheit und Familienfesten verbunden. Sie taucht also schon früh als Naschwerk auf, das unmittelbaren und intensiven Genuss verspricht. Doch über diesen kurzen Moment hinaus entfaltet Schokolade auch eine nachhaltigere Wirkung, die sich aus ihren pharmakologischen Eigenschaften ergibt, »psycho-physiologische Effekte« wie Glücksgefühle oder »pseudo-zwanghaftes« Verhalten, wie sie der Biomediziner Henri Chaveron von der Université de Compiègne nennt.

Das scheint den mehr als zweitausend Jahre alten Ruf der Schokolade als Freude spendende Götterspeise, Seelentröster gebrochener Herzen und erotisierender Liebestrank zu bestätigen!

Stimulierend und euphorisierend – die Chemie im Gehirn

Kakao, also auch Schokolade, enthält zahlreiche psychoaktive Substanzen, die bei regelmäßiger Einnahme die Psyche des Menschen beeinflussen.

- Die Alkaloide Theobromin (1,6 %) und Koffein (0,4 %), sie regen das Nervensystem an und fördern die Wachheit, die Konzentration und die Reflexe.
- Phenylethylamin (PEA), das in sehr geringen Mengen in Schokolade vorkommt, wirkt wie ein Amphetamin euphorisierend. Es wird in der Psychiatrie als Antidepressivum eingesetzt. In größeren Dosen kann es eine aphrodisierende Wirkung haben.
- Salsolinol, ein dem Neurotransmitter Dopamin ähnlicher Stoff, wird für die Entstehung von Glücksgefühlen und für Formen von Schokoladensucht verantwortlich gemacht.
- Anandamid, ein Neurotransmitter, der an den Cannabinoid-Rezeptoren im Gehirn andockt (wie der Wirkstoff des Cannabis), wirkt wie Cannabis euphorisierend und führt zu erhöhter sensorieller Wahrnehmung.
- Serotonin verhält sich wie ein Endorphin, also wie ein vom Körper selbst produzierter opiumähnlicher Stoff, der im Zentralnervensystem das Wohlbefinden reguliert. Serotoninmangel kann Depressionen auslösen. Das in Schokolade enthaltene Serotonin kann diese Unterversorgung ausgleichen. Außerdem regt der Genuss zusätzlich die Ausschüttung des körpereigenen Serotonins und anderer Endorphine an: Schokolade macht also glücklich!

Le Chocolat.
Stich von 1826 aus »Die Physiologie des Geschmacks« von Brillat-Savarin (1755–1826).

Schokolade als Therapie

Wissenschaftliche Studien erhärten den Ruf der Schokolade als gesundes Lebenselixier.

Polyphenole gegen Freie Radikale

Kakao enthält Flavonoide – sie zählen zu den Polyphenolen, Aromaverbindungen, die für den Organismus schädliche freie Radikale einfangen und so vor vorzeitiger Zelloxidation schützen. Sie wirken also antioxidativ. Außerdem beugen sie Krebs- und Herzerkrankungen vor. Sie wirken blutdrucksenkend, fördern die Durchblutung und erhalten die Elastizität der Arterien, verringern also das Risiko der Arteriosklerose (Verhärtung der Arterie durch Ablagerung an der Gefäßinnenwand), der Thrombose (Bildung von Gerinnseln in den Blutgefäßen) und von Infarkten.

Polyphenole, deren antioxidative Wirkung lange bekannt ist, kommen im Rotwein, im Tee, in weitaus größeren Mengen aber im Kakao vor. Damit sie auch in die Schokolade gelangen, müssen die Bohnen in einer für diese Substanzen schonenden Weise getrocknet und geröstet werden. Für den Verbraucher ist allerdings nicht erkennbar, in welchem Maße sie in der Schokolade enthalten sind.

Kakaobutter und gutes Cholesterin

Die besondere Zusammensetzung der Kakaobutter macht dunkle Schokolade zum idealen Verbündeten im Kampf gegen das Cholesterin und zur Vorbeugung gegen Arteriosklerose. Sie enthält:

- 35 % Ölsäure und 3 % Linolsäure, zwei ungesättigte Fettsäuren, die Gefäßerkrankungen vorbeugen.
- 34 % Stearinsäure, eine gesättigte Fettsäure, die durch Verdauung teilweise in die ungesättigte Ölsäure umgewandelt wird.
- 28 % Palmitinsäure, eine gesättigte Fettsäure.

Insgesamt begünstigt die Fettsäurezusammensetzung das »gute«, vom Körper abbaubare HDL-Cholesterin und senkt das »schlechte« LDL-Cholesterin, das zu Ablagerungen in den Arterien neigt.

Gleiches gilt für Milchschokolade und weiße Schokolade, deren Milchfett ebenfalls Cholesterin enthält.

Macht Schokolade süchtig?

Es gibt Fress-Süchtige, die täglich bis zu einem Kilogramm Schokolade essen, meistens Vollmilchschokolade, die zu 50 % aus Zucker besteht. Diese Dosis ist ohne Frage gesundheitsschädlich, führt zu Fettleibigkeit und nicht selten in die Isolation. In solch extremen Fällen, die eine ärztliche Behandlung erforderlich machen, beruht das Suchtverhalten auf einer Zuckerabhängigkeit. Das Motiv der »Schokosüchtigen« (mehr als 100 g Schokolade pro Tag) ist ein ganz anderes: Sie geben sich einer Droge hin, die so sanft ist, dass sie kaum oder gar keine Nebenwirkungen hat. Ihre Absetzung führt zu keinen ernsthaften Entzugserscheinungen.

Plakatwerbung aus dem Jahre 1960 für die »Dardenne-Diät«.

Werbeartikel in der amerikanischen »Saturday Evening Post« aus dem Jahr 1920 über die wohltuende Wirkung von Baker's Kakao.

Schokolade in der Gerüchteküche

Als sündhafter Genuss wird Schokolade immer wieder der gesundheitsschädlichen Wirkung verdächtigt, meist zu Unrecht, wie Hervé Robert (1990) herausstellt.

Schokolade führt nicht zu Karies: Im Gegenteil, Kakao enthält sogar kariesverhütende Substanzen, vor allem Polyphenole, Phosphate und Fluor. Je geringer der Zuckergehalt desto durchgreifender die antikariogene Wirkung des Kakaos.

Schokolade löst keine »Leberkrise« aus: Die *»crise de foie«*, wie sie die Franzosen nennen, gibt es nicht, zumal die Leber erst nach der Verdauung aktiv wird. Man sollte eher von einer Magenverstimmung sprechen, die Folge, wenn man ein ohnehin schon üppiges Essen noch mit Schokolade krönt oder allzu große Mengen sahniger, buttriger Cremes konsumiert, die zwar lecker, aber auch schwer verdaulich sind. Übrigens gibt es auch keine Kontraindikation für Hepatitiskranke.

Schokolade führt nicht zu Verstopfungen: Eine Schokolade mit hohem Kakaoanteil enthält 15 % Ballaststoffe aus den festen Bestandteilen des Kakaos, ausreichend für den reibungslosen Weg durch den Verdauungstrakt.

Schokolade ist kein Auslöser von Akne: Von den vielen medizinischen Studien zu dieser Frage konnte keine einzige irgendeinen positiven oder negativen Einfluss der Schokolade auf die Aknebildung nachweisen.

Dagegen belegen zahlreiche Untersuchungen, dass Schokolade Migräne verursachen kann: Thyramin, eine gefäßaktive Aminosäure (biogenes Amin) und Oxalsäure, die beide im Kakao enthalten sind, können bei empfindlichen Menschen zu Kopfschmerzen führen.

Obwohl die positiven Wirkungen und Eigenschaften der Schokolade die Gegenanzeigen auch bei Weitem überwiegen, stellen die seit einiger Zeit als Ersatz für Kakaobutter zugelassenen Pflanzenfette doch eine Einschränkung dar. Einige unter ihnen, darunter das Palmöl, bestehen zu 50 % aus gesättigten Fettsäuren, die sich ungünstig auf den Cholesterinspiegel auswirken.

»Der Kakao ist Amerika ebenso eigen wie der Kaffee den Arabern und der Tee den Chinesen und seinen Nachbarvölkern.«

J.-B. Labat, Les Nouveaux Voyages aux Îles de l'Amérique (1722)

Schokoladen-rezepte

Kuchen und Torten

»Kuchen und Torten ganz einfach«

ganz einfach

Für 6 Personen
Vorbereitung: 20 Minuten
Backzeit: 30 Minuten

100 g gemahlene Mandeln
6 Eier
200 g Edelbitter-Schokolade (60–65 % Kakaoanteil)
100 g weiche Butter, plus 15 g für die Form
2 g gemahlener Ceylon-Zimt
150 g extrafeiner Zucker
20 g Maisstärke
10 g Mehl für die Form

Zum Servieren
500 ml Vanillesauce (Crème anglaise; siehe S. 285)

M. Bannwarth
Pâtisserie Jacques (Mulhouse)

Schokoladenbiskuit mit Zimt

1 Den Ofen auf 150 °C vorheizen
2 Ein Backblech mit Pergamentpapier auslegen, die gemahlenen Mandeln darauf verstreuen und im Ofen 10 Minuten leicht rösten.
3 Die Ofentemperatur auf 180 °C erhöhen.
4 Die Eier trennen.
5 Die Schokolade mit einem Sägemesser hacken und in einer Schüssel auf dem heißen Wasserbad schmelzen. Die Schüssel herunternehmen und 100 g in Stücke geschnittene Butter einrühren. Sobald die Mischung glatt ist, die Eigelbe und den Zimt unterziehen.
6 Die Eiweiße steif schlagen und dabei nach und nach den Zucker einstreuen. Zunächst ein Drittel des Eischnees unter die Schokoladenmischung heben, dann vorsichtig den Rest unterziehen.
7 Die Maisstärke sieben, mit den gerösteten gemahlenen Mandeln vermengen und behutsam unter die Schokoladenmischung heben.
8 Eine Springform mit hohem Rand mit 22 cm Durchmesser ausbuttern und mit Mehl ausstreuen. Den Teig einfüllen und vorsichtig glatt streichen. Im Ofen 30 Minuten backen.
9 Den fertigen Schokoladenbiskuit aus der Form heben und nach Belieben warm oder kalt servieren. Dazu eine Vanillesauce reichen.

---

ganz einfach

Für 8 Personen
Vorbereitung: 25 Minuten
Backzeit: 12 Minuten

180 g Edelbitter-Schokolade (60 % Kakaoanteil)
100 g weiche Butter
5 Eier
75 g extrafeiner Zucker
15 g Mehl
30 g Kakaopulver

É. Vergne
Pâtisserie Vergne
(Audincourt und Belfort)

Zartschmelzende Schokoladenbiskuits

1 Den Ofen auf 180 °C vorheizen.
2 Die Schokolade mit einem Sägemesser hacken und in einer Schüssel auf dem heißen Wasserbad schmelzen. Aus dem Wasserbad nehmen und stückeweise die Butter unterrühren.
3 Die Eier trennen. Mit einem Schneebesen die Eigelbe und 30 g Zucker kurz verquirlen, aber nicht schaumig schlagen.
4 Die Eiweiße mit den restlichen 45 g Zucker steif schlagen, bis die Masse weiche Spitzen zieht. Zuerst die verquirlten Eigelbe, dann vorsichtig den Eischnee unter die Schokoladenmasse ziehen.
5 Das Mehl und das Kakaopulver vermengen, durchsieben und ebenfalls unter den Teig heben.
6 Den Teig in 8 kleine feuerfeste Auflaufförmchen füllen (kleine Näpfchen wie man sie für Crème brûlée verwendet) und im Ofen 10 Minuten backen.
7 Die Schokoladenbiskuits sofort nach dem Backen servieren.

Garnieren Sie die Biskuits zusätzlich mit einer Kugel Eis, wenn Sie mögen, zum Beispiel Vanille-, Pistazien-, Nugat- oder Karamelleis.

(Bild siehe Seite 59)

Schokoladen-Biskuitrolle mit Orangen

ganz einfach

Für 6–8 Personen
Vorbereitung: 35 Minuten
Backzeit: 12 Minuten
Ruhen: 4 Stunden

Für den Biskuit
4 Eier
100 g extrafeiner Zucker
75 g Mehl
25 g Kakaopulver

Für den Orangensirup
250 ml frisch gepresster Orangensaft
150 g Zucker
Für den Schokoladenschaum
250 ml Sahne
200 g Edelbitter-Schokolade
(70 % Kakaoanteil)
60 g kandierte Orangenwürfel

Zum Dekorieren
40 g kandierte Orangenstreifen

F. Cassel
Pâtisserie Cassel (Fontainebleau)

1 Den Ofen auf 220 °C vorheizen.
2 Für den Biskuit die Eier trennen. Die Eigelbe und den Zucker mit dem elektrischen Handrührgerät hellgelb und schaumig schlagen. Das Mehl und den Kakao sieben und unter die Eigelbmasse rühren. Die Eiweiße steif schlagen. Zunächst ein Drittel des Eischnees, dann vorsichtig den Rest unter die Biskuitmasse heben.
3 Ein Backblech mit einem Bogen Backpapier auskleiden, die Biskuitmasse daraufgießen und zu einem Rechteck ausbreiten. Im Ofen 8–10 Minuten backen.
4 Den Biskuitboden auf ein Kuchengitter stürzen, das Backpapier ablösen und den Biskuit mit einem Küchentuch bedecken.
5 Für den Orangensirup den Orangensaft und den Zucker in einer Kasserolle verrühren. Kurz aufkochen, vom Herd nehmen und abkühlen lassen.
6 Den Schokoladenschaum zubereiten: Eine Glas- oder Edelstahlschüssel für 15 Minuten in den Gefrierschrank stellen. Inzwischen 150 ml der Sahne aufkochen und wieder vom Herd nehmen. Die Schokolade mit einem Sägemesser hacken, unter die Sahne mengen und rühren, bis die Schokolade geschmolzen ist. Die restliche Sahne in der eisgekühlten Schüssel steif schlagen und vorsichtig unter die Schokoladenmasse heben.
7 Den Biskuit auf ein großes Stück Klarsichtfolie legen und mit dem Orangensirup tränken. Die Hälfte des Schokoladenschaums darauf verstreichen und gleichmäßig mit den kandierten Orangenwürfeln bestreuen. Den Biskuit fest zusammenrollen und in die Klarsichtfolie einwickeln. Für 2 Stunden in den Kühlschrank legen.
8 Die Biskuitrolle aus der Folie wickeln und mit dem restlichen Schokoladenschaum bestreichen. Mit den Zinken einer Gabel über die gesamte Länge der Rolle Rillen in die Creme zeichnen, sodass sie an die Rinde eines Baumes erinnert. Den »Baumstamm« mit den kandierten Orangenstreifen garnieren und vor dem Servieren 2 Stunden im Kühlschrank durchkühlen lassen.

In Frankreich heißt diese Biskuitrolle »bûche de Noël« und ist ein traditionelles Weihnachtsdessert. Sie wird mit weihnachtlichen Motiven verziert.

Schokoladen-Kapuziner

Für 8–10 Personen
Vorbereitung: 15 Minuten
Backzeit: 20–25 Minuten

Für den Mandelbiskuit
75 g gemahlene Mandeln
175 g extrafeiner Zucker
25 g Mehl
4 Eiweiße

Für die Füllung
550 g dunkle Ganache (siehe S. 289)
150 g karamellisierte Mandeln (siehe S. 305)

Zum Dekorieren
Schokoladenröllchen (siehe S. 282; nach Belieben)
Kakaopulver zum Bestäuben

1 Den Ofen auf 170 °C vorheizen.
2 Für den Mandelbiskuit die gemahlenen Mandeln mit 100 g des Zuckers und dem Mehl mischen und sieben.
3 Die Eiweiße steif schlagen und dabei nach und nach die restlichen 75 g Zucker einarbeiten. Die Mandel-Zucker-Mischung vorsichtig unter den Eischnee heben.
4 Die Biskuitmasse in einen Spritzbeutel mit Lochtülle Nr. 10 füllen. Auf ein mit Backpapier ausgelegtes Blech zwei runde Teigböden von 24 cm Durchmesser aufdressieren und 20–25 Minuten im nicht ganz geschlossenen Ofen backen (die Ofentür mit einem Holzlöffel einen Spalt offen halten).
5 Die fertigen Biskuitböden auf zwei Kuchengittern abkühlen lassen.
6 Die Ganache zubereiten. Die karamellisierten Mandeln grob hacken.
7 Einen Biskuitboden auf eine runde Kartonunterlage legen, die Ganache auftragen und gleichmäßig verstreichen. Die Mandeln darüberstreuen, den zweiten Biskuitboden auflegen und sanft andrücken. Den Rand des Kuchens nach Belieben mit Schokoladenröllchen verzieren. Kalt stellen und 1 Stunde vor dem Servieren auf Raumtemperatur erwärmen lassen. Mit Kakaopulver bestäuben.

Zartschmelzender Schoko-ladenbiskuit (Rezept siehe Seite 57)

Schokoladen-Charlotte mit Bananen

Für 6–8 Personen
Vorbereitung: 35 Minuten
Backzeit: 5 Minuten
Kühlen: 3 Stunden

24 Löffelbiskuits (siehe S. 296)
700 g Mousse Sabayon (siehe S. 290)

Für den Sirup
80 ml Wasser
80 g extrafeiner Zucker
60 ml alter brauner Plantagenrum
120 ml frisch gepresster Zitronensaft

Für die Bananen
2 Bananen
120 ml frisch gepresster Zitronensaft
20 g extrafeiner Zucker
1 kleine Prise abgeriebene Muskatnuss
1 Prise frisch gemahlener schwarzer Pfeffer
15 g Butter für die Form
30 g extrafeiner Zucker für die Form

Zum Dekorieren
1 Banane
20 ml frisch gepresster Zitronensaft
Quitten- oder Apfelgelee
Schokoladenröllchen (siehe S. 282)

1 Die Löffelbiskuits backen und die Mousse Sabayon zubereiten.
2 Für den Sirup das Wasser mit dem Zucker aufkochen und wieder abkühlen lassen. Den Rum und den Zitronensaft unterrühren.
3 Die Bananenfüllung vorbereiten: Die Früchte schälen und in 1 cm dicke Scheiben schneiden. Mit dem Zitronensaft beträufeln, damit sie nicht braun werden. In einer Pfanne die Butter bei starker Hitze aufschäumen. Die Bananen und den Zucker hineingeben und 2–3 Minuten von allen Seiten bräunen. Mit Muskatnuss und Pfeffer würzen.
4 Eine Charlotten-Form mit 16 cm Durchmesser ausbuttern und mit Zucker ausstreuen. Die Löffelbiskuits mit einem Pinsel mit dem Sirup tränken und die Form rundherum damit auskleiden. Die Hälfte der Mousse Sabayon einfüllen und mit der Hälfte der Bananen belegen. Mit weiteren Löffelbiskuits bedecken und die andere Hälfte Mousse Sabayon und Bananen daraufschichten. Zuoberst mit den restlichen Löffelbiskuits abschließen. Die Charlotte 3 Stunden im Kühlschrank durchkühlen lassen.
5 Die Charlotte auf eine Servierplatte stürzen. Die Banane für die Dekoration schälen, schräg in Scheiben schneiden und mit dem Zitronensaft beträufeln. Das Quitten- oder Apfelgelee erwärmen. Die Charlotte rundherum fächerförmig mit den Bananenscheiben belegen und die Fruchtstücke mit etwas Gelee überglänzen. Die Schokoladenröllchen schaben und dekorativ über die Mitte der Charlotte streuen. Bis zum Servieren kalt stellen.

Um Zeit zu sparen, können Sie auch zu gekauften Löffelbiskuits greifen.

Das Stürzen der Charlotte geht einfacher, wenn Sie die Form zuvor kurz in heißes Wasser tauchen.

Schokoladen-Charlotte mit kandierter Grapefruit

Für 6–8 Personen
Vorbereitung: 30 Minuten
Backzeit: 2–3 Minuten
Kühlen: 3 Stunden

24 Löffelbiskuits (siehe S. 296)
80 ml Wasser
80 g extrafeiner Zucker, plus 30 g für die Form
60 ml weißer Plantagenrum
20 ml frisch gepresster Zitronensaft
15 g Butter für die Form

Für die Schokoladenmousse
340 g Edelbitter-Schokolade (60–65 % Kakaoanteil)
160 ml Milch
2 Eigelbe
8 Eiweiße
40 g extrafeiner Zucker
150 g kandierte Grapefruitzeste (siehe S. 307)

1 Die Löffelbiskuits backen.
2 Das Wasser mit dem Zucker kurz aufkochen und wieder abkühlen lassen. Den Rum und den Zitronensaft einrühren.
3 Für die Schokoladenmousse die Schokolade mit einem Sägemesser hacken und in einer Schüssel auf dem heißen Wasserbad schmelzen. Die Milch zum Kochen bringen, über die Schokolade gießen und rühren, bis die Mischung glatt ist. Die Eigelbe untermengen und die Masse weitere 3 Sekunden aufschlagen.
4 Die Eiweiße sehr steif schlagen und dabei nach und nach den Zucker einstreuen. Zunächst ein Drittel des Eischnees unter die Schokoladenmasse mengen, dann vorsichtig den Rest unterheben.
5 Eine Charlotten-Form mit 16 cm Durchmesser ausbuttern und mit Zucker ausstreuen. Die Löffelbiskuits mit dem Rum-Zitronen-Sirup bepinseln. Die Form rundherum mit Biskuits auskleiden und die Hälfte der Schokoladenmousse einfüllen. Die in 4–5 mm kleine Würfel geschnittene Grapefruitzeste gleichmäßig darüberstreuen und mit weiteren Löffelbiskuits bedecken. Die restliche Mousse darauf verstreichen und mit einer zweiten Schicht Löffelbiskuits abschließen. Die Charlotte 3 Stunden im Kühlschrank durchkühlen lassen.

Zum Dekorieren
2 rosa Grapefruits
5 Minzeblätter

6 Die Grapefruits sauber abschälen und filetieren. Die Minzeblätter waschen, trocken tupfen und in Streifen schneiden.
7 Die Charlotte auf eine Servierplatte stürzen und rosettenförmig mit den Grapefruitfilets belegen. Die Minzestreifen darüberstreuen.

Um Zeit zu sparen, können Sie die Löffelbiskuits auch fertig kaufen.

Die Charlotte lässt sich einfacher stürzen, wenn Sie die Form zuvor kurz in heißes Wasser tauchen.

Schokoladen-Dacquoise mit Haselnüssen

Für 8 Personen
Am Vortag beginnen
Vorbereitung: 25 + 10 Minuten
Backzeit: 45 Minuten
Ruhen: 20 Minuten
Kühlen: 1 Stunde

Für die Dacquoise
80 g Haselnusskerne
135 g gemahlene Haselnüsse
150 g Puderzucker
5 Eiweiße
50 g extrafeiner Zucker
Puderzucker zum Bestäuben

Für die Füllung
825 g dunkle Ganache (siehe S. 289)
Puderzucker zum Bestäuben

1 Am Vortag die Dacquoise-Böden backen.
2 Den Ofen auf 150 °C vorheizen.
3 Die Haselnusskerne auf einem mit Alufolie bedeckten Blech verteilen und 10 Minuten im Ofen rösten. In ein Küchentuch einschlagen und die Nüsse darin kräftig aneinanderreiben, um die feine Haut abzulösen. Hautreste entfernen und die Nüsse grob hacken.
4 Die Ofentemperatur auf 170 °C erhöhen.
5 Die gemahlenen Haselnüsse und den Puderzucker sieben.
6 Die Eiweiße steif schlagen und dabei langsam den extrafeinen Zucker einarbeiten. Mit einem Spatel vorsichtig die Puderzucker-Haselnuss-Mischung unter den Eischnee ziehen.
7 Die Masse in einen Spritzbeutel mit Lochtülle Nr. 12 füllen.
8 Zwei Backbleche mit Pergamentpapier auslegen und auf jedes Blech, in der Mitte beginnend, spiralförmig einen Kreis von 26 cm Durchmesser aufspritzen (siehe Seite 294). Über beide Kreise gleichmäßig die gehackten Haselnüsse streuen und behutsam andrücken. Mit etwas Puderzucker bestäuben und 10 Minuten ruhen lassen. Erneut mit Puderzucker bestäuben und weitere 10 Minuten ruhen lassen. Die Dacquoise-Böden 35 Minuten backen.
9 Die Böden auf zwei Kuchengittern abkühlen lassen. Fest in Frischhaltefolie einwickeln und über Nacht in den Kühlschrank legen.
10 Am nächsten Tag die Ganache zubereiten und anziehen lassen, bis sie von cremiger, streichfähiger Konsistenz ist.
11 Einen Dacquoise-Boden mit der Haselnussseite nach oben auf eine runde Kartonunterlage (oder direkt auf eine Servierplatte) legen. Die Ganache in einen Spritzbeutel mit Lochtülle Nr. 15 füllen und auf den Boden rundherum am Rand entlang große Kugeln aufdressieren. Anschließend die Mitte mit der restlichen Ganache auffüllen. Den zweiten Boden, ebenfalls mit den Haselnüssen nach oben, auflegen und die Dacquoise für 1 Stunde in den Kühlschrank stellen.
12 Die Dacquoise kurz vor dem Servieren mit Puderzucker bestäuben.
Sie können die Dacquoise auch am Vortag fertig stellen und über Nacht kalt stellen. Zwei Stunden vor dem Servieren aus dem Kühlschrank nehmen und mit Puderzucker bestäuben.

(Bild siehe Seite 62/63)

Schokoladen-Dacquoise mit Haselnüssen

»Ich liebe den Kontrast zwischen dem knackigen Biss der gerösteten Haselnüsse, der zarten Konsistenz des Teiges und dem cremigen Schmelz der Ganache – intensiver Genuss pur.«

Pierre Hermé (Rezept siehe Seite 61)

Adventskranz

Für 6–8 Personen
Vorbereitung: 25 Minuten
Backzeit: 35 Minuten
Kühlen: 1 Stunde 30 Minuten

4 Eier
150 g extrafeiner Zucker
60 g Mehl, plus 10 g für die Form
½ Päckchen Backpulver
150 g Edelbitter-Schokolade (70 % Kakaoanteil)
150 g weiche Butter, plus 15 g für die Form
5 cl Cognac oder Weinbrand

Für die Glasur
350 g Edelbitter-Schokolade (70 % Kakaoanteil)
150 ml Sahne

1 Den Ofen auf 180 °C vorheizen.
2 Die Eier trennen. Die Eigelbe und den Zucker mit dem elektrischen Handrührgerät hellgelb und schaumig schlagen. Das Mehl mit dem Backpulver vermengen und sieben.
3 Die Schokolade mit einem Sägemesser hacken und in einer Schüssel auf dem heißen Wasserbad schmelzen. In einem weiteren Topf die Butter zerlassen. Die Butter abseits des Herdes unter die Schokolade mischen und die Masse anschließend in das aufgeschlagene Eigelb gießen. Mit einem Holzlöffel verrühren und das Mehl und den Cognac untermengen.
4 Die Eiweiße steif schlagen. Die Hälfte des Eischnees unter die Schokoladenmasse mengen, dann vorsichtig den Rest unterheben.
5 Eine Kranz- oder Gugelhupfform mit 18 cm Durchmesser ausbuttern und mit Mehl ausstreuen. Den Teig einfüllen und im Ofen 30 Minuten backen. Den Schokoladenkranz auf ein Kuchengitter stürzen und abkühlen lassen. Für 1 Stunde in den Kühlschrank stellen.
6 Für die Glasur die Schokolade mit einem Sägemesser hacken. Die Sahne aufkochen, die gehackte Schokolade hineingeben und 1 Minute unter Rühren sieden lassen. Vom Herd nehmen und weiterrühren, bis die Mischung glatt ist. Abkühlen lassen.
7 Ein Stück Pergamentpapier unter das Kuchengitter legen, den Kranz mit der Schokoladenglasur überziehen und für 30 Minuten kalt stellen.
8 Den Adventskranz nach Belieben mit frischen, gründlich gewaschenen und abgetrockneten Stechpalmenblättern dekorieren.

Schokoladen-Fondant mit Griottines

ganz einfach

Für 6 Personen
Vorbereitung: 20 Minuten
Backzeit: 2–3 Minuten
Kühlen: 3 Stunden

150 g Edelbitter-Schokolade (70 % Kakaoanteil)
4 Eigelbe
150 g extrafeiner Zucker
200 g weiche Butter
100 g Kakaopulver
300 ml Sahne
150 g Griottines®, (in Kirschwasser eingelegte Sauerkirschen aus Frankreich; siehe S. 321), plus einige Griottines® zum Dekorieren

1 Eine Glas- oder Edelstahlschüssel für 15 Minuten in den Gefrierschrank stellen.
2 Die Schokolade mit einem Sägemesser hacken und in einer Schüssel auf dem heißen Wasserbad schmelzen. Die Eigelbe und den Zucker mit dem elektrischen Handrührgerät hellgelb und schaumig schlagen. Die geschmolzene Schokolade hinzugießen und weiterschlagen, bis die Masse glatt ist.
3 In einer weiteren Schüssel die Butter mit dem durchgesiebten Kakao verrühren und unter die Schokoladenmasse mengen.
4 Die Sahne in der eisgekühlten Schüssel steif schlagen, ebenfalls unter die Schokoladenmasse ziehen und anschließend 150 g abgetropfte Griottines® unterheben.
5 Den Boden einer Kastenform (oder einer runden Kuchenform mit 22 cm Durchmesser) so mit Klarsichtfolie auskleiden, dass sie etwas über den Rand hinaushängt. Die Masse einfüllen, mit der überhängenden Folie bedecken und mindestens 3 Stunden im Kühlschrank fest werden lassen.
6 Zum Servieren den Schokoladen-Fondant auf eine Platte stürzen und die Klarsichtfolie entfernen. Mit den restlichen abgetropften Griottines® dekorieren.

Dazu passt eine Coulis von roten Früchten (siehe Seite 306) oder eine Vanillesauce (Crème anglaise; siehe Seite 285).

Setzen Sie ein paar Glanzlichter und verzieren Sie die Griottines® mit Blattgold.

F. Gloton
Pâtisserie Gloton (Lorient)

Schokoladen-Fondant
mit Griottines®

Schoko-Mandel-Kuchen

ganz einfach

Für 4–6 Personen
Vorbereitung: 20 Minuten
Backzeit: 20 Minuten

4 Eier
150 g extrafeiner Zucker
200 g Edelbitter-Schokolade (70 % Kakaoanteil)
40 g Mehl, plus 10 g für die Form
100 g gemahlene Mandeln
150 g weiche Butter, plus 15 g für die Form

1 Den Ofen auf 200 °C vorheizen.
2 Die Eier trennen. Die Eigelbe mit dem Zucker kräftig verschlagen, bis die Masse hellgelb und schaumig ist.
3 Die Schokolade mit einem Sägemesser hacken und in einer Schüssel auf dem heißen Wasserbad schmelzen. Unter das aufgeschlagene Eigelb mengen.
4 Die gemahlenen Mandeln mit der Butter verrühren. Das Mehl hineinsieben, sorgfältig einarbeiten und die Mischung anschließend unter die Schokoladenmasse ziehen. Die Eiweiße steif schlagen, jedoch nicht zu intensiv aufschlagen, sonst wird die Masse körnig.
5 Eine runde Springform mit 22 cm Durchmesser ausbuttern, den Teig einfüllen und 20 Minuten backen. Zur Garprobe mit einer Kuchennadel einstechen. Sie sollte sauber wieder herauskommen.
6 Den Kuchen aus der Form lösen und auf einem Kuchengitter abkühlen lassen.

Glasierter Schokoladenkuchen »Alexandra«

Für 6–8 Personen
Vorbereitung: 40 Minuten
Backzeit: 50 Minuten
Kühlen: 10 Minuten

180 g Edelbitter-Schokolade (70 % Kakaoanteil)
20 g Mehl, plus 10 g für die Form
80 g Kartoffelstärke
4 Eier
125 g extrafeiner Zucker
75 g gemahlene Mandeln
75 g Butter, plus 15 g für die Form
80 g Aprikosenkonfitüre
200 g Schokoladenglasur (Fertigprodukt bester Qualität)

1 Den Ofen auf 180 °C vorheizen.
2 100 Gramm der Schokolade mit einem Sägemesser hacken und in einer Schüssel auf dem heißen Wasserbad schmelzen.
3 Das Mehl mit der Kartoffelstärke sieben und 3 Eier trennen. Die 3 Eigelbe mit dem ganzen Ei und dem Zucker hellgelb und schaumig schlagen.
4 Unter ständigem Rühren nacheinander die gemahlenen Mandeln, die geschmolzene Schokolade und die gesiebte Mehl-Stärke-Mischung unter den Eierschaum arbeiten.
5 Die Butter zerlassen. Die Eiweiße zu sehr festem Eischnee schlagen und vorsichtig unter den Teig heben. Dann die zerlassene Butter unterziehen.
6 Eine quadratische Backform mit 18 cm Kantenlänge oder eine runde Form mit 20 cm Durchmesser ausbuttern und mit Mehl ausstreuen. Den Teig einfüllen und 50 Minuten backen. Den Kuchen auf ein Kuchengitter stürzen und abkühlen lassen.
7 Die Aprikosenkonfitüre erwärmen und im Mixer pürieren. Den Kuchen rundherum mit der Konfitüre einpinseln und anschließend 10 Minuten kalt stellen.
8 Die verbliebenen 80 g Schokolade auf dem heißen Wasserbad schmelzen. Die Schokoladenglasur unter Zugabe von 2 Esslöffeln Wasser ebenfalls schmelzen. Beides vermischen. Die Masse sollte relativ flüssig sein, damit sie sich problemlos verstreichen lässt.
9 Die vorbereitete Glasur mit einer geraden Palette gleichmäßig über den Kuchen ziehen. Bis zum Servieren kalt stellen.

»Ich glaubte bereits den majestätischen Schokoladenkuchen zu erblicken, umringt von Tellern mit Petits Fours und kleinen grau gemusterten Damastservietten, wie es die besondere Etikette Swanns verlangte.«

Marcel Proust, À la recherche du temps perdu, 1918

Baskischer Schokoladenkuchen

Für 6 Personen
Am Vortag beginnen
Vorbereitung: 20 + 20 Minuten
Backzeit: 10 + 45 Minuten

Für den Teig
160 g weiche Butter, plus 15 g für die Form
1 Prise Salz
85 g Kristallzucker
125 g Rohrzucker
70 g gemahlene Mandeln
1 Ei
180 g Mehl, plus 30 g für die Arbeitsfläche und die Form
50 g Kakaopulver
6 g Backpulver

Für die Schokoladencreme
350 ml Milch
1 Ei
130 g extrafeiner Zucker
40 g Mehl
180 g Edelbitter-Schokolade (70 % Kakaoanteil)
2 cl weißer Plantagenrum
1 Eiweiß zum Bestreichen

L. Raux
Pâtisserie Raux (Bayonne)

1 Am Vortag den Teig zubereiten: Die Butter, das Salz, den Kristallzucker, den Rohrzucker und die gemahlenen Mandeln mit einem Holzlöffel verrühren. Das Ei untermengen. Das Mehl, den Kakao und das Backpulver in die Mischung sieben. Sämtliche Zutaten verkneten, bis sich der Teig von den Fingern löst. Zu einer Kugel formen, mit Mehl bestäuben und in einem Küchentuch eingeschlagen über Nacht in den Kühlschrank legen.
2 Ebenfalls am Vortag die Schokoladencreme zubereiten: Die Milch in einem Topf zum Kochen bringen. Das Ei mit dem Zucker verschlagen, dann das Mehl hineinsieben und unterrühren. Unter ständigem Schlagen die kochende Milch in die Masse gießen. Die Mischung zurück in den Topf geben, unter ständigem Rühren zum Kochen bringen und 3 Minuten garen. Vom Herd nehmen, die gehackte Schokolade und den Rum untermengen und die Mischung glatt rühren. Abkühlen lassen und dabei gelegentlich durchrühren. Die Creme zugedeckt über Nacht in den Kühlschrank stellen.
3 Am nächsten Tag den Ofen auf 180 °C vorheizen.
4 Eine runde Kuchenform *(moule à manqué)* mit 28 cm Durchmesser mit einem Pinsel ausbuttern und mit Mehl ausstreuen. Etwa ein Viertel des Teiges abnehmen und zur Seite legen. Den Rest auf der bemehlten Arbeitsfläche zu einem Kreis von etwa 34 cm Durchmesser ausrollen. Die Form so mit dem Teig auskleiden, dass er etwas über den Rand hinaushängt.
5 Die Creme einfüllen und gleichmäßig verteilen. Den restlichen Teig zu einem Kreis von 30 cm Durchmesser ausrollen und auf die Creme legen. Zum Versiegeln die Teigränder rundherum mit den Fingern fest zusammendrücken. Überschüssigen Teig abschneiden.
6 Den Teigdeckel mit dem Eiweiß einpinseln. Mit den Zinken einer Gabel ein Linienmuster aufzeichnen und den Kuchen 45 Minuten backen.
7 Den Kuchen in der Form abkühlen lassen. Ein Kuchengitter aufsetzen und den Kuchen stürzen. Die Form abziehen und den Kuchen auf ein zweites Gitter erneut stürzen.

Sie können den Kuchen vor dem Servieren einige Sekunden in der Mikrowelle wieder erwärmen.

Schokoladenkuchen »Königin von Saba«

ganz einfach

Für 6 Personen
Vorbereitung: 20 Minuten
Backzeit: 40 Minuten

125 g Edelbitter-Schokolade (60 % Kakaoanteil)
60 g weiche Butter, plus 15 g für die Form
3 Eier
125 g extrafeiner Zucker
40 g Kartoffelstärke
75 g gemahlene Mandeln
15 g Mehl für die Form
20 g Kakaopulver zum Bestäuben

1 Den Ofen auf 180 °C vorheizen.
2 Die Schokolade in einer Schüssel auf dem heißen Wasserbad schmelzen. Aus dem Wasserbad nehmen und in Stücken die Butter unterrühren.
3 Die Eier trennen. Die Eigelbe und den Zucker mit dem elektrischen Handrührgerät 3 Minuten aufschlagen. Die Stärke und die gemahlenen Mandeln zugeben und mit einem Holzlöffel sorgfältig einarbeiten, dann die geschmolzene Schokolade unterrühren.
4 Eine Charlotten-Form mit 16 cm Durchmesser ausbuttern und mit Mehl ausstreuen.
5 Die Eiweiße steif schlagen. Die Hälfte des Eischnees unter den Schokoladenteig mengen, dann behutsam den Rest unterziehen.
6 Den Teig in die Form füllen und im Ofen 40 Minuten backen.
7 Den Kuchen auf ein Kuchengitter stürzen und abkühlen lassen. Vor dem Servieren mit Kakaopulver bestäuben.

Schokoladenkuchen »Colette«

Für 6–8 Personen
Vorbereitung: 30 Minuten
Backzeit: 45 Minuten

3 Eier
125 g Zucker
125 g Butter
150 g Edelbitter-Schokolade (70 % Kakaoanteil)
60 ml Milch
1 TL löslicher Kaffee (nach Belieben)
125 g Mehl

Zum Dekorieren
70 g extrafeiner Zucker
1 EL Wasser
5 Tropfen Essig
12 Walnusskerne
150 g Schokoladenglasur (siehe S. 284)
1 TL Maiskeimöl

1 Den Ofen auf 180 °C vorheizen.
2 Die Eier trennen. Die Eigelbe und den Zucker hellgelb und schaumig schlagen.
3 Die Eiweiße zu festem Eischnee schlagen.
4 Die Butter in kleine Stücke schneiden und in eine Schüssel geben.
5 Die Schokolade mit einem Sägemesser hacken und in einer Schüssel auf dem heißen Wasserbad schmelzen. Die Milch erwärmen und abseits des Herdes unter die geschmolzene Schokolade rühren.
6 Die Schüssel mit der Butter 2 Minuten im Ofen erwärmen. Wieder herausnehmen, die heiße Schokolade sowie den löslichen Kaffee, falls verwendet, hineingeben und verrühren. Die Eigelb-Zucker-Mischung zugeben und ebenfalls sorgfältig unterrühren.
7 Nach und nach das Mehl in den Teig sieben und einarbeiten; dann behutsam den Eischnee unterheben.
8 Eine runde Kuchenform *(moule à manqué)* mit 22 cm Durchmesser ausbuttern. Den Teig einfüllen und 45 Minuten backen.
9 Für die Dekoration in einem kleinen Topf den Zucker, das Wasser und den Essig verrühren und karamellisieren lassen. Die Walnusskerne einzeln mit einer Gabel durch den Karamell ziehen und auf einen mit Öl benetzten Teller legen.
10 Den gebackenen Kuchen auf ein Kuchengitter stürzen und einen Bogen Pergamentpapier unter das Gitter legen.
11 Die Schokoladenglasur herstellen und mit einer geraden Palette gleichmäßig auf dem Kuchen und rings um den Rand verstreichen. Mit den Walnüssen dekorieren und bis zum Servieren kalt stellen.

Schokoladenkuchen nach Art von Nancy

ganz einfach

Für 8 Personen
Vorbereitung: 15 Minuten
Backzeit: 35 Minuten

200 g Edelbitter-Schokolade (70 % Kakaoanteil)
200 g weiche Butter, plus 15 g für die Form
6 Eier
100 g extrafeiner Zucker
80 g gemahlene Mandeln
80 g Mehl
20 g Mandelsplitter
Puderzucker zum Bestäuben

1 Die Schokolade mit einem Sägemesser hacken und in einer Schüssel auf dem heißen Wasserbad schmelzen. Aus dem Wasserbad nehmen und in kleinen Stücken die Butter unterrühren, bis die Mischung glatt ist.
2 Die Eier trennen.
3 Die Eigelbe einzeln in die Schokoladen-Butter-Creme geben und vor dem nächsten jeweils vollständig einarbeiten. Den Zucker, die gemahlenen Mandeln und das durchgesiebte Mehl zugeben und sorgfältig untermengen.
4 Den Ofen auf 170 °C vorheizen.
5 Eine runde Kuchenform *(moule à manqué)* mit 22 cm Durchmesser ausbuttern und die Mandelsplitter auf dem Formboden verteilen.
6 Die Eiweiße steif schlagen und 2 Esslöffel des Eischnees unter die Schokoladenmasse rühren, um sie aufzulockern. Dann ganz behutsam den restlichen Eischnee unterheben. Das geht am besten, wenn Sie die Masse mit kreisenden Bewegungen vom Rand über die Mitte heben und die Schüssel gleichzeitig immer ein Stück weiterdrehen.
7 Den Teig in die Form füllen und etwa 35 Minuten backen.
8 Den Kuchen auf ein Kuchengitter stürzen und abkühlen lassen. Vor dem Servieren mit Puderzucker bestäuben.

Schokoladenkuchen »Suzy«
(Rezept siehe Seite 70)

Schokoladen-Walnuss-Kuchen

1 Den Ofen auf 180 °C vorheizen.
2 Die Schokolade mit einem Sägemesser hacken und in einer Schüssel auf dem heißen Wasserbad schmelzen. Aus dem Wasserbad nehmen und in kleinen Stücken die Butter unterrühren, bis die Mischung glatt ist.
3 Die Eier trennen. Die Eigelbe und den Zucker hellgelb und schaumig schlagen.
4 Nacheinander die Eigelb-Zucker-Mischung, das gesiebte Mehl und Backpulver und die Walnusskerne unter die Schokoladenmasse rühren.
5 Die Eiweiße zu festem Eischnee schlagen und vorsichtig unter die Masse ziehen.
6 Eine runde Kuchenform *(moule à manqué)* mit 22 cm Durchmesser ausbuttern. Den Teig einfüllen und 35 Minuten backen. Zur Garprobe mit einer Kuchennadel einstechen. Sie sollte sauber wieder herauskommen. Den Kuchen 10 Minuten ruhen lassen und anschließend auf ein Kuchengitter stürzen.
7 Den Kuchen mit den kandierten Orangenstreifen dekorieren und vor dem Servieren ganz abkühlen lassen.

Zu diesem Schokoladenkuchen passt eine Vanillesauce (Crème anglaise; siehe Seite 285), die Sie zusätzlich mit abgeriebener Orangenzeste aromatisierten können.

ganz einfach

Für 4 Personen
Vorbereitung: 30 Minuten
Backzeit: 35 Minuten

150 g Edelbitter-Schokolade (70 % Kakaoanteil)
100 g weiche Butter, plus 15 g für die Form
3 Eier
100 g extrafeiner Zucker
75 g Mehl
1 Päckchen Backpulver
100 g Walnusskerne, grob gehackt
½ kandierte Orange, in Streifen geschnitten

Schokoladenkuchen »Suzy«

1 Den Ofen auf 180 °C vorheizen.
2 Die Schokolade mit einem Sägemesser hacken und in einer Schüssel auf dem heißen Wasserbad schmelzen. Die Eier mit dem Zucker verschlagen. Die Butter zerlassen und unter das verschlagene Ei rühren, dann die geschmolzene Schokolade zugeben. Das Mehl in die Mischung sieben und gleichmäßig einarbeiten.
3 Eine runde Springform mit 22 Durchmesser ausbuttern und mit Mehl ausstreuen. Den Teig einfüllen und 25 Minuten im nicht ganz geschlossenen Ofen backen (die Ofentür mit einem Holzlöffel einen Spalt offen halten).
4 Den Kuchen aus der Form lösen und auf einem Gitter abkühlen lassen.

(Bild siehe Seite 69)

ganz einfach

Für 6–8 Personen
Vorbereitung: 15 Minuten
Backzeit: 25 Minuten

250 g Edelbitter-Schokolade (60–65 % Kakaoanteil)
4 Eier
220 g extrafeiner Zucker
250 g weiche Butter, plus 15 g für die Form
70 g Mehl, plus 10 g für die Form

S. Petriaux
Köchin (Paris)

Weicher Schokoladenkuchen

1 Den Ofen auf 180 °C vorheizen.
2 Die Butter in einem Topf bei milder Hitze zerlassen. Die Schokolade mit einem Sägemesser hacken und in einer Schüssel auf dem heißen Wasserbad schmelzen.
3 Eine runde Kuchenform *(moule à manqué)* mit 22 cm Durchmesser ausbuttern und mit Mehl ausstreuen.
4 Den Zucker, das durchgesiebte Mehl, die gemahlenen Mandeln, die zerlassene Butter, die Eier und die geschmolzene Schokolade in der Küchenmaschine in 3 Minuten zu einem homogenen Teig verrühren.
5 Den Teig in die Form einfüllen und 20 Minuten backen.
6 Den fertigen Kuchen auf eine Servierplatte stürzen.
7 Den Kuchen mit Kakaopulver bestäuben und warm servieren.

ganz einfach

Für 6 Personen
Vorbereitung: 15 Minuten
Backzeit: 20 Minuten

400 g Edelbitter-Schokolade (70 % Kakaoanteil)
200 g Butter, plus 15 g für die Form
120 g extrafeiner Zucker
100 g Mehl, plus 10 g für die Form
80 g gemahlene Mandeln
4 Eier
Kakaopulver

ganz einfach

Für 6–8 Personen
Vorbereitung: 25 Minuten
Backzeit: 20 Minuten

Für den Teig
400 g Mehl, plus 15 g für die Arbeitsfläche
1 Päckchen Vanillezucker
1 Päckchen Backpulver
2 g Salz
5 Eier

Für die Creme
175 g Edelbitter-Schokolade (70 % Kakaoanteil)
250 g weiche Butter
3 Eigelbe
100 g extrafeiner Zucker

Zum Dekorieren
100 g Aprikosenkonfitüre
50 g Mandelsplitter

Schokoladentorte »Dobos«

1 Für den Teig das Mehl, den Vanillezucker, das Backpulver und das Salz in eine Schüssel sieben. In der Mitte eine Mulde bilden und die Eier hineinschlagen. Sämtliche Zutaten verkneten, bis sich der Teig von den Fingern löst. Den Teig zu 4 gleich großen Kugeln formen.
2 Den Ofen auf 180 °C vorheizen.
3 Die Teigkugeln auf der bemehlten Arbeitsfläche etwa 5 mm dünn zu Kreisen von 18 cm Durchmesser ausrollen. Auf ein mit Pergamentpapier ausgekleidetes Blech legen.
4 Die Teigböden 20 Minuten backen und anschließend auf dem Ofenrost abkühlen lassen.
5 Die Ofentemperatur auf 160 °C herunterstellen. Die Mandeln auf einem Blech verteilen und 10 Minuten im Ofen rösten.
6 Für die Creme die Schokolade mit einem Sägemesser hacken und in einer Schüssel auf dem heißen Wasserbad schmelzen. Die Butter mit dem elektrischen Handrührgerät in einer Schüssel cremig rühren. Die Eigelbe und den Zucker zugeben und sorgfältig einarbeiten. Mit einem Schneebesen zunächst die Hälfte der noch warmen geschmolzenen Schokolade unterrühren, dann sorgfältig den Rest einarbeiten.
7 Einen Teigboden mit einer Schicht Schokoladencreme bestreichen. Einen zweiten Boden auflegen und ebenfalls mit Creme bedecken. Den dritten Teigboden daraufsetzen, eine weitere Schicht Creme auftragen und zuoberst mit dem letzten Teigboden abschließen.
8 Die Aprikosenkonfitüre in einem kleinen Topf erwärmen und im Mixer pürieren, bis sie glatt ist. Die Torte mit einem Pinsel mit dem Püree bestreichen. Die gerösteten Mandeln darüberstreuen und vor dem Servieren 1 Stunde in den Kühlschrank stellen.

---

ganz einfach

Für 6–8 Personen
Vorbereitung: 15 Minuten
Backzeit: 50 Minuten

3 Eier
175 g Mehl, plus 10 g für die Form
175 g Butter, plus 15 g für die Form
½ Päckchen Backpulver
200 g Zucker
50 g Kakaopulver

Marmorkuchen

1 Den Ofen auf 180 °C vorheizen.
2 Die Eier trennen. Die Eiweiße zu sehr festem Eischnee schlagen. Das Mehl mit dem Backpulver durchsieben.
3 Die Butter bei milder Hitze zerlassen und in eine Schüssel geben.
4 Zuerst den Zucker, dann die Eigelbe sorgfältig unter die Butter mengen, anschließend unter Rühren das Mehl einrieseln lassen und gründlich einarbeiten. Vorsichtig den Eischnee unterheben. Dabei ständig in die gleiche Richtung arbeiten und die Schüssel immer ein Stückchen in die entgegengesetzte Richtung weiterdrehen.
5 Die Hälfte des Teiges in eine zweite Schüssel füllen, das Kakaopulver hineinsieben und gleichmäßig unterziehen. Eine Kranz- oder Gugelhupfform mit 22 cm Durchmesser ausbuttern. Zuerst die Hälfte des dunklen Teiges, dann eine Hälfte des hellen Teiges einfüllen. In gleicher Reihenfolge den restlichen Teig einschichten.
6 Den Kuchen 50 Minuten backen. Den Gargrad mit einer Kuchennadel prüfen. Sie sollte nach dem Einstechen sauber wieder herauskommen. Den Marmorkuchen auf ein Gitter stürzen und abkühlen lassen. Am besten schmeckt er am folgenden Tag.

Venezianischer Schokoladenkuchen

ganz einfach

Für 6–8 Personen
Vorbereitung: 15 Minuten
Backzeit: 45 Minuten

250 g Edelbitter-Schokolade (70 % Kakaoanteil)
250 g weiche Butter, plus 15 g für die Form
8 Eigelbe
250 g extrafeiner Zucker
50 g Mehl, plus 15 g für die Form
100 g gemahlene Mandeln
4 Eiweiße

M. Pottier
Pâtisserie Grandin
(Saint-Germain-en-Laye)

1 Den Ofen auf 180 °C vorheizen.
2 Die Schokolade mit einem Sägemesser hacken und in einer Schüssel auf dem heißen Wasserbad schmelzen. Aus dem Wasserbad nehmen und in Stücken die Butter einarbeiten. Die Eigelbe und den Zucker mit einem Holzlöffel verrühren. Die Schokoladen-Butter-Mischung dazugeben und sorgfältig unterrühren. Das durchgesiebte Mehl mit den gemahlenen Mandeln mischen und ebenfalls unter die Masse ziehen.
3 Die Eiweiße steif schlagen. Zuerst ein Drittel des Eischnees unter die Masse heben, dann vorsichtig den Rest unterziehen.
4 Eine runde Kuchenform *(moule à manqué)* mit 28 cm Durchmesser ausbuttern und mit Mehl ausstreuen. Den Teig einfüllen und im Ofen 45 Minuten backen.
5 Den Kuchen auf ein Gitter stürzen und warm servieren.

Herbstliche Baisertorte

Für 8–10 Personen
Vorbereitung: 50 Minuten
Backzeit: 2 Stunden
Trocknen: 2–3 Stunden
Kühlen: 2 Stunden

Für die 3 Baiserböden
4 Eiweiße
200 g extrafeiner Zucker
1 Vanilleschote oder 1 TL natürliches Vanilleextrakt

Für die Mousse
250 g Edelbitter-Schokolade (70 % Kakaoanteil)
250 g weiche Butter
3 Eigelbe
3 EL Schokoladensauce (siehe S. 290)
6 Eiweiße
20 g extrafeiner Zucker

Für den Guss
300 g Schokoladenglasur (siehe S. 284)

1 Den Ofen auf 120 °C vorheizen.
2 Für die Baiserböden die Vanilleschote spalten und das Mark herauskratzen. Die Eiweiße mit dem elektrischen Handrührgerät auf mittlerer Stufe steif schlagen. Dabei von Beginn an langsam die Hälfte des Zuckers einrieseln lassen und anschließend das Vanillemark zugeben. Weiterschlagen, bis der Eischnee glänzt und sehr fest ist. Den restlichen Zucker einstreuen und mit einem flexiblen Spatel zügig, aber ganz vorsichtig unter die Masse heben. Den Eischnee möglichst wenig bearbeiten.
3 Die Baisermasse in einen Spritzbeutel mit Lochtülle Nr. 10 füllen. Zwei Backbleche mit Pergamentpapier auslegen und, jeweils in der Mitte beginnend, spiralförmig 3 Baiserkreise von 24 cm Durchmesser aufspritzen (siehe Seite 294). Die Bleche in den Ofen schieben und die Ofentür mithilfe eines Holzlöffels einen Spalt offen halten. Die Baiserböden 30 Minuten bei 120 °C backen; die Temperatur auf 100 °C reduzieren und weitere 1 ½ Stunden backen. Den Ofen ausschalten und die Böden bei leicht geöffneter Ofentür 2–3 Stunden trocknen lassen. Zum Abkühlen auf zwei Gitter legen.
4 Für die Mousse die Schokolade mit einem Sägemesser hacken und auf dem heißen Wasserbad schmelzen. Die Butter mit dem elektrischen Handrührgerät schaumig rühren und in drei Teilen die geschmolzene Schokolade einarbeiten. In einer Schüssel die Eigelbe mit der Schokoladensauce verquirlen und die Mischung sorgfältig unter die Schokoladenbutter rühren.
5 Die Eiweiße steif, aber nicht körnig schlagen. Dabei nach und nach den Zucker einstreuen. Zunächst ein Drittel des Eischnees unter die Schokoladenmasse ziehen, dann behutsam den Rest unterheben.
6 Einen Baiserboden auf eine runde Kartonunterlage legen und eine Schicht Mousse auftragen. Einen zweiten Baiserboden auflegen und ebenfalls mit einer Schicht Mousse bestreichen. Mit dem letzten Baiserboden bedecken. Die restliche Mousse gleichmäßig über den Rand und den Deckel streichen. Die Torte für 2 Stunden in den Kühlschrank stellen.
7 Die Schokoladenglasur herstellen. Die Torte auf ein Gitter setzen, mit einem Bogen Pergamentpapier unterlegen und so mit der Glasur übergießen, dass sie auch über die Ränder fließt. Die Glasur mit einer Palette vorsichtig glatt streichen. Die Torte sofort servieren oder kalt stellen. Eine Stunde vor dem Servieren wieder aus dem Kühlschrank nehmen.

Herbstliche Baisertorte

Baisertorte »Jeanne-d'Arc«

Für 6 Personen
Vorbereitung: 30 Minuten
Backzeit: 1 Stunde 45 Minuten

Für die Baiserböden
60 g gemahlene Mandeln
20 ml Milch
60 g Puderzucker
3 Eiweiße
110 g extrafeiner Zucker

Für die Chantilly mit Schokolade
150 g Edelbitter-Schokolade
(60–65 % Kakaoanteil)
300 ml Sahne

Zum Dekorieren
Schokoladenröllchen (siehe S. 282)

R. Petit
Pâtisserie Reynald (Vernon)

1 Den Ofen auf 150 °C vorheizen.
2 Ein Backblech mit Pergamentpapier auslegen, die gemahlenen Mandeln darauf verteilen und 10 Minuten im Ofen leicht rösten.
3 Die Ofentemperatur auf 90 °C herunterstellen.
4 Die Baiserböden backen: Die Milch erwärmen, den gesiebten Puderzucker mit den gerösteten gemahlenen Mandeln vermengen. Die Milch zugießen und verrühren.
5 Die Eiweiße steif schlagen und dabei langsam den extrafeinen Zucker einarbeiten. Mit einem Spatel etwas Eischnee (etwa die Menge einer Kelle) abnehmen und unter die Milchmischung rühren. Dann vorsichtig den restlichen Eischnee unterheben.
6 Die Baisermasse in einen Spritzbeutel mit Lochtülle Nr. 16 füllen. Ein Backblech mit Pergamentpapier auslegen und, in der Mitte beginnend, spiralförmig zwei Baiserkreise von 18 cm Durchmesser aufdressieren (siehe Seite 294). Die Baiserböden 1 ½ Stunden backen.
7 Eine Glas- oder Edelstahlschüssel für 15 Minuten in den Gefrierschrank stellen.
8 Die Chantilly mit Schokolade herstellen: Die Schokolade mit einem Sägemesser hacken und in einer Schüssel auf dem heißen Wasserbad schmelzen. Aus dem Wasserbad nehmen und auf etwa 45 °C abkühlen lassen. Die Sahne in der eisgekühlten Schüssel steif, aber nicht zu Butter schlagen. Die geschlagene Sahne auf einmal in die geschmolzene Schokolade geben und vorsichtig unterziehen.
9 Die Chantilly in denselben (gesäuberten) Spritzbeutel füllen, der für die Baisermasse verwendet wurde. Auf einen abgekühlten Baiserboden, in der Mitte beginnend, spiralförmig eine Schicht Chantilly aufspritzen. Den zweiten Baiserboden auflegen und diesen und die Ränder mit der restlichen Chantilly garnieren. Mit Schokoladenröllchen dekorieren.

Reis-Schokoladen-Kuchen

ganz einfach

Für 6 Personen
Vorbereitung: 20 Minuten
Backzeit: 45 Minuten

700 ml Milch
60 g extrafeiner Zucker
1 Prise feines Salz
50 g Arborio-Reis (italienischer Rundkornreis)
60 g Rosinen
180 g Edelbitter-Schokolade
(70 % Kakaoanteil)
50 g Butter, plus 15 g für die Form
8 Eiweiße
30 g extrafeiner Zucker
10 g Semmelmehl

1 Die Milch mit dem Zucker und dem Salz zum Kochen bringen. Den Reis einstreuen und unter gelegentlichem Rühren garen, bis er nicht mehr körnig ist.
2 Den Ofen auf 180 °C vorheizen.
3 Die Rosinen in einem kleinen Topf mit kaltem Wasser bedecken und bei schwacher Hitze garen, bis sämtliche Flüssigkeit verkocht ist.
4 Die Schokolade mit einem Sägemesser hacken und in einer Schüssel auf dem heißen Wasserbad schmelzen. Zusammen mit der Butter unter den Reis rühren. Die Rosinen zugeben und nochmals gründlich verrühren.
5 Die Eiweiße mit dem Zucker steif schlagen und ein Drittel der Masse unter den Reis ziehen. Sorgfältig vermengen, dann behutsam den restlichen Eischnee unterheben.
6 Eine Soufflé-Form mit 22 cm Durchmesser ausbuttern und den Rand mit dem Semmelmehl ausstreuen. Den Reis einfüllen, die Form in einen Bräter stellen und diesen bis zur halben Höhe der Form mit kochendem Wasser füllen. Den Kuchen im Ofen im Wasserbad 30 Minuten garen.
7 Den Kuchen in der Form heiß servieren.

Kokoskuchen mit Sahne und Himbeeren

Für 8 Personen
Vorbereitung: 30 Minuten
Backzeit: 40–45 Minuten

150 g extrafeiner Zucker
75 g gemahlene Mandeln
150 g Butter, plus 10 g für die Form
7 Eier
40 g Kokosraspel
25 g Kakaopulver
50 g Mehl, plus 1 EL für die Form
1 Päckchen Backpulver
1 Prise feines Salz
50 g Maisstärke

Zum Füllen und Garnieren
200 g Himbeerkonfitüre
300 ml Sahne
40 g Puderzucker

Zum Dekorieren
100 g Schokoladenröllchen
(siehe S. 282)
125 g frische Himbeeren

1 Den Ofen auf 180 °C vorheizen.
2 Den Zucker und die gemahlenen Mandeln in einer Schüssel vermengen. Die Butter bei schwacher Hitze zerlassen.
3 6 Eier trennen. Die Eigelbe unter die Zucker-Mandel-Mischung mengen, dann die Kokosraspel, den Kakao, das verbliebene ganze Ei sowie das gesiebte Mehl, Backpulver, Salz und Maismehl zugeben. Alles gründlich verrühren.
4 Die Eiweiße steif schlagen und unter den Teig ziehen. Vorsichtig die zerlassene Butter einarbeiten.
5 Den Teig in eine ausgebutterte und mit Mehl ausgestreute runde Kuchenform *(moule à manqué)* mit 26 cm Durchmesser füllen und in der Ofenmitte 40–45 Minuten backen. Mit einer Kuchennadel den Gargrad prüfen: Sie sollte nach dem Einstechen sauber wieder herauskommen.
6 Den Kuchen auf ein Gitter stürzen und vollständig abkühlen lassen. Anschließend horizontal in drei Böden schneiden. Die beiden unteren Böden mit der Himbeerkonfitüre bestreichen und den Kuchen wieder zusammensetzen.
7 Eine Glas- oder Edelstahlschüssel für 15 Minuten im Gefrierschrank kalt stellen. Die Sahne steif schlagen, bis sich feste Spitzen bilden. Dabei langsam den gesiebten Puderzucker einstreuen.
8 Die Schlagsahne in einen Spritzbeutel mit großer Sterntülle füllen und den Kuchen rundherum am Rand und auf der Oberfläche mit Sahnerosetten garnieren. Mit Schokoladenröllchen bestreuen und mit den Himbeeren verzieren.
9 Den Kuchen bis zum Servieren in den Kühlschrank stellen.

Schokoladensandkuchen

ganz einfach

Für 8 Personen
Vorbereitung: 25 Minuten
Backzeit: 25 Minuten

5 große Eier
250 g extrafeiner Zucker
250 g Butter, plus 10 g für die Form
250 g Mehl, plus 10 g für die Form
50 g Kakaopulver
½ Päckchen Backpulver

M. Bernachon
Pâtisserie-Chocolaterie Bernachon (Lyon)

1 Den Ofen auf 220 °C vorheizen.
2 Die Eier trennen. In einer Schüssel die Eigelbe mit dem Zucker hellgelb und schaumig schlagen.
3 Die Butter bei milder Hitze zerlassen und mit einem Holzlöffel in die Eigelb-Zucker-Mischung rühren.
4 Unter ständigem Rühren das Mehl, den Kakao und das Backpulver in den Teig sieben.
5 Die Eiweiße sehr steif schlagen. Den Teig mit ein Drittel des Eischnees etwas auflockern, dann vorsichtig den restlichen Eischnee unterheben.
6 Eine Kastenform von 25 cm Länge ausbuttern, mit Mehl ausstreuen und den Teig einfüllen. Die Ofentemperatur auf 180 °C reduzieren und den Kuchen etwa 25 Minuten backen. Den Kuchen auf ein Gitter stürzen und abkühlen lassen.

Schokoladenschlammkuchen

Für 8 Personen
Vorbereitung: 15 Minuten
Backzeit: 35–40 Minuten

Für den Teigboden
300 g süßer Mürbeteig *(pâte sucrée)*; siehe S. 304

Für die Füllung
150 g. Butter
50 g Edelbitter-Schokolade, gehackt
6 EL Kakaopulver, gesiebt
2 TL Espressopulver
3 Eier
200 g extrafeiner Zucker
2 EL saure Sahne
3 EL Ahornsirup
1 TL Vanilleextrakt

Zum Dekorieren
Schokoladenröllchen aus weißer, Vollmilch- und dunkler Schokolade (siehe S. 282) nach Belieben

1 Den Mürbeteig auf Zimmertemperatur bringen und auf einer bemehlten Arbeitsfläche gleichmäßig dünn ausrollen. Eine gebutterte Springform von 22 cm Durchmesser damit auskleiden. Während die Füllung zubereitet wird, den Teig kühl stellen.
2 Ein Backblech ins untere Drittel des Ofens schieben und den Ofen auf 180 °C vorheizen
3 Für die Füllung die Butter in einer Schüssel auf dem heißen Wasserbad schmelzen. Aus dem Wasserbad nehmen und mit einem Holzspatel die Schokolade, das Kakaopulver und den Kaffee sorgfältig unterrühren, bis die Schokolade geschmolzen und die Mischung glatt ist. Beiseite stellen.
4 Die Eier mit dem Zucker cremig schlagen, dann die saure Sahne, den Ahornsirup und den Vanilleextrakt hinzufügen. Die Schokoladen-Butter-Mischung einrühren.
5 Die Füllung auf dem Teigboden verteilen. Den Kuchen auf dem heißen Backblech 35–40 Minuten backen bis sich die Füllung wölbt und eine Kruste bildet. Den Kuchen auf einem Gitterrost vollständig auskühlen lassen, dann nach Belieben mit einer Kombination aus verschiedenfarbigen Schokoladenröllchen dekorieren.

Schokoladen-Gewürzkuchen mit Orangen-Confit

Für 8 Personen
Vorbereitung: 35 Minuten
Backzeit: 4–5 Minuten
Kühlen: 7 Stunden

Für die Ganache
320 g Edelbitter-Schokolade (70 % Kakaoanteil)
300 g weiche Butter
220 ml Milch

Für die Böden
500 g weicher Gewürz- oder Honigkuchen

Für das Orangen-Confit
130 g Orangenmarmelade
50 ml frisch gepresster Orangensaft
1 Prise frisch gemahlener schwarzer Pfeffer
1 Prise gemahlener Ingwer
1 Prise gemahlener Ceylon-Zimt
1 Prise gemahlener grüner Kardamom

1 Für die Ganache die Schokolade mit einem Sägemesser hacken und in einer Schüssel auf dem heißen Wasserbad schmelzen. Die Butter in einer Schüssel cremig rühren. Die Milch kurz aufkochen, vom Herd nehmen und auf 3–4 Mal die geschmolzene Schokolade zugeben und mit einem Holzlöffel behutsam unterrühren. Sobald die Mischung kälter als 60 °C ist (die Temperatur mit einem Küchenthermometer prüfen), langsam die Butter untermischen.
2 Den Gewürzkuchen 5–6 mm dünn in 12 Scheiben schneiden und 4 Scheiben so aneinander legen, dass sie ein großes Viereck bilden. Eine runde Kartonschablone mit 18 cm Durchmesser auf das Viereck legen und mit einem Messer einen Kreis herausschneiden. Aus den restlichen Scheiben zwei weitere kreisförmige Böden schneiden. Einen Boden auf eine Kartonunterlage legen und einen Tortenring mit 18 cm Durchmesser und hohem Rand daraufsetzen.
3 Für das Orangen-Confit sämtliche Zutaten in der aufgeführten Reihenfolge in einen Topf geben und auf ganz kleiner Flamme leicht erwärmen. Das Confit zügig weiterverarbeiten.
4 Den unteren Teigboden mit dem lauwarmen Orangen-Confit einpinseln. Abkühlen lassen und dann 120 g Ganache darauf verteilen. Einen zweiten Boden in den Ring einlegen, ebenfalls mit Confit bestreichen und 30 Minuten im Kühlschrank fest werden lassen. Eine weitere Schicht Ganache auftragen, mit dem letzten Boden bedecken und auch diesen mit Orangen-Confit bestreichen. Den Kuchen für 6 Stunden kalt stellen.
5 Den Tortenring mit einem Föhn etwas anwärmen und abziehen. Den Rand und die Oberfläche des Kuchens mit der restlichen Ganache bestreichen. Mit den Zinken einer Gabel ein dekoratives Linienmuster auf den Rand auftragen und den Kuchen nach Belieben mit Stechpalmenblättern (gründlich säubern), Johannisbeeren oder Schokoladenröllchen (siehe Seite 282) verzieren. Kalt stellen und 2 Stunden vor dem Servieren wieder aus dem Kühlschrank nehmen.

Schokoladen-Gewürzkuchen
mit Orangen-Confit

»Kuchen und Torten Glanzstücke«

Rum-Baba mit Zimt und Schoko-Chantilly

Für 8 Personen
Am Vortag beginnen
Vorbereitung: 10 + 10 Minuten
Back- und Garzeit: 30 + 5 Minuten
Gehen des Teiges: 1 Stunde 30 Minuten

Für den Baba-Teig
½ unbehandelte Zitrone
250 g Mehl
8 g Salzblüte (Fleur de Sel)
1 gestrichener TL ungesüßtes Vanillepulver
25 g Akazienhonig
25 g frische Hefe
8 Eier
100 g weiche Butter, plus 25 g für die Form
60 g Rosinen

Für den Zimtsirup
1 l Wasser
500 g extrafeiner Zucker
Abgeriebene Schale von ½ unbehandelten Orange
3 Stangen Ceylon-Zimt
2 g gemahlener Zimt
150 ml brauner Plantagenrum, plus Rum zum Tränken

Zum Fertigstellen
100 g Aprikosenkonfitüre

Zum Garnieren
240 g Chantilly mit Edelbitter-Schokolade (siehe S. 286)

1 Am Vortag die Baba backen: Die Zeste der halben Zitrone dünn abschälen und ganz fein hacken. Das Mehl, die Salzblüte, den Vanillezucker, den Honig, die zerbröckelte Hefe, die Zitronenzeste und 3 Eier in der Küchenmaschine mit dem rotierenden Messer auf mittlerer Stufe mixen, bis sich der Teig vom Schüsselrand löst. Weitere 3 Eier hineinschlagen und vollständig einarbeiten. Die letzten beiden Eier zugeben und weitere 10 Minuten mixen. Bei laufendem Gerät nach und nach in ganz kleinen Stücken die Butter einarbeiten. Sobald der relativ flüssige Teig homogen ist, die Rosinen unterrühren. Den Teig in eine Schüssel geben und an einem warmen Ort 30 Minuten gehen lassen.
2 Eine Kranz- oder Gugelhupfform mit 26 cm Durchmesser ausbuttern. Den gegangenen Teig bis zur halben Höhe in die Form füllen. Den Teig ein zweites Mal, bis zum oberen Rand der Form gehen lassen (das dauert etwa 1 Stunde).
3 Den Ofen auf 200 °C vorheizen.
4 Sobald der Teig ausreichend gegangen ist, die Baba in den Ofen schieben und 30 Minuten backen. Auf ein Kuchengitter stürzen und bei Raumtemperatur über Nacht abkühlen lassen.
5 Am Folgetag den Zimtsirup zubereiten: Das Wasser mit dem Zucker, der Orangenzeste, den Zimtstangen und dem Zimtpulver aufkochen und vom Herd nehmen. Den Rum zugießen und die Mischung auf 60 °C abkühlen lassen (Temperatur mit einem Küchenthermometer prüfen)
6 Die Baba mit dem Kuchengitter auf eine große Schüssel setzen. Den warmen Sirup durch ein Sieb passieren und mit einer Kelle zehnmal hintereinander über die Baba gießen, bis sie ganz und gar mit Sirup durchtränkt ist. Sie sollte sich mühelos mit einer Messerklinge durchdringen lassen. Die Baba nach Belieben mit weiterem Rum benetzen. Abkühlen und abtropfen lassen.
7 Die Aprikosenkonfitüre im Mixer pürieren und anschließend kurz aufkochen. Die Baba mit der heißen Konfitüre einpinseln.
8 Die Schokoladen-Chantilly herstellen und vor dem Servieren die Mitte der Baba damit garnieren.

Baba-Teig lässt sich am schnellsten und einfachsten in der Küchenmaschine zubereiten. Sie können ihn aber natürlich auch per Hand anrühren.

Rum-Baba mit Passionsfrucht und Schoko-Chantilly

Für 8 Personen
Am Vortag beginnen
Vorbereitung: 10 + 10 Minuten
Back- und Garzeit: 30 + 5 Minuten
Gehen des Teiges: 1 Stunde 30 Minuten

Für den Baba-Teig
Siehe Rezept auf Seite 78 (Schritt 1)

Für den Sirup
16 vollreife Passionsfrüchte (Maracujas)
1 l Wasser
450 g extrafeiner Zucker
5 cl weißer Plantagenrum, plus Rum zum Tränken

Zum Fertigstellen
100 g Aprikosenkonfitüre

Zum Garnieren
240 g Chantilly mit Vollmilchschokolade (siehe S. 286)

1 Am Vortag den Baba-Teig zubereiten und wie auf Seite 78 unter Schritt 2 bis 4 beschrieben backen.
2 Am Folgetag den Sirup kochen: Die Passionsfrüchte halbieren, mit einem Teelöffel das Fruchtfleisch herauslösen und durch ein feines Sieb streichen. Den Saft auffangen. Das Wasser mit dem Zucker kurz aufkochen und vom Herd nehmen. Den Passionsfruchtsaft und den Rum einrühren. Den Sirup auf 60 °C abkühlen lassen (die Temperatur mit einem Küchenthermometer prüfen).
3 Die Baba mit dem Kuchengitter auf eine große Schüssel setzen und mit einer Kelle zehnmal hintereinander mit dem Sirup übergießen, bis sie wirklich gut durchtränkt ist. Sie sollte sich mühelos mit einer Messerklinge durchdringen lassen. Die Baba nach Belieben mit weiterem Rum tränken.
4 Die Aprikosenkonfitüre im Mixer pürieren und kurz aufkochen. Die Baba mit der heißen Konfitüre einpinseln. Abkühlen und abtropfen lassen.
5 Die Schokoladen-Chantilly schlagen und die Baba in der Mitte damit garnieren. Bis zum Servieren in den Kühlschrank stellen.

Schokoladen-Biskuitrolle mit Himbeeren

Für 8–10 Personen
2–3 Tage im Voraus beginnen
Vorbereitung: 15 + 15 Minuten
Backzeit: 10 Minuten

Für den Biskuit
400 g Schokoladenbiskuit mit Mehl (siehe S. 297)

Für den Sirup
80 ml Wasser
80 g extrafeiner Zucker
6 cl Himbeergeist

Für die Cremefüllung
340 g dunkle Ganache (siehe S. 289)
160 g weiche Butter
300 g Himbeerkonfitüre

Zum Fertigstellen
300 g Ganache zum Überziehen (siehe S. 283)
Frische Himbeeren

1 Am ersten Tag den Biskuit zubereiten. Den Ofen auf 240 °C vorheizen.
2 Ein Backblech mit Pergamentpapier auslegen und den Teig darauf zu einem 1 cm dicken Rechteck ausbreiten. Im Ofen 8–10 Minuten backen. Den Biskuit abkühlen lassen, auf einen weiteren Bogen Pergamentpapier stürzen und das Papier abziehen.
3 Für den Sirup das Wasser mit dem Zucker zum Kochen bringen und vom Herd nehmen. Abkühlen lassen und den Himbeergeist einrühren.
4 Für die Cremefüllung die vorbereitete Ganache rasch mit der Butter verrühren und die Himbeerkonfitüre untermischen. Mit einem Pinsel den Biskuitboden mit dem Sirup tränken und anschließend die Buttercreme auftragen. Den Biskuit quer zusammenrollen und in Frischhaltefolie wickeln. Über Nacht in den Kühlschrank legen.
5 Am Folgetag die Biskuitrolle aus der Folie wickeln. Die Ganache für den Überzug zubereiten und die Rolle rundherum damit bestreichen. Mit einer Gabel den Überzug mit einem Linienmuster versehen, sodass er an eine Baumrinde erinnert. Den »Baumstamm« für 1–2 Tage in den Kühlschrank stellen. Etwa 1 Stunde vor dem Servieren wieder herausnehmen und mit frischen Himbeeren verzieren. In Frankreich wird dieses traditionelle Weihnachtdessert oft noch mit festlichen Motiven verziert.

Biskuitrolle »Schokolade pur«
Die Puristen unter den Schokoladenliebhabern können die Himbeerkonfitüre in der Ganache und die Früchte zum Verzieren auch weglassen und den Himbeergeist durch braunen Rum ersetzen.

Schokoladen-Biskuitrolle mit Rumrosinen

Für 8–10 Personen
2 Tage im Voraus beginnen
Vorbereitung: 30 Minuten
Backzeit: 12 Minuten

Für die Rumrosinen
80 g Rosinen
4 cl brauner Plantagenrum

Für den Biskuit
400 g Schokoladenbiskuit mit Mehl (siehe S. 297)

Für den Sirup
80 ml Wasser
60 g extrafeiner Zucker
1 Stange Ceylon-Zimt
6 cl brauner Plantagenrum

Für die Cremefüllung
340 g Ganache mit Zimt (siehe S. 289)
160 g weiche Butter

Zum Fertigstellen
300 g Ganache mit Zimt zum Überziehen (siehe S. 283)

1 Am ersten Tag die Rosinen mit dem Rum erhitzen, vom Herd nehmen und über Nacht ziehen lassen.
2 Am nächsten Tag den Biskuit backen: Den Ofen auf 240 °C vorheizen.
3 Ein Backblech mit Backpapier auslegen und den vorbereiteten Teig darauf zu einem 1 cm dicken Rechteck ausbreiten. Im Ofen 8–10 Minuten backen und abkühlen lassen. Den Biskuitboden auf einen Bogen Pergamentpapier stürzen und das Backpapier abziehen.
4 Für den Sirup das Wasser mit dem Zucker und Zimt zum Kochen bringen. Vom Herd nehmen und abkühlen lassen. Durch ein Sieb abseihen und den Rum einrühren.
5 Für die Füllung die vorbereitete Ganache rasch mit der Butter vermengen, dann die abgetropften Rosinen unterrühren. Den Biskuit mithilfe eines Pinsels mit dem Sirup tränken. Die Ganache gleichmäßig über die ganze Fläche verstreichen. Den Biskuit quer zusammenrollen und in Frischhaltefolie gewickelt über Nacht in den Kühlschrank legen.
6 Am nächsten Tag die Biskuitrolle aus der Folie wickeln. Die Ganache für den Überzug zubereiten und mit einer Palette die Rolle gleichmäßig damit bestreichen. Mit einer Gabel den Überzug mit einem Linienmuster versehen, sodass er wie die Rinde eines Baumes aussieht. Den »Baumstamm« in den Kühlschrank stellen und 2 Stunden vor dem Servieren wieder herausnehmen. In Frankreich wird dieses traditionelle Weihnachtdessert oft noch mit festlichen Motiven verziert.

Chuao (Schoko-Cassis-Torte)

Für 8 Personen
Am Vortag beginnen
Vorbereitung: 1 Stunde
Backzeit: 35 Minuten
Kühlen: 2 Stunden

Für die Schwarzen Johannisbeeren
200 ml Wasser
100 g Zucker
125 g Schwarze Johannisbeeren (frisch oder tiefgekühlt)

Für den Biskuit
500 g Schokoladenbiskuit ohne Mehl (siehe S. 297)

Für die Ganache mit Cassis
1 Blatt Gelatine (2 g)
300 g Schwarze Johannisbeeren (frisch oder tiefgekühlt)
70 ml Wasser
8 cl Crème de Cassis
25 g extrafeiner Zucker
10 ml frisch gepresster Zitronensaft
250 g Edelbitter-Schokolade (70 % Kakaoanteil)
225 g weiche Butter

Für den Überzug
200 g Ganache (siehe S. 283)

1 Am Vortag für die Johannisbeeren das Wasser mit dem Zucker kurz aufkochen, über die Früchte gießen und über Nacht ziehen lassen.
2 Am Folgetag den Biskuit backen: Den Ofen auf 170 °C vorheizen. Den vorbereiteten Teig in einen Spritzbeutel mit Lochtülle Nr. 9 füllen. Zwei Backbleche mit Pergamentpapier auslegen und, jeweils in der Mitte beginnend, spiralförmig 3 Teigkreise von 22 cm Durchmesser aufspritzen (2 Kreise auf das eine Blech und 1 Kreis auf das andere; siehe Seite 294). Die Biskuitböden 25 Minuten backen und auf Kuchengittern abkühlen lassen.
3 Für die Ganache die Gelatine in kaltem Wasser einweichen. Die Johannisbeeren im Mixer pürieren und durch ein Sieb streichen. Das Wasser mit dem Cassis, dem Zucker, dem Zitronensaft und dem Fruchtpüree zum Kochen bringen. Die eingeweichte und gut ausgedrückte Gelatine untermengen. Die Schokolade mit einem Sägemesser hacken und in einer Schüssel auf dem heißen Wasserbad schmelzen. Das Johannisbeerpüree unterrühren und abkühlen lassen. Mit einem Schneebesen vorsichtig die Butter in kleinen Würfeln unter die Ganache ziehen.
4 Die am Vorabend eingeweichten Johannisbeeren von dem Sirup abtropfen lassen und einige Beeren für Garniturzwecke zurücklegen. Einen Tortenring mit hohem Rand und 24 cm Durchmesser auf ein mit Pergamentpapier ausgelegtes Blech setzen. Einen Biskuitboden einlegen und die Hälfte der Ganache auftragen. Die Hälfte der Johannisbeeren gleichmäßig darüber verteilen. Den zweiten Boden darauflegen und den Vorgang wiederholen. Mit dem dritten Boden abschließen.
5 Die Torte für 2 Stunden in den Kühlschrank stellen. Den Tortenring abziehen (eventuell mit der Messerspitze etwas vom Rand lösen) und mit einer Palette die Ganache für den Überzug auftragen und glatt streichen. Mit den zurückbehaltenen Johannisbeeren verzieren.

Chuao

Concorde (Schokobaiser mit Moussefüllung)

Für 6–8 Personen
Am Vortag beginnen
Vorbereitung: 20 + 25 Minuten
Backzeit: 2 Stunden + etwa 10 Minuten
Trocknen: 2–3 Stunden
Kühlen: 2 Stunden

Für das Schokoladenbaiser
100 g Puderzucker
15 g Kakaopulver
4 Eiweiße
100 g extrafeiner Zucker

Für die Mousse
270 g Vollmilchschokolade
250 g weiche Butter
6 Eiweiße
15 g extrafeiner Zucker
3 Eigelbe

1 Am Vortag das Schokoladenbaiser backen: Den Ofen auf 120 °C vorheizen. Den Puderzucker und Kakao sieben. Die Eiweiße mit dem elektrischen Handrührgerät steif schlagen und gleich von Beginn an nach und nach die Hälfte des Zuckers einarbeiten. Weiterschlagen, bis die Masse glänzt und sehr fest ist. Die andere Zuckerhälfte einstreuen und mit einem Spatel behutsam unter den Eischnee heben. Dann mit einem Schneebesen zügig, aber vorsichtig die Puderzucker-Kakao-Mischung unterziehen.
2 Zwei Drittel der Baisermasse in einen Spritzbeutel mit Lochtülle Nr. 7 füllen. Zwei Bleche mit Pergamentpapier auslegen und insgesamt 3 Kreise von 22 cm Durchmesser (2 Kreise auf das eine Blech und 1 weiteren auf das zweite), in der Mitte beginnend, spiralförmig aufspritzen (siehe Seite 294).
3 Die restliche Masse durch dieselbe Lochtülle in langen, geraden Bändern auf das Blech mit nur einem Baiserboden aufspritzen.
4 Beide Bleche in den Ofen schieben und bei nicht ganz geschlossener Tür (mit einem Holzlöffel einen Spalt offen halten) 30 Minuten backen. Die Temperatur auf 100 °C reduzieren und die Böden noch 1 weitere Stunde und 30 Minuten, die Bänder lediglich weitere 15 Minuten backen. Den Ofen ausschalten und bei halb geöffneter Ofentür 2–3 Stunden trocknen lassen. Zum Abkühlen auf Kuchengitter legen.
5 Am Folgetag die Mousse zubereiten: Die Schokolade mit einem Sägemesser hacken und in einer Schüssel auf dem heißen Wasserbad schmelzen. Aus dem Wasserbad nehmen und auf 45 °C abkühlen lassen (die Temperatur mit einem Küchenthermometer prüfen). Die Butter schaumig rühren und in drei Portionen unter die 45 °C warme Schokolade mengen.
6 Die Eiweiße schlagen, bis sich weiche Spitzen bilden. Langsam den Zucker einstreuen und unter ständigem Weiterschlagen die Eigelbe einarbeiten. Weitere 30 Sekunden schlagen. Mit einem Schneebesen ein Viertel des Eierschaums unter die Schokoladen-Buttercreme ziehen, damit sie etwas aufgelockert wird, und dann behutsam den Rest unterheben.
7 Einen Baiserboden auf eine runde Kartonunterlage legen, etwas weniger als die Hälfte der Mousse auftragen und mit einer Palette glatt streichen. Den zweiten Baiserboden auflegen und mit der gleichen Menge Mousse bestreichen. Mit dem letzten Boden bedecken und die restliche Mousse in einer dünnen Schicht über den Rand und den Deckel streichen. Für 2 Stunden in den Kühlschrank stellen.
8 Die Baiserbänder mit einem Sägemesser in etwa 3 cm kurze Stäbchen schneiden (dabei zerbröseln sie ein bisschen).
9 Die Baisertorte aus dem Kühlschrank nehmen und die dünne Außenschicht Mousse mit einem Föhn nur ganz leicht anwärmen, damit die kleinen Baiserstückchen daran haften bleiben. Die Stückchen ungeordnet auf der Mousse verteilen und leicht andrücken. Die Torte in den Kühlschrank stellen und 1 Stunde vor dem Servieren wieder herausnehmen.

Schokoladenkuppel mit karamellisierten Haselnüssen

Für 8 Personen
Vorbereitung: 40 Minuten
Back- und Garzeitzeit: 50 Minuten
Gefrieren: 3 Stunden

Für den Biskuit
20 g Mehl
20 g Kartoffelstärke
20 g Kakaopulver
45 g Butter, plus 10 g für die Form
3 Eiweiße
100 g extrafeiner Zucker
5 Eigelbe

Für den Sirup
100 ml Wasser
50 g extrafeiner Zucker
15 g Kakaopulver

Für die Mousse
3 EL Wasser
140 g extrafeiner Zucker
5 Eigelbe
2 Eier
300 g Edelbitter-Schokolade (70 % Kakaoanteil)
500 ml Sahne
140 g karamellisierte Haselnüsse, grob gehackt (siehe S. 305)

Für Überzug und Dekoration
Schokoladenglasur (siehe S. 284)
Karamellisierte Haselnüsse (siehe S. 305)

1 Den Ofen auf 180 °C vorheizen.
2 Für die Biskuitböden das Mehl mit der Stärke und dem Kakaopulver sieben. Die Butter zerlassen und etwas abkühlen lassen. Die Eiweiße mit 50 g des Zuckers steif schlagen. Die Eigelbe mit dem restlichen Zucker hellgelb und schaumig schlagen. Von der Eigelbmasse 2 Esslöffel abnehmen und unter die zerlassene Butter rühren. Den Eischnee vorsichtig unter die restliche Eigelbmasse heben, die Mehl-Stärke-Kakao-Mischung zugeben, ebenfalls behutsam unterziehen und zuletzt gleichmäßig die Butter einarbeiten.
3 Einen Tortenring mit 18 cm Durchmesser und hohem Rand ausbuttern und auf ein mit Pergamentpapier ausgelegtes Blech setzen. Den Biskuitteig einfüllen und im Ofen 35–40 Minuten backen. Den Gargrad mit einer Kuchennadel prüfen. Sie sollte nach dem Einstechen sauber wieder herauskommen.
4 Nach dem Backen den Tortenring abziehen und den Biskuit auf einem Kuchengitter abkühlen lassen. In zwei gleich dicke Böden schneiden. Einen Boden ganz lassen, den anderen zu einem Kreis von 14 cm Durchmesser verkleinern.
5 Für den Sirup das Wasser mit dem Zucker und dem Kakao unter Rühren bei schwacher Hitze zum Kochen bringen. Vom Herd nehmen.
6 Für die Mousse das Wasser mit dem Zucker aufkochen und 3 Minuten kochen lassen. Sobald der Sirup an der Oberfläche große Blasen schlägt (bei 125 °C), vom Herd nehmen. In einer großen Schüssel die Eigelbe mit den ganzen Eiern verschlagen und dabei in einem dünnen Strahl langsam den heißen Sirup zugießen. Weiterschlagen, bis die Masse weiß wird, ihr Volumen verdreifacht hat und wieder vollkommen kalt ist. Die Schokolade mit einem Sägemesser hacken und in einer Schüssel auf dem heißen Wasserbad schmelzen. In eine andere große Schüssel gießen und auf 45 °C abkühlen lassen (die Temperatur mit einem Küchenthermometer prüfen).
7 Eine Glas- oder Edelstahlschüssel für 15 Minuten in den Gefrierschrank stellen, darin anschließend die Sahne steif schlagen und ein Viertel der Masse vorsichtig unter die geschmolzene Schokolade rühren. Die restliche Sahne zugeben und mit einem Schneebesen behutsam unterheben, dann die Eier-Sirup-Mischung unterziehen.
8 Die Schokoladenkuppel zusammensetzen: Einen Schneeschlagkessel mit 18–20 cm Durchmesser (oder eine gleich große Schüssel mit rundem Boden) in einen Tortenring mit 12–14 cm Durchmesser setzen. Den Kessel waagerecht ausrichten und möglichst fest verkeilen. Die Hälfte der Mousse einfüllen, gleichmäßig verteilen und mit der Hälfte der karamellisierten Haselnüsse bestreuen. Mit einem Pinsel die beiden Biskuitböden mit Sirup tränken. Den kleineren Boden einlegen und darüber die restliche Mousse einfüllen. Die verbliebenen Haselnüsse darüberstreuen und zuoberst mit dem größeren Biskuitboden abschließen. Den Kessel mit seinem »Fuß« komplett in Frischhaltefolie einwickeln und für 3 Stunden in den Gefrierschrank stellen.
9 Die Schokoladenglasur herstellen.
10 Den Boden des Schneekessels in heißes Wasser tauchen. Ein Kuchengitter auflegen und die Schokoladenkuppel daraufstürzen (unterlegen Sie das Gitter mit Pergamentpapier). Den Schneekessel vorsichtig abziehen. Mithilfe einer Kelle die Kuppel mit Schokoladenglasur überziehen. Mit einigen karamellisierten Haselnüssen verzieren und kalt stellen. Eine Stunde vor dem Servieren aus dem Kühlschrank nehmen.

Criollo (Kokos-Mandel-Baiser mit Bananen)

Für 6–8 Personen
Am Vortag beginnen
Vorbereitung: 20 + 30 Minuten
Back- und Garzeit: etwa 40 Minuten
Ruhen: 20 Minuten
Kühlen: 6 Stunden

Für die Kokos-Dacquoise
40 g Kokosmehl
60 g gemahlene Mandeln
90 g Puderzucker
3 Eiweiße
35 g extrafeiner Zucker
Puderzucker zum Bestäuben

Für die Fruchtfüllung
250 g geschälte Bananen
20 g Butter
25 g Rohrzucker
10 ml frisch gepresster Zitronensaft

Für die Schokoladenmousse mit Zitrone und Ingwer
30 ml Wasser
70 g Zucker
3 Eigelbe
1 Ei
175 g dunkle Kuvertüre (65 % Kakaoanteil)
1 unbehandelte Zitrone
3 g sehr fein geriebene frische Ingwerwurzel
250 ml Sahne

Für Überzug und Dekoration
300 g Schokoladenglasur (siehe S. 284)
Kokosraspel
2 Bananen
½ Zitrone
Quitten- oder Apfelgelee

1 Am Vortag die Dacquoise-Böden backen: Den Ofen auf 150 °C vorheizen. Das Kokosmehl, die gemahlenen Mandeln und den Puderzucker in eine Schüssel sieben. Die Eiweiße steif schlagen und dabei nach und nach den extrafeinen Zucker einstreuen. Mit einem Spatel vorsichtig die gesiebten Zutaten unterheben.
2 Den Teig in einen Spritzbeutel mit Lochtülle Nr. 12 füllen. Ein Backblech mit Pergamentpapier auslegen und 2 Teigkreise von 22 cm Durchmesser, jeweils in der Mitte beginnend, spiralförmig aufspritzen (siehe Seite 294). Mit etwas Puderzucker bestäuben und 10 Minuten ruhen lassen. Erneut mit Puderzucker bestäuben und weitere 10 Minuten ruhen lassen. Die Dacquoise-Böden 35 Minuten backen.
3 Die Böden auf zwei Kuchengittern abkühlen lassen. Fest in Frischhaltefolie wickeln und über Nacht in den Kühlschrank legen.
4 Am Folgetag die Fruchtfüllung vorbereiten: Die Bananen in 1 cm dicke Scheiben schneiden und mit dem Zitronensaft beträufeln, damit sie nicht braun werden. In einer Pfanne die Butter bei starker Hitze aufschäumen. Die Bananenscheiben hineingeben, mit dem Rohrzucker bestreuen und rasch von allen Seiten etwas Farbe nehmen lassen. In einem Sieb abtropfen lassen.
5 Die Mousse zubereiten: Eine Glas- oder Edelstahlschüssel für 15 Minuten in den Gefrierschrank stellen. Das Wasser mit dem Zucker aufkochen und 3 Minuten kochen lassen. Sobald der Sirup an der Oberfläche große Blasen schlägt (bei 125 °C), den Topf vom Herd nehmen. In einer großen Schüssel die Eigelbe mit dem ganzen Ei verschlagen und dabei in einem dünnen Strahl den heißen Sirup zugießen. Weiterschlagen, bis die Masse weiß wird, ihr Volumen verdreifacht hat und kalt ist. Die Kuvertüre mit einem Sägemesser hacken und in einer Schüssel auf dem heißen Wasserbad schmelzen. Die Zitronenschale dünn abschälen, sehr fein hacken und mit dem fein gehackten Ingwer unter die geschmolzene Kuvertüre rühren. Die Kuvertüre nach der Anleitung auf Seite 323 temperieren. Die Sahne in der eisgekühlten Schüssel steif schlagen und unter die temperierte Kuvertüre heben. Zuletzt vorsichtig die Eier-Sirup-Mischung unterziehen. Die Mousse zügig weiterverarbeiten.
6 Einen Tortenring mit 24 cm Durchmesser und hohem Rand auf ein Stück Pergamentpapier setzen und einen Dacquoise-Boden einlegen. Eine Schicht Mousse auftragen und mit den sautierten Bananenscheiben belegen. Mit einer weiteren Schicht Mousse bestreichen und den zweiten Dacquoise-Boden auflegen. Die restliche Mousse auf der Oberfläche und über die Ränder der Torte verteilen. Für 6 Stunden in den Kühlschrank stellen.
7 Den Tortenring mit einem Föhn leicht anwärmen und abziehen. Die Oberfläche der Torte mit der Schokoladenglasur überziehen, den Rand mit Kokosraspeln verzieren. Die Bananen in Scheiben schneiden, mit etwas Zitrone beträufeln und fächerförmig auf der Torte arrangieren. Die Früchte mit dem Quitten- oder Apfelgelee glasieren.

Bräunen Sie die Bananenscheiben möglichst rasch und bei großer Hitze, damit sie nicht zerfallen.

Korrigieren Sie, falls nötig, den Durchmesser der Dacquoise-Böden vor dem Einlegen in den Tortenring mit einer Schere.

Criollo

Schneeflocke

Für 10 Personen
3 Tage im Voraus beginnen
Vorbereitung: 10 + 40 + 10 Minuten
Back- und Garzeit: etwa 1 Stunde 15 Minuten
Trocknen der Zucker-»Eiskristalle«: 72 Stunden
Tiefkühlen: 2 Stunden

Für die Zucker-»Eiskristalle«
80 ml Wasser
220 g extrafeiner Zucker

Für die Schokoladensplitter
2 g Salzblüte (Fleur de Sel)
120 g dunkle Kuvertüre (70 % Kakaoanteil)

Für die Schokoladenmakronen
240 g Puderzucker
20 g Kakaopulver
140 g gemahlene Mandeln
4 Eiweiße

Für die Karamellsplitter
65 g Glukose (aus dem Reformhaus)
70 g grober Kristallzucker
25 g leicht gesalzene Butter
40 g ungesalzene Butter

Für die Ganache
180 g Edelbitter-Schokolade (70 % Kakaoanteil)
130 ml Milch
55 g Butter

Für die Mousse Sabayon
20 ml Mineralwasser
70 g extrafeiner Zucker
1 Ei
3 Eigelbe
150 g Edelbitter-Schokolade (70 % Kakaoanteil)
500 ml Sahne

Für die italienische Baisermasse
2 Eiweiße
40 ml Wasser
120 g extrafeiner Zucker

1 Die Zucker-»Eiskristalle« 72 Stunden im Voraus zubereiten: Das Wasser mit 200 g Zucker zum Kochen bringen. Dabei immer wieder den sich am Topfrand absetzenden Zucker mit einem feuchten Pinsel abstreifen. Den Sirup abkühlen lassen und in eine große, flache Form gießen. Mit den restlichen 20 g Zucker bestreuen und bei Raumtemperatur erstarren lassen.
2 Am Vortag die Schokoladensplitter zubereiten: Mit einer Teigrolle die Salzblüte zermahlen. Die Schokolade temperieren (siehe Seite 323) und das zermahlene Salz unterrühren. Auf eine große transparente, lebensmittelechte PVC-Folie gießen und eine zweite Folie auflegen. Die Schokolade zwischen den Folien behutsam mit einem Wellholz ausbreiten und im Kühlschrank 1 Stunde erstarren lassen. Anschließend in grobe Splitter zerbrechen.
3 Den Ofen im Umluftmodus auf 140 °C vorheizen.
4 Die Makronen backen: Den Puderzucker mit dem Kakao und den gemahlenen Mandeln sieben. Die Eiweiße steif schlagen. Mit einem Spatel sehr zügig, aber behutsam die gesiebten Zutaten unter den Eischnee heben. Den Teig in einen Spritzbeutel mit Lochtülle Nr. 10 füllen. Ein Backblech mit Pergamentpapier auslegen und drei Kreise (mit 12 cm, 15 cm und 17 cm Durchmesser), jeweils in der Mitte beginnend, spiralförmig aufspritzen (siehe Seite 294). Im nicht ganz geschlossenen Ofen (die Ofentür mit einem Holzlöffel einen Spalt offen halten) 40 Minuten backen. Die Schokoladenmakronen umgedreht mit dem Papier nach oben auf ein Kuchengitter legen und das Papier mit einem Ruck abziehen.
5 Die Karamellsplitter herstellen: Die Glukose mit dem Zucker zu einem sehr dunklen Karamell kochen. Unter ständigem Rühren sämtliche Butter zugeben (auf spritzenden Karamell achtgeben). Den Karamell erneut kurz aufkochen, auf ein mit Pergamentpapier ausgelegtes Blech gießen und mit einem Wellholz ausrollen. Abkühlen lassen, den erstarrten Karamell mit dem Wellholz in grobe Stücke zerbrechen und im Mixer zu kleinen »Splittern« zermahlen.
6 Die Ganache zubereiten: Die Schokolade mit einem Sägemesser hacken. Die Milch zum Kochen bringen und in drei Portionen die Schokolade einrühren, bis sie geschmolzen ist. Stückeweise die Butter zugeben, abkühlen lassen und dann die Karamellsplitter untermischen.
7 Die Mousse Sabayon zubereiten: Das Wasser mit dem Zucker aufkochen und 3 Minuten kochen lassen. Sobald der Sirup große Blasen schlägt (bei 125 °C), den Topf vom Herd nehmen. Das Ei mit den Eigelben verschlagen und dabei in einem dünnen Strahl den heißen Sirup zugießen. Die Schokolade mit einem Sägemesser hacken und in einer Schüssel auf dem heißen Wasserbad schmelzen. In eine zweite, große Schüssel umgießen und auf 45 °C abkühlen lassen (die Temperatur mit einem Küchenthermometer prüfen).
8 Eine Glas- oder Edelstahlschüssel für 15 Minuten in den Gefrierschrank stellen und darin anschließend die Sahne steif schlagen. Ein Viertel der Sahne behutsam unter die geschmolzene Schokolade rühren, dann vorsichtig den Rest unterheben. Zuletzt mit einem Schneebesen behutsam die Eier-Sirup-Mischung und 120 g der Schokoladensplitter unterziehen. Die Mousse Sabayon zügig weiterverarbeiten.
9 Sämtliche Bestandteile der Torte bereitstellen. Auf einen Tortenring einen Schneeschlagkessel (oder eine Schüssel mit rundem Boden) setzen, in den die Makronen genau hineinpassen, den Kessel waagerecht ausrichten und möglichst fest verkeilen. Mit einem Spatel auf dem Boden etwas Mousse verstreichen und die kleinste Schokoladenmakrone einlegen.

10 Den Schneekessel zu drei Vierteln mit Mousse füllen und die mittlere Makrone einlegen. Die Ganache mit den Karamellsplittern auftragen und glatt streichen. Sie sollte bis knapp unter den Rand der Schüssel reichen. Die letzte Makrone auflegen und leicht andrücken. Den Schneekessel mit seinem »Fuß« in Frischhaltefolie wickeln, 2 Stunden in den Gefrierschrank und anschließend über Nacht in den Kühlschrank stellen.
11 Am Folgetag die italienische Baisermasse herstellen: Die Eiweiße steif schlagen. Das Wasser mit dem Zucker zum Kochen bringen und den Sirup bis 120 °C kochen. Den Sirup in einem dünnen Strahl unter den Eischnee schlagen. So lange schlagen, bis die Masse vollständig erkaltet ist.
12 Die »Schneeflocke« fertig stellen: Den Schneekessel mit seinem Fuß kurz in heißes Wasser tauchen. Ein Kuchengitter auflegen und die Kuppel daraufstürzen. Die Schüssel mitsamt dem Fuß vorsichtig abziehen. Den Kuchen rundherum flächendeckend mit der Baisermasse bestreichen und in den Kühlschrank stellen. Eine Stunde vor dem Servieren wieder herausnehmen.
13 Mit einem Spatel den in der Form erstarrten Zuckersirup (Schritt 1) anheben und in »Kristalle« zerbrechen. Kurz vor dem Servieren die Kristalle dekorativ in den Baisermantel stecken.

(Bild siehe Seite 88/89)

Für 6–8 Personen
Am Vortag beginnen
Vorbereitung: 15 + 20 Minuten
Back- und Garzeit: 25 + 2 Minuten
Kühlen: 3 Stunden

Für den Schokoladenbiskuit
35 g Kakaopulver
35 g Mehl
35 g Kartoffelstärke
75 g Butter, plus 15 g für die Form
8 Eigelbe
150 g extrafeiner Zucker
6 Eiweiße

Für den Sirup
180 ml Wasser
100 g extrafeiner Zucker
5 cl Kirschwasser

Für die Füllung
600 ml Sahne
2 Päckchen Vanillezucker
60 Griottines® (in Kirschwasser eingelegte Sauerkirschen aus Frankreich; siehe S. 321)

Zum Dekorieren
Schokoladenröllchen (siehe S. 282)

Schwarzwälder Kirschtorte

1 Am Vortag den Schokoladenbiskuit backen: Den Ofen auf 180 °C vorheizen. Den Kakao mit dem Mehl und der Stärke sieben. Die Butter zerlassen. Die Eigelbe 5 Minuten mit 75 g des Zuckers verschlagen. Die Eiweiße steif schlagen und etwa auf halber Strecke langsam den restlichen Zucker einstreuen. Ein Viertel des Eischnees mit einem Spatel behutsam unter die Eigelbmasse mengen, dann, wieder ganz vorsichtig, die Kakao-Mehl-Mischung unterziehen. 3 Esslöffel dieser Masse unter die zerlassene Butter rühren. Nacheinander sämtliche Mischungen ganz vorsichtig unter den verbliebenen Eischnee heben.
2 Einen Tortenring mit 22 cm Durchmesser ausbuttern, mit Mehl bestäuben und auf ein mit Pergamentpapier ausgelegtes Blech setzen. Den Biskuitteig einfüllen und 20–25 Minuten backen. Zur Garprobe mit einer Kuchennadel einstechen. Sie sollte sauber wieder herauskommen. Den Biskuit mit dem Ring auf ein Kuchengitter setzen und abkühlen lassen.
3 Am nächsten Tag den Tortenring abziehen und den Biskuit in 3 gleich dicke Böden schneiden. Für den Sirup das Wasser mit dem Zucker aufkochen, vom Herd nehmen und das Kirschwasser einrühren.
4 Für die Füllung eine Glas- oder Edelstahlschüssel für 15 Minuten in den Gefrierschrank stellen und anschließend darin die Sahne steif schlagen. Dabei nach und nach den Vanillezucker einarbeiten.
5 Einen Biskuitboden auf eine Tortenplatte legen und mit etwas Sirup einpinseln. Ein Drittel der Vanillesahne darauf verstreichen und gleichmäßig verteilt 30 Griottines® sanft hineindrücken. Einen zweiten Boden auflegen und erneut mit Sirup tränken. Mit einem weiteren Drittel der Sahne bedecken und ebenfalls 30 Kirschen hineindrücken. Den dritten Boden auflegen, auch diesen mit Sirup benetzen und die restliche Sahne auftragen. Die Torte am Rand und auf der Oberfläche mit Schokoladenröllchen verzieren und vor dem Servieren 3 Stunden durchkühlen lassen.

Schneeflocke

»Ich habe unter einer zarten Hülle aus Eischnee eine luftige Mousse mit knusprigem Karamell und einem Hauch Salz versteckt.«

Pierre Hermé
(Rezept siehe Seite 86)

Geeiste Schokoladentorte

Für 6–8 Personen
Vorbereitung: 1 Stunde
Kühlen: 5–6 + 2 Stunden
Backzeit: 18 Minuten

Für den Biskuit Typ »Brownies«
70 g Edelbitter-Schokolade (70 % Kakaoanteil)
2 Eier
150 g extrafeiner Zucker
100 g Pekannüsse oder frische Walnüsse
125 g Butter
60 g Mehl
100 g Ganache zum Überziehen (siehe S. 283)
800 g Schokoladencreme (siehe S. 287)
3 Blatt Gelatine (6 g)
300 g Schokoladenglasur (siehe S. 284)

Zum Dekorieren
6 ganze Walnusskerne

1 Für die Biskuitböden die Schokolade mit einem Sägemesser hacken und auf dem heißen Wasserbad schmelzen. Die Eier mit dem Zucker hellgelb und schaumig schlagen. Die Nüsse grob hacken. Die Butter in kleine Stücke schneiden und in der Küchenmaschine mit dem Schneebeseneinsatz auf großer Stufe schaumig rühren. In drei Portionen die geschmolzene Schokolade und anschließend den Eier-Zucker-Schaum einarbeiten. Das Gerät ausschalten und die Schüssel herausnehmen. Mit einem Spatel sorgfältig das Mehl und zuletzt die gehackten Nüsse unterheben.
2 Den Ofen auf 170 °C vorheizen.
3 Einen Tortenring von 22 cm Durchmesser und 3 cm Höhe mit Butter einstreichen und auf ein mit Pergamentpapier ausgelegtes Blech setzen. Den Teig einfüllen und 18 Minuten backen. Abkühlen lassen, mit einem Messer rundherum vom Ring lösen und diesen abziehen.
4 Die Ganache und die Schokoladencreme zubereiten. Bei der Creme die eingeweichte und gut ausgedrückte Gelatine unter die heiße Milch-Sahne-Mischung rühren.
5 Den Tortenring abwaschen und abtrocknen, den Teigboden wieder einlegen und bis zum Rand mit der Schokoladencreme auffüllen. Im Kühlschrank 5–6 Stunden durchkühlen lassen.
6 Die Ganache auf die Torte auftragen und mit einem Palettmesser glatt streichen. Den Tortenring mit einem Föhn etwas anwärmen und abziehen.
7 Aus dickem Karton eine runde Unterlage von der Größe der Torte zurechtschneiden, die Torte daraufsetzen und für 2 Stunden in den Gefrierschrank stellen.
8 Die Schokoladenglasur herstellen und die Torte gleichmäßig damit überziehen. Die Glasur mit einer Palette auch über die Seiten ziehen. Mit Walnüssen verzieren.

Schokoladen-Millefeuilles mit Orangencreme

Für 6 Personen
Zubereitung: 25 Minuten

Für den Blätterteig
1 Boden (30 × 40 cm) karamellisierter Schokoladen-Blätterteig (siehe S. 303)
Puderzucker

Für die Füllung
400 g Konditorcreme (*crème pâtissière*; siehe S. 288)
½ unbehandelte Orange
80 ml Sahne
5 g extrafeiner Zucker

1 Den Blätterteig herstellen und backen.
2 Für die Füllung eine Glas- oder Edelstahlschüssel für 15 Minuten in den Gefrierschrank stellen. Die Konditorcreme zubereiten. Die Orangenzeste dünn abschälen und ganz fein hacken. Die Sahne mit dem Zucker in der kalt gestellten Schüssel steif schlagen. Die Orangenzeste und die Schlagsahne behutsam unter die Konditorcreme ziehen.
3 Den Blätterteig der Länge nach in 3 gleich große Streifen schneiden. Einen Streifen mit der karamellisierten Seite nach oben auf die Arbeitsfläche legen und mit einem Spatel die Hälfte der Creme auftragen. Einen zweiten Blätterteigstreifen, ebenfalls mit der Karamellseite nach oben, auflegen und leicht andrücken. Die restliche Creme darauf verstreichen und mit dem letzten Teigstreifen – wieder mit der Karamellseite nach oben – bedecken. Erneut leicht andrücken und für 30 Minuten in den Kühlschrank stellen.
4 Den Millefeuille mit einem elektrischen Messer in 6 gleich große Törtchen schneiden (oder im Ganzen servieren). An den Schnittstellen die Creme mit einer Palette von unten nach oben glatt streichen. Die Törtchen mit Puderzucker bestäuben und sofort servieren.

Weißer Schoko-Rhabarber-Kuchen

Für 8 Personen
Vorbereitung: 40 Minuten
Garzeit: 15 Minuten
Kühlen: 4 Stunden

2 Biskuitböden à 22 cm Durchmesser aus Löffelbiskuitteig (siehe S. 296)

Für die Rhabarberfüllung
1 ½ Blatt Gelatine (3 g)
700 g frische Rhabarberstangen
60 ml frisch gepresster Zitronensaft
50 g extrafeiner Zucker
60 ml kaltes Wasser

Zum Tränken des Biskuits
6 Passionsfrüchte (Maracujas)

Für die weiße Schokoladencreme
200 g weiße Schokolade
1 unbehandelte Limette
650 ml Sahne

Zum Dekorieren
500 ml Sahne
Weiße Schokoladenröllchen (siehe S. 282)
15 Erdbeeren

1 Für die Rhabarberfüllung die Gelatine in kaltem Wasser einweichen. Den Rhabarber schälen, in 7 mm kleine Würfel schneiden und mit dem Zitronensaft und dem Zucker bei milder Hitze unter häufigem Rühren 10 Minuten dünsten. Die Gelatine ausdrücken, abspülen und trocken tupfen. Unter den heißen Rhabarber mengen, bis sie sich aufgelöst hat. Abkühlen lassen.
2 Die Passionsfrüchte halbieren, mit einem kleinen Löffel das Fruchtfleisch herauslösen und durch ein Sieb streichen. Den Saft auffangen.
3 Für die weiße Schokoladencreme die Schokolade mit einem Sägemesser hacken und in einer Schüssel auf dem heißen Wasserbad schmelzen. Eine Glas- oder Edelstahlschüssel für 15 Minuten in den Gefrierschrank stellen. Die Limettenzeste dünn abschälen, fein hacken und mit 150 ml der Sahne zum Kochen bringen. Über die weiße Schokolade gießen und die Masse kalt schlagen.
4 Die restlichen 500 ml Sahne in der eisgekühlten Schüssel steif schlagen und vorsichtig die Schokoladencreme unterheben. Die Masse zügig weiterverarbeiten.
5 Einen Tortenring mit 22 cm Durchmesser auf eine runde Kartonunterlage setzen. Einen Biskuitboden einlegen und mithilfe eines Pinsels mit etwas Passionsfruchtsaft tränken. Gleichmäßig den gedünsteten Rhabarber darauf verteilen.
6 Die Hälfte der weißen Schokoladencreme über den Rhabarber gießen und glatt streichen. Den zweiten Biskuitboden einlegen und ebenfalls mit Passionsfruchtsaft tränken. Die restliche Creme auftragen und glatt streichen. Sie sollte den Ring bis zum Rand füllen. Die Torte für 4 Stunden in den Kühlschrank stellen.
7 Eine weitere Glas- oder Edelstahlschüssel 15 Minuten tiefkühlen. Den Tortenring mit einem Föhn leicht anwärmen und abziehen.
8 Für die Dekoration die 500 ml Sahne in der kalt gestellten Schüssel steif schlagen und mit einem Löffel gleichmäßig auf den Rand und die Oberfläche der Torte auftragen. Die Erdbeeren entstielen und halbieren. Die Früchte mit der Schnittfläche nach oben in konzentrischen Kreisen bis 2 cm an den Rand auf der Torte arrangieren. Den Rand mit weißen Schokoladenröllchen verzieren. Sofort servieren.

Um Zeit zu sparen, können Sie die Löffelbiskuitböden auch beim Bäcker vorbestellen.

Eine Erdbeer- oder Himbeer-Coulis (siehe Seite 306) rundet diese Rhabarbertorte perfekt ab.

»Wer Schokolade trinkt, erfreut sich einer gleichmäßigen Gesundheit und entgeht am ehesten den vielen kleinen Übeln, die das Glück des Lebens trüben …«

(Brillat-Savarin, Physiologie des Geschmacks, 1825).

Blätterteigtörtchen mit Schokoladencreme

1 Den Blätterteig herstellen und backen.
2 Für die Füllung die Schokolade mit einem Sägemesser hacken. Eine Schüssel mit Eiswasser bereitstellen. Die Konditorcreme zubereiten und auf dem Herd die gehackte Schokolade und die Milch unterrühren. Die Creme unter ständigem Rühren kurz aufwallen lassen und den Topf sofort mit dem Boden in das Eiswasser stellen. Die Creme immer wieder durchrühren, damit sie möglichst rasch abkühlt.
3 Eine Glas- oder Edelstahlschüssel für 15 Minuten in den Gefrierschrank stellen und anschließend darin die Sahne steif schlagen. Die geschlagene Sahne vorsichtig unter die Schokoladen-Konditorcreme ziehen.
4 Den Blätterteig wie auf Seite 91 unter Schritt 3 beschrieben mit Creme füllen und aufschichten.
5 Den Millefeuille mit einem elektrischen Messer in 6 gleich große Stücke schneiden (oder im Ganzen servieren). An den Schnittstellen die Creme mit einer Palette von unten nach oben glatt streichen. Die Törtchen mit Puderzucker bestäuben und sofort servieren.

Für 6 Personen
Zubereitung: 25 Minuten

Für den Blätterteig (Millefeuille)
1 Boden (30 × 40 cm) karamellisierter Blätterteig (siehe S. 303)
Kakaopulver

Für die Füllung
100 g Edelbitter-Schokolade (70 % Kakaoanteil)
400 g Konditorcreme (*crème pâtissière*; siehe Seite 288)
60 ml Milch
100 ml Sahne
Puderzucker zum Bestäuben

Mozartkuchen

1 Den Ofen auf 180 °C vorheizen. Für den Zimtsandteig in einer Schüssel die Butter cremig rühren. Den Puderzucker, die gemahlenen Mandeln, das Mehl und das Backpulver hineinsieben. Die Eigelbe, das Salz, den Zimt und den Rum zugeben und sämtliche Zutaten rasch zu einem krümeligen Teig verkneten. Den Teig 4 Stunden im Kühlschrank ruhen lassen, dann 2 mm dünn ausrollen und 3 Kreise von 20 cm Durchmesser ausschneiden. Die Böden weitere 30 Minuten kalt stellen und anschließend 18–20 Minuten backen.
2 Für die Schokoladenmousse mit Äpfeln die Früchte schälen, entkernen und würfeln. In der Butter mit 10 g des Zuckers und dem Zimt 3–4 Minuten garen. Mit dem Rum übergießen und flambieren. Etwas abkühlen lassen.
3 Die Sahne mit dem zerstoßenen Zimt aufkochen und durch ein Sieb abseihen. Die Schokolade mit einem Sägemesser hacken und in einer Schüssel auf dem heißen Wasserbad schmelzen. Die Zimtsahne mit der Schokolade verrühren, dann mit dem Stabmixer aufschlagen (eine Ganache) und auf etwa 40 °C abkühlen lassen.
4 Die Eiweiße mit den restlichen 25 g Zucker steif schlagen. Zunächst ein Viertel des Eischnees unter die Ganache mischen, dann vorsichtig den Rest unterheben. Zuletzt die abgekühlten Äpfel unterziehen.
5 Einen Sandteigboden in einen Tortenring mit 20 cm Durchmesser und hohem Rand einlegen und die Hälfte der Mousse darauf verteilen. Den zweiten Boden einlegen und mit der restlichen Mousse bestreichen. Mit dem letzten Boden bedecken und 30–45 Minuten kalt stellen.
6 Den Tortenring mit einem Föhn leicht anwärmen und abziehen. Den Rand der Torte mit Schokoladenröllchen verzieren. Auf den äußeren Rand der Oberfläche mit Kakaopulver rundherum eine Art Borte aufstäuben. Die Torte mit einem Apfelfächer (die Apfelscheiben zuvor mit Zitronensaft beträufeln) und einer halben Kapstachelbeere dekorieren.

Für 6 Personen
Vorbereitung: 1 Stunde 30 Minuten
Back- und Garzeit: etwa 30 Minuten
Ruhen: 4 Stunden + 30 Minuten
Kühlen: 45 Minuten

Für den Zimtsandteig *(pâte sablée)*
185 g weiche Butter
40 g Puderzucker
35 g gemahlene Mandeln
200 g Mehl, ½ Päckchen Backpulver
2 hart gekochte Eigelbe, durch ein feines Sieb gestrichen
1 g feines Salz
8 g gemahlener Zimt
1 cl brauner Plantagenrum

Für die Schokoladenmousse
100 g Äpfel (Granny Smith, Cox Orange)
10 g Butter
35 g extrafeiner Zucker
1 kleine Prise Zimt
2 cl brauner Plantagenrum
60 ml Sahne
1 kleine Stange Ceylon-Zimt, zerstoßen
165 g Edelbitter-Schokolade (70 % Kakaoanteil)
4 Eiweiße (120 g)

Zum Dekorieren
Schokoladenröllchen (siehe S. 282)
Kakaopulver
½ ungeschälter Apfel
10 ml frisch gepresster Zitronensaft
½ Kapstachelbeere (Physalis)

Mozartkuchen

Schoko-Himbeer-Torte »Mogador«

Für 10 Personen
Am Vortag beginnen
Vorbereitung: 20 + 15 Minuten
Backzeit: etwa 10 + 40 Minuten
Kühlen: 4 Stunden

Für den Genueser Schokoladenbiskuit
50 g Marzipan-Rohmasse
60 g extrafeiner Zucker
1 Vanilleschote
3 Eier
50 g Mehl, plus 10 g für die Form
20 g Kakaopulver
35 g Butter, plus 15 g für die Form

Für die Schokoladen-Chantilly
250 g Edelbitter-Schokolade
(70 % Kakaoanteil)
360 ml Sahne

Für die Himbeer-Coulis
70 g Himbeeren
30 g extrafeiner Zucker
Kirschwasser (nach Belieben)

120 g Himbeerkonfitüre

P. Niau
Dalloyau (Paris, 8. Arrondissement)

1 Am Vortag den Genueser Biskuit backen: Den Ofen auf 220 °C vorheizen. Die Marzipan-Rohmasse auf die Arbeitsfläche legen und mit dem Zucker bestreuen. Die Masse mit den Handflächen flach drücken, damit sie etwas geschmeidiger wird, und dann mit einem Holzlöffel zerdrücken. Die Marzipan-Rohmasse in einer Schüssel auf ein heißes Wasserbad setzen. Die Vanilleschote spalten und das Mark herauskratzen. Nacheinander die Eier über die Paste in die Schüssel schlagen, das Vanillemark und die ausgekratzte Schote zugeben und die Masse aufschlagen, bis sie schäumt. Die Schüssel aus dem Wasserbad heben und die Vanilleschote entfernen. Das Mehl und das Kakaopulver in die Masse sieben und sorgfältig untermengen. Die zerlassene Butter zugeben und behutsam unterrühren.
2 Einen Tortenring mit 22 cm Durchmesser ausbuttern und mit Mehl ausstreuen. Auf ein mit Backpapier ausgelegtes Blech setzen, den Teig einfüllen und 10 Minuten backen. Die Temperatur auf 170 °C herunterstellen und weitere 35–40 Minuten backen. Zur Garprobe den Teig mit einer Kuchennadel einstechen. Sie sollte sauber wieder herauskommen. Auf einem Kuchengitter abkühlen lassen und den Ring abziehen.
3 Am Folgetag den Genueser Biskuit in 2 Böden von 2 cm Dicke schneiden. Einen Boden einfrieren (er hält sich tiefgekühlt bis zu einem Monat).
4 Für die Schokoladen-Chantilly eine Glas- oder Edelstahlschüssel für 15 Minuten in den Gefrierschrank stellen. Die Schokolade mit einem Sägemesser hacken und in einer Schüssel auf dem heißen Wasserbad schmelzen. Aus dem Wasserbad nehmen und die Temperatur der Schokolade bei 50 °C halten (mit einem Küchenthermometer kontrollieren und, falls nötig, kurz wieder auf dem Wasserbad erhitzen). Die Sahne in der kalt gestellten Schüssel steif schlagen und ein Drittel davon zügig unter die heiße Schokolade rühren. Die Mischung zurück in die restliche Sahne geben und ganz behutsam unterziehen.
5 Für die Himbeer-Coulis die Himbeeren mit dem Zucker im Mixer pürieren.
6 Einen Tortenring mit 22 cm Durchmesser und hohem Rand ausbuttern und auf ein mit Pergamentpapier ausgelegtes Blech setzen. Einen Biskuitboden einlegen und gleichmäßig mit Himbeer-Coulis einpinseln. Die Himbeerkonfitüre darüberstreichen und den Ring bis zum Rand mit der Schokoladen-Chantilly auffüllen. Mit einer Palette glatt streichen und für 4 Stunden in den Kühlschrank stellen.
7 Die restliche Himbeer-Coulis nach Belieben mit einigen Tropfen Kirschwasser verdünnen und gleichmäßig in einer dünnen Schicht auf der Torte verteilen. Den Ring mit einem Föhn etwas anwärmen und abziehen.
8 Mit der restlichen Himbeer-Coulis servieren.

Zu dieser Torte passen frische Himbeeren oder einige Kugeln Pistazien- oder Vanilleeis.

Damit die Schokoladen-Chantilly schön locker und luftig wird, muss die Sahne unbedingt, wie beschrieben, in zwei Schritten unter die 50 °C heiße Schokolade gezogen werden.

Schokoladen-Pavé mit Aprikosen

Ergibt 2 Torten für je 8–10 Personen
Am Vortag beginnen
Vorbereitung: 30 + 30 Minuten
Back- und Garzeit: 35 + etwa 15 Minuten

Für den Schokoladenbiskuit
Siehe Rezept »Schwarzwälder Kirschtorte«, S. 87 (Schritt 1)

Für den Karamellsirup
50 g extrafeiner Zucker
10 g leicht gesalzene Butter
100 ml heißes Wasser

Für die Ganache
170 g getrocknete Aprikosen
Saft von ½ Zitrone
1 Prise schwarzer Pfeffer
185 g Edelbitter-Schokolade (70 % Kakaoanteil)
150 g Vollmilchschokolade
140 g extrafeiner Zucker
20 g leicht gesalzene Butter
280 ml Sahne
340 g weiche Butter

Kakaopulver zum Bestäuben

1 Am Vortag den Schokoladenbiskuit backen: Den Ofen auf 180 °C vorheizen.
2 Eine 30 cm lange Kastenform ausbuttern und mit Pergamentpapier auskleiden. Den Biskuitteig einfüllen und 35 Minuten backen. Zur Garprobe mit einer Kuchennadel einstechen. Sie sollte sauber wieder herauskommen.
3 Den Biskuit nach dem Backen 3 Minuten ruhen lassen, dann vorsichtig aus der Form lösen und auf einem Kuchengitter abkühlen lassen. Umdrehen und vorsichtig das Papier abziehen.
4 Am Folgetag den Karamellsirup kochen: Den Zucker bei schwacher Hitze langsam schmelzen und mit einem Holzlöffel so lange rühren, bis er braun wird. Die Butter unterrühren (auf spritzenden Karamell achtgeben) und das heiße Wasser zugießen (weiterhin Vorsicht vor heißen Spritzern!). Sobald der Karamell aufwallt, vom Herd nehmen.
5 Für die Ganache die getrockneten Aprikosen in etwa 8 mm kleine Würfel schneiden. Mit dem Zitronensaft und dem Pfeffer vermengen. Die Schokolade mit einem Sägemesser hacken und in eine Schüssel geben. In einem Topf 50 g des Zuckers auf kleiner Flamme erhitzen, schmelzen lassen und beständig mit einem Holzlöffel umrühren, bis er sich braun färbt. Weitere 50 g Zucker einstreuen und erneut rühren, bis der Zucker braun karamellisiert ist. Mit dem restlichen Zucker in gleicher Weise verfahren, bis ein dunkler Karamell entstanden ist. Unter ständigem Weiterrühren zuerst die gesalzene Butter, dann die Sahne untermischen (Vorsicht vor spritzendem Karamell). Unter Rühren zum Kochen bringen und vom Herd nehmen.
6 Die Hälfte des heißen Karamells über die Schokolade gießen und sofort mit einem Schneebesen in kreisenden Bewegungen von der Mitte nach außen verrühren. Sobald die Mischung glatt ist, den restlichen Karamell in gleicher Weise untermischen. Abkühlen lassen. Die weiche Butter mit einem Holzlöffel cremig rühren und unter die Ganache ziehen.
7 Die Oberfläche des Biskuits mit einem Sägemesser begradigen. Den Biskuit in 3 gleich dicke Böden schneiden und einen Boden auf eine Kartonunterlage legen. Mit einem Pinsel etwas Karamellsirup auftragen und darauf eine 1,5 cm dicke Schicht Ganache verstreichen. Mit der Hälfte der Aprikosenwürfel bestreuen und diese leicht andrücken.
8 Den zweiten Biskuitboden auflegen, erneut mit Karamellsirup tränken, eine weitere 1,5 cm dicke Schicht Ganache auftragen und die restlichen Aprikosenwürfel darauf verteilen.
9 Den letzten Biskuitboden auflegen, mit Sirup tränken und mit einer dünnen Schicht Ganache überziehen. Auch die Seiten mit Ganache bestreichen. Für 30 Minuten kalt stellen.
10 Den Kuchen der Länge nach in zwei Blöcke *(pavés)* teilen. Die *pavés* von oben und an den Seiten mit der restlichen Ganache bestreichen und mit den Zinken einer Gabel an den Seiten ein waagerechtes Linienmuster einritzen. Einen *pavé* einfrieren (er hält sich bis zu einem Monat), den anderen in den Kühlschrank stellen.
11 Den Schokoladen-Pavé 2 Stunden vor dem Servieren aus dem Kühlschrank nehmen und im letzten Moment mit Kakaopulver bestäuben.

Winzertorte

Für 6–8 Personen
Am Vortag beginnen
Vorbereitung: 30 Minuten
Back- und Garzeit: etwa 18 Minuten
Tiefkühlen: 1 Stunde

Für die eingelegten Rosinen
70 ml Wasser
90 g Rosinen
7 cl Marc de Gewurztraminer (Gewürztraminer-Trester; oder milder Grappa)
Für den Biskuit Typ »Brownies«
Siehe Rezept »Geeiste Schokoladentorte« Seite 90 ohne die Pekannüsse

Für die Füllung
190 g Konditorcreme (*crème pâtissière*; siehe S. 288)
2 Blatt Gelatine (je 2 g)
6 cl Marc de Gewurztraminer (oder milder Grappa)
350 ml Sahne

Zum Dekorieren
Kakaopulver
Einige helle Weintrauben
Quitten- oder Apfelgelee

1 Am Vortag das Wasser mit den Rosinen aufkochen. Vom Herd nehmen und sofort den Marc zugießen. Flambieren, in eine Schüssel umfüllen und über Nacht ziehen lassen.
2 Am folgenden Tag den Ofen auf 180 °C vorheizen.
3 Den Biskuitteig, wie auf Seite 90 beschrieben, ohne die Pekannüsse zubereiten. Einen Tortenring mit 22 cm auf ein mit Pergamentpapier ausgelegtes Blech setzen, den Teig einfüllen und 10–13 Minuten backen. Er sollte nur am Rand ganz trocken, in der Mitte dagegen noch etwas feucht sein. Auf einem Kuchengitter abkühlen lassen, den Teig mit einem Messer rundherum vom Ring lösen und den Ring abziehen.
4 Für die Füllung zunächst die Konditorcreme zubereiten. Die Gelatine in kaltem Wasser einweichen. Eine Glas- oder Edelstahlschüssel für 15 Minuten in den Gefrierschrank stellen. Die Gelatine ausdrücken, abspülen und trocken tupfen. In einer Schüssel im heißen Wasserbad in 15 Sekunden schmelzen. Den Marc einrühren und dann ein Viertel der Konditorcreme untermischen. Die Temperatur der Mischung darf 21 °C nicht übersteigen. Den Rest der Konditorcreme unterheben. Die Sahne in der kalt gestellten Schüssel steif schlagen und vorsichtig unter die Creme ziehen.
5 Die Rosinen abtropfen lassen und trocken tupfen. Einen Tortenring mit hohem Rand auf eine runde Kartonunterlage setzen. Den Biskuit einlegen und mit der Hälfte der Creme bestreichen. Die Rosinen gleichmäßig darüber verteilen. Die restliche Creme einfüllen und glatt streichen. Die Torte für 1 Stunde in den Gefrierschrank und anschließend in den Kühlschrank stellen.
6 Die Weintrauben waschen und abtrocknen. Den Tortenring mit einem Föhn leicht anwärmen und den Ring abziehen. Die Torte mit Kakaopulver bestäuben. Die Weinbeeren dekorativ in die Mitte setzen und mit einem Pinsel mit dem leicht erwärmten Quitten- oder Apfelgelee glasieren. Die Glasur im Kühlschrank 15 Minuten fest werden lassen und die Torte servieren.

Prälat

Für 6–8 Personen
Am Vortag beginnen
Vorbereitung: 20 Minuten
Garzeit: 3–4 Minuten
Kühlen: 2 Stunden

7 cl weißer Plantagenrum
1 l gesüßter sehr starker Kaffee
2 unbehandelte Orangen
300 g Edelbitter-Schokolade (70 % Kakaoanteil)
750 ml Crème fraîche
300 g Zucker
2 Eier
6 Eigelbe
30 Löffelbiskuits
360 g Schokoladenglasur (siehe S. 284)

1 Am Vortag den Rum mit dem kalten Kaffee verrühren. Die Orangen waschen, abtrocknen und dünn abschälen. Die Zeste ganz fein hacken.
2 Die Schokolade mit einem Sägemesser hacken und in einer Schüssel auf dem heißen Wasserbad schmelzen. Die Sahne leicht anschlagen. Den Zucker zum kleinen Faden kochen (siehe Seite 291). Die Eier und die Eigelbe mit dem elektrischen Handrührgerät verschlagen. Bei laufendem Gerät den gekochten Zucker in einem dünnen Strahl zugießen und weiterschlagen, bis die Masse vollständig erkaltet ist. Die geschmolzene Schokolade, die Orangenzeste und die Crème fraîche zugeben und alles zu einer homogenen Masse verarbeiten.
3 Eine rechteckige Form (20 × 24 cm) mit Frischhaltefolie auskleiden. Den Boden mit Löffelbiskuits auslegen und mithilfe eines Pinsels mit dem Rum-Kaffee tränken. Eine Schicht Schokoladencreme einfüllen, glatt streichen und mit einer zweiten Lage Löffelbiskuits bedecken. Erneut mit Rum-Kaffee tränken und mit Schokoladencreme bestreichen. Auf diese Weise bis zum oberen Formrand fortfahren. Zuoberst mit getränkten Löffelbiskuits abschließen. Über Nacht in den Kühlschrank stellen.
4 Am folgenden Tag ein Kuchengitter auf die Form setzen und den Kuchen über einem Bogen Pergamentpapier daraufstürzen. Mit Schokoladenglasur überziehen und vor dem Servieren 2 Stunden durchkühlen lassen.

Winzertorte

Süße Lust

1 Am Vortag den Dacquoise-Boden backen: Den Ofen auf 150 °C vorheizen. Die ganzen Haselnüsse auf einem mit Pergamentpapier ausgelegten Blech verteilen und 10 Minuten im Ofen rösten. In ein Küchentuch einwickeln und kräftig aneinanderreiben, um die dunkle Haut zu lösen. Hautreste entfernen und die Nüsse hacken.
2 Die Ofentemperatur auf 170 °C erhöhen.
3 Die gemahlenen Haselnüsse mit dem Puderzucker sieben. Die Eiweiße steif schlagen und dabei allmählich den extrafeinen Zucker einarbeiten. Mit einem Spatel vorsichtig die Haselnuss-Puderzucker-Mischung unterheben.
4 Die Masse in einen Spritzbeutel mit Lochtülle Nr. 12 füllen. Ein Blech mit Pergamentpapier auslegen und ein 1,5 cm dickes Quadrat von 22 cm Kantenlänge aufspritzen. Gleichmäßig mit den gehackten Haselnüssen bestreuen und 30–35 Minuten backen. Der Dacquoise-Boden sollte sich fest anfühlen. Auf einem Kuchengitter abkühlen lassen.
5 Für die Praliné-Masse die Schokolade mit einem Sägemesser hacken und in einer Schüssel auf dem heißen Wasserbad schmelzen. Sie sollte jedoch nur lauwarm werden. Die Crêpes dentelles in kleine Stücke bröckeln. Die Butter zerlassen und abkühlen lassen. Die Nutella®-Creme in eine Schüssel geben, die geschmolzene Schokolade, die Waffelstückchen und die zerlassene Butter zufügen und verrühren.
6 Die vorbereitete Füllmasse mit einer Palette auf dem Dacquoise-Boden verstreichen und über Nacht im Kühlschrank fest werden lassen.
7 Am folgenden Tag die Schokoladenblättchen herstellen: Die temperierte Kuvertüre auf drei transparenten lebensmittelechten PVC-Folien mit einer Palette zu drei Quadraten von 20 cm Kantenlänge verstreichen und im Kühlschrank einige Sekunden anziehen lassen. Mit einem spitzen Messer Rechtecke von 4 × 10 cm vorzeichnen. Für einige weitere Minuten in den Kühlschrank legen und dann die Rechtecke an den vorgezeichneten Linien ausschneiden. Die 24 Schokoladenblätter zwischen zwei Bleche oder Platten legen, damit sie sich nicht nach oben wellen.
8 Für die Ganache die Schokolade mit einem Sägemesser hacken. Die Sahne aufkochen, vom Herd nehmen und mit einem Schneebesen in zwei Portionen die Schokolade zugeben und unter Rühren schmelzen. Dabei jedoch keine Luft einarbeiten. Die Ganache abkühlen und etwas fester werden lassen. Sobald sie von cremiger Konsistenz ist, in einen Spritzbeutel mit Lochtülle Nr. 6 füllen.
9 Den Dacquoise-Boden mit einem Sägemesser in 8 Rechtecke von 4 × 10 cm Größe schneiden und auf Dessertteller setzen. Auf die glatte Seite von 8 Schokoladenblättchen mit Ganache ein Zickzackmuster aufspritzen und mit je einem weiteren Schokoladenblättchen bedecken. Die »Sandwichs« auf die Dacquoise-Böden legen.
10 Die Schokoladen-Chantilly in einen weiteren Spritzbeutel füllen und gleichmäßig auf die Törtchen aufspritzen. Mit einem weiteren Schokoladenblättchen – glatte Seite nach oben – bedecken und sofort servieren.

Für 8 Personen
Am Vortag beginnen
Vorbereiten: 20 + 40 Minuten
Backzeit: etwa 35 Minuten

Für die Dacquoise-Böden
140 g Haselnusskerne
70 g gemahlene Haselnüsse
100 g Puderzucker
3 Eiweiße
30 g extrafeiner Zucker

Für die Praliné-Masse
50 g Vollmilchschokolade
30 g Crêpes dentelles (feine Waffelröllchen aus der Bretagne, im Internet zu bestellen; ersatzweise andere Waffelröllchen)
15 g Butter
200 g Nutella® oder eine andere Haselnuss-Schokocreme

Für die Schokoladenblätter
260 g temperierte Kuvertüre (siehe S. 323)

Für die Ganache
210 g Vollmilchschokolade
170 ml Sahne

Zum Garnieren
750 ml Chantilly mit Vollmilchschokolade (siehe S. 286)

Schokoladenbombe

Für 10 Personen
Am Vortag beginnen
Vorbereitung: 1 Stunde + 15 Minuten
Back- und Garzeit: etwa 1 Stunde
Tiefkühlen: 2 Stunden

Für die Schokoladensplitter
4 g Salzblüte (Fleur de Sel)
240 g Edelbitter-Schokolade (70 % Kakaoanteil)

Für die Schokoladenmakronen
240 g Puderzucker
20 g Kakaopulver
140 g gemahlene Mandeln
4 Eiweiße

Für die Karamellsplitter
Siehe Rezept »Schneeflocke«, S. 86 (Schritt 5)

Für die Ganache
180 g Edelbitter-Schokolade (70 % Kakaoanteil)
130 ml Milch
55 g Butter

Für die Mousse Sabayon
20 ml Mineralwasser
70 g extrafeiner Zucker
1 Ei
3 Eigelbe
150 g Edelbitter-Schokolade (70 % Kakaoanteil)
500 ml Sahne

Für den Überzug
Schokoladenglasur (siehe S. 284)

1 Am Vortag die Schokoladensplitter zubereiten: Mit einer Teigrolle die Salzblüte zermahlen. Die Schokolade temperieren (siehe Seite 323) und das zermahlene Salz unterrühren. Auf eine große transparente Acetat- oder PVC-Folie gießen und eine zweite Folie auflegen. Die Schokolade mit einem Wellholz sanft ausbreiten und im Kühlschrank 1 Stunde erstarren lassen. Anschließend in grobe Splitter zerbrechen.
2 Den Ofen im Umluftmodus auf 140 °C vorheizen.
3 Für die Schokoladenmakronen den Puderzucker mit dem Kakao und den gemahlenen Mandeln sieben. Die Eiweiße steif schlagen und mit einem Spatel zügig, aber sehr behutsam die gesiebten Zutaten unterheben. Den Teig in einen Spritzbeutel mit Lochtülle Nr. 10 füllen. Ein Backblech mit Pergamentpapier auslegen und drei Kreise (mit 12 cm, 15 cm und 17 cm Durchmesser), jeweils in der Mitte beginnend, spiralförmig aufspritzen (siehe Seite 294). In den Ofen schieben, die Ofentür mit einem Holzlöffel einen Spalt offen halten und 40 Minuten backen. Die Makronen umgedreht mitsamt dem Papier auf ein Kuchengitter legen und das Papier mit einem Ruck abziehen.
4 Die Karamellsplitter herstellen.
5 Für die Ganache die Schokolade mit einem Sägemesser hacken. Die Milch zum Kochen bringen und in drei Portionen die Schokolade einrühren, bis sie geschmolzen ist. Stückeweise die Butter zugeben, abkühlen lassen und die Karamellsplitter untermischen.
6 Für die Mousse Sabayon das Wasser mit dem Zucker aufkochen und 3 Minuten kochen lassen. Sobald der Sirup große Blasen schlägt (bei 125 °C), den Topf vom Herd nehmen. Das Ei mit den Eigelben verschlagen und dabei in einem dünnen Strahl den heißen Sirup zugießen. Die Schokolade mit einem Sägemesser hacken und in einer Schüssel auf dem heißen Wasserbad schmelzen. In eine andere, große Schüssel umgießen und auf 45 °C abkühlen lassen (die Temperatur mit einem Küchenthermometer prüfen).
7 Eine Glas- oder Edelstahlschüssel 15 Minuten tiefkühlen und darin anschließend die Sahne steif schlagen. Ein Viertel der Sahne behutsam unter die geschmolzene Schokolade rühren, dann vorsichtig den Rest unterheben. Zuletzt mit einem Schneebesen behutsam die Eier-Sirup-Mischung und die Hälfte der Schokoladensplitter unterziehen. Die restlichen Splitter zum Verzieren beiseite stellen. Die Mousse Sabayon zügig weiterverarbeiten.
8 Sämtliche Bestandteile der Torte bereitstellen. Auf einen Tortenring einen Schneekessel (oder eine Schüssel mit rundem Boden) setzen, in den die Makronen genau hineinpassen, und möglichst fest verkeilen. Mit einem Spatel auf dem Boden etwas Mousse verstreichen und die kleinste Makrone einlegen. Den Schneekessel zu drei Vierteln mit Mousse füllen und die mittlere Makrone einlegen. Die Ganache mit den Karamellsplittern auftragen und glatt streichen. Sie sollte bis knapp unter den Rand der Schüssel reichen. Die letzte Makrone auflegen und leicht andrücken. Den Schneekessel samt »Fuß« in Frischhaltefolie wickeln, für 2 Stunden in den Gefrierschrank und anschließend über Nacht in den Kühlschrank stellen.
9 Am Folgetag die Schokoladenglasur herstellen. Den Schneekessel mit seinem Fuß kurz in heißes Wasser tauchen. Ein Kuchengitter auflegen und die Torte daraufstürzen. Die Schüssel vorsichtig abziehen. Die Torte mit dem Gitter auf ein Stück Pergamentpapier setzen und mithilfe einer Kelle mit der Schokoladenglasur überziehen. Die restlichen Schokoladensplitter darüber verteilen und in den Kühlschrank stellen. 1 Stunde vor dem Servieren wieder herausnehmen.

Pinienzapfen

Für 8–10 Personen
2 Tage im Voraus beginnen
Vorbereitung: 30 + 40 Minuten
Back- und Garzeit: etwa 30 Minuten

Für etwa 80 Schokoladenschuppen
400 g dunkle Kuvertüre
(70 % Kakaoanteil)

Für den Mandelbiskuit
75 g gemahlene Mandeln
175 g extrafeiner Zucker
25 g Mehl
4 Eiweiße

Für die Schokoladenmousse
275 g Kuvertüre (70 % Kakaoanteil)
250 g weiche Butter
6 Eiweiße
15 g extrafeiner Zucker
2 Eigelbe

Kakaopulver zum Bestäuben

1 Am ersten Tag die Schokoladenschuppen herstellen: Die Kuvertüre mit einem Sägemesser hacken, in einer Schüssel auf dem heißen Wasserbad schmelzen und anschließend temperieren (siehe Seite 323). Mit einem Löffel oder Spritzbeutel auf transparente lebensmittelechte PVC-Folien auftragen und mit einer kleinen flexiblen Palette zu »Schuppen« formen (siehe Seite 326). Im Kühlschrank fest werden lassen.
2 Am nächsten Tag den Ofen auf 170 °C vorheizen.
3 Für den Mandelbiskuit die gemahlenen Mandeln mit 100 g des Zuckers und dem Mehl vermengen und durchsieben. Die Eiweiße steif schlagen und dabei langsam den restlichen Zucker einstreuen. Behutsam die gesiebten Zutaten unterheben.
4 Die Biskuitmasse in einen Spritzbeutel mit Lochtülle Nr. 10 füllen. Mit einem Textmarker auf einem Bogen Pergamentpapier die Umrisse zweier großer Pinienzapfen von etwa 24 cm Länge und 18 cm bzw. 14 cm Breite aufzeichnen. Einen zweiten Bogen Pergamentpapier darüberlegen und die Biskuitmasse entsprechend den Konturen der Zapfen aufspritzen. Im nicht ganz geschlossenen Ofen (die Tür mit einem Holzlöffel einen Spalt offen halten) 20–25 Minuten backen. Die Böden auf zwei Gittern abkühlen lassen.
5 Für die Schokoladenmousse die Kuvertüre mit einem Sägemesser hacken, in einer Schüssel auf dem heißen Wasserbad schmelzen und temperieren (siehe Seite 323). Die Butter schaumig schlagen und unter ständigem Rühren in drei Portionen in die Schokolade einarbeiten. Die Eiweiße steif schlagen und dabei nach und nach den Zucker einstreuen. Die Eigelbe zugeben und 5 Sekunden weiterschlagen. Zunächst ein Drittel des Eischnees unter die Schokoladenmasse ziehen, dann vorsichtig den Rest unterheben.
6 Die Biskuitböden, falls nötig, begradigen, sodass sie eine schöne ovale Zapfenform haben. Die Mousse in einen Spritzbeutel mit Lochtülle Nr. 10 füllen. Den größeren Biskuitboden auf eine Kartonunterlage legen und eine gleichmäßige Schicht Mousse auftragen. Den zweiten Boden auflegen und die restliche Mousse mit einer flexiblen Palette so über die gesamte Oberfläche verteilen, dass eine Kuppel von der Form eines Pinienzapfens entsteht. Fächerartig mit den vorbereiteten Schuppen verzieren und über Nacht in den Kühlschrank stellen.
7 Den »Pinienzapfen« 1 Stunde vor dem Servieren aus dem Kühlschrank nehmen und mit Kakaopulver bestäuben. Nach Belieben mit einem Pinienzweig dekorieren.

Sie können dieser eleganten Biskuittorte auch wie bei der klassischen Biskuitrolle (siehe Seite 58) eine Baumstammform geben. Dazu backen Sie zwei rechteckige Biskuitböden von etwa 20 cm Länge, die Sie in der beschriebenen Weise mit Schokoladenmousse füllen.

»Und Claudine zum Gefallen nehme ich einige Stückchen gerösteter Schokolade an, die ein wenig nach Rauch und sehr nach gebrannter Mandel duftet.«

Colette, Claudine s'en va, 1903

Pinienzapfen

Sachertorte

Für 10–12 Personen
Am Vortag beginnen
Vorbereitung: 20 + 15 Minuten
Back- und Garzeit: 45 Minuten
Kühlen: 2 Stunden

Für den Teig
200 g Edelbitter-Schokolade (70 % Kakaoanteil)
125 g Butter, plus 15 g für die Form
8 Eier
2 Eiweiße
2 Päckchen Vanillezucker
125 g extrafeiner Zucker
125 g Mehl

Für den Belag
200 g Aprikosenkonfitüre
100 g getrocknete Aprikosen

Für den Überzug
Schokoladenglasur (siehe S. 284)

1 Am Vortag den Ofen auf 180 °C vorheizen.
2 Für den Teig die Schokolade mit einem Sägemesser hacken und in einer Schüssel auf dem heißen Wasserbad schmelzen. Die Butter bei schwacher Hitze zerlassen und unter die geschmolzene Schokolade rühren. Die Eier trennen; die Eigelbe mit einem Schneebesen unter die Schokoladenmasse mengen.
3 Die Eiweiße steif schlagen und auf halber Strecke nach und nach den Vanillezucker und den Zucker einarbeiten. Das Mehl sieben. Ein Drittel des Eischnees unter die Schokoladenmasse rühren, das Mehl untermengen und dann vorsichtig den restlichen Eischnee unterziehen.
4 Eine runde Kuchenform *(moule à manqué)* mit 28 cm Durchmesser ausbuttern. Den Teig einfüllen und 40 Minuten backen. Auf ein Kuchengitter stürzen und über Nacht abkühlen lassen.
5 Am folgenden Tag den Teig in zwei gleich dicke Böden schneiden. Einen Boden auf ein Kuchengitter setzen und mit einem Bogen Pergamentpapier unterlegen. Die Aprikosenkonfitüre im Mixer pürieren und kurz aufkochen. Die getrockneten Aprikosen in 3–4 mm kleine Würfel schneiden. Die Hälfte der Aprikosenkonfitüre mit einem Pinsel auf dem ersten Boden verteilen und mit den Fruchtwürfeln bestreuen. Den zweiten Boden auflegen, leicht andrücken und mit der restlichen Konfitüre bestreichen.
6 Die Glasur zuerst über den Rand der Torte, dann über die Mitte gießen und mit einer Palette gleichmäßig verstreichen. Im Kühlschrank 2 Stunden fest werden lassen. Die Torte 2 Stunden vor dem Servieren wieder herausnehmen.

Sachertorte schmeckt am zweiten Tag, nachdem die Aprikosenkonfitüre in den Teig eingesickert ist, am besten.

Schokoladen-Birnen-Torte »Saint-Honoré«

Für 6–8 Personen
Vorbereitung: 30 Minuten
Back- und Garzeit: etwa 40 Minuten

120 g »umgekehrter« Blätterteig (*pâte feulletée inversée*; siehe S. 302)
250 g Brandteig (*pâte à choux*; siehe S. 299)
300 g Schokoladen-Konditorcreme (*crème pâtissière au chocolat*; siehe S. 288)

Für den Karamell
250 g extrafeiner Zucker
60 g Glukose (aus dem Reformhaus)
80 ml Wasser

Für Füllung und Garnitur
4 pochierte Birnen (siehe S. 306)
200 g Chantilly mit Edelbitter-Schokolade (siehe S. 286)

1 Den Ofen auf 200 °C vorheizen.
2 Den Blätterteig herstellen, auf der bemehlten Arbeitsfläche 2 mm dünn ausrollen und einen Kreis von 22 cm Durchmesser ausschneiden. Ein Blech mit einem befeuchteten Bogen Pergamentpapier bedecken. Den Teig darauflegen, mit einer Gabel mehrfach einstechen und 1 Stunde in den Kühlschrank stellen.
3 Den Brandteig herstellen und in einen Spritzbeutel mit Lochtülle Nr. 9 füllen. Auf dem Blätterteig 1 cm vom Rand entfernt rundherum einen Kranz aus Brandteig aufspritzen. Dann in der Mitte über die ganze Fläche eine dünne, flache Spirale aufdressieren, zwischen den einzelnen Schleifen jedoch etwas Platz lassen.
4 Mit dem Rest Brandteig auf einem zweiten, mit Pergament ausgelegten Blech im Abstand von 5 cm 24 Windbeutelchen von 2 cm Durchmesser aufspritzen. Beide Bleche in den Ofen schieben.
5 Nach 7 Minuten Backzeit die Ofentür mit einem Holzlöffel einen Spalt breit öffnen. Die Windbeutelchen weitere 12 Minuten, den Blätterteigboden (mit dem Brandteig) noch 18 Minuten backen. Windbeutel und Blätterteig auf Kuchengittern abkühlen lassen.

6 Die Konditorcreme zubereiten. Mit einer Lochtülle Nr. 5 in den Brandteigkranz alle 2 cm einen kleinen Hohlraum bohren. Die Windbeutelchen an der Unterseite einstechen. Die Konditorcreme in einen Spritzbeutel mit Lochtülle Nr. 7 füllen und vorsichtig in die vorbereiteten Hohlräume einspritzen. Die restliche Creme spiralförmig auf den Blätterteigboden auftragen.
7 Den Karamell zubereiten: Den Zucker, das Wasser und die Glukose bis 155 °C kochen (mit einem Zuckerthermometer prüfen). Den Topf vom Herd nehmen und in eine Schüssel mit Eiswasser stellen, um den Garvorgang zu unterbrechen.
8 Die Windbeutelchen mit der Spitze in den Karamell tauchen und mit der Karamellseite nach unten auf ein beschichtetes Blech legen. Nun mit der entgegengesetzten Seite eintauchen und dabei leicht drehen, damit der Karamell gleichmäßig zerläuft. Die Windbeutel nach dem Karamellbad sofort rundherum nebeneinander auf den Brandteigkranz setzen.
9 Die Schokoladen-Chantilly schlagen.
10 Die Birnen pochieren, in zwei Hälften schneiden und entkernen. Die Früchte mit der gewölbten Seite nach oben dekorativ auf dem Kuchen anordnen. Die Schokoladen-Chantilly in einen Spritzbeutel mit Sterntülle (2 cm Durchmesser) füllen und den Kuchen mit Sahnerosetten verzieren. Sofort servieren.

Gefüllte-Orangen-Torte

Für 6 Personen
Vorbereitung: 35 Minuten
Backzeit: 40 Minuten
Kühlen: 20 Minuten

Für den Teig
1 unbehandelte Orange
50 g Butter, plus 15 g für die Form
3 Eier
150 g extrafeiner Zucker
150 g Mehl
½ Päckchen Backpulver

Für die Füllung
½ unbehandelte Orange
2 Eier
200 g Edelbitter-Schokolade (60 % Kakaoanteil)
100 g Butter
80 g extrafeiner Zucker

Zum Tränken
70 ml Sirup 30 °Bé (siehe S. 292)
4 cl Cointreau
20 ml Wasser

Zum Dekorieren
2 unbehandelte Orangen
Schokoladenröllchen (siehe S. 282)

1 Den Ofen auf 180 °C vorheizen.
2 Für den Teig die Orangenzeste dünn abschälen und fein hacken. Den Orangensaft auspressen. Die Butter zerlassen und abkühlen lassen. Die Eier trennen. Die Eigelbe mit dem Zucker hellgelb und schaumig schlagen. Die Zeste und den Saft der Orange zugeben, dann die zerlassene Butter und das gesiebte Mehl und Backpulver untermengen. Alle Zutaten zu einem glatten Teig verarbeiten. Die Eiweiße steif schlagen und vorsichtig unter den Teig heben.
3 Eine runde Kuchenform *(moule à manqué)* mit 20 cm Durchmesser ausbuttern. Den Teig einfüllen und 40 Minuten backen. Zur Garprobe mit einer Kuchennadel einstechen. Sie sollte sauber wieder herauskommen. Den Teig auf ein Kuchengitter stürzen und abkühlen lassen.
4 Für die Füllung die Orangenzeste dünn abschälen und fein hacken. Die Eier trennen. Die Schokolade mit einem Sägemesser hacken und auf dem heißen Wasserbad schmelzen. Herunternehmen und die Butter, den Zucker, die Zeste und die Eigelbe untermengen. Die Mischung glatt rühren. Die Eiweiße steif schlagen und unter die Schokoladenmasse ziehen. Die Masse 20 Minuten im Kühlschrank fest werden lassen.
5 Die Orangen zum Garnieren sauber abschälen und filetieren.
6 Den Teig waagerecht in zwei Böden schneiden. Den Zuckersirup mit dem Cointreau und dem Wasser verrühren. Die beiden Böden mit dem Sirup tränken und mit drei Viertel der Schokoladencreme bestreichen. Die Böden wieder zusammensetzen. Die Oberfläche und den Rand mit der restlichen Creme bedecken. Die Torte mit den Orangenfilets und den Schokoladenröllchen verzieren. Gut gekühlt servieren.

Tartes und Crumbles

»Tartes und Crumbles ganz einfach«

ganz einfach

Für 6 Personen
Vorbereitung: 15 Minuten
Back- und Garzeit: 17 Minuten
Ruhen des Teiges: 1 Stunde

Für den Crumble
50 g weiche Butter
50 g extrafeiner Zucker
50 g gemahlene Mandeln
1 Prise Salzblüte (Fleur de Sel)
50 g Mehl

Für die Birnenfüllung
6 Williams-Birnen
Saft von 1 Zitrone
40 g Butter
40 g extrafeiner Zucker
300 g dunkle Ganache (siehe S. 289)

Schokoladen-Birnen-Crumble

1 Für den Crumble die Butter, den Zucker, die gemahlenen Mandeln, das Salz und das gesiebte Mehl mit den Fingerspitzen verkneten. Der Teig sollte an grobe Streusel erinnern. Den Crumble 1 Stunde in den Kühlschrank stellen.
2 Den Ofen auf 170 °C erhitzen.
3 Ein Blech mit Pergamentpapier auslegen, den Crumble darauf verteilen und 12 Minuten im Ofen backen.
4 Für die Füllung die Birnen waschen, abtrocknen und ungeschält in Würfel schneiden. Mit dem Zitronensaft beträufeln. Die Butter in einer Pfanne bei lebhafter Hitze aufschäumen. Die Birnenwürfel hineingeben, mit dem Zucker bestreuen, vorsichtig durchschwenken und 5 Minuten garen. Abtropfen lassen.
5 Die Ganache zubereiten und die Hälfte in eine flache Auflaufform füllen. Gleichmäßig mit den Birnen bedecken und die restliche Ganache darauf verteilen. Den Crumble darüberstreuen und servieren.

Sie können die Birnen zusätzlich mit etwas gemahlenem Ceylon-Zimt oder echter Vanille aromatisieren.

---

ganz einfach

Für 6 Personen
Vorbereitung: 15 Minuten
Backzeit: 35 Minuten
Ruhen: 1 Stunde

Für den Crumble
Siehe Rezept »Schokoladen-Birnen-Crumble« oben

Für die Füllung
6 Äpfel (Boskop oder Cox Orange)
Saft von 1 Zitrone
1 Vanilleschote
200 g Edelbitter-Schokolade (60 % Kakaoanteil)

Schokoladen-Apfel-Crumble

1 Den Crumble zubereiten und 1 Stunde kalt stellen.
2 Den Ofen auf 180 °C vorheizen.
3 Die Äpfel schälen, in kleine Würfel schneiden und in einer flachen Auflaufform verteilen. Mit dem Zitronensaft beträufeln. Die Vanilleschote aufschlitzen, das Mark herauskratzen und über die Äpfel geben. Sorgfältig vermengen.
4 Die Schokolade mit einem Sägemesser hacken und über den Äpfeln verteilen. Den Crumble darüberstreuen und 35 Minuten backen. In der Form heiß servieren.

Sie können die Menge der Äpfel etwas reduzieren und durch Bananenscheiben ersetzen, die Sie ebenfalls mit Zitrone beträufeln, damit sie nicht braun werden.

Crumbles schmecken heiß oder warm serviert am besten.

Weißer Schokoladen-Crumble mit Mangos und Limetten

Für 6 Personen
Vorbereitung: 15 Minuten
Back- und Garzeit: etwa 20 Minuten
Ruhen: 1 Stunde

Für den Crumble
Siehe Rezept »Schokoladen-Birnen-Crumble«, Seite 105 (Schritt 1)

4 große, vollreife Mangos
2 unbehandelte Limetten
40 g Rohrzucker
180 g weiße Schokolade
150 ml Sahne
1 Prise gemahlene Gewürznelke

1 Den Crumble zubereiten und 1 Stunde kalt stellen.
2 Den Ofen auf 170 °C vorheizen.
3 Ein Blech mit Pergamentpapier auslegen, den Crumble darauf verteilen und 12 Minuten im Ofen backen.
4 Die Mangos schälen und das Fruchtfleisch rund um den Stein in grobe Würfel schneiden. Die Limetten waschen und abtrocknen. Die Zeste einer Limette dünn abschälen und fein hacken. Den Saft beider Früchte auspressen. Eine beschichtete Pfanne bei lebhafter Hitze heiß werden lassen. Die Mangowürfel hineingeben und mit dem Limettensaft übergießen. Den Rohrzucker und die Hälfte der Limettenzeste zugeben und 4 Minuten dünsten. Die Mischung dabei vorsichtig wenden und anschließend in eine Auflaufform geben.
5 Die Schokolade mit einem Sägemesser hacken. Die Sahne mit dem Nelkenpulver und der restlichen Limettenzeste zum Kochen bringen, portionsweise über die Schokolade gießen und dabei beständig rühren, bis sie geschmolzen ist. Die Creme über den Mangos verteilen, mit dem gebackenen Crumble bestreuen und warm servieren.

Pariser Schokoladen-Flan

Für 6–8 Personen
Am Vortag beginnen
Vorbereitung: 15 + 10 Minuten
Backzeit: etwa 1 Stunde
Tiefkühlen: 30 Minuten

Für die Creme
250 g Edelbitter-Schokolade (70 % Kakaoanteil)
500 ml Mineralwasser
500 ml Milch
170 g extrafeiner Zucker
5 Eier
60 g Schokoladenpuddingpulver

Für den Teig
300 g klassischer Mürbeteig (*pâte brisée*; siehe S. 298)
5 g Butter für den Tortenring

1 Am Vortag die Cremefüllung zubereiten: Die Schokolade mit einem Sägemesser hacken. In einem Topf das Wasser mit der Milch und 70 g Zucker zum Kochen bringen. In einer Schüssel die Eier mit den restlichen 100 g Zucker und dem Puddingpulver verrühren. Eine Kelle der kochenden Milch zugießen und dabei kräftig mit einem Schneebesen verschlagen. Die gehackte Schokolade einrühren und die Mischung zurück in den Topf gießen. Erneut zum Kochen bringen und 5 Minuten garen. Dabei andauernd kräftig schlagen. Die Mischung in eine Schüssel gießen und abkühlen lassen. Zwischendurch gelegentlich umrühren. Die Puddingcreme mit Frischhaltefolie bedecken und über Nacht kalt stellen.
2 Am Folgetag den Mürbeteig zubereiten. Einen Tortenring mit 24 cm Durchmesser und hohem Rand ausbuttern und auf ein mit Pergamentpapier ausgelegtes Blech setzen. Boden und Rand des Rings mit Mürbeteig auskleiden und 30 Minuten tiefkühlen.
3 Den Ofen auf 170 °C vorheizen.
4 Die Creme bis 0,5 cm unter den Rand des Rings in den angefrorenen Teig gießen. Im Ofen 1 Stunde backen und anschließend abkühlen lassen. Im Kühlschrank durchkühlen lassen, den Ring abziehen und kalt servieren.

Zwei Dinge sind entscheidend für das Gelingen dieses Flans: Bereiten Sie die Creme unbedingt am Vortag zu, so vermeiden Sie, dass sie beim Backen überläuft, und stellen Sie den mit Teig ausgekleideten Ring vor dem Füllen und Backen 30 Minuten in den Gefrierschrank.

Weißer Schokoladen-Crumble
mit Mangos und Limetten

Schokoladen-Tarte mit Feigen in Portwein

Für 8 Personen
Am Vortag beginnen
Vorbereitung: 10 + 20 Minuten
Back- und Garzeit: etwa 50 Minuten
Kühlen: 1 Stunde

Für den Schokoladensandteig
(ergibt 3 Tarte-Böden à 24 cm Durchmesser)
300 g weiche Butter, plus 5 g für den Backring
60 g Puderzucker
100 g gemahlene Mandeln
50 g Kakaopulver
380 g Mehl, plus 30 g für die Arbeitsfläche
2 g Salz
3 Eier

Für die Feigen in Portwein
8 violette Feigen
½ unbehandelte Zitrone
½ unbehandelte Orange
500 ml roter Portwein
60 g extrafeiner Zucker
6 schwarze Pfefferkörner
1 Stange Ceylon-Zimt

Für die Sauce
110 g Himbeeren
30 g extrafeiner Zucker

Für die Garnitur
445 g dunkle Ganache (siehe S. 289)

1 Am Vortag den Sandteig zubereiten: Die Butter in Stücke schneiden. Den Puderzucker, die gemahlenen Mandeln, den Kakao und das Mehl getrennt voneinander sieben. Die Butter in der Küchenmaschine mit rotierendem Messereinsatz auf maximaler Stufe cremig rühren. Das Gerät auf kleinste Stufe stellen und den Puderzucker, die gemahlenen Mandeln, das Salz, die Eier und zuletzt den Kakao zugeben. Alle Zutaten zu einem homogenen Teig verarbeiten, dann in drei oder vier Portionen das Mehl einarbeiten. Einige Sekunden weitermixen, bis Sie einen weichen, feuchten Teig haben. Den Teig zu 3 gleich großen Kugeln formen. 2 Kugeln einfrieren (sie halten sich etwa 1 Monat) und die dritte in Frischhaltefolie gewickelt über Nacht in den Kühlschrank legen.
2 Ebenfalls am Vortag die Feigen zubereiten: Die Früchte waschen, abtrocknen und die Stiele abschneiden. Mit einem Messer senkrecht etwas einkreuzen, um das Fruchtfleisch freizulegen. Die Zeste der Zitrusfrüchte in langen Streifen (Julienne) dünn abschneiden. In einem Topf den Portwein mit der Zitronen- und Orangenzeste, dem Zucker, dem Pfeffer und dem Zimt zum Kochen bringen. Die Feigen einlegen und auf kleiner Flamme 5 Minuten garen. Vom Herd nehmen, abkühlen und über Nacht im Kühlschrank in dem Portweinsirup ziehen lassen.
3 Am folgenden Tag den Ofen auf 180 °C vorheizen.
4 Einen Tortenring ausbuttern und auf ein mit Pergamentpapier ausgelegtes Blech setzen. Den Teig auf der bemehlten Arbeitsfläche 2–4 mm dünn ausrollen. Dabei den Teig immer wieder anheben und ausreichend mit Mehl bestäuben, damit er nicht klebt. Den Ring mit dem Teig auskleiden und den Boden mit einer Gabel mehrfach einstechen. Im Kühlschrank 30 Minuten ruhen lassen. Den Teig in dem Ring mit Pergamentpapier auslegen, mit Backlinsen füllen und 25 Minuten blindbacken. Backlinsen und Papier entfernen und weitere 5 Minuten backen. Der Boden sollte schön fest und braun sein. Auf einem Kuchengitter abkühlen lassen.
5 Für die Sauce die Feigen mit einem Schaumlöffel aus dem Sirup heben und trocken tupfen. Den Sirup zum Kochen bringen und auf etwa 60 ml Flüssigkeit reduzieren. In eine Schüssel gießen. Die Himbeeren mit dem Zucker im Mixer pürieren, das Fruchtmark durch ein Sieb streichen und unter den Sirup rühren. Die Sauce beiseite stellen.
6 Die Ganache zubereiten.
7 Eine der Feigen senkrecht bis zur Basis kreuzweise einschneiden, aber nicht durchschneiden, und wie eine Blüte öffnen. Die anderen Feigen in jeweils 8 Scheiben schneiden.
8 Auf dem Teigboden eine dünne Schicht Ganache auftragen und gleichmäßig verstreichen. Mit den Feigenscheiben belegen und mit der restlichen Ganache bedecken. Im Kühlschrank 30 Minuten fest werden lassen.
9 Die Tarte vor dem Servieren auf Raumtemperatur erwärmen lassen. Die »Feigenblüte« dekorativ in die Mitte setzen. Die Tarte mit der Himbeersauce servieren.

Statt in einer Ringform können Sie diese Tarte auch in einer beschichteten Tarte-Form mit herausnehmbarem Boden backen.

Schokoladen-Birnen-Tarte

ganz einfach

Für 8 Personen
Vorbereitung: 35 Minuten
Ruhen: 2 Stunden
Backzeit: 40 Minuten

Für 1 kg klassischen Mürbeteig (ergibt 4 Tartes à 24–26 cm Durchmesser)
375 g weiche Butter
1 Eigelb
100 ml raumtemperierte Milch
2 gestrichene TL Salzblüte (Fleur de Sel)
2 gestrichene TL extrafeiner Zucker
500 g Mehl

6 pochierte Birnen (siehe S. 306)
225 g Edelbitter-Schokolade (60 % Kakaoanteil)
75 g Zucker
1 großes Ei
3 Eigelbe
150 g zerlassene Butter
25 g Mandelsplitter

1 Für den Mürbeteig die Butter in kleine Stücke schneiden und in einer Schüssel mit einem Holzlöffel rasch verrühren. In einer weiteren Schüssel das Eigelb, die Milch, das Salz und den Zucker vermengen. Die Mischung über die Butter gießen und dabei ständig rühren. Das gesiebte Mehl einstreuen und sämtliche Zutaten zügig zu einem Teig verkneten. Den Teig auf die bemehlte Arbeitsfläche legen und mit dem Handballen, nach unten drückend, von sich wegschieben. Den Teig aufnehmen, zu einer Kugel formen und den Vorgang wiederholen. Erneut zu einer Kugel formen und in 3 gleich große Portionen teilen. Ein Teigstück etwas flachdrücken und in Frischhaltefolie wickeln. Für 2 Stunden kalt stellen. Die restlichen zwei Teigportionen werden nicht benötigt (sie halten sich tiefgefroren etwa 1 Monat).
2 Den Ofen auf 180 °C vorheizen.
3 Die Birnen pochieren und anschließend halbieren und entkernen.
4 Den Mürbeteig 2–3 mm dünn ausrollen und eine Tarteform von 26 cm Durchmesser damit auskleiden. Einen Bogen Pergamentpapier von 30 cm Durchmesser einlegen, mit Backlinsen füllen und 20 Minuten blindbacken.
5 Die Schokolade mit einem Sägemesser hacken und in einer Schüssel auf dem heißen Wasserbad schmelzen. Den Zucker, das Ei und die Eigelbe mit einem Schneebesen verschlagen. Die geschmolzene Schokolade und dann die zerlassene Butter einrühren.
6 Die Hälfte der Mischung auf dem vorgebackenen Teigboden verteilen. Die Hälfte der Birnen mit der gewölbten Seite nach oben einlegen und mit dem Rest der Schokoladenmischung bedecken. Die übrigen Birnen darüber verteilen. Weitere 20 Minuten backen.
7 Die Tarte mit den Mandelsplittern bestreuen und servieren.

Grenobler Schokoladen-Walnuss-Tarte

Für 6–8 Personen
Vorbereitung: 20 Minuten
Garzeit: etwa 8 Minuten
Kühlen: 1 Stunde

Für den Tarte-Boden
1 Boden à 24 cm Durchmesser aus Schokoladensandteig (siehe Rezept »Schokoladen-Tarte mit Feigen in Portwein«, Seite 108)

Für die Füllung
300 g helle Ganache (siehe S. 289)
250 ml Sahne
150 g extrafeiner Zucker
200 g Walnusskerne, grob gehackt
2 Prisen Salzblüte (Fleur de Sel)

1 Den Tarte-Boden backen und die helle Ganache zubereiten.
2 Einen Walnusskaramell zubereiten: Die Sahne aufkochen und heiß stellen. In einen Topf mit schwerem Boden in der Mitte 2 Esslöffel Zucker einstreuen und erhitzen. Sobald der Zucker schmilzt und sich zu verfärben beginnt, mit einem Holzlöffel umrühren, bis er karamellisiert. Löffelweise weiteren Zucker zugeben und den Vorgang wiederholen. Dabei beständig rühren, bis sich ein bernsteinfarbener Karamell gebildet hat. Unter Rühren die heiße Sahne zugießen (Vorsicht vor spritzendem Karamell) und 2 Minuten köcheln lassen. Den Sahnekaramell vom Herd nehmen und die Walnüsse und das Salz untermengen.
3 Die Ganache in den Teigboden einfüllen und 1 Stunde im Kühlschrank fest werden lassen. Den Walnusskaramell gleichmäßig auf der Ganache verteilen und mit einer Palette vorsichtig glatt streichen. Raumtemperiert servieren.

Naylas Schokoladen-Tarte

ganz einfach

Für 8–10 Personen
Vorbereitung: 15 Minuten
Back- und Garzeit: etwa 40 Minuten
Kühlen: 1 Stunde
Ruhen: 2 Stunden

Für den Teig
280 g Mehl, plus 30 g für die Arbeitsfläche
40 g Kakaopulver
200 g leicht gesalzene weiche Butter, plus 5 g für den Backring
100 g extrafeiner Zucker

Für die Ganache
450 g Edelbitter-Schokolade (70 % Kakaoanteil)
500 ml Sahne
110 g weiche Butter

N. Audi
Pâtissière (Beirut)

1 Für den Teig das Mehl mit dem Kakao sieben. Die Butter in der Küchenmaschine mit dem rotierenden Messer auf mittlerer Stufe schaumig rühren. Den Zucker einstreuen und weitermixen, bis die Zutaten gut vermengt sind. Das Gerät auf niedrige Stufe stellen und die Mehl-Kakao-Mischung einarbeiten. Den Teig aufnehmen und mit dem Handballen weiter durchkneten, bis er glatt ist. Zu einer Kugel formen und für 2 Stunden kalt stellen.
2 Für die Ganache die Schokolade mit einem Sägemesser hacken und in eine Schüssel geben. Die Sahne zum Kochen bringen. Die Butter in 8 Stücke schneiden und mit einem Spatel in einer weiteren Schüssel verkneten, bis sie schön weich und cremig ist. Die heiße Sahne nach und nach mit einem Schneebesen in die Schokolade rühren, bis die Masse glatt und cremig ist, und 5 Minuten abkühlen lassen. Dann portionsweise die Butter einarbeiten. Die Ganache raumtemperiert halten.
3 Den Ofen auf 180 °C vorheizen.
4 Einen Tortenring mit 26 cm Durchmesser ausbuttern und auf ein mit Pergamentpapier ausgelegtes Blech setzen. Den Teig auf der bemehlten Arbeitsfläche 7 mm dünn ausrollen und den Ring damit auskleiden. Den Boden mit einer Gabel mehrmals einstechen. Im Kühlschrank 30 Minuten ruhen lassen. Einen Bogen Pergamentpapier einlegen und mit Backlinsen füllen. Den Teig 30–35 Minuten blindbacken. Backlinsen und Papier entfernen, den Ring abziehen und den Teigboden auf einem Kuchengitter abkühlen lassen.
5 Die Ganache einfüllen und 30 Minuten im Kühlschrank fest werden lassen, dann servieren.

Warme Schokoladen-Tarte mit Bananen

Für 6 Personen
Vorbereitung: 25 Minuten
Backzeit: etwa 35 Minuten
Kühlen: 30 Minuten
Ziehen: 2 Stunden

Für den Teig
250 g süßer Mürbeteig (*pâte sucrée*; siehe S. 304)
5 g Butter für den Backring

Für die den Belag
60 g Rosinen
6 cl brauner Plantagenrum
80 ml Wasser
1 große Banane
20 ml frisch gepresster Zitronensaft
20 g Butter
60 g extrafeiner Zucker
1 Prise frisch gemahlener schwarzer Pfeffer
4 Spritzer Tabasco

Für die Schokoladencreme
140 g Edelbitter-Schokolade (70 % Kakaoanteil)
115 g Butter
1 Ei
3 Eigelbe
60 g extrafeiner Zucker

1 Für die Füllung die Rosinen mit dem Rum und dem Wasser zum Kochen bringen und 2 Minuten umrühren. Die Rosinen vom Herd nehmen und 2 Stunden in der Mischung ziehen lassen.
2 Den Ofen auf 180 °C vorheizen. Den süßen Mürbeteig zubereiten.
3 Einen Tortenring mit 22 cm Durchmesser ausbuttern, auf ein mit Pergamentpapier ausgelegtes Blech setzen und mit dem ausgerollten Teig auskleiden. Den Boden mit einer Gabel mehrmals einstechen. Den Teig 30 Minuten im Kühlschrank ruhen lassen. Einen Bogen Pergamentpapier einlegen, mit Backlinsen beschweren und 15 Minuten blindbacken. Auf einem Kuchengitter abkühlen lassen. Backlinsen und Papier entfernen.
4 Die Banane schälen, schräg in 3 mm dicke Scheiben schneiden und mit dem Zitronensaft beträufeln. Die Butter in einer Pfanne bei lebhafter Hitze aufschäumen. Die Bananenscheiben hineingeben, den Zucker darüberstreuen, mit dem Pfeffer und Tabasco würzen und etwas Farbe nehmen lassen. Ein Backblech mit Pergamentpapier auslegen. Die Bananen daraufgeben und mit Küchenpapier trocken tupfen.
5 Für die Schokoladencreme die Schokolade mit einem Sägemesser hacken und auf dem heißen Wasserbad schmelzen. Die Butter in einem Topf zerlassen.
6 Die Eier mit dem Zucker leicht verquirlen und mit einem flexiblen Spatel zuerst die geschmolzene Schokolade, dann die Butter untermischen.
7 Die Rosinen abtropfen lassen und mit den Bananenscheiben auf dem Tarte-Boden verteilen (einige Scheiben zum Verzieren zurückbehalten). Die Schokoladencreme einfüllen und die Tarte noch 12–15 Minuten (nicht länger) backen. Die Oberfläche sollte hellbraun sein. Die Tarte aus dem Ofen nehmen und den Ring abziehen. Die Mitte mit den zurückbehaltenen Bananenscheiben verzieren und die Tarte sofort servieren.

ganz einfach

Für 6 Personen
Vorbereitung: 30 Minuten
Backzeit: etwa 40 Minuten
Kühlen: 30 Minuten

Für den Teig
250 g süßer Mürbeteig (*pâte sucrée*; siehe S. 304)
5 g Butter für den Backring

Für die Füllung
150 g Nutella® oder eine andere Haselnuss-Schokocreme
150 g Edelbitter-Schokolade (60 % Kakaoanteil)
150 g Butter
1 Ei
2 Eigelbe
20 g extrafeiner Zucker

Für die Garnitur
100 g Orangenmarmelade
60 g Haselnusskerne
80 g Nutella® oder eine andere Haselnuss-Schokocreme

F. E. Grasser-Hermé
Kochbuchautor (Paris)

Warme Schokoladen-Tarte mit Nutella

1 Den süßen Mürbeteig zubereiten.
2 Den Ofen auf 180 °C vorheizen.
3 Einen Tortenring mit 22 cm Durchmesser ausbuttern und auf ein mit Pergamentpapier ausgelegtes Blech setzen. Den Ring mit dem Teig auskleiden, den Boden mit einer Gabel mehrfach einstechen. Im Kühlschrank 30 Minuten ruhen lassen.
4 Einen Bogen Pergamentpapier über den Teig legen und mit Backlinsen beschweren. Den Teig 15 Minuten blindbacken. Backlinsen und Papier entfernen und den Tarte-Boden auf einem Kuchengitter abkühlen lassen.
5 Die Ofentemperatur auf 170 °C herunterstellen.
6 Für die Füllung den erkalteten Tarte-Boden mit einer 2 mm dünnen Schicht Nutella bestreichen. Die Schokolade mit einem Sägemesser hacken und im heißen Wasserbad schmelzen. Die Butter in einem Topf zerlassen. Die Eier mit dem Zucker verschlagen. Mit einem Holzlöffel zunächst behutsam die geschmolzene Schokolade, dann die Butter unterziehen. Die Creme in den Tarte-Boden einfüllen und weitere 10 Minuten backen. Abkühlen lassen.
7 Die Ofentemperatur auf 150 °C herunterstellen.
8 Die Haselnüsse auf einem Blech ausbreiten und im Ofen 10 Minuten rösten. In ein Küchentuch einwickeln und darin kräftig aneinanderreiben, um die dünne, braune Außenhaut zu lösen. Hautreste entfernen und die Nüsse in kleine Stücke hacken.
9 Den Ring abziehen und die Tarte auf einer Platte anrichten. Die Oberfläche mit Orangenmarmelade bestreichen und mit den gerösteten Haselnüssen bestreuen. Mit einer Papierspritztüte mit Nutella® ein dekoratives Muster auf die Oberfläche aufzeichnen. Die Tarte servieren.

Das Gemisch der Düfte aus Schokolade, Vanille, heißem Kupfer und Zimt ist berauschend und außerordentlich suggestiv; der herbe, erdige Geruch Amerikas, der beißende, harzige Duft des tropischen Regenwaldes. Eine Reise wie einst im Land der Azteken mit ihren heiligen Ritualen.«

Joan Harris, Chocolat, 1999

Schokoladen-Maracuja-Tartelettes

Ergibt 8 Tartelettes
Vorbereitung: 30 Minuten
Kühlen: 1 Stunde
Backzeit: etwa 25 Minuten

300 g süßer Mürbeteig (*pâte sucrée*; siehe S. 304)
160 g getrocknete Aprikosen
Saft von 1 Zitrone
Frisch gemahlener schwarzer Pfeffer

Für die Maracuja-Ganache
300 g Vollmilchschokolade
6 Passionsfrüchte (Maracujas)
50 g weiche Butter

1 Den Ofen auf 180 °C vorheizen.
2 Den süßen Mürbeteig etwa 2 mm dünn ausrollen und mit einem Glas oder Ausstechring 8 Kreise von 12 cm Durchmesser ausstechen. Im Kühlschrank 30 Minuten ruhen lassen.
3 8 Tartelette-Formen mit 12 cm Durchmesser ausbuttern und mit den Teigkreisen auskleiden. Pergamentpapierkreise der gleichen Größe einlegen (den Rand eventuell rundherum mehrmals 2 cm tief einschneiden, damit er glatt anliegt) und mit Backlinsen beschweren. Im Ofen 22 Minuten blindbacken.
4 Die Tartelette-Böden aus den Formen lösen und auf einem Kuchengitter abkühlen lassen.
5 Die getrockneten Aprikosen in 8 mm kleine Würfel schneiden und mit dem Zitronensaft und schwarzem Pfeffer würzen.
6 Für die Ganache die Schokolade mit einem Sägemesser hacken und im heißen Wasserbad nur teilweise schmelzen. Die Passionsfrüchte halbieren, das Fruchtmark durch ein Sieb streichen und den Saft in einer Schüssel auffangen. Die Hälfte des Saftes in die halb geschmolzene Schokolade gießen und mit einem Holzlöffel allmählich in immer größer werdenden Kreisen von der Mitte nach außen unterrühren. Den restlichen Saft zugießen und auf gleiche Weise einarbeiten. Die Butter zugeben, einen Moment weich werden lassen und ebenfalls untermengen.
7 Eine Schicht Ganache in die Tartelettes einfüllen und die Hälfte der Aprikosenwürfel darauf verteilen. Mit einer weiteren Schicht Ganache bedecken und 30 Minuten kalt stellen. Die Tartelettes mit den restlichen Aprikosenwürfeln verzieren und raumtemperiert servieren.

Warme Schokoladen-Tartelettes mit Himbeeren

Ergibt 8 Törtchen
Vorbereitung: 45 Minuten
Backzeit: etwa 25 Minuten

300 g süßer Mürbeteig (*pâte sucrée*; siehe S. 304)
250 g Himbeeren
Puderzucker zum Bestäuben

Für die Ganache
225 g Edelbitter-Schokolade (60 % Kakaoanteil)
75 g extrafeiner Zucker
1 großes Ei
3 Eigelbe
150 g zerlassene Butter

1 Den Ofen auf 180 °C vorheizen.
2 Den süßen Mürbeteig etwa 2 mm dünn ausrollen und mit einem Glas oder Ausstechring 8 Kreise von 12 cm Durchmesser ausstechen. Im Kühlschrank 30 Minuten ruhen lassen.
3 Acht Tartelette-Formen mit 12 cm Durchmesser ausbuttern und mit dem Teigkreisen auskleiden. Pergamentpapierkreise der gleichen Größe einlegen (den Rand rundherum mehrmals 2 cm tief einschneiden, damit er glatt anliegt). Mit Backlinsen beschweren und im Ofen 15 Minuten blindbacken.
4 Für die Ganache die Schokolade mit einem Sägemesser hacken und im heißen Wasserbad schmelzen. Den Zucker, das Ei und die Eigelbe mit einem Schneebesen verschlagen. Die geschmolzene Schokolade, dann die zerlassene Butter unterrühren.
5 Die Tartelette-Böden aus der Form lösen und auf ein Backblech setzen. Jeweils 5 Himbeeren hineinlegen und mit Ganache bedecken.
6 Die Törtchen weitere 8 Minuten backen.
7 Die Tartelettes mit Puderzucker bestäuben und mit je 3 Himbeeren verzieren. Lauwarm servieren.

Schokoladen-Maracuja-
Tartelette

»Tartes und Crumbles Glanzstücke«

Schokoladen-Crumble mit Erdbeeren und Tomaten

Für 6 Personen
Vorbereitung: 30 Minuten
Back- und Garzeit: etwa 1 Stunde
Ruhen des Teiges: 1 Stunde

Für den Crumble
Siehe Rezept »Schokoladen-Birnen-Crumble«, Seite 105 (Schritt 1), plus
10 g Kakaopulver

Für die Füllung
1,2 kg reife Tomaten, enthäutet
30 ml Olivenöl
100 g extrafeiner Zucker
7 Umdrehungen schwarzer Pfeffer aus der Mühle
3 Prisen *piment d'Espelette* (ersatzweise scharfes Paprikapulver)
3 EL Balsamico-Essig
500 g Erdbeeren
100 g extrafeiner Zucker

Für das Erdbeer-Schokoladen-Püree
1 Blatt Gelatine (2 g)
130 g Erdbeeren
180 g Edelbitter-Schokolade (60 % Kakaoanteil)
120 ml Wasser

Kakaopulver zum Bestäuben

1 Den Crumble mit dem Kakaopulver zubereiten und 1 Stunde kalt stellen.
2 Den Ofen auf 170 °C vorheizen.
3 Ein Blech mit Pergamentpapier auslegen, den Crumble darauf verteilen und 12 Minuten im Ofen backen.
4 Die Ofentemperatur auf 180 °C erhöhen.
5 Die Tomaten halbieren. Das Olivenöl in einem Topf auf mittlerer Stufe erhitzen. Die Tomaten hineingeben, mit 100 g Zucker bestreuen und unter Rühren garen. Sobald sämtliche Flüssigkeit verkocht ist, mit Pfeffer und *piment d'Espelette* würzen. Den Essig zugießen und noch einige Minuten weitergaren, bis er verdampft ist. Die Mischung umrühren und in eine flache Auflaufform geben.
6 Die 500 g Erdbeeren mit einem Pinsel oder mit Küchenpapier säubern. Die Kelche entfernen. Die Früchte halbieren und mit 100 g Zucker bestreuen. Unter die Tomaten mengen und im Ofen 30 Minuten backen. Den Saft aus der Form in einen Topf gießen und sirupartig einkochen. Wieder über die Tomaten-Erdbeer-Mischung gießen und abkühlen lassen.
7 Für das Erdbeer-Schokoladen-Püree die Gelatine in kaltem Wasser einweichen. Die 130 g Erdbeeren säubern und die Kelche entfernen. Die Früchte mit einem Passiergerät pürieren. Die Schokolade mit einem Sägemesser hacken. Die Gelatine gut ausdrücken. Das Wasser mit der Gelatine und den pürierten Erdbeeren zum Kochen bringen. Die Mischung in drei Portionen unter die Schokolade rühren und etwas abkühlen lassen. Anschließend gleichmäßig über der Tomatenmischung verteilen.
8 Bis zum Servieren kalt stellen. Im letzten Moment den Crumble darüberstreuen und mit Kakaopulver bestäuben.

Schokoladen-Limetten-Tarte

Für 6 Personen
Vorbereitung: 25 Minuten
Back- und Garzeit: 25 Minuten
Tiefkühlen: 2 Stunden

1 Tarte-Boden à 24 cm Durchmesser aus süßem Mürbeteig (*pâte sucrée*; siehe S. 304)
80 g Schokoladenbiskuit ohne Mehl (siehe S. 297)

Für den Crumble
Siehe Rezept »Schokoladen-Birnen-Crumble«, Seite 105 (Schritt 1)

1 Den Tarte-Boden und den Biskuit backen. Den Crumble-Teig zubereiten.
2 In einem Schnellkochtopf das Wasser mit dem Zucker zum Kochen bringen. Die Zitrone einlegen, den Topf verschließen und bei starker Hitze 6 Minuten garen. Den Topf unter fließendem kaltem Wasser abkühlen und öffnen. Die Zitrone abtropfen lassen, die beiden Enden kappen und die Frucht 2 Stunden tiefkühlen.
3 Den Ofen auf 180 °C vorheizen.
4 Für die Ganache die Sahne aufkochen. Die Schokolade mit einem Sägemesser hacken und in eine Schüssel geben. Die heiße Sahne in drei Portionen über die Schokolade gießen und behutsam umrühren, bis sie geschmolzen ist. Den Limettensaft, den Zucker und in Stücken die Butter zugeben und sorgfältig untermengen.

Für den Zitronensirup
350 ml Wasser
35 g extrafeiner Zucker
1 unbehandelte Zitrone

Für die Limetten-Ganache
180 ml Sahne
180 g Edelbitter-Schokolade (60–65 % Kakaoanteil)
40 ml frisch gepresster Limettensaft
20 g Zucker
70 g Butter

5 Ein Blech mit Pergamentpapier auslegen, den Crumble darauf verteilen und 15 Minuten im Ofen backen.
6 Die Zitrone 10 Minuten vor der Weiterverarbeitung aus dem Gefrierschrank nehmen. Mit einem Gemüsehobel in feine Scheiben schneiden. Auf dem Tarte-Boden ein Drittel der Ganache verteilen und mit einigen Zitronenscheiben belegen. Die restlichen Scheiben in Streifen schneiden. Den Biskuitboden auflegen und die restliche Ganache auftragen. Mit dem Crumble und den Zitronenstreifen bestreuen und kalt stellen. Die Tarte 1 Stunde vor dem Servieren aus dem Kühlschrank nehmen.

Schokoladen-Tarte mit Jasmintee und Pfirsichen

Für 6 Personen
Am Vortag beginnen
Vorbereitung: 15 + 20 Minuten
Back- und Garzeit: etwa 35 Minuten
Kühlen: 30 Minuten

Für den Teig
250 g Mehl, plus 20 g für die Arbeitsfläche
1 Prise Salz
50 g gemahlene Haselnüsse
150 g weiche Butter, plus 5 g für die Form
100 g Puderzucker
25 g Nugatmasse (*praliné*, siehe S. 336)
1 Ei

Für die Füllung
30 g Edelbitter-Schokolade (65–70 % Kakaoanteil)
110 g Vollmilchschokolade
100 ml Milch
5 g Jasmintee
30 g Butter
3 Pfirsiche
Saft von ½ Zitrone
1 Ei

Zum Dekorieren
100 g Himbeeren

Ch. Ferber
Maison Ferber (Niedermorschwihr)

1 Am Vortag den Teig zubereiten: Das Mehl auf die Arbeitsfläche sieben und in der Mitte eine Mulde bilden. Das Salz und die gemahlenen Haselnüsse um den Rand verteilen. Die Butter, den Puderzucker und die Nugatmasse in die Mulde geben und mit den Fingerspitzen zu einer cremigen Masse verkneten. Nach und nach von außen vorsichtig das Mehl in die Masse reiben, bis sie in der Konsistenz an Sand erinnert. Erneut in der Mitte eine Mulde bilden und das zuvor verschlagene Ei hineingeben. Behutsam verkneten, aber nicht zu intensiv durcharbeiten. Den Teig zu einer Kugel formen und in Frischhaltefolie gewickelt über Nacht kalt stellen.
2 Am Folgetag einen Flan-Ring mit herausnehmbarem Boden (oder eine Springform) von 26 cm Durchmesser und 3 cm Höhe ausbuttern. Mit dem Teig auskleiden, den Boden mit einer Gabel mehrfach einstechen und weitere 30 Minuten kalt stellen.
3 Für die Füllung die Schokolade mit einem Sägemesser hacken. Die Milch aufkochen, den Tee hineingeben und 3 Minuten ziehen lassen. Durch ein Sieb gießen und erneut aufkochen. Abseits des Herdes mit einem Schneebesen vorsichtig die Schokolade einrühren. In kleinen Stücken die Butter zugeben und ebenfalls behutsam unterziehen. Die Pfirsiche 1 Minute in kochendem Wasser blanchieren und kalt abschrecken. Die Früchte schälen, in kleine Würfel schneiden und mit dem Zitronensaft beträufeln.
4 Den Ofen auf 180 °C vorheizen. Den Tarte-Teig 10 Minuten backen. Das Ei verschlagen. Die Tarte aus dem Ofen nehmen, Boden und Ränder mit dem verschlagenen Ei bestreichen und weitere etwa 8 Minuten backen. Den Tarte-Boden aus der Form lösen und auf einem Kuchengitter abkühlen lassen.
5 In den abgekühlten Tarte-Boden ein Viertel der Ganache einfüllen und die Pfirsichwürfel darauf verteilen. Mit der restlichen Ganache bedecken und mit den Himbeeren verzieren. Die Tarte kalt stellen und 1 Stunde vor dem Servieren aus dem Kühlschrank nehmen.

Extracremige Schokoladen-Tarte

Für 6 Personen
Vorbereitung: 15 Minuten
Backzeit: etwa 35 Minuten
Ruhen: 2 Stunden

Für den Teig
125 g weiche Butter, plus 5 g für den Backring
1 Prise feines Salz
115 g Puderzucker
2 g ungesüßtes Vanillepulver
1 Ei, 4 Eigelbe
300 g Mehl

Für die Ganache
250 g Edelbitter-Schokolade (60 % Kakaoanteil)
250 ml Sahne
100 ml Milch
1 Ei

1 Für den Teig die Butter mit dem Salz in der Küchemaschine mit dem rotierenden Messer cremig rühren. Den gesiebten Puderzucker, die Vanille, die Eier und – auf zwei Male – das gesiebte Mehl untermengen und alles zu einem Teig verarbeiten. Den Teig zu einer Kugel formen und 2 Stunden kalt stellen.
2 Den Ofen auf 180 °C vorheizen.
3 Einen Tortenring mit 24 cm Durchmesser ausbuttern und auf ein mit Pergamentpapier ausgelegtes Blech setzen. Den Ring so mit dem Teig auskleiden, dass dieser 1 cm überhängt. Den Teig mit Pergamentpapier auslegen und mit Backlinsen beschweren. Im Ofen 15 Minuten blindbacken. Backlinsen und Papier entfernen und den überstehenden Teigrand mit einem kleinen Messer abschneiden. Den Ofen nicht abschalten.
4 Für die Ganache die Schokolade mit einem Sägemesser hacken und in eine Schüssel geben. Die Sahne aufkochen, über die Schokolade gießen und behutsam verrühren. Die Milch mit dem Ei leicht verschlagen und unter die 35 °C warme Schokoladenmischung rühren (die Temperatur mit einem Küchenthermometer prüfen).
5 Die Ganache in den noch warmen Tarte-Boden einfüllen. Die Tarte in den Ofen schieben, den Ofen ausschalten und die Tarte darin 20 Minuten backen. Abkühlen lassen und anschließend den Ring abziehen.

Ph. Gobet
Gewinner des Wettbewerbs »Meilleur ouvrier de France en cuisine« (Beste Kraft Frankreichs im Bereich der Küche)

Schokoladen-Tarte mit Himbeeren und Balsamico

Für 6 Personen
Vorbereitung: 15 Minuten
Backzeit: 20 Minuten
Kühlen: 30 Minuten

250 g süßer Mürbeteig (*pâte sucrée*; siehe S. 304)
5 g Butter für die Form

Für die Füllung
100 ml Sahne
125 g Himbeeren
135 g Edelbitter-Schokolade (65 % Kakaoanteil)
35 g weiche Butter

Zum Garnieren
150 g Himbeeren
20 ml Balsamico-Essig

1 Eine Tarte-Form mit 22 cm Durchmesser ausbuttern. Mit dem Teig auskleiden, den Boden mit einer Gabel mehrfach einstechen und 30 Minuten kalt stellen.
2 Den Ofen auf 180 °C vorheizen.
3 Für die Füllung die Sahne aufkochen. Die Himbeeren durch ein Passiergerät drehen, den Saft auffangen und kurz zum Kochen bringen. Die Schokolade mit einem Sägemesser hacken und auf dem heißen Wasserbad schmelzen. Aus dem Wasserbad nehmen und die heiße Sahne zugießen. Umrühren, den Himbeersaft zugeben und weiterrühren, bis die Masse glatt ist. Zuletzt die Butter in kleinen Stücken untermengen.
4 Den Tarte-Boden mit einem Bogen Pergamentpapier auslegen und mit Backlinsen beschweren. Im Ofen 17 Minuten blindbacken. Backlinsen und Papier entfernen.
5 Den Tarte-Boden aus der Form lösen und auf einem Kuchengitter abkühlen lassen.
6 Die Füllung in den Boden gießen und die Himbeeren mit den Stielansätzen nach oben sanft hineindrücken. Die Tarte kalt stellen und 1 Stunde vor dem Servieren wieder aus dem Kühlschrank nehmen. Im letzten Moment mit einer Pipette oder einem kleinen Löffel etwas Balsamico-Essig in den Kelch der Himbeeren füllen.

Thierry Mulhaupt
Pâtisserie Thierry Mulhaupt (Strasbourg)

Schokoladen-Tarte mit
Himbeeren und Balsamico

Schokoladen-Ananas-Tarte

Für 6 Personen
Am Vortag beginnen
Vorbereitung: 10 + 30 Minuten
Back- und Garzeit: 1 Stunde 45 Minuten
Kühlen: 30 Minuten

250 g süßer Mürbeteig (*pâte sucrée*; siehe S. 304)
5 g Butter für den Backring

Für den Vanille-Karamell-Sirup
125 g extrafeiner Zucker
1 Vanilleschote
6 Scheibchen frische Ingwerwurzel
3 Pimentkörner
1 Banane
220 ml Wasser
1 EL brauner Plantagenrum

Für die gebackene Ananas
1 reife, aber feste Ananas von 1,2 kg
2 Vanilleschoten

Für die Ganache
450 g helle Ganache (siehe S. 289)
45 g kandierter Ingwer

Zum Dekorieren (nach Belieben)
1 Blatt Filoteig
Puderzucker zum Bestäuben

1 Am Vortag den Vanille-Karamell-Sirup zubereiten: In einem Topf mit schwerem Boden den Zucker bei schwacher Hitze karamellisieren lassen. Die Vanilleschote längs spalten. Das Mark herauskratzen und die Schotenhälften nochmals halbieren. Die Pimentkörner zerstoßen; 30 g der Banane zu einem Püree zerdrücken.
2 Sobald der Karamell eine dunkelbraune Farbe angenommen hat, die Schote und das Mark der Vanille, den Piment und die Ingwerscheibchen zugeben. Nach 5 Sekunden das Wasser zugießen und zum Kochen bringen. 3 Esslöffel Karamell unter das Bananenpüree rühren, dann die Mischung zurück in den Karamell geben. Den Rum zugießen, vom Herd nehmen und über Nacht durchziehen lassen.
3 Am folgenden Tag den Ofen auf 180 °C vorheizen. Einen Tortenring mit 24 cm Durchmesser ausbuttern und auf ein mit Pergamentpapier ausgelegtes Blech setzen. Mit dem Mürbeteig auskleiden, den Boden mit einer Gabel mehrfach einstechen und 30 Minuten kalt stellen. Den Teig mit Pergamentpapier auslegen und mit Backlinsen beschweren. Im Ofen 20 Minuten blindbacken. Backlinsen und Papier entfernen.
4 Die Ofentemperatur auf 230 °C erhöhen.
5 Für die gebackene Ananas die Frucht schälen und die »Augen« entfernen. Die Vanilleschoten halbieren und das Fruchtfleisch mit den Hälften »spicken«. Die Ananas in eine ofenfeste Form legen, den Vanille-Karamell durch ein Sieb streichen und über die Frucht gießen. Die Ananas 1 Stunde im Ofen backen und dabei immer wieder mit dem Sirup übergießen. Zwischendurch einmal wenden. Abkühlen lassen. Den Saft aus der Form sirupartig einkochen. Die Ananas halbieren und das harte Herz herauslösen. Die Hälften zunächst in Scheiben und diese dann in je 4 Stücke schneiden. Mit dem eingekochten Sirup überziehen.
6 Die Ofentemperatur auf 240 °C erhöhen.
7 Für die Dekoration das Filoteigblatt mit der Schere in 4 lange Streifen und dann, je nach Länge in 2 oder 4 Stücke schneiden. Die Teigstücke ziehharmonikaartig zusammenfalten und an einem Ende mit zwei befeuchteten Fingern zusammendrücken, sodass Fächer entstehen (siehe Bild auf der folgenden Doppelseite). Auf ein mit Backpapier ausgelegtes Blech legen, mit Puderzucker bestäuben und 3 Minuten backen. Abkühlen lassen.
8 Die Ganache zubereiten. Den Ingwer in 2–3 mm kleine Würfel schneiden und unter die Ganache ziehen.
9 Den Ring vom Tarte-Boden abziehen, die Ganache auftragen und die Tarte kalt stellen. 1 Stunde vor dem Servieren aus dem Kühlschrank nehmen, rosettenförmig mit den Ananasstücken belegen und mit Filofächern verzieren.

Arrangieren Sie die Ananasstücke erst kurz vor dem Servieren auf der Ganache.

Halten Sie sich bei der Vanille, dem Ingwer und dem Piment exakt an die angegebenen Mengen, damit die Aromen perfekt harmonieren.

(Bild siehe Seite 120/121)

Schoko-Tarte mit Erdnusskaramell

Für 8 Personen
Vorbereitung: 30 Minuten
Backzeit: etwa 10 Minuten
Kühlen: 1 Stunde

1 Tarte-Boden à 24 cm Durchmesser aus süßem Mürbeteig (*pâte sucrée*; siehe S. 304)

Für die Karamellfüllung
100 g extrafeiner Zucker
20 g Glukose (aus dem Reformhaus)
20 g leicht gesalzene Butter
100 ml Sahne
60 g mürber Montélimar-Nougat oder türkischer Honig
60 g geröstete, gesalzene Erdnüsse

Für die helle Ganache
480 g Vollmilchschokolade
300 ml Sahne

1 Für die Karamellfüllung den Zucker in einem Topf mit schwerem Boden erhitzen. Sobald er zu schmelzen beginnt, die Glukose zugeben. Die Mischung bernsteinfarben karamellisieren lassen. Zuerst die Butter, dann die Sahne zugeben (Vorsicht vor spritzendem Karamell). Kräftig umrühren, zum Kochen bringen und nach dem Aufwallen noch 2 Minuten – nicht länger – kochen. Den Karamell in eine Schüssel gießen und auf Raumtemperatur abkühlen lassen.
2 Den Nougat oder türkischen Honig in grobe Stücke zerkrümeln. Die Erdnüsse mit einem Wellholz grob zerstoßen.
3 Für die Ganache die Schokolade mit einem Sägemesser hacken und in eine Schüssel geben. Die Sahne aufkochen und in drei Teilen behutsam unter die Schokolade rühren, bis sie geschmolzen ist.
4 Den Karamell in den Tarte-Boden einfüllen und mit dem Nougat oder türkischen Honig und den Erdnüssen bestreuen. Im Kühlschrank 30 Minuten fest werden lassen. Bis zum oberen Teigrand mit Ganache auffüllen und erneut 30 Minuten kalt stellen. Sobald die Ganache erstarrt ist, die Tarte zum Servieren auf Raumtemperatur erwärmen lassen.

Tarte »Laguna au Café«

Für 6 Personen
Vorbereitung: 35 Minuten
Backzeit: 1 Stunde
Kühlen: 4 Stunden + 30 Minuten

250 g süßer Mürbeteig (*pâte sucrée*, siehe S. 304)
10 g Butter für die Form

Für die Kaffee-Chantilly
½ Blatt Gelatine (1 g)
250 ml Sahne
15 g Puderzucker
2 EL löslicher Kaffee
1 EL Kaffee-Extrakt

Für die Cremefüllung
300 ml Sahne
3 EL löslicher Kaffee
350 g Edelbitter-Schokolade (60 % Kakaoanteil)
20 g Butter
3 Eier

Zum Dekorieren
Geröstete Kaffeebohnen
Kakaopulver zum Bestäuben
Puderzucker zum Bestäuben

F. Raimbault
Restaurant L'Oasis
(Mandelieu-la-Napoule)

1 Für die Kaffee-Chantilly die Gelatine in kaltem Wasser einweichen. Die Sahne mit dem gesiebten Puderzucker, dem löslichen Kaffee und dem Kaffee-Extrakt aufkochen. Die Gelatine gut ausdrücken und unter die heiße Sahnemischung rühren. Abkühlen lassen und 4 Stunden kalt stellen.
2 Den Mürbeteig zubereiten. Eine Tarte-Form oder Springform von 24 cm Durchmesser ausbuttern und mit dem Teig auskleiden. Den Boden mit einer Gabel mehrmals einstechen. Im Kühlschrank 30 Minuten ruhen lassen.
3 Den Ofen auf 180 °C vorheizen.
4 Für die Füllung die Sahne mit dem löslichen Kaffee aufkochen. Die Schokolade mit einem Sägemesser hacken und in eine Schüssel geben. Die heiße Sahne zugießen, umrühren, dann in Stücken die Butter zugeben. Sorgfältig vermengen und abkühlen lassen. Sobald die Mischung erkaltet ist, die Eier zugeben und die Creme glatt schlagen.
5 Den Tarte-Boden mit einem runden Stück Pergamentpapier auslegen und mit Backlinsen beschweren. Im Ofen 20 Minuten blindbacken.
6 Backlinsen und Papier entfernen und den Tarte-Boden auf einem Kuchengitter abkühlen lassen.
7 Die Ofentemperatur auf 120 °C herunterstellen.
8 Die Schokoladencreme in den Tarte-Boden füllen und weitere 30 Minuten backen. Aus der Form lösen und auf einem Kuchengitter abkühlen lassen.
9 Eine Glas- oder Edelstahlschüssel 15 Minuten tiefkühlen und darin anschließend die Kaffee-Chantilly steif schlagen. In einen Spritzbeutel mit großer Sterntülle füllen und die Tarte mit Sahnerosetten verzieren. Die Kaffeebohnen grob hacken und über die Sahnerosetten streuen. Mit Kakao und Puderzucker bestäuben und sofort servieren.

Schokoladen-Ananas-Tarte

»Der cremige Schmelz der Vollmilchschokolade und das saftige, mit Piment und Ingwer gewürzte Fruchtfleisch der gebackenen Ananas bilden einen köstlichen Kontrast.«

Pierre Hermé

(Rezept siehe Seite 118)

Klein- und Feingebäck

»Klein- und Feingebäck ganz einfach«

Brownies mit Pekannüssen

Für 8–10 Personen
Vorbereitung: 15 Minuten
Backzeit: etwa 25 Minuten

140 g Edelbitter-Schokolade (60 % Kakaoanteil)
120 g Mehl
120 g Pekannüsse
220 g weiche Butter, plus 20 g für die Form
250 g extrafeiner Zucker
4 Eier

1 Den Ofen auf 170 °C vorheizen.
2 Die Schokolade mit einem Sägemesser hacken und auf dem heißen Wasserbad schmelzen. Das Mehl sieben. Zwei Drittel der Pekannüsse grob hacken.
3 Die Butter in der Küchenmaschine cremig rühren. Bei laufendem Gerät nacheinander die geschmolzene Schokolade, den Zucker und die Eier einarbeiten. Zuletzt rasch das Mehl und die gehackten Nüsse untermengen.
4 Eine viereckige Auflaufform von etwa 22 × 24 cm Größe ausbuttern und mit Pergamentpapier auslegen. Den Teig etwa 2,5 cm dick einfüllen und 20–25 Minuten im Ofen backen.
5 Den Kuchen auf Raumtemperatur abkühlen lassen und anschließend kalt stellen. In etwa 5 × 5 cm große Brownies schneiden und mit den restlichen ganzen Pekannüssen verzieren.

Beignets mit Schoko-Ricotta-Creme

Ergibt etwa 20 Beignets
Vorbereitung: 15 Minuten
Garzeit: 4–5 Minuten pro Frittierdurchgang

Für den Teig
150 ml Wasser
1 Prise Salz
40 g Schweineschmalz
100 g Mehl
3 Eier
1 unbehandelte Zitrone
100 g Puderzucker
1 Päckchen Vanillezucker
1,5 cl Cognac oder Weinbrand

Zum Frittieren
2 l Sonnenblumen- oder Traubenkernöl

Für die Schokoladen-Ricotta-Creme
500 g Ricotta
125 g Puderzucker
Milch (nach Bedarf)
100 g Edelbitter-Schokolade (60 % Kakaoanteil)
50 g kandierte Früchte, gewürfelt

1 Für den Teig in einem Topf das Wasser, das Salz und das Schmalz zum Kochen bringen. Vom Herd nehmen und auf einmal das gesiebte Mehl hineinschütten. Zurück auf den Herd stellen und die Mischung 3 Minuten umrühren. Abkühlen lassen.
2 Die Eier trennen. Die Zeste der Zitrone dünn abschälen und fein hacken. Die Eigelbe, den Puderzucker, den Vanillezucker, den Cognac und die Zitronenzeste mit einem Holzlöffel unter den Teig rühren.
3 Die Eiweiße steif schlagen und behutsam unter den Teig heben.
4 Das Öl in einem Topf auf 180 °C erhitzen. Mit einem Esslöffel gleichmäßig große Portionen Teig abnehmen und in das heiße Fett gleiten lassen. Die Beignets in 4–5 Minuten ausbacken und nach der Hälfte der Zeit wenden. Mit einem Schaumlöffel herausheben.
5 Die Beignets auf Küchenpapier abtropfen und abkühlen lassen.
6 Für die Ricottacreme den Ricotta in einer Schüssel mit dem Puderzucker cremig rühren. Falls nötig etwas Milch zugießen. Die Schokolade mit einem Sägemesser hacken und mit den kandierten Früchten unter die Creme mengen.
7 Die Beignets mit einem Messer aufschneiden und mit der Creme garnieren.

Plätzchen Biarritz

Ergibt 50 Stück
Vorbereitung: 30 Minuten
Backzeit: 15 + 18 Minuten pro Blech

Für den Teig
75 g gemahlene Haselnüsse
80 g Butter, plus 20 g für die Bleche
1 unbehandelte Orange
135 g Puderzucker
85 g gemahlene Mandeln
100 ml Milch
5 Eiweiße
12 g extrafeiner Zucker
70 g Mehl, plus 20 g für die Bleche

Für die Füllung
100 g Edelbitter-Schokolade (65 % Kakaoanteil)
200 g Nutella® oder eine andere Haselnuss-Schokocreme

1 Den Ofen auf 150 °C erhitzen.
2 Für den Teig ein Blech mit Pergamentpapier auslegen, die gemahlenen Haselnüsse darauf verteilen und 15 Minuten im Ofen rösten. Nach der Hälfte der Zeit wenden. Abkühlen lassen.
3 Die Ofentemperatur auf 180 °C erhöhen.
4 Die Butter bei milder Hitze im Wasserbad zerlassen. Die Hälfte der Orangenzeste dünn abschälen und hacken. Den Puderzucker sieben und die Orangenzeste, die gemahlenen Haselnüsse und die Mandeln untermengen. Dann die Milch und die zerlassene Butter einarbeiten.
5 Die Eiweiße mit dem Zucker steif schlagen und vorsichtig unter den Teig heben. Das Mehl hineinsieben und behutsam unterarbeiten.
6 Ein Backblech buttern und mit Mehl ausstreuen. Überschüssiges Mehl abklopfen. Den Teig in einen Spritzbeutel mit Lochtülle Nr. 8 füllen und Kreise von 2,5 cm Durchmesser auf das Blech spritzen. Im Ofen 18 Minuten backen. Das Blech auf einen Bogen Pergamentpapier stürzen, die Plätzchen ablösen und abkühlen lassen. Den restlichen Teig auf gleiche Weise verarbeiten.
7 Für die Füllung die Schokolade mit einem Sägemesser hacken und auf dem heißen Wasserbad schmelzen. Aus dem Wasserbad nehmen, die Nutella®-Creme zugeben und mit einem Schneebesen zügig unterrühren. Die Mischung in eine Papierspritztüte füllen und die Spitze so abschneiden, dass ein 4 mm großes Loch entsteht. Auf die glatte Seite eines Plätzchens etwas Creme auftragen und ein zweites Plätzchen, ebenfalls mit der glatten Seite, daraufsetzen und sanft andrücken. Auf diese Weise sämtliche Plätzchen mit Creme füllen und zusammensetzen.

Brownies mit Pistazien

Für 8–10 Personen
Vorbereitung: 15 Minuten
Backzeit: 35 Minuten

80 g geschälte gesalzene Pistazien
1 Eiweiß
1 g feines Salz

Für den Teig
140 g Edelbitter-Schokolade (60 % Kakaoanteil)
120 g Mehl
220 g weiche Butter, plus 20 g für die Form
250 g extrafeiner Zucker
4 Eier

1 Den Ofen auf 150 °C vorheizen.
2 Mit einem Holzlöffel die Pistazien mit etwas Eiweiß und dem Salz vermengen. Sie sollten nur eben benetzt sein. Ein Blech mit Pergamentpapier auslegen, die Pistazien darauf verteilen und 10 Minuten im Ofen rösten. Abkühlen lassen und grob hacken.
3 Die Ofentemperatur auf 170 °C erhöhen.
4 Für den Teig die Schokolade mit einem Sägemesser hacken und auf dem heißen Wasserbad schmelzen. Das Mehl sieben. Die Butter in der Küchenmaschine cremig rühren. Bei laufendem Gerät nacheinander die geschmolzene Schokolade, den Zucker und die Eier einarbeiten. Zuletzt rasch das Mehl und die gehackten Pistazien untermengen.
5 Eine rechteckige Auflauf- oder Backform von etwa 22 × 30 cm ausbuttern und mit Pergamentpapier auskleiden. Den Teig etwa 2,5 cm dick einfüllen und 20–25 Minuten backen.
6 Den Kuchen auf Raumtemperatur abkühlen lassen und dann kalt stellen. In etwa 5 cm große Brownies schneiden und servieren.

Brownies mit Pistazien

Schokoladen-Bugnes

Ergibt etwa 40 Stück
Am Vortag beginnen
Vorbereitung: 10 Minuten
Gehen des Teiges: 30 Minuten
Garzeit: etwa 25 Minuten

330 g Mehl, plus 20 g für die Arbeitsfläche
40 g Kakaopulver
4 Eier
50 g Akazienhonig
25 g frische Hefe
7 g Salz
250 g weiche Butter
70 ml Milch
1,5 l Öl zum Frittieren
400 g Edelbitter-Schokolade (60 % Kakaoanteil)
Puderzucker zum Bestäuben

O. Buisson
Pâtisserie Le Chardon Bleu
(Saint-Just-Saint-Rambert)

1 Am Vortag den Teig zubereiten: Das Mehl mit dem Kakao sieben und in die Küchenmaschine geben. Die Eier, den Honig, die zerbröckelte Hefe und, etwas abseits, das Salz zugeben (es sollte nicht direkt mit der Hefe in Berührung kommen) und alles zu einem glatten, glänzenden Teig verarbeiten.
2 Die Butter mit einem Holzlöffel cremig rühren und in den Teig einarbeiten. Weitermixen, bis sich der Teig vom Schüsselrand löst. Die Milch zugießen und weitere 2 Minuten mixen. Den Teig in eine andere Schüssel legen, leicht mit Mehl bestäuben und mit einem Küchentuch bedeckt über Nacht kalt stellen.
3 Am nächsten Tag den Teig in zwei Teile teilen und eine Hälfte auf der bemehlten Arbeitsfläche etwa 4 mm dünn ausrollen. Mit einem Teigrädchen Rauten mit 8 cm Seitenlänge ausschneiden. Jede Raute in der Mitte bis 2 cm an den Rand quer einschneiden und eine der Teigspitzen durch den Einschnitt stecken. Die fertigen Bugnes auf ein Blech legen. Mit einem Küchentuch bedecken und 30 Minuten im Kühlschrank gehen lassen. Den restlichen Teig in gleicher Weise verarbeiten.
4 Das Öl in einem großen Topf heiß werden lassen. Die Bugnes portionsweise in 3–4 Minuten ausbacken. Nach der Hälfte der Garzeit mit einem Schaumlöffel wenden. Auf Küchenpapier abtropfen und abkühlen lassen.
5 Die Schokolade mit einem Sägemesser hacken und auf dem heißen Wasserbad schmelzen. Aus dem Wasserbad nehmen und die Bugnes bis zur Hälfte in die Schokolade tunken. Sobald die Schokolade erstarrt ist, die andere Gebäckhälfte mit Puderzucker bestäuben.
Bugnes sind traditionelle Karnevals-Krapfen, eine Spezialität aus dem Lyonnais.

(Bild siehe Seite 129)

Bugnes mit Ganache

Ergibt etwa 30 Stück
Am Vortag beginnen
Vorbereitung: 10 Minuten
Gehen des Teiges: 1 ½–2 Stunden
Garzeit: etwa 35 Minuten

Für den Teig
500 g Mehl
6 g frische Hefe
125 g weiche Butter
50 g extrafeiner Zucker
Abgeriebene Schale von ½ unbehandelten Zitrone
6 g Salzblüte (Fleur de Sel)
2 cl brauner Plantagenrum
5 Eier

Zum Frittieren
1,5 l Sonnenblumen- oder Traubenkernöl

Zum Servieren
Kakaopulver
300 g dunkle Ganache (siehe S. 289)

1 Am Vortag den Teig zubereiten: Das Mehl sieben, die Hefe zerbröckeln. Die Butter, den Zucker, die Zitronenzeste, das Salz, den Rum, die Eier, das Mehl und die Hefe in der Küchenmaschine zu einem homogenen Teig verarbeiten. Den Teig in eine Schüssel legen und mit einem Küchentuch bedeckt bei Raumtemperatur 1 ½–2 Stunden gehen lassen. Den gegangenen Teig abschlagen und 2 Stunden kalt stellen. Ein zweites Mal abschlagen und dann über Nacht in den Kühlschrank legen.
2 Am folgenden Tag den Teig halbieren und eine Hälfte auf der bemehlten Arbeitsfläche 2,5 mm dünn ausrollen. Mit einem Teigrädchen 8 × 10 cm große Rechtecke ausschneiden. Jedes Rechteck längs in der Mitte mit zwei 6 cm langen Einschnitten versehen (aber nicht durchschneiden). Die andere Teighälfte in gleicher Weise vorbereiten.
3 Das Öl in einem großen Topf erhitzen und die Bugnes portionsweise in 4–5 Minuten ausbacken. Nach der Hälfte der Garzeit mit einem Schaumlöffel wenden.
4 Die fertigen Bugnes auf Küchenpapier abtropfen lassen. Mit Kakaopulver bestäuben und mit einer dunklen, raumtemperierten Ganache servieren.

ganz einfach

Für 8 Personen
Am Vortag beginnen
Vorbereitung: 15 Minuten
Backzeit: etwa 1 Stunde

Für den Teig
50 g Smyrna-Sultaninen
5 cl brauner Plantagenrum
200 g Mehl, plus 25 g für die Form
50 g Kakaopulver
½ Päckchen Backpulver
265 g weiche Butter, plus 30 g für die Form
250 g extrafeiner Zucker
5 Eier
350 g kandierte Orangenschale, gewürfelt

Für den Sirup
150 ml Wasser
140 g extrafeiner Zucker
13 cl brauner Plantagenrum

Schokoladen-Orangen-Kuchen

1 Am Vortag die Sultaninen in dem Rum einweichen und über Nacht darin ziehen lassen.
2 Am folgenden Tag den Teig zubereiten:
3 Den Ofen auf 240 °C vorheizen.
4 Das Mehl, den Kakao und das Backpulver sieben. In der Küchenmaschine 250 g der Butter mit dem rotierenden Messer cremig rühren. Bei laufendem Gerät den Zucker, das Mehl, den Kakao und das Backpulver einarbeiten. Weitere 2 Minuten mixen, dann, immer noch bei laufendem Gerät, nacheinander die Eier hineinschlagen. Sobald die Masse homogen ist, den Messereinsatz herausnehmen und mit einem biegsamen Spatel die abgetropften Sultaninen und die kandierten Orangenwürfel unterheben.
5 Eine 28–30 cm lange Kastenform ausbuttern und mit Pergamentpapier auskleiden. Den Teig einfüllen, in den Ofen schieben und die Temperatur sofort auf 180 °C reduzieren. Die restlichen 15 g Butter zerlassen.
6 Nach 10 Minuten Backzeit eine Palette am vorderen Ende mit der zerlassenen Butter benetzen und den Kuchen damit in der Mitte über die gesamte Länge tief einschneiden. Weitere 50 Minuten backen. Zur Garprobe mit einer Kuchennadel einstechen. Sie sollte sauber wieder herauskommen.
7 Für den Sirup das Wasser mit dem Zucker aufkochen. Vom Herd nehmen und den Rum einrühren.
8 Den Kuchen aus der Form lösen und auf ein Kuchengitter setzen. Mit einem Esslöffel den noch heißen Kuchen mit dem Sirup tränken. Abkühlen lassen und in Frischhaltefolie gewickelt in den Kühlschrank stellen.

Rührkuchen dieser Art schmecken am besten nach 4 Tagen. Im Kühlschrank halten sie sich problemlos bis zu einer Woche.

---

ganz einfach

Für 8 Personen
Vorbereitung: 10 Minuten
Backzeit: 40–50 Minuten

360 g Mehl
50 g Kakaopulver
8 g Backpulver
6 g Natron
1 Vanilleschote
340 g Mayonnaise
300 g extrafeiner Zucker
320 ml Mineralwasser
10 g Butter für die Form
200 g Himbeeren (frisch oder tiefgefroren)

F. E. Grasser-Hermé
Kochbuchautor (Paris)

Schokoladen-Mayonnaise-Kuchen

1 Den Ofen auf 180 °C vorheizen.
2 Das Mehl, den Kakao, das Backpulver und das Natron in eine Schüssel sieben. Die Vanilleschote spalten und das Mark herauskratzen.
3 Die Mayonnaise mit dem Vanillemark in der Küchenmaschine einige Sekunden mixen. Den Zucker und die gesiebten Zutaten zugeben, weitermixen und bei laufendem Gerät nach und nach das Wasser zugießen, bis der Teig glatt und geschmeidig ist.
4 Eine 28–30 cm lange Kastenform ausbuttern und mit Pergamentpapier auskleiden. Ein Drittel des Teiges einfüllen und die Himbeeren darauf verteilen. Mit dem restlichen Teig bedecken und 40–50 Minuten backen. Zur Garprobe mit einer Kuchennadel einstechen. Sie sollte sauber wieder herauskommen.
5 Den Kuchen auf ein Kuchengitter stürzen und abkühlen lassen. In den Kühlschrank stellen und gekühlt servieren.

Vollmilch-Schokoladenkuchen

Für 8 Personen
Vorbereitung: 15 Minuten
Backzeit: etwa 40 Minuten
Ruhen: 2 Stunden

190 g Mehl
½ Päckchen Backpulver
80 g weiche Butter, plus 20 g für die Form
150 g extrafeiner Zucker
4 Eier
110 ml Sahne
260 g Vollmilchschokolade

1 Das Mehl und das Backpulver in eine Schüssel sieben. In einer zweiten Schüssel die Butter mit einem Holzlöffel cremig rühren. Den Zucker zugeben und mit einem Schneebesen untermengen. Die Eier einarbeiten, die Sahne zugießen und alles gründlich verschlagen. Die Mehl-Backpulver-Mischung zugeben und weiterschlagen, bis der Teig glatt ist.
2 Eine 22 cm lange Kastenform ausbuttern und mit Pergamentpapier auskleiden.
3 60 g der Schokolade in kleine Stücke schneiden, den Rest hacken und auf dem heißen Wasserbad schmelzen. Die Schokolade darf höchstens 35 °C warm werden (die Temperatur mit einem Küchenthermometer prüfen). Die Schokoladenstücke und die geschmolzene Schokolade unter den Teig mengen, in die Form einfüllen und für 2 Stunden in den Kühlschrank stellen.
4 Den Ofen auf 190 °C vorheizen.
5 Den Kuchen 40 Minuten backen. Zur Garprobe mit einer Kuchennadel einstechen. Sie sollte sauber wieder herauskommen. Den Kuchen aus der Form lösen und auf einem Kuchengitter abkühlen lassen.

P. Berger
Pâtisserie Royalty (Tarbes)

Schokoladen-Karamell-Kuchen

Für 8 Personen
Vorbereitung: 20 Minuten
Backzeit: etwa 45 Minuten

225 g Edelbitter-Schokolade (60 % Kakaoanteil)
65 g gesalzene Butter
65 g ungesalzene Butter, plus 15 g für die Form
150 g extrafeiner Zucker
70 g Mehl, plus 10 g für die Form
5 g Backpulver
4 Eier

1 Den Ofen auf 180 °C vorheizen.
2 Die Schokolade mit einem Sägemesser hacken. Die gesalzene und die ungesalzene Butter in kleine Stücke schneiden.
3 Den Zucker in einem Topf mit schwerem Boden bei mittlerer Hitze schmelzen und zu einem bernsteinfarbenen Karamell kochen.
4 Den Karamell vom Herd nehmen und stückeweise die Butter einrühren (Vorsicht vor spritzendem Karamell). Den Karamell noch einmal aufkochen und sofort wieder vom Herd nehmen.
5 Das Mehl mit dem Backpulver sieben. Die Eier trennen.
6 Mit einem Holzlöffel die gehackte Schokolade unter den Karamell rühren. Nacheinander die Eigelbe zugeben und vor dem nächsten jeweils vollständig einarbeiten.
7 Die Eiweiße steif schlagen. Zunächst ein Drittel des Eischnees unter den Karamell ziehen, dann vorsichtig den Rest unterheben. Zuletzt die Mehl-Backpulver-Mischung untermischen.
8 Eine 22 cm lange Kastenform ausbuttern und mit Pergamentpapier auskleiden. Den Teig einfüllen und 35 Minuten backen. Zur Garprobe mit einer Kuchennadel einstechen. Sie sollte sauber wieder herauskommen.
9 Den Kuchen aus der Form lösen und auf einem Kuchengitter abkühlen lassen. Kalt servieren.

Das Karamellkochen verlangt etwas Aufmerksamkeit und gutes Timing. Sobald der Karamell eine schöne goldbraune Farbe angenommen hat, muss man ihn sofort von der Kochstelle nehmen.

Schokoladen-Bugnes
(Rezept siehe Seite 126)

Schokoladenkuchen mit kandiertem Ingwer

Für 8 Personen
Am Vortag beginnen
Vorbereitung: 20 Minuten
Backzeit: 1 Stunde

140 g Marzipan-Rohmasse
165 g extrafeiner Zucker
180 g Butter, plus 20 g für die Form, plus 15 g zum Fertigstellen
4 Eier
135 g kandierter Ingwer
70 g Edelbitter-Schokolade (70 % Kakaoanteil)
180 g Mehl
40 g Kakaopulver
½ Päckchen Backpulver
150 ml Milch
Eingelegter Ingwer zum Dekorieren

1 Die Marzipan-Rohmasse und den Zucker mit den Händen verkneten.
2 Die 180 g Butter bei schwacher Hitze zerlassen. Vom Herd nehmen und abkühlen lassen.
3 Die Mandel-Zucker-Masse in der Küchenmaschine mit dem rotierenden Messer zu einem krümeligen Teig verarbeiten. Nacheinander die Eier hineinschlagen, dann die zerlassene Butter zugeben. Wenn die Mischung homogen ist, auf großer Stufe weitere 8 Minuten mixen.
4 Den Ofen auf 240 °C vorheizen.
5 Den kandierten Ingwer unter fließendem Wasser warm abspülen, um die Zuckerkruste zu entfernen. Abtrocknen und in kleine Würfel schneiden. Die Schokolade in etwa 0,5 cm große Würfel schneiden. Das Mehl mit dem Kakao und dem Backpulver sieben.
6 Die Milch und die Mehl-Kakao-Mischung zu den anderen Zutaten in die Küchenmaschine geben und auf kleiner Stufe mixen, bis die Masse glatt ist.
7 Den Ofen auf 240 °C vorheizen.
8 Die Schüssel aus der Maschine nehmen und mit einem Spatel die Ingwerwürfel und die Schokoladenstücke unterheben.
9 Eine 28–30 cm lange Kastenform ausbuttern und mit Pergamentpapier auskleiden. Den Teig einfüllen, in den Ofen schieben und die Temperatur sofort auf 180 °C herunterregeln.
10 Die restlichen 15 g Butter zerlassen. Nach 10 Minuten Backzeit die Spitze einer Palette in die zerlassene Butter tauchen und damit den Kuchen in der Mitte über die gesamte Länge einschneiden. Weitere 50 Minuten backen. Zur Garprobe mit einer Kuchennadel einstechen. Sie sollte sauber wieder herauskommen.
11 Den Kuchen aus der Form lösen und auf einem Kuchengitter abkühlen lassen. In Frischhaltefolie wickeln und kalt stellen.
12 Den Kuchen möglichst noch einen oder mehrere Tage durchziehen lassen und 1 Stunde vor dem Servieren aus dem Kühlschrank nehmen. Im letzten Moment mit einigen Stückchen kandiertem Ingwer verzieren.

(Bild siehe Seite 132/133)

Schoko-Blitzkuchen

Für 6–8 Personen
Vorbereitung: 10 Minuten
Backzeit: 25 Minuten

200 g dunkle Schokolade (70 % Kakaoanteil)
80 g Butter
200 g Zucker
5 Eier
90 g Mehl

1 Die Schokolade grob zerbrechen. Die Eier trennen. Den Boden einer Springform (26 cm) einfetten. Den Backofen auf 160 °C vorheizen.
2 In einem Topf etwas Wasser erhitzen und die Schokolade darin schmelzen lassen, dabei mit einem Holzlöffel umrühren.
3 Die Butter unter Rühren in der Schokolade zerlassen, Zucker hinzufügen und von der Herdplatte ziehen, umrühren.
4 Erst das Mehl, dann die Eigelbe zur Schokoladenmasse geben und jeweils gründlich unterrühren. Dann die Eiweiße steif schlagen und unterheben.
5 Den Teig in die Form füllen und den Kuchen etwa 25 Minuten backen. Er soll innen noch etwas feucht sein.

Man kann diesen Klassiker auch lauwarm genießen und mit Vanillesauce servieren.

Schokoladen-Nusskuchen

Für 8–10 Personen
Vorbereitung: 30 Minuten
Backzeit: 60–70 Minuten

60 g Haselnusskerne
60 g geschälte Mandeln
180 g Mehl, plus 10 g für die Form
1 gestrichener TL Backpulver
40 g Kakaopulver
140 g Marzipan-Rohmasse
165 g extrafeiner Zucker
4 Eier
20 ml Milch
60 g geschälte Pistazien
70 g Edelbitter-Schokolade
70 % Kakaoanteil)
180 g kalte zerlassene Butter,
plus 15 g für die Form

1 Den Ofen auf 150 °C vorheizen.
2 Die Haselnüsse und die Mandeln auf einem Backblech verteilen und 12–15 Minuten im Ofen rösten. Gelegentlich wenden. Anschließend grob hacken.
3 Das Mehl mit dem Backpulver und dem Kakao sieben.
4 Die Marzipanmasse und den Zucker in der Küchenmaschine mit dem rotierenden Messer zu einer krümeligen Masse verarbeiten. Nacheinander die Eier hineinschlagen. Die Maschine mit dem Schneebesen bestücken und die Masse glatt schlagen.
5 Die Milch und die Mehl-Kakao-Mischung zugeben und weiterrühren, bis der Teig vollkommen glatt ist.
6 Die Schüssel aus der Maschine nehmen und mit einem Spatel die gehackten Haselnüsse und Mandeln sowie die Pistazien, die Schokoladenstücke und die zerlassene Butter untermengen.
7 Die Ofentemperatur auf 180 °C erhöhen.
8 Eine 28 cm lange Kastenform ausbuttern, den Teig einfüllen und etwa 1 Stunde backen. Den Kuchen 10 Minuten abkühlen lassen, aus der Form lösen und zum vollständigen Erkalten auf ein Kuchengitter setzen.

Dieser Kuchen hält sich in Frischhaltefolie gewickelt im Kühlschrank mehrere Tage.

Schokoladen-Müsli-Kuchen

ganz einfach

Für 6–8 Personen
Vorbereitung: 15 Minuten
Backzeit: etwa 55 Minuten

100 g Edelbitter-Schokolade
(70 % Kakaoanteil)
200 ml Sahne
100 g Müsli mit Nüssen
4 Eier
250 g extrafeiner Zucker
200 g Mehl
1 Prise Salz
1 Päckchen Backpulver
100 g Butter, plus 15 g für die Form

Zum Dekorieren
Puderzucker
Ganze Haselnusskerne
Rosinen

1 Den Ofen auf 180 °C vorheizen.
2 Die Schokolade mit einem Sägemesser hacken und auf dem heißen Wasserbad schmelzen. Die Sahne erwärmen und unter die Schokolade rühren, dann das Müsli untermengen.
3 In einer Schüssel die Eier mit dem Zucker verschlagen. Das Mehl, Salz und das Backpulver hineinsieben und vermengen. Die Butter bei schwacher Hitze zerlassen und ebenfalls untermischen. Zuletzt die Schokoladenmasse mit dem Müsli einarbeiten.
4 Eine 28 cm lange Kastenform ausbuttern und mit Pergamentpapier auskleiden. Den Teig einfüllen und 50 Minuten backen. Aus der Form lösen und auf einem Kuchengitter abkühlen lassen.
5 Den Kuchen mit Puderzucker bestäuben und mit ganzen Haselnusskernen und Rosinen verzieren.

Schokoladenkuchen mit kandiertem Ingwer

»Ich habe einen Klassiker neu interpretiert, indem ich die seidige Konsistenz der Schokolade mit dem pikanten, verführerischen Aroma des kandierten Ingwers vereint habe.«

Pierre Hermé (Rezept siehe Seite 130)

Weiße Schokoladen-Cookies

Ergibt etwa 30 Stück
Vorbereitung: 15 Minuten
Backzeit: 12 Minuten pro Blech
Kühlen: 2 Stunden

260 g Mehl
5 g Backpulver
3 g Natron
170 g weiche Butter
190 g Rohrzucker
5 g Salz
1 großes Ei (75 g)
135 g geschälte Mandeln
200 g weiße Schokolade

1 Das Mehl mit dem Backpulver und dem Natron sieben.
2 Die Butter in kleine Stücke schneiden und in der Küchenmaschine verrühren, bis die Masse cremig ist und keine Stückchen mehr sichtbar sind. Den Rohrzucker und das Salz zugeben und weitermixen, bis sich Zucker und Butter gleichmäßig miteinander verbunden haben. Die Eier zufügen und noch 3 Minuten weiterrühren.
3 Die Mandeln grob hacken, die Schokolade in kleine Stücke schneiden und beides zusammen mit dem Mehl unter den Teig arbeiten. Noch 2–3 Minuten weiterrühren.
4 Den Teig zu einer Kugel formen und auf einem Bogen Pergamentpapier zu einem gleichmäßigen Strang von 6 cm Dicke rollen. In Frischhaltefolie wickeln und für 2 Stunden in den Kühlschrank legen.
5 Den Ofen auf 170 °C vorheizen.
6 Den Teig aus der Folie wickeln und in 1 cm dicke Scheiben schneiden. Auf ein mit Pergamentpapier ausgekleidetes Backblech legen und 12 Minuten im Ofen backen. Die fertigen Cookies auf einem Kuchengitter abkühlen lassen. Den restlichen Teig in gleicher Weise zu Cookies verbacken.

Schokoladen-Cappuccino-Cookies

ganz einfach

Ergibt etwa 30 Stück
Vorbereitung: 15 Minuten
Backzeit: 12 Minuten pro Blech
Kühlen: 2 Stunden

170 g Mehl
3 g Backpulver
2 g Natron
115 g weiche Butter
125 g Rohrzucker
15 g Akazienhonig
3 g Salz
1 Ei
30 ml Kaffee-Extrakt
2 EL löslicher Kaffee
90 g Macadamianüsse
130 g Edelbitter-Schokolade (60 % Kakaoanteil)

1 Das Mehl mit dem Backpulver und dem Natron sieben.
2 Die Butter in kleine Stücke schneiden und in der Küchenmaschine verrühren, bis die Masse cremig ist und keine Stückchen mehr sichtbar sind. Den Rohrzucker, den Honig und das Salz zugeben und weiterrühren, bis sich Zucker und Butter verbunden haben. Die Eier, den Kaffee-Extrakt und den mit 1 Esslöffel heißem Wasser aufgelösten Instant-Kaffee hinzufügen und weitere 3 Minuten rühren.
3 Die Nüsse grob hacken. Die Schokolade in kleine Stücke schneiden. Die Nüsse und die Schokolade zusammen mit dem Mehl in den Teig einarbeiten und noch 2–3 Minuten weiterrühren.
4 Den Teig zu einer Kugel formen und auf einem Stück Pergamentpapier zu einem gleichmäßigen, 6 cm dicken Strang rollen. In Frischhaltefolie wickeln und für 2 Stunden in den Kühlschrank legen.
5 Den Ofen auf 170 °C vorheizen.
6 Den Teig aus der Folie wickeln und in 1 cm dicke Scheiben schneiden. Die Cookies auf ein mit Pergamentpapier ausgekleidetes Blech legen und im Ofen 12 Minuten backen. Die fertigen Cookies auf einem Kuchengitter abkühlen lassen. Den restlichen Teig in gleicher Weise verbacken.

**»Tony saß bewegungslos. […]
Ob sie als Madame Grünlich morgens
Chokolade trinken würde?
Es schickte sich nicht, danach zu fragen.«**

(Thomas Mann, Buddenbrooks, 1901)

Dunkle Schokoladen-Cookies

Ergibt etwa 30 Stück
Vorbereitung: 15 Minuten
Backzeit pro Blech: 12 Minuten
Kühlen: 2 Stunden

225 g Mehl
5 g Backpulver
2 g Natron
150 g weiche Butter
240 g Rohrzucker
5 g Salzblüte (Fleur de Sel)
1 großes Ei (75 g)
120 g Pekannüsse
240 g Edelbitter-Schokolade (70 % Kakaoanteil)

1 Das Mehl mit dem Backpulver und dem Natron sieben.
2 Die Butter in kleine Stücke schneiden und in der Küchenmaschine cremig rühren, bis keine Stückchen mehr sichtbar sind. Den Rohrzucker und das Salz zugeben und weiterrühren, bis sich Zucker und Butter gleichmäßig miteinander verbunden haben. Die Eier zufügen und den Teig noch weitere 3 Minuten durcharbeiten.
3 Die Pekannüsse grob hacken, die Schokolade in kleine Stücke schneiden und beides zusammen mit dem Mehl unter den Teig mengen. Noch 2–3 Minuten weiterrühren.
4 Den Teig zu einer Kugel formen und auf einem Bogen Pergamentpapier zu einem gleichmäßigen, 6 cm dicken Strang rollen. In Frischhaltefolie wickeln und für 2 Stunden in den Kühlschrank legen.
5 Den Ofen auf 170 °C vorheizen.
6 Den Teig aus der Folie wickeln und in 1 cm dicke Scheiben schneiden. Auf ein mit Pergamentpapier ausgekleidetes Backblech legen und 12 Minuten im Ofen backen. Die fertigen Cookies auf einem Kuchengitter abkühlen lassen. Den restlichen Teig in gleicher Weise zu Cookies verarbeiten.

Schokoladen-Churros

Ergibt etwa 45 Stück
Vorbereitung: 10 Minuten
Ruhen: 1 Stunde
Backzeit: 10 Minuten

Für den Churro-Teig
250 ml Wasser
60 g Butter
1 Prise Salz
2 Prisen extrafeiner Zucker
225 g Mehl
2 Eier

Zum Frittieren
2 l Traubenkern- oder Sonnenblumenöl

Zum Servieren
Kakaopulver
300 g Schokoladensauce (siehe S. 290)

1 Für den Teig in einem Topf das Wasser mit der Butter, dem Salz und dem Zucker zum Kochen bringen. Das Mehl in eine Schüssel sieben und mit der kochenden Flüssigkeit übergießen. Die Zutaten verrühren, bis sich ein homogener Teig gebildet hat. Die Eier einarbeiten und den Teig 1 Stunde im Kühlschrank ruhen lassen.
2 Das Öl auf 180 °C erhitzen.
3 Den Teig in einen Spritzbeutel mit Sterntülle Nr. 10 füllen und Bänder von jeweils 10 cm Länge in das heiße Öl spritzen. Immer nur ein paar Bänder gleichzeitig in das Fettbad geben, damit sie nicht zusammenkleben.
4 Die Churros in 3–4 Minuten ausbacken und zwischendurch mit einem Schaumlöffel wenden. Auf Küchenpapier abtropfen lassen, mit Kakaopulver bestäuben und warm mit Schokoladensauce servieren.

Churros sind eine spanische Spezialität, die man traditionell zu heißer Schokolade reicht.

Schokoladencrêpes

Ergibt 10–12 Crêpes
Am Vortag beginnen
Vorbereitung: 10 Minuten
Garzeit: etwa 2 Minuten pro Crêpe

100 g Mehl
20 g Kakaopulver
20 g extrafeiner Zucker
250 ml Milch
2 große Eier
60 ml helles Bier (Pilsener)
30 g zerlassene Butter
Öl zum Einfetten der Pfanne

Zum Servieren
150 g Schokoladensauce (siehe S. 290)

1 Am Vortag das Mehl und den Kakao in eine große Schüssel sieben. Den Zucker untermischen. In einer weiteren Schüssel die Milch mit den Eiern verschlagen, dann das Bier und die zerlassene Butter unterrühren. Die Mischung in das Mehl und Kakaopulver gießen und vollkommen glatt rühren. Den Teig über Nacht in den Kühlschrank stellen.
2 Am folgenden Tag den Teig vorsichtig durchrühren. Ist er zu dick (er sollte schön fließfähig sein) noch etwas Milch unterrühren.
3 Etwas Öl in eine kleine Schale geben. Eine beschichtete Pfanne auf mittlerer Stufe erhitzen und den Pfannenboden mit einem Stück Pergamentpapier leicht mit Öl einfetten.
4 Eine kleine Kelle Teig hineingeben und durch Neigen der Pfanne gleichmäßig und so dünn wie möglich zerlaufen lassen. Die Crêpes sollen hauchdünn werden.
5 Die Crêpe mit einem Palettmesser vom Boden lösen und prüfen, ob die Unterseite gleichmäßig gegart ist. Wenden und von der anderen Seite in etwa 1 Minute fertig backen. Auf einen Teller gleiten lassen und die restlichen Crêpes in gleicher Weise backen.
6 Die Crêpes sofort mit Schokoladensauce servieren oder in Alufolie wickeln und (höchstens bis zum Folgetag) im Kühlschrank aufbewahren.
Sie können die Crêpes auch mit Orangen- oder Zitronenmarmelade füllen. Ebenfalls reizvoll ist eine Mischung aus Nutella und gerösteten und grob gehackten Haselnüssen (siehe Seite 305).

Schokoladen-Vollkorncrêpes

Für 6 Personen
Vorbereitung: 10 Minuten
Garzeit: etwa 2 Minuten pro Crêpe
Ruhen: 1 Stunde

20 g Butter
250 g Vollkornmehl
30 g Kakaopulver
500 ml Milch
3 Eier
1 Prise Salz
30 g extrafeiner Zucker
Öl zum Fetten der Pfanne
16 cl Kakaolikör

1 Die Butter in einem Topf bei schwacher Hitze zerlassen. Vom Herd nehmen. Das Mehl und den Kakao sieben und mit einem Schneebesen unter die Milch rühren. Einzeln nacheinander unter ständigem Schlagen die Eier einarbeiten. Das Salz, den Zucker und die zerlassene Butter unterrühren und den Teig 1 Stunde im Kühlschrank quellen lassen.
2 Den Ofen auf 50 °C vorheizen.
3 Etwas Öl in eine kleine Schale geben. Eine beschichtete Pfanne bei mittlerer Hitze heiß werden lassen und mit einem Stück Pergamentpapier mit etwas Öl einfetten.
4 Eine kleine Kelle Teig einfüllen und durch Neigen der Pfanne gleichmäßig und möglichst dünn zerlaufen lassen.
5 Die Crêpe mit einer Palette etwas anheben und prüfen, ob die Unterseite gleichmäßig gestockt ist. Wenden und von der anderen Seite in etwa 1 Minute fertig backen. Die Crêpe auf einen Teller legen und im Ofen warm stellen, während Sie die restlichen Crêpes backen.
6 Kurz vor dem Servieren den Kakaolikör in einem kleinen Topf bis fast zum Siedepunkt erhitzen und flambieren. Die Crêpes mit dem brennenden Likör übergießen und servieren.

V. Tibère
IESA, Université du chocolat (Paris)

Schokodiamanten
(Rezept siehe Seite 138)

Knusprige Schoko-Nuss-Kekse

Für 10–12 Personen
Vorbereitung: 15 Minuten
Backzeit: 12–14 Minuten

175 g weiche Butter
125 g Puderzucker
200 g Rohrzucker
2 Eier
1 g feines Salz
275 g Mehl
1 TL Natron
175 g Edelbitter-Schokolade (65 % Kakaoanteil)
25 g geschälte Pistazien
50 g ganze geschälte Mandeln
25 g Walnusskerne
25 g Haselnusskerne

1 Den Ofen auf 180 °C vorheizen.
2 In einer Schüssel die Butter mit einem Holzlöffel cremig rühren. Den Puderzucker hineinsieben. Den Rohrzucker, die Eier und das Salz zugeben und alles zu einem homogenen Teig verarbeiten.
3 Das Mehl mit dem Natron sieben. Die Schokolade mit einem Sägemesser hacken und auf dem heißen Wasserbad schmelzen. Sämtliche Nüsse hacken und unter den Teig mengen. Das Mehl einarbeiten, dann die geschmolzene Schokolade zugießen und alles beständig weiter vermengen, bis der Teig ganz glatt ist.
4 Ein Backblech mit Backpapier auslegen. Mit einem Teelöffel kleine Teigmengen abnehmen und mit dem Finger auf das Blech schieben. Auf diese Weise das gesamte Blech mit kleinen Teigklecksen füllen.
5 Die Kekse 12–14 Minuten backen und anschließend auf einem Kuchengitter abkühlen lassen.

Schoko-Diamanten

Ergibt etwa 30 Stück
Vorbereitung: 15 Minuten
Backzeit: 15–18 Minuten
Kühlen: 2 Stunden 30 Minuten

385 g Mehl
35 g Kakaopulver
1 Prise gemahlener Zimt
1 Prise Salz
285 g weiche Butter
125 g extrafeiner Zucker
½ TL Vanilleextrakt
1 Eigelb
Kristallzucker

1 Das Mehl mit dem Kakao, dem Zimt und dem Salz sieben.
2 Die Butter in Stücke schneiden und in der Küchenmaschine cremig rühren. Den Zucker und den Vanilleextrakt zugeben und alles zu einem homogenen Teig verarbeiten. Die gesiebten Zutaten zugeben und auf hoher Stufe in den Teig einarbeiten. Den Teig zu zwei Kugeln formen und für 30 Minuten in den Kühlschrank legen.
3 Jede Teigkugel zu einem etwa 4 cm dicken Strang rollen. Damit sich beim Backen keine Lufteinschlüsse bilden, den Teig zunächst mit den Händen flach drücken, wieder zusammenfalten und erst dann zu einem Strang rollen. Die Teigstränge in Frischhaltefolie wickeln und 2 Stunden kalt stellen.
4 Den Ofen auf 180 °C vorheizen.
5 Das Eigelb verquirlen.
6 Die Teigstränge in 1,5 cm dicke Scheiben schneiden, mit etwas Eigelb bestreichen und nach und nach auf ein mit Kristallzucker bestreutes Stück Pergamentpapier legen. Mit weiterem Kristallzucker bestreuen und auch die Ränder in dem Zucker rollen (das sind die Diamanten). Die »Diamanten« sanft andrücken, damit sie haften bleiben.
7 Zwei Backbleche mit Pergamentpapier auslegen und die Plätzchen im Abstand von 2,5 cm darauflegen. Im Ofen 15–18 Minuten backen. Die Position der Bleche nach der Hälfte der Zeit tauschen und um 180 ° drehen. Die Plätzchen sollten sich nach dem Backen fest anfühlen. Auf einem Kuchengitter abkühlen lassen.

(Bild siehe Seite 137)

Schokoladen-Röstbrot für die Brotzeit

ganz einfach

Für 4 Personen
Vorbereitung: 5 Minuten
Backzeit: etwa 3 Minuten

1 Baguettestange
12 Stück (Täfelchen) Edelbitter-Schokolade
Olivenöl
Salzblüte (Fleur de Sel)

F. E. Grasser-Hermé
Kochbuchautor (Paris)

1 Den Backofengrill vorheizen.
2 Die Baguettestange schräg in 12 Scheiben schneiden und unter dem Grill nur von der einen Seite rösten.
3 Den Ofen auf 180 °C vorheizen.
4 Auf die geröstete Seite jeder Baguettescheibe ein Stück Schokolade legen. Die Scheiben für 1 ½ Minuten in den Ofen schieben (oder 1 Minute im Mikrowellenmodus auf maximaler Stufe). Die Schokolade sollte am Ende geschmolzen sein.
5 Auf jede Scheibe geröstetes Brot 4 Tropfen Olivenöl träufeln und 3 Kristalle Salzblüte streuen. Sofort servieren.

Friantines (Gegrillte Schoko-Eiswürfel)

Für 4–6 Personen
Vorbereitung: 20 Minuten
Garzeit: 1 ½ Minuten
Tiefkühlen: 3 Stunden

135 g Edelbitter-Schokolade (70 % Kakaoanteil)
100 ml fettarme Milch (1,5 %)
50 g Nutella® oder eine andere Haselnuss-Schokocreme
4 Filoteigblätter
80 g Puderzucker

Ph. Conticini
Exceptions gourmandes (Paris)

1 Die Schokolade mit einem Sägemesser hacken und in eine Schüssel geben. Die Milch aufkochen und über die Schokolade gießen. Die Nutella®-Creme zugeben und die Mischung glatt rühren. Die Creme mit einem Trichter in Eiswürfelbereiter füllen und 3 Stunden einfrieren.
2 Den Backofengrill vorheizen.
3 Die Filoteigblätter in jeweils 7 Rechtecke von etwa 12 × 9 cm Größe schneiden. Blätter, die gerade nicht verarbeitet werden, mit einem feuchten Tuch bedeckt halten, damit sie nicht austrocknen. In die Mitte jedes Rechtecks einen Schokoladen-»Eiswürfel« setzen und wie ein kleines »Geschenkpaketchen« in den Teig einpacken. Die Enden unter das Paket falzen.
4 Die Paketchen in dem gesiebten Puderzucker wenden, auf ein mit Backpapier ausgelegtes Blech legen und 45 Sekunden unter den Grill schieben. Herausnehmen, die Paketchen umdrehen und weitere 45 Sekunden grillen. Sogleich servieren.

Waffeln mit Schokoladen-Chantilly

ganz einfach

Ergibt etwa 16 Waffeln
Vorbereitung: 20 Minuten
Backzeit: 4 Minuten pro Portion

Für den Waffelteig
300 g Mehl
1 Päckchen Backpulver
1 Prise Salz
75 g extrafeiner Zucker
1 Päckchen Vanillezucker
10 g Kakaopulver
2 Eier
100 g Butter
500 ml Milch

Zum Servieren
Kakaopulver
Gemahlener Zimt
300 g Chantilly mit Edelbitter-Schokolade (siehe S. 286)

1 Für den Teig das Mehl und das Backpulver sieben und mit dem Salz, dem Zucker, dem Vanillezucker und dem Kakao vermengen. In der Mitte eine Mulde bilden.
2 Die Eier in die Mulde schlagen und die zuvor zerlassene Butter hineingeben.
3 Die Mischung mit einem Schneebesen oder dem elektrischen Handrührgerät verschlagen und dabei nach und nach die Milch zugießen, bis sich ein glatter, fließfähiger Teig gebildet hat.
4 Den Teig bis zum oberen Rand der Backfläche in ein vorgeheiztes Waffeleisen füllen und 4 Minuten backen.
5 Die fertigen Waffeln von der Backfläche lösen und auf ein Kuchengitter legen. Sämtlichen Teig zu Waffeln verbacken.
6 Das mit etwas Zimt vermischte Kakaopulver über die noch warmen Waffeln stäuben und mit Schokoladen-Chantilly servieren.

Schokoladen-Madeleines mit Zitrone

Ergibt 12 Madeleines
Am Vortag beginnen
Vorbereitung: 15 Minuten
Backzeit: 13–15 Minuten

70 g Mehl, plus 10 g für die Formen
20 g Kakaopulver
2 g Backpulver
90 g extrafeiner Zucker
1 Prise Salz
1 unbehandelte Zitrone
2 Eier
100 g weiche Butter, plus 15 g für die Formen

1 Am Vortag den Teig zubereiten: Das Mehl, den Kakao und das Backpulver in eine Schüssel sieben. In einer zweiten Schüssel den Zucker und das Salz vermengen. Die Zitrone waschen, abtrocknen und ein Viertel der Zeste ganz fein abreiben und unter den Zucker rühren, bis die Mischung etwas feucht und körnig wird.
2 Die Eier mit einem Schneebesen verschlagen (wie für ein Omelett). Über den Zucker gießen und weiterschlagen, bis die Mischung glatt ist. Die Butter mit einem Holzlöffel cremig rühren und mit dem Schneebesen unter die Zucker-Eier-Mischung schlagen, bis sich die Zutaten gleichmäßig miteinander verbunden haben. Die Mehl-Kakao-Mischung einstreuen und weiterschlagen, bis der Teig glatt ist. Die Schüssel mit Frischhaltefolie bedecken und über Nacht in den Kühlschrank stellen.
3 Am folgenden Tag den Ofen auf 220 °C vorheizen.
4 Die Madeleine-Formen (es gibt spezielle Bleche mit 12 Mulden) einfetten und mit Mehl ausstreuen. Überschüssiges Mehl ausleeren. Den Teig in die Mulden einfüllen und im nicht ganz geschlossenen Ofen (die Ofentür mit einem Holzlöffel einen Spalt offen halten) 13–15 Minuten backen.
5 Die Madeleines aus der Form lösen und auf einem Kuchengitter abkühlen lassen.

Schokoladen-Gugelhupf

Am Vortag beginnen
Vorbereitung: 20 Minuten
Backzeit: etwa 1 Stunde
Gehen des Teiges: etwa 2 Stunden

Für die Rosinen
200 ml Gewürztraminer
30 g Rohrzucker
½ Zimtstange
1 Prise gemahlener Koriander
1 Prise gemahlener Kardamom
80 g Rosinen

Für den Teig
400 g Mehl, plus 20 g für die Arbeitsfläche
50 g Kakaopulver
30 g frische Hefe
30 g extrafeiner Zucker
1 Prise Salz
1 Ei
2 Eigelbe
200 ml Milch
200 g weiche Butter, plus 20 g für die Form

20 g ganze geschälte Mandeln
Puderzucker

1 Am Vortag die Rosinen einlegen: Den Wein mit dem Rohrzucker, dem Zimt, dem Koriander und dem Kardamom auf kleiner Stufe erhitzen. Die Rosinen hineingeben und 3 Minuten pochieren, aber nicht aufkochen. Über Nacht bei Raumtemperatur ziehen lassen.
2 Am folgenden Tag den Teig zubereiten: Das Mehl und den Kakao in die Schüssel der Küchenmaschine sieben. Die zerbröckelte Hefe, den Zucker, das Salz (etwas abseits der Hefe), das Ei, die Eigelbe und die Milch zugeben und mit dem Knethaken 10–15 Minuten verkneten, bis sich der Teig vom Schüsselrand löst. Die weiche Butter und die abgetropften Rosinen zufügen und ebenfalls unter den Teig kneten.
3 Den Teig zu einer Kugel formen, mit einem Tuch bedecken und an einem warmen Ort 1 Stunde gehen lassen.
4 Eine Gugelhupfform aus Steingut mit 24 cm Durchmesser ausbuttern. In jedes Segment der Form eine Mandel legen. Den Teig auf die bemehlte Arbeitsfläche legen und mit dem Daumen ein Loch durch die Mitte drücken. Den Teig in die Form füllen und etwa 1 weitere Stunde an einem warmen Ort gehen lassen, bis er sein Volumen verdoppelt hat.
5 Den Ofen auf 200 °C vorheizen.
6 Den Gugelhupf 10 Minuten backen, die Temperatur auf 180 °C reduzieren und weitere 50–55 Minuten backen. Den Gugelhupf auf ein Kuchengitter stürzen und abkühlen lassen. Vor dem Servieren mit Puderzucker bestäuben.

Y. Lefort
Macarons gourmands (Yerres)

Schokoladen-Madeleines
mit Zitrone

Schokoladenwaffeln

Ergibt etwa ein Dutzend Waffeln
Vorbereitung: 10 Minuten
Backzeit: insgesamt etwa 25 Minuten

170 g Mehl
30 g Kakaopulver
1 unbehandelte Orange
200 g weiche Butter
200 g extrafeiner Zucker
4 Eier
150 g Edelbitter-Schokolade
(70 % Kakaoanteil)

J-Ph. Darcis
Pâtisserie Darcis (Verviers, Belgien)

1 Das Mehl und den Kakao sieben. Die Orange waschen, abtrocknen und die Hälfte der Zeste fein abreiben.
2 In einer Schüssel die Butter mit einem Holzlöffel cremig rühren. Den Zucker unterrühren. Nacheinander die Eier hineinschlagen und beständig weiterrühren, bis sie vollständig eingearbeitet sind. Die Mehl-Kakao-Mischung und zuletzt die Orangenzeste untermischen.
3 Den Waffelteig portionsweise in das vorgeheizte Waffeleisen füllen und nach der Bedienungsanleitung backen.
4 Während die Waffeln backen, die Schokolade mit einem Sägemesser hacken und in einer Schüssel auf dem heißen Wasserbad schmelzen. Sobald sie geschmolzen ist, aus dem Wasserbad nehmen und jede Waffel bis zur Hälfte hineintauchen. Abkühlen lassen.

Schokoladenbaisers

Ergibt 10 Baisers
Am Vortag beginnen
Vorbereitung: 40 Minuten
Backzeit: 2 Stunden
Trocknen: 2–3 Stunden

Für die Schokoladenbaisers
100 g Puderzucker
15 g Kakaopulver
4 Eiweiße
100 g extrafeiner Zucker

Zum Servieren und Dekorieren
1 l Chantilly mit Edelbitter-Schokolade (siehe S. 286)
Schokoladenröllchen (siehe S. 282; nach Belieben)

1 Am Vortag die Baisermasse zubereiten: Den Puderzucker und den Kakao sieben. Die Eiweiße mit dem elektrischen Handrührgerät auf mittlerer Stufe steif schlagen und von Beginn an nach und nach die Hälfte des extrafeinen Zuckers einstreuen. Weiterschlagen, bis der Eischnee sehr fest ist und glänzt. Den restlichen Zucker auf einmal hineingeben und mit einem Spatel ganz behutsam und so zügig wie möglich unterheben. Zuletzt rasch die Puderzucker-Kakao-Mischung unter die Masse ziehen.
2 Den Ofen auf 120 °C vorheizen.
3 Die Hälfte der Baisermasse in einen Spritzbeutel mit Lochtülle Nr. 15 füllen. Ein Blech mit Backpapier auslegen und im Abstand von 3 cm halbkugelförmige Tupfer von 6,5 cm Durchmesser aufspritzen. Insgesamt sollten Sie 20 Halbkugeln erhalten.
4 Die Baisers in den Ofen schieben und die Tür mit einem Holzlöffel einen Spalt offen halten. Den Ofen ausschalten und die Baisers mindestens 2 Stunden oder über Nacht trocknen lassen.
5 Am folgenden Tag die Baisers mit einer Palette von dem Backpapier lösen.
6 Die Schokoladen-Chantilly zubereiten und in einen Spritzbeutel mit Sterntülle Nr. 10 füllen. Auf die flache Seite der Baisers etwas Chantilly auftragen und dann jeweils zwei Baisers wie ein »Sandwich« zusammensetzen.
7 Die Baisers auf einer Seite mit einer Sahnerosette verzieren und nach Belieben mit Schokoladenröllchen bestreuen. Servieren.

Schokoladen-Orangen-Kekse

Ergibt etwa 50 Stück
Vorbereitung: 15 Minuten
Backzeit: 10–15 Minuten pro Blech

85 g Butter
85 g Puderzucker
1 unbehandelte Orange
1 Ei, plus 1 Eiweiß
170 g Mehl
2 g Backpulver
85 g Edelbitter-Schokolade
(70 % Kakaoanteil)

1 Den Ofen auf 190 °C vorheizen.
2 Die Butter in einer Schüssel cremig rühren. Den Puderzucker hineinsieben und weiterrühren, bis die Masse schaumig ist. Ein Viertel der Orangenzeste dünn abreiben. Die Eier und die Zeste unter den Teig mengen. Das Mehl und das Backpulver hineinsieben und ebenfalls einarbeiten.
3 Die Schokolade mit einem Sägemesser hacken und in einer Schüssel auf dem heißen Wasserbad schmelzen. Unter den Teig rühren. Den Teig in einen Spritzbeutel mit Lochtülle Nr. 10 füllen.
4 Ein Backblech mit Backpapier auslegen, walnussgroße Teigkleckse aufspritzen und 10–15 Minuten backen. Die Kekse auf einem Kuchengitter abkühlen lassen.

Schokoladen-Kokosbällchen

ganz einfach

Ergibt etwa 25 Stück
Am Vortag beginnen
Vorbereitung: 5 + 25 Minuten
Backzeit: 10 Minuten

100 ml Milch
100 g extrafeiner Zucker
150 g Kokosraspel
4 Eier
300 g Edelbitter-Schokolade
(60 % Kakaoanteil)
Kakaopulver zum Bestäuben

1 Am Vortag die Milch erwärmen. Den Zucker und die Kokosraspel in einer Schüssel vermengen. Die lauwarme Milch zugießen, verrühren und dann die Eier untermengen. Den Teig über Nacht in den Kühlschrank stellen.
2 Am Folgetag den Ofen auf 230 °C vorheizen.
3 Den Teig mit den Händen zu kleinen Kugeln von etwa 20 g rollen und auf ein mit Backpapier ausgekleidetes Blech legen. Die Kugeln 7–8 Minuten backen und anschließend auf einem Kuchengitter abkühlen lassen.
4 Die Schokolade mit einem Sägemesser hacken und in einer Schüssel auf dem heißen Wasserbad schmelzen. Abkühlen lassen.
5 Die Kokosbällchen mit einer Gabel in die geschmolzene Schokolade tauchen. Sobald die Glasur fest ist, mit Kakaopulver bestäuben.

Petits Fours mit Schokolade

Ergibt etwa 50 Stück
Vorbereitung: 15 Minuten
Backzeit: 7 Minuten pro Blech

100 g Butter
200 g Puderzucker
50 g gemahlene Mandeln
50 g gemahlene Haselnüsse
25 g Mehl
25 g Kakaopulver
4 Eiweiße

J. Bellanger
Chocolaterie Beline (Le Mans)

1 Den Ofen auf 180 °C vorheizen.
2 Die Butter bei mittlerer Hitze aufschäumen und goldbraun werden lassen. Vom Herd nehmen und abkühlen lassen.
3 In einer Schüssel den gesiebten Puderzucker mit den gemahlenen Mandeln und Haselnüssen vermengen. Das Mehl und den Kakao hineinsieben und mit einem Holzlöffel verrühren; dann die Eiweiße untermengen. Zuletzt die braune Butter zugeben und alles zu einem homogenen Teig verrühren.
4 Den Teig in kleine, beschichtete Tortelette-Förmchen (Petits-Fours-Förmchen) von 4 cm Durchmesser und 2 cm Höhe füllen und im Ofen 7 Minuten backen. Die Petits Fours auf einem Kuchengitter abkühlen lassen.

Schokoladen-Gewürzkuchen

Ergibt 2 Kuchen für je 6 Personen
Am Vortag beginnen
Vorbereitung: 15 Minuten
Backzeit: 1–1 1/4 Stunden

300 g Edelbitter-Schokolade (70 % Kakaoanteil)
140 ml Milch
9 g Sternanis
40 g Mehl
40 g Kartoffelstärke
240 g Roggenweizenmehl
16 g Backpulver
5 g gemahlener Zimt
5 g Vier-Gewürze-Pulver *(quatre-épices)*
320 g Orangenmarmelade
130 g Glukose (aus dem Reformhaus)
320 g Blütenhonig
3 Eier
130 g weiche Butter, plus 25 g für die Formen

1 Den Ofen auf 160 °C vorheizen.
2 Die Schokolade mit einem Sägemesser hacken und auf dem heißen Wasserbad schmelzen.
3 Die Milch mit dem Sternanis aufkochen, vom Herd nehmen und zugedeckt abkühlen lassen. Durch ein Sieb gießen.
4 Das Mehl, die Stärke, das Roggenmehl, das Backpulver, den Zimt und das Vier-Gewürze-Pulver in eine Schüssel sieben. Die Orangemarmelade untermengen. Die Glukose und den Honig bei schwacher Hitze zerlassen und ebenfalls unter den Teig rühren. Nacheinander die Eier und die aromatisierte Milch einarbeiten. Die Butter cremig rühren und unter den Teig mengen, bis sämtliche Zutaten gut miteinander verbunden sind. Zuletzt die geschmolzene Schokolade unterziehen.
5 Zwei 20 cm lange Kastenformen ausbuttern und mit Backpapier auskleiden. Den Teig einfüllen und 1–1 1/4 Stunden backen. Zur Garprobe mit einer Kuchennadel einstechen. Sie sollte sauber wieder herauskommen. Die Gewürzkuchen auf einem Gitter abkühlen lassen.

Dieser Gewürzkuchen schmeckt am besten, wenn man ihn ein bis zwei Tage durchziehen lässt.

Schokoladen-Gewürzkuchen mit Früchten und Nüssen

Für 8 Personen
Vorbereitung: 15 Minuten
Backzeit: etwa 1 Stunde 10 Minuten
Ruhen: 1 Stunde

80 g getrocknete Aprikosen
120 g entsteinte Backpflaumen
50 g ganze geschälte Mandeln
50 g Walnusskerne
5 Eier
60 g Akazienhonig
140 g extrafeiner Zucker
100 g Mehl
20 g Kakaopulver
1 Päckchen Backpulver
2 Prisen gemahlener Zimt
2 Prisen gemahlener Sternanis
100 g Butter, plus 15 g für die Form
200 g Edelbitter-Schokolade (60 % Kakaoanteil)
60 g gemahlene Mandeln

1 Den Ofen auf 150 °C vorheizen.
2 Die getrockneten Aprikosen, Pflaumen, Mandeln und Walnüsse grob hacken.
3 Die Eier, den Honig und den Zucker mit dem elektrischen Handrührgerät schaumig schlagen.
4 Das Mehl, den Kakao, das Backpulver, den Zimt und den Sternanis in eine Schüssel sieben.
5 Die Butter auf kleiner Flamme zerlassen. Die Schokolade mit einem Sägemesser hacken und auf dem heißen Wasserbad schmelzen.
6 Die zerlassene Butter mit der Schokolade verrühren und unter die Eiermasse mengen. Die gesiebten Zutaten unterrühren und zuletzt die gehackten Früchte und Nüsse einarbeiten.
7 Eine 28 cm lange Kastenform ausbuttern und mit Pergamentpapier auskleiden. Den Teig einfüllen und 60–70 Minuten backen. Zur Garprobe mit einer Kuchennadel einstechen. Sie sollte sauber wieder herauskommen.
8 Den Gewürzkuchen auf ein Kuchengitter stürzen und vor dem Anschneiden 1 Stunde ruhen lassen.

»Das Meer des blühenden Kakaos schäumt über,
mischt sich mit der Blüte des Tabaks.
Lässt es erst das Herz erblühen,
Ist das Leben wie ein Rausch!«

Präkolumbisches Lied

Schokoladen-Orangen-Küchlein
(Rezept siehe Seite 147)

»Schokosalami«

Für 6–8 Personen
Vorbereitung: 15 Minuten
Backzeit: 3–4 Minuten
Kühlen: 2 Stunden

250 g »Schokoladenbiskuit ohne Mehl« (Seite 297), gebacken
125 g Orangenmarmelade
60 g Walnusskerne
40 g geschälte Pistazien
25 g Rosinen
220 g Edelbitter-Schokolade (70 % Kakaoanteil)
Puderzucker zum Bestäuben

1 Den Biskuit in Würfel schneiden und mit der Orangenmarmelade in eine Schüssel geben. Die Mischung mit einem Holzlöffel zerstampfen. Die Walnusskerne grob hacken und mit den Pistazien und den Rosinen ebenfalls unter die Masse mengen.
2 Die Schokolade mit einem Sägemesser hacken und auf dem heißen Wasserbad schmelzen. Zu den anderen Zutaten in die Schüssel gießen und vermischen. Die Masse zu einer Wurst formen und in Frischhaltefolie wickeln. Die Enden der Wurst so zusammendrehen, dass sie wie richtige Wurstzipfel aussehen. 2 Stunden im Kühlschrank fest werden lassen.
3 Die Wurst wieder auswickeln und gleichmäßig mit Puderzucker bestäuben. Die Enden wie bei einer echten Salami mit Küchengarn verschnüren.

F. Granger
Pâtisserie François (Bergerac)

Sandgebäck mit Salzblüte

Ergibt etwa 50 Stück
Vorbereitung: 20 Minuten
Backzeit: 11–12 Minuten pro Blech
Ruhen: 2 Stunden

175 g Mehl
30 g Kakaopulver
5 g Natron
150 g Edelbitter-Schokolade (70 % Kakaoanteil)
150 g weiche Butter
120 g Rohrzucker
50 g extrafeiner Zucker
3 g Salzblüte (Fleur de Sel)
2 g flüssiges Vanilleextrakt

1 Das Mehl, den Kakao und das Natron in eine Schüssel sieben. Die Schokolade in Stücke brechen.
2 In einer weiteren Schüssel die Butter mit einem Holzlöffel cremig rühren. Den Rohrzucker, den Zucker, die Salzblüte und den Vanilleextrakt zugeben und untermengen. Die gesiebten Zutaten und die zerkleinerte Schokolade hinzufügen und alles so rasch wie möglich vermischen.
3 Den Teig in mehrere Teile teilen und zu 4 cm dicken Strängen rollen. In Frischhaltefolie wickeln und für 2 Stunden in den Kühlschrank legen.
4 Den Ofen auf 170 °C vorheizen.
5 Die Teigstränge aus der Folie wickeln und in 1 cm dicke Scheiben schneiden. Auf ein mit Backpapier ausgekleidetes Blech legen und 11–12 Minuten backen. Das Besondere an diesem Sandgebäck ist, dass es nicht ganz durchgebacken wird. Die fertigen Plätzchen auf einem Kuchengitter abkühlen lassen, während Sie die restlichen Plätzchen backen.

Schokoladen-»Mondsteine«

ganz einfach

Ergibt etwa 8 Stück
Vorbereitung: 15 Minuten
Backzeit: etwa 50 Minuten

115 g Edelbitter-Schokolade (65 % Kakaoanteil)
½ unbehandelte Zitrone
55 g Butter, plus 25 g für die Formen
85 g extrafeiner Zucker
110 g gemahlene Mandeln
5 Eier, getrennt
50 g extrafeiner Zucker
15 g Mehl für die Förmchen

1 Den Ofen auf 170 °C vorheizen. Die Schokolade mit einem Sägemesser hacken und auf dem heißen Wasserbad schmelzen. Aus dem Wasserbad nehmen.
2 Die Zitronenzeste dünn abschälen und fein hacken. Die Butter mit einem Holzlöffel in einer Schüssel cremig rühren. Nacheinander den Zucker (85 g), die gemahlenen Mandeln, die Eigelbe und die Zitronenzeste untermengen.
3 Die Eiweiße mit dem restlichen Zucker steif schlagen, bis sich weiche Spitzen bilden. Den Eischnee behutsam unter den Teig ziehen, dann vorsichtig die noch flüssige, aber nicht mehr heiße Schokolade untermischen.
4 8 beschichtete Becherförmchen mit 7 cm Durchmesser ausbuttern und mit Mehl ausstreuen. Den Teig einfüllen und 50 Minuten backen. Die Küchlein nach dem Backen aus den Formen lösen und auf einem Kuchengitter abkühlen lassen.

É. Baumann
Pâtisserie É. Baumann (Zürich, Schweiz)

ganz einfach

Für 6–8 Personen
Vorbereitung: 20 Minuten
Backzeit: 11 Minuten
Gehen des Teiges: etwa 3 Stunden

Für den Teig
100 ml Milch
13 g frische Hefe
20 ml Olivenöl
100 ml Mineralwasser
350 g Mehl, plus 30 g für die Arbeitsfläche
½ TL feines Salz
50 g extrafeiner Zucker
Sonnenblumenöl für das Blech

Für den Belag
250 g Mozzarella
200 g Edelbitter-Schokolade (70 % Kakaoanteil)
150 g Mascarpone

F. E. Grasser-Hermé
Kochbuchautor (Paris)

Schokoladenpizza

1 Für den Teig die Milch in einem Topf leicht erwärmen. Vom Herd nehmen und die zerbröckelte Hefe einrühren. Die Mischung mit dem Olivenöl und dem Mineralwasser in der Küchenmaschine 15 Sekunden mixen. Das Mehl, das Salz und den Zucker hineinsieben und weitermixen, bis sich der Teig vom Schüsselrand löst.
2 Den Teig zu einem Kloß formen, in eine Schüssel legen und mit einem Tuch bedeckt an einem warmen Ort (22 °C) gehen lassen, bis er sein Volumen verdoppelt hat.
3 Den Ofen auf 240 °C vorheizen.
4 Den Teig auf der bemehlten Arbeitsfläche zu einem Kreis von etwa 40 cm Durchmesser ausrollen. Ein Backblech einölen. Den Teigboden darauflegen und gleichmäßig mit den Zinken einer Gabel einstechen.
5 Den Mozzarella in nicht zu dünne Scheiben schneiden und rosettenförmig bis 2 cm an den Rand heran auf den Teig legen. Im Ofen 8 Minuten backen.
6 Die Schokolade mit einem Sägemesser hacken und auf dem heißen Wasserbad schmelzen. Aus dem Wasserbad nehmen, den Mascarpone zugeben und die Masse glatt schlagen.
7 Die Pizza aus dem Ofen nehmen und die Schokoladen-Mascarpone-Creme bis 1 cm an den Rand darauf verstreichen. Servieren.

Sie können die Pizza zusätzlich mit kandierten Orangenwürfeln und gerösteten, gehackten Pistazien, Haselnüssen oder Mandeln belegen.

---

ganz einfach

Ergibt etwa 30 Stück
Vorbereitung: 15 Minuten
Backzeit: etwa 15 Minuten

60 g Butter
60 g Edelbitter-Schokolade (70 % Kakaoanteil)
60 g Mehl
60 g Puderzucker
75 g gemahlene Mandeln
75 g extrafeiner Zucker
3 Eiweiße
75 g kandierte Orange, ganz fein gewürfelt
150 g kandierte Orangenwürfel (0,5 cm) zum Garnieren

F. Piquet
Pâtisserie Piquet (Limoges)

Schokoladen-Orangen-Küchlein

1 Die Butter bei schwacher Hitze zerlassen. Vom Herd nehmen und abkühlen lassen.
2 Die Schokolade mit einem Sägemesser hacken und auf dem heißen Wasserbad schmelzen. Aus dem Wasserbad nehmen.
3 Den Ofen auf 230 °C vorheizen.
4 Das Mehl und den Puderzucker in eine Schüssel sieben, mit einem Holzlöffel die gemahlenen Mandeln und den extrafeinen Zucker unterrühren.
5 Die Eiweiße steif schlagen und unterheben. Behutsam die zerlassene Butter in den Teig einarbeiten. Die Schokolade und die 75 g kandierte Orangenwürfel zugeben und alles vorsichtig vermengen.
6 Den Teig in etwa 30 Papierbackschälchen (oder entsprechend viele Muffinförmchen) füllen und mit den 150 g Orangenwürfeln garnieren. Im Ofen 10 Minuten backen und vor dem Servieren abkühlen lassen.

(Bild siehe Seite 145)

Sandplätzchen mit Haferflocken und Rosinen

Ergibt etwa 50 Stück
Vorbereitung: 15 Minuten
Backzeit: 12 Minuten pro Blech
Kühlen: 3 Stunden

110 g Mehl
5 g Backpulver
300 g Edelbitter-Schokolade (65 % Kakaoanteil)
150 g weiche Butter
80 g Rohrzucker
8 g Milchpulver
20 g Akazienhonig
1 Ei
2 g Salzblüte (Fleur de Sel)
140 g Haferflocken
120 g Korinthen

1 Das Mehl und das Backpulver sieben. Die Schokolade mit einem Sägemesser hacken. Die Butter in Stücke schneiden und in der Küchenmaschine cremig rühren. Nacheinander den Rohrzucker, das Milchpulver, den Honig, das Ei, die Salzblüte, die Mehl-Backpulver-Mischung und die gehackte Schokolade einarbeiten. Noch 1 Minute weiterrühren, dann die Haferflocken und die Korinthen untermengen. Nach einer weiteren Minute den Teig zu einem Kloß formen, in Frischhaltefolie wickeln und für 2 Stunden in den Kühlschrank legen.
2 Den Teig aus der Folie wickeln, auf einem Bogen Pergamentpapier zu einem 6 cm dicken Strange rollen und in 1 cm dicke Scheiben schneiden. Die Plätzchen auf ein mit Backpapier ausgekleidetes Blech legen und mit Frischhaltefolie bedeckt 1 weitere Stunde kalt stellen.
3 Den Ofen auf 170 °C vorheizen.
4 Das Sandgebäck 12 Minuten backen und auf einem Kuchengitter abkühlen lassen. Den restlichen Teig in gleicher Weise verarbeiten.

Wiener Schokoladensandplätzchen

Ergibt etwa 65 Stück
Vorbereitung: 15 Minuten
Backzeit: 10–12 Minuten pro Blech

260 g Mehl
30 g Kakaopulver
250 g weiche Butter
100 g Puderzucker
1 Prise Salz
2 Eiweiße

1 Den Ofen auf 180 °C vorheizen.
2 Das Mehl und den Kakao sieben. Die Butter in einer Schüssel mit einem Schneebesen schaumig rühren. Den Puderzucker und das Salz hineinsieben und die Masse glatt rühren.
3 Die Eiweiße leicht anschlagen, 3 Esslöffel davon abnehmen und unter die Teigmasse schlagen. Nach und nach die Mehl-Kakao-Mischung einstreuen und behutsam, jedoch möglichst zügig untermischen, bis ein homogener Teig entstanden ist.
4 Ein Drittel des Teiges in einen Spritzbeutel mit Sterntülle Nr. 9 füllen. Zwei Bleche mit Pergamentpapier auslegen und Plätzchen in der Form eines »W« von etwa 5 cm Länge und 3 cm Breite aufspritzen. Einen Abstand von 2,5 cm zwischen den Plätzchen lassen.
5 Die Plätzchen etwa 12 Minuten backen und anschließend auf einem Kuchengitter abkühlen lassen. Den restlichen Teig in gleicher Weise verarbeiten.

Damit die Plätzchen schön zart und krümelig werden, darf der Teig auf keinen Fall zu lange und intensiv bearbeitet werden.

Wiener Schokoladen-
sandplätzchen

»Klein- und Feingebäck Glanzstücke«

Gefülltes Mandel-Aprikosen-Gebäck

Ergibt etwa 40 Stück
Vorbereitung: 20 Minuten
Backzeit: 15 Minuten pro Blech

15 g Mehl
100 g gemahlene Mandeln
100 g Puderzucker
1 Prise ungesüßtes Vanillepulver
3 Eiweiße
100 g Mandelsplitter
Aprikosenkonfitüre
150 g dunkle Kuvertüre (60 % Kakaoanteil), temperiert (siehe S. 323)

1 Den Ofen auf 180 °C vorheizen.
2 Das Mehl, die gemahlenen Mandeln, den Puderzucker und das Vanillepulver sieben. Die Eiweiße steif schlagen und anschließend ganz vorsichtig die gesiebten Zutaten unterheben.
3 Den Teig in einen Spritzbeutel mit Lochtülle Nr. 8 füllen. Ein Backblech mit Backpapier auslegen und im Abstand von 2 cm kleine Teigkleckse von 1,5 cm Durchmesser aufspritzen. Die Kleckse mit Mandelsplittern bestreuen. Das Blech an einer Seite etwas anheben, um überschüssige Mandeln zu entfernen.
4 Ein zweites Blech mit Wellpappe auslegen und als Hitzeschutz unter das Blech mit den Teigklecksen schieben, damit sie an der Unterseite nicht verbrennen (so werden sie zarter). Das Doppelblech in den Ofen schieben, die Tür mit einem Holzlöffel einen Spalt offen lassen, und die Plätzchen 15 Minuten backen.
5 Die Aprikosenkonfitüre in einen Spritzbeutel mit kleiner Lochtülle füllen. Die kleinen Plätzchen vom Blech lösen und in jedes Plätzchen mit dem Zeigefinger eine kleine Mulde in die Unterseite drücken. Etwas Aprikosenkonfitüre in die Mulde füllen und ein ungefülltes Plätzchen daraufsetzen und leicht andrücken, damit sie aneinander haften bleiben. Die anderen Plätzchen in gleicher Weise füllen und zusammensetzen.
6 Die Plätzchen mit einer Hälfte in die temperierte Kuvertüre tauchen und auf einem Bogen Pergamentpapier fest werden lassen.

Himbeer- und Orangengebäck

Auf gleiche Weise können Sie Himbeer- oder Orangengebäck backen, indem Sie die Aprikosenkonfitüre durch Himbeerkonfitüre beziehungsweise durch Orangenmarmelade ersetzen.

Windbeutel mit Mokka- und Schoko-Chantilly

Ergibt 12 Windbeutel
Am Vortag beginnen
Vorbereitung: 5 + 25 Minuten
Backzeit: etwa 20 Minuten

Für die Mokka-Chantilly
1,5 g Blattgelatine (1 Blatt entspricht 2 g)
250 ml Sahne
18 g gemahlener Kaffee
10 g extrafeiner Zucker

1 Am Vortag die Mokka-Chantilly zubereiten: Die Gelatine in kaltem Wasser einweichen. Die Sahne aufkochen und vom Herd nehmen. Den Kaffee einrühren und 2 Minuten ziehen lassen. Die Mischung durch ein feines Sieb gießen. Die Gelatine gut ausdrücken und mit Küchenpapier abtrocknen. Mit dem Zucker unter die heiße Sahne rühren. Die abgekühlte Mokka-Sahne über Nacht kalt stellen.
2 Am Folgetag den Ofen auf 190 °C vorheizen.
3 Den Brandteig herstellen und in einen Spritzbeutel mit Lochtülle Nr. 14 füllen. Ein Backblech mit Backpapier auslegen und 12 Windbeutel aufspritzen. Im geschlossenen Ofen 5 Minuten backen, dann die Ofentür mit einem Holzlöffel einen

350 g Brandteig (*pâte à choux*; siehe S. 299)
600 ml Chantilly mit Edelbitter-Schokolade (siehe S. 286)
Puderzucker zum Bestäuben

Spalt offen halten und weitere 15 Minuten backen. Die Windbeutel auf einem Kuchengitter abkühlen lassen.

4 Eine Glas- oder Edelstahlschüssel 15 Minuten tiefkühlen und anschließend darin die Mokka-Sahne steif schlagen. In einen Spritzbeutel mit Lochtülle Nr. 7 füllen.

5 Die Schokoladen-Chantilly schlagen und in einen zweiten Spritzbeutel mit einer Lochtülle derselben Größe füllen.

6 Von jedem Windbeutel waagerecht einen Deckel abschneiden. Die untere Hälfte mit Schokoladen-Chantilly füllen und diese mit einer Schicht Mokka-Chantilly bedecken. Den Deckel wieder aufsetzen und die gefüllten Windbeutel mit Puderzucker bestäuben.

Schoko-Blini mit Äpfeln und Nüssen

Für 6 Personen
Vorbereitung: 35 Minuten
Garzeit: etwa 25 Minuten
Kühlen: 2 Stunden

Für die Äpfel
5 Äpfel
40 g Butter
40 g Rosinen
20 g Pinienkerne
40 g Walnusskerne
20 g Mandelsplitter
40 g Rohrzucker

Für die Schokoladensauce
150 ml Sahne
150 ml Milch
30 g Akazienhonig
200 g Edelbitter-Schokolade (70 % Kakaoanteil)

Für den Blini-Teig
100 g Edelbitter-Schokolade (70 % Kakaoanteil)
25 g weiche Butter, plus Butter für die Pfanne
3 Eiweiße
35 g extrafeiner Zucker
1 großes Eigelb

F. Bau
École du Grand Chocolat Valrhona (Tain-l'Hermitage)

1 Den Ofen auf 50 °C vorheizen.

2 Für die Füllung die Äpfel schälen und mit einem Kugelausstecher kleine Kugeln aus dem Fruchtfleisch ausstechen. Die Butter in einer Pfanne aufschäumen, die Apfelkugeln, die Rosinen und die Nüsse hineingeben und mit dem Rohrzucker bestreuen. Bei lebhafter Hitze 5 Minuten sautieren und anschließend zugedeckt im Ofen warm stellen.

3 Für die Schokoladensauce die Sahne mit der Milch und dem Honig aufkochen. Die Schokolade mit einem Sägemesser hacken und in einer Schüssel auf dem heißen Wasserbad schmelzen. Herunternehmen und unter kräftigem Schlagen die Sahne-Milch-Mischung zugießen, bis die Sauce glatt ist und glänzt. Zugedeckt warm stellen.

4 Für den Blini-Teig die Schokolade mit dem Sägemesser hacken und auf dem heißen Wasserbad schmelzen. Herunternehmen, die Butter untermengen und glatt rühren. Die Eiweiße steif schlagen und dabei nach und nach den Zucker einarbeiten. Das Eigelb unter die Schokoladenmischung rühren, ein Drittel des Eischnees zugeben, zügig verrühren und dann vorsichtig den restlichen Eischnee unterheben. Die Mischung für mindestens 2 Stunden in den Kühlschrank stellen (oder 30 Minuten tiefkühlen).

5 Ein Stückchen Butter in einer kleinen Crêpepfanne erhitzen. Eine kleine Kelle Blini-Teig einfüllen und von jeder Seite etwa 1 ½ Minuten backen. Auf diese Weise sämtlichen Teig zu Blini verbacken. Fertige Blini im Ofen warm stellen.

6 Mit der Schokoladensauce auf Einzeltellern einen Spiegel gießen. Die heißen Blini darauf anrichten und mit den heißen Apfelkügelchen garnieren.

Schokoladen-»Zigaretten«

Ergibt etwa 40 Stück
Vorbereitung: 20 Minuten
Backzeit: 3–4 Minuten pro Blech

70 g Mehl
30 g Kakaopulver
100 g weiche Butter
100 g Puderzucker
3 Eiweiße

1 Zunächst eine Schablone aus Karton zum Auftragen des Teiges vorbereiten: Aus Karton einen Kreis von 10 cm Durchmesser schneiden und aus diesem einen weiteren Kreis mit 9 cm Durchmesser ausschneiden, sodass Sie einen Ring mit 1 cm breitem Rand erhalten.
2 Den Ofen auf 150 °C vorheizen.
3 Das Mehl mit dem Kakao sieben. In einer Schüssel die Butter mit einem Holzlöffel cremig rühren. Den Zucker einstreuen und weiterrühren, bis sich die Zutaten miteinander verbunden haben. Die Eiweiße leicht anschlagen und dann nach und nach unter den Teig mengen. Die Mehl-Kakao-Mischung zugeben und unterrühren, bis der Teig glatt ist.
4 Den Kartonring auf ein Blech mit Antihaft-Beschichtung legen, 1 ½ Teelöffel Teig in die Mitte geben und mit einer kleinen Winkelpalette gleichmäßig verstreichen. Den Ring abnehmen und überschüssigen Teig vom Rand zurück in die Schüssel streichen. Auf diese Weise weitere Teigkreise auftragen. Zwischen den Kreisen jeweils 5 cm Abstand lassen.
5 Die Teigkreise 5–6 Minuten backen und anschließend noch warm um den Stiel eines Holzlöffels wickeln, sodass sie die Form einer Zigarette erhalten. Sind sie bereits zu fest, wieder in den Ofen schieben und in 1 Minute wieder weich werden lassen.

Schokoladen-Éclairs

Ergibt 12 Éclairs
Vorbereitung: 35 Minuten
Backzeit: 20 Minuten

375 g Brandteig (*pâte à choux*; siehe S. 299)
800 g Konditorcreme (*crème pâtissière*; siehe S. 288)
250 g Edelbitter-Schokolade (70 % Kakaoanteil)
200 ml Sahne
200 g Schokoladenglasur (siehe S. 284)

1 Den Ofen auf 190 °C vorheizen.
2 Den Brandteig zubereiten und in einen Spritzbeutel mit Lochtülle Nr. 14 füllen. Ein Backblech mit Backpapier auslegen und 12 Teigstäbe von 12 cm Länge aufspritzen. Zunächst 5 Minuten im geschlossenen Ofen backen, dann die Ofentür mit einem Holzlöffel einen Spalt offen halten und weitere 18–20 Minuten backen. Die Éclairs auf einem Kuchengitter abkühlen lassen.
3 Die Konditorcreme zubereiten und in die noch heiße Creme die gehackte Schokolade und 100 ml der kurz aufgekochten Sahne unterrühren. Die Mischung abkühlen lassen und zwischendurch regelmäßig umrühren.
4 Eine Edelstahlschüssel 15 Minuten tiefkühlen und anschließend die restliche Sahne darin steif schlagen. Unter die erkaltete Konditorcreme ziehen.
5 Die Creme in einen Spritzbeutel mit Lochtülle Nr. 7 füllen. Den Boden der Éclairs an drei Punkten – jeweils 1 cm von beiden Enden entfernt und in der Mitte – mit der Lochtülle durchstechen und mit Schokoladencreme füllen.
6 Die Schokoladenglasur herstellen und vor dem Glasieren der Éclairs auf 35–40 °C abkühlen lassen. Die Éclairs mit der Oberseite in die Glasur tauchen und diese vor dem Umdrehen einige Sekunden anziehen lassen.

Schokoladen-Éclairs

Dreikönigskuchen mit Schokolade (Galette des Rois)

Für 6–8 Personen
Vorbereitung: 35 Minuten
Backzeit: 45 Minuten
Aufbacken: 15 Minuten
Kühlen: 1 Stunde 30 Minuten

Für die Ganache
240 g Edelbitter-Schokolade (70 % Kakaoanteil)
40 g extrafeiner Zucker
4 Eigelbe
80 ml Sahne
40 g weiche Butter

600 g sehr kalter »umgekehrter« Blätterteig (*pâte feuilletée inversée*; siehe S. 302)
1 Ei, plus ½ Eigelb
1 Prise Salz
20 g Sirup, 30° Baumé (siehe S. 11 und S. 292)
1 Bohne
Mehl für die Arbeitsfläche

1 Für die Ganache die Schokolade mit einem Sägemesser hacken. Den Zucker mit den Eigelben verquirlen. Die Sahne aufkochen und unter ständigem Schlagen über die Schokolade gießen. Die Zucker-Eier-Mischung und anschließend die Butter einarbeiten. Die Ganache glatt rühren.
2 Eine runde Kuchenform *(moule à manqué)* mit 26 cm Durchmesser mit Frischhaltefolie auskleiden. Die Ganache einfüllen und zugedeckt im Kühlschrank in etwa 1 Stunde fest werden lassen.
3 Den Blätterteig herstellen und in 2 Teile teilen. Jede Teighälfte auf der bemehlten Arbeitsfläche zu einem 2 mm dünnen Quadrat ausrollen. Aus jedem Quadrat mit einem kleinen Messer einen Kreis von 28 cm Durchmesser ausschneiden (die Messerklinge senkrecht ansetzen). Überschüssiges Mehl mit einem Backpinsel abbürsten.
4 Einen Teigkreis mit der glatteren Unterseite nach oben auf ein mit Pergamentpapier ausgekleidetes Blech legen und mit einem Pinsel bis 1 cm an den Rand heran mit kaltem Wasser befeuchten. Darauf achten, dass kein Wasser über den Rand fließt. Den anderen Teigkreis ebenfalls umdrehen und exakt auf den unteren auflegen. Den Teigrand mit den Fingerspitzen fest andrücken, sodass er rundherum fest versiegelt ist. Das Blech für 30 Minuten in den Kühlschrank stellen.
5 Den Ofen auf 230 °C vorheizen.
6 Die Spitze eines kleinen Messers mit der Schneide nach oben schräg unter den Teigrand führen und diesen rundherum alle paar Zentimeter einkerben, während Sie mit dem Zeigefinger den Zwischenraum der Einschnitte nach unten drücken. Das geht leichter, wenn Sie das Blech während des Vorgangs immer ein Stückchen weiterdrehen.
7 In einer Schale mit einem Pinsel das Ei, das halbe Eigelb und das Salz verrühren. Den Blätterteig über die gesamte Oberfläche mit dem Ei bestreichen. Darauf achten, dass kein Ei über den Rand hinausfließt. Mit der stumpfen Seite der Messerklinge in der Mitte beginnend, nach außen alle 2 cm zackenförmige Linien in den Teig zeichnen, sodass eine Art Sternmuster entsteht. Das Blech in den Ofen schieben, die Temperatur sofort auf 180 °C reduzieren und 40 Minuten (nicht weniger) backen.
8 Den Kuchen mit dem Zuckersirup bestreichen und weitere 3 Minuten backen. Auf einem Kuchengitter abkühlen lassen.
9 Den vollständig erkalteten Blätterteig waagerecht halbieren. Die Bohne auf den Teigboden legen und mit der erstarrten Ganachescheibe bedecken. Die andere Blätterteighälfte wieder auflegen.
10 Der Blätterteigkuchen muss vor dem Servieren unbedingt aufgebacken werden. Dazu den Kuchen für höchstens 15 Minuten in den auf 150 °C vorgeheizten Ofen schieben. Herausnehmen und vor dem Servieren 20 Minuten abkühlen lassen.

Damit der Blätterteig schön gleichmäßig aufgeht, muss er sehr sorgfältig verarbeitet und ganz ebenmäßig ausgerollt werden.

Galette des Rois ist ein französischer Festtagskuchen, der traditionell zum Dreikönigsfest serviert wird. Die Bohne ist ein »Glücksbringer«, wer sie auf seinem Teller findet, ist einen Tag lang »König« – oder »Königin«.

Ergibt 80 kleine oder 20 große Makronen
Vorbereitung: 30 Minuten
Backzeit: 10–20 Minuten
Ruhen: 15 Minuten

Für den Teig
480 g Puderzucker
280 g gemahlene Mandeln
7 Eiweiße
3 Tropfen rote Lebensmittelfarbe
6 Tropfen gelbe Lebensmittelfarbe

Für die Füllung
80 g weiche Butter
12 Passionsfrüchte (Maracujas)
30 g Akazienhonig
460 g Vollmilchschokolade (35 % Kakaoanteil)
180 g Haselnusskerne
Kakaopulver zum Bestäuben

Makronen mit Schoko-Maracuja-Creme

1 Für den Teig den Puderzucker mit den gemahlenen Mandeln sieben. Die Eiweiße steif schlagen. Der Eischnee sollte glänzen, aber noch etwas geschmeidig sein. Zügig die Zucker-Mandel-Mischung einstreuen und dann die Lebensmittelfarbe zugeben. Mit einem biegsamen Spatel die Masse von der Mitte nach außen umwenden und dabei die Schüssel mit der anderen Hand immer ein Stückchen weiterdrehen. Der Teig sollte am Ende noch eine fließfähige Konsistenz haben.
2 Den Teig in einen Spritzbeutel mit Lochtülle füllen (Nr. 8 für Makronen mit 4 cm Durchmesser und Nr. 12 für Makronen mit 9 cm Durchmesser). Ein Backblech mit Backpapier auslegen, im Abstand von 3 cm Teigkreise aufspritzen und bei Raumtemperatur 15 Minuten ruhen lassen.
3 Für die Füllung die Butter in kleine Stücke schneiden. Die Passionsfrüchte halbieren, das Fruchtmark durch ein Sieb streichen und den Saft auffangen. Den Saft mit dem Honig aufkochen. Die Schokolade mit einem Sägemesser hacken und auf dem heißen Wasserbad halb schmelzen. Die Hälfte der Saft-Honig-Mischung zugeben und von innen nach außen unterrühren. Dann in gleicher Weise den Rest der Mischung einarbeiten. Die Butter nach und nach zugeben, die Ganache glatt rühren und kalt stellen, bis sie von streichfähiger Konsistenz ist.
4 Den Ofen im Umluftmodus auf 140 °C vorheizen.
5 Das Blech mit den Makronen auf ein zweites, gleich großes Blech setzen, damit sie an der Unterseite nicht verbrennen. Kleine Makronen 10–12 Minuten, große Makronen 18–20 Minuten backen. Die Ofentür während des Backens mit einem Holzlöffel einen Spalt offen halten.
6 Nach dem Backen das Pergamentpapier in einer Ecke des Blechs anheben und etwas kaltes Wasser auf das Metall gießen. Durch die Feuchtigkeit lassen sich die Makronen anschließend ganz leicht vom Papier ablösen. Die Makronen auf einem Kuchengitter abkühlen lassen.
7 Die Ofentemperatur auf 150 °C erhöhen.
8 Ein Blech mit Pergamentpapier auslegen, die Haselnüsse darauf verteilen und 15 Minuten im Ofen rösten. In ein Küchentuch einschlagen und kräftig aneinanderreiben, um sie von der dünnen, dunklen Haut zu befreien. Abkühlen lassen.
9 Auf die flache Seite einer Makrone etwas Ganache auftragen und eine geröstete Haselnuss hineindrücken. Eine zweite Makrone aufsetzen und leicht andrücken. Sämtliche Makronen auf diese Weise zusammensetzen und auf ein mit Pergamentpapier ausgelegtes Blech legen. Mit Kakaopulver bestäuben und mit Frischhaltefolie bedeckt in den Kühlschrank stellen.

Wenn Sie die Makronen vor dem Genuss 2 Tage im Kühlschrank aufbewahren, werden sie besonders zart und cremig. Eine Stunde vor dem Servieren wieder herausnehmen.

(Bild siehe Seite 156/157)

Makronen mit Schoko-Maracuja-Creme

»Bei diesen Makronen hält zartschmelzende Vollmilchschokolade die erfrischende Säure der Passionsfrucht im Zaum.«

Pierre Hermé

(Rezept siehe Seite 155)

Makronen mit Trüffelcreme

Ergibt 80 kleine oder 20 große Makronen
Vorbereitung: 15 Minuten
Backzeit: 10–20 Minuten
Ruhen: 15 Minuten

Für den Teig
480 g Puderzucker
280 g gemahlene Mandeln
40 g Kakaopulver
7 Eiweiße

Für die Füllung
700 g Ganache aus Schokolade mit 60 % Kakaoanteil (siehe S. 289)
Kakaopulver zum Bestäuben

1 Für den Teig den Puderzucker mit den gemahlenen Mandeln sieben. Die Eiweiße steif schlagen. Der Eischnee sollte glänzen, aber noch geschmeidig sein. Zügig die Zucker-Mandel-Mischung einstreuen und mit einem biegsamen Spatel die Masse von außen zur Mitte umwenden. Dabei die Schüssel mit der anderen Hand immer ein Stückchen weiterdrehen. Die Masse sollte in der Konsistenz an einen noch leicht fließfähigen Kuchenteig erinnern.
2 Den Teig in einen Spritzbeutel mit Lochtülle füllen (Nr. 8 für Makronen mit 4 cm Durchmesser und Nr. 12 für Makronen mit 9 cm Durchmesser). Ein Backblech mit Backpapier auslegen, im Abstand von 3 cm Teigkreise aufspritzen und bei Raumtemperatur 15 Minuten ruhen lassen.
3 Den Ofen im Umluftmodus auf 140 °C vorheizen.
4 Das Blech mit den Makronen auf ein zweites, gleich großes Blech setzen, damit sie an der Unterseite nicht verbrennen. Kleine Makronen 10–12 Minuten, große Makronen 18–20 Minuten backen. Die Ofentür während des Backens mit einem Holzlöffel einen Spalt offen halten.
5 Nach dem Backen das Pergamentpapier in einer Ecke des Blechs anheben und etwas kaltes Wasser auf das Metall gießen. Durch die Feuchtigkeit lassen sich die Makronen anschließend ganz leicht vom Papier ablösen. Die Makronen auf einem Kuchengitter abkühlen lassen.
6 Die Ganache zubereiten. Auf die flache Seite einer Makrone etwas Ganache auftragen, eine zweite Makrone aufsetzen und leicht andrücken. Sämtliche Makronen auf diese Weise zusammensetzen und auf ein mit Pergamentpapier ausgelegtes Blech legen. Mit Kakaopulver bestäuben und vor dem Servieren 2 Tage mit Frischhaltefolie bedeckt in den Kühlschrank stellen.

Makronen mit heller Ganache
Sie können die Makronen auch mit einer Ganache aus Vollmilchschokolade füllen.

Kleine Schokoladenwindbeutel

Ergibt etwa 50 Windbeutel
Vorbereitung: 25 Minuten
Backzeit: 20 Minuten pro Blech

515 g Brandteig (*pâte à choux*; siehe S. 299)
900 g Schokoladencreme (siehe S. 287)
Kakaopulver zum Bestäuben

1 Den Ofen auf 190 °C vorheizen.
2 Den Brandteig zubereiten und in einen Spritzbeutel mit Lochtülle Nr. 9 füllen. Auf ein mit Backpapier ausgelegtes Blech Teigkleckse von 4 cm Durchmesser aufspritzen und zunächst 5 Minuten im geschlossenen Ofen backen, dann die Ofentür mit einem Holzlöffel einen Spalt öffnen und weitere 15 Minuten backen.
3 Die Windbeutel auf einem Kuchengitter abkühlen lassen. Die Schokoladencreme zubereiten und in einen Spritzbeutel mit Lochtülle Nr. 6 füllen. In jeden Windbeutel durch den Boden etwas Creme einspritzen. Mit Kakaopulver bestäuben.

Glasierte Rosinenschnecken mit Zimt und Schokolade

Ergibt 24 Schnecken
Am Vortag beginnen
Vorbereitung: 1 Stunde
Backzeit: 18 Minuten
Tiefkühlen: 3 × 30 Minuten
Kühlen: 2 × 1 Stunde

Für die Orangenglasur
150 g Puderzucker
3 g Gummiarabikum (in Apotheken erhältlich)
3 g Milchpulver
60 ml frisch gepresster Orangensaft
2 cl Orangenlikör

Für den Brioche-Blätterteig *(pâte à brioche feuilletée)*
750 g Mehl (Type 550), plus 20 g für die Arbeitsfläche
50 g extrafeiner Zucker
10 g Salzblüte (Fleur de Sel)
40 g Milchpulver
300 ml eiskaltes Wasser
3 sehr kalte Eier
55 g frische Hefe
300 g weiche Butter

Für die Schokoladen-Mandelcreme
70 g weiche Butter
80 g Puderzucker
80 g gemahlene Mandeln
5 g Maisstärke
1 Ei
2 g gemahlener Zimt
1 cl brauner Plantagenrum
100 ml Sahne
60 g Edelbitter-Schokolade (70 % Kakaoanteil)
250 g Rosinen

1 Am Vortag die Orangenglasur zubereiten: Den Puderzucker in einen Topf sieben. Das Gummiarabikum, die Milch und den Orangensaft zugeben und den Zucker auf ganz kleiner Flamme auflösen. Die nur eben warme Mischung vom Herd nehmen und den Orangenlikör unterrühren. Die Glasur über Nacht in den Kühlschrank stellen.
2 Am Folgetag den Brioche-Blätterteig zubereiten: Das Mehl in die Schüssel der Küchenmaschine sieben. Den Zucker, die Salzblüte, das Milchpulver, das Wasser, die Eier und die zerkrümelte Hefe zugeben und mit dem Knethaken nur so lange kneten, bis sich die Zutaten zu einem homogenen Teig verbunden haben. Den Teig in Frischhaltefolie wickeln und 30 Minuten im Gefrierschrank tiefkühlen.
3 Den Teig aus dem Gefrierschrank nehmen. Die Butter cremig rühren. Den Teig auf der bemehlten Arbeitsfläche zu einem Rechteck ausrollen, das dreimal so lang wie breit ist. Die Hälfte der Butter auf den unteren (schmalen) Teigrand auftragen und mit der Handfläche vom Rand nach oben über dem unteren und dem mittleren Teigdrittel gleichmäßig verstreichen. Das untere Teigdrittel über das mittlere schlagen und dann das ungebutterte obere Drittel darüberfalten. Den Teig in Frischhaltefolie einschlagen, 30 Minuten tiefkühlen und anschließend für 1 weitere Stunde in den Kühlschrank legen.
4 Den Teig wieder aus der Kühlung nehmen und auf die gleiche Weise ausrollen, mit der anderen Hälfte der Butter bestreichen und wie beschrieben zusammenfalten. Erneut 30 Minuten tiefkühlen und danach für 1 Stunde in den Kühlschrank legen. Anschließend muss der Teig unverzüglich weiterverarbeitet werden.
5 Während der Teig ruht, die Schokoladen-Mandelcreme zubereiten: Die Butter cremig rühren. Den Puderzucker, die gemahlenen Mandeln und die Maisstärke sieben und mit der Butter vermengen. Das Ei und den Zimt einarbeiten, dann den Rum und die Sahne unterrühren. Die Schokolade mit einem Sägemesser hacken und auf dem heißen Wasserbad schmelzen. Über die anderen Zutaten gießen und alles zu einer glatten Creme verrühren.
6 Für dieses Rezept 240 g von der Creme abnehmen und mit Klarsichtfolie bedecken. Den Rest einfrieren oder in den Kühlschrank stellen und innerhalb von 36–48 Stunden verbrauchen.
7 Den Brioche-Blätterteig auf der bemehlten Arbeitsfläche 2–3 mm dünn zu einem 60 cm langen Rechteck ausrollen. Die Schokoladen-Mandelcreme mit einer Palette bis 2 cm an den Rand gleichmäßig darauf verstreichen und mit den Rosinen bestreuen.
8 Das Teigrechteck quer zu einem langen Strang aufrollen und in 24 Scheiben von etwa 2 cm Dicke schneiden. Die Rosinenschnecken im Abstand von 5 cm auf ein mit Backpapier ausgekleidetes Blech legen und 30 Minuten tiefkühlen.
9 Den Ofen auf 180 °C vorheizen.
10 Die Schnecken aus dem Gefrierschrank nehmen und bei etwa 28 °C gehen lassen, bis sie ihr Volumen verdoppelt haben. Anschließend 18 Minuten backen.
11 Die Rosinenschnecken mit der Orangenglasur bestreichen und warm servieren.

Schokobrötchen (Pains au Chocolat)

Ergibt 24 Stück
Vorbereitung: 45 Minuten
Backzeit: 20 Minuten pro Blech
Gehen und Kühlen: etwa 8 Stunden 15 Minuten

12 g frische Hefe
200 ml raumtemperiertes Wasser (20 °C)
600 g Mehl, plus Mehl für die Arbeitsfläche
12 g Salzblüte (Fleur de Sel)
75 g extrafeiner Zucker
35 g sehr weiche Butter, plus 325 g kalte Butter
15 g Milchpulver
24 Riegel Edelbitter-Schokolade (60 % Kakaoanteil)

Zum Bestreichen
2 Eier, plus 1 Eigelb
1 kleine Prise Salz

1 Die Hefe in zwei Drittel des Wassers auflösen. Das Mehl in eine Schüssel sieben. Das Salz, den Zucker, die 35 g sehr weiche Butter, das Milchpulver sowie die aufgelöste Hefe zugeben und sehr zügig zu einem Teig verkneten. Ist er zu fest, das restliche Wasser einarbeiten. Den Teig mit Frischhaltefolie zudecken und an einem mäßig warmen Ort (22 °C sind ideal) 1–1 ½ Stunden gehen lassen, bis er sein Volumen verdoppelt hat.
2 Den Teig mit der Faust auf seine ursprüngliche Größe »abschlagen«, erneut mit Frischhaltefolie bedecken und für 1–1 ¼ Stunden in den Gefrierschrank stellen.
4 Den Teig aus dem Gefrierschrank nehmen. Die kalte Butter mit dem Knethaken cremig rühren. Den Teig auf der bemehlten Arbeitsfläche zu einem Rechteck ausrollen, das dreimal so lang wie breit ist. Die Hälfte der Butter auf den unteren Teigrand auftragen und mit der Handfläche vom Rand nach oben über das untere und das mittlere Teigdrittel streichen. Das untere Teigdrittel über das mittlerer schlagen und dann das ungebutterte obere Drittel darüberfalten. Den Teig in Frischhaltefolie einschlagen, 30 Minuten tiefkühlen und danach für 1 weitere Stunde in den Kühlschrank legen.
5 Den Teig wieder aus der Kühlung nehmen und auf die gleiche Weise ausrollen, mit der anderen Hälfte der Butter bestreichen und wie beschrieben zusammenfalten. Erneut 30 Minuten tiefkühlen und danach für 1 Stunde in den Kühlschrank legen.
6 Den Teig auf der bemehlten Arbeitsfläche 2–3 mm dünn ausrollen und mit einem spitzen Messer 24 Rechtecke von etwa 13 × 6,5 cm Größe ausschneiden. Die Rechtecke so platzieren, dass die schmale Seite zu Ihnen zeigt. Einen Riegel Schokolade 2 cm vom unteren Rand entfernt auf jedes Teigrechteck legen und mit dem Teig einschlagen. Den Teig etwas flach drücken, sodass das Paket so ähnlich wie eine Brieftasche aussieht.
7 Die Pains au Chocolat im Abstand von 5 cm auf zwei mit Backpapier ausgekleidete Bleche legen und an einem mäßig warmen Ort mindestens noch 2 Stunden gehen lassen, bis sie ihr Volumen erneut verdoppelt haben.
8 Den Ofen auf 220 °C vorheizen.
9 Die Eier, das Eigelb und das Salz mit einem Pinsel verschlagen. Die Pains au Chocolat mit der Mischung einstreichen, das erste Blech in den Ofen schieben, die Temperatur auf 170 °C reduzieren und 20 Minuten backen.
10 Die fertigen Pains au Chocolat auf einem Kuchengitter abkühlen lassen. Den Ofen erneut auf 200 °C heizen, das zweite Blech einschieben, die Temperatur auf 170 °C reduzieren und ebenfalls 20 Minuten backen.

»Kein zweites Mal hat die Natur auf einem so kleinen Raum eine solche Fülle der wertvollsten Nährstoffe zusammengedrängt wie gerade bei der Kakaobohne.«

Alexander von Humboldt, 19. Jahrhundert

Florentiner Kekse

Ergibt etwa 90 Stück
Vorbereitung: 45 Minuten
Kühlen: 2 Stunden
Backzeit: 25–27 Minuten

400 g süßer Mürbeteig (*pâte sucrée*; siehe S. 304)
100 g kandierte Orangenschale
1 unbehandelte Orange
500 ml Sahne
90 ml Wasser
220 g Zucker
10 g Glukose (aus dem Reformhaus)
120 g Butter
100 g flüssiger Kastanienblütenhonig
280 g Mandelsplitter
300 g dunkle Kuvertüre
(55 % Kakaoanteil)

1 Den Ofen auf 180 °C vorheizen.
2 Den Mürbeteig zubereiten und auf der bemehlten Arbeitsfläche 2 mm dünn zu einem 30 × 40 cm großen Rechteck ausrollen. Den Teig mit einer Gabel mehrfach einstechen, auf ein mit Backpapier ausgekleidetes Blech legen und in etwa 10 Minuten goldgelb backen.
3 Die kandierte Orangenschale in kleine Würfel schneiden.
4 Die Zeste der Orange dünn abschälen und fein hacken. Unter die Sahne rühren und die Mischung aufkochen.
5 In einem Topf mit schwerem Boden das Wasser, den Zucker und die Glukose vermengen und zu einem bernsteinfarbenen Karamell kochen.
6 Die Butter, die heiße Sahne und den Honig in den Karamell einrühren (Vorsicht vor spritzendem Karamell) und die Mischung bis 125 °C kochen (Temperatur mit einem Zuckerthermometer prüfen).
7 Den Karamell vom Herd nehmen und sorgfältig die Orangenwürfel und die Mandelsplitter untermengen.
8 Die Masse mit einem Palettmesser auf den Teig auftragen und so dünn wie möglich verstreichen.
9 Die Ofentemperatur auf 230 °C erhöhen, das Blech wieder einschieben und erneut etwa 10 Minuten backen. Darauf achten, dass der Florentiner nicht anbrennt.
10 Aus dem Ofen nehmen, abkühlen lassen und den Teig in Quadrate von etwa 3 cm Kantenlänge schneiden.
11 Die Kuvertüre mit einem Sägemesser hacken, auf dem heißen Wasserbad schmelzen und anschließend temperieren (siehe Seite 323).
12 Die Florentiner mit einer Ecke bis zur Hälfte in die Kuvertüre tauchen, sodass sie bis zur Diagonale bedeckt sind. Auf Pergamentpapier legen und die Glasur fest werden lassen.

Schokoladenzöpfe

Ergibt 12 Zöpfe
Vorbereitung: 20 Minuten
Backzeit: 17 Minuten
Kühlen: 4 Stunden

Für die Zöpfe
500 g Schokoladen-Blätterteig (*pâte feuilletée au chocolat*; siehe S. 301)
100 g Rosinen
50 g Kristallzucker
Mehl für die Arbeitsfläche

Zum Bestreichen
1 Ei
1 Eigelb
2 g Puderzucker

Zum Dekorieren
15 g extrafeiner Zucker
40 g Mandelsplitter

1 Den Blätterteig zubereiten und auf der bemehlten Arbeitsfläche zu einem 20 × 10 cm großen Rechteck ausrollen. Gleichmäßig mit den Rosinen und dem Zucker bestreuen und in der Mitte zusammenfalten. Erneut ausrollen, diesmal zu einem 20 × 30 cm großen Rechteck, und für 1 Stunde kalt stellen.
2 Für die Eistreiche das Ei, das Eigelb und den Zucker mit einem Pinsel verschlagen.
3 Den Teig wieder auf die bemehlte Arbeitsfläche legen und mit der Eistreiche einpinseln. Mit dem Zucker und den Mandelsplittern gleichmäßig bestreuen. Das Teigrechteck mit dem Wellholz behutsam auf 20 × 36 cm vergrößern und dann in 12 Streifen von 20 cm Länge und 3 cm Breite schneiden. Jedes Band in sich zu einem Zopf verdrehen, auf ein mit Backpapier ausgekleidetes Blech legen und für 3 Stunden kalt stellen.
4 Den Ofen auf 170 °C vorheizen.
5 Die Schokoladenzöpfe 15–17 Minuten backen, auf einem Kuchengitter abkühlen lassen und kalt servieren.

Schokoladen-Mandel-Plätzchen

Ergibt etwa 75 Stück
Am Vortag beginnen
Vorbereitung: 5 + 30 Minuten
Backzeit: 12–15 Minuten pro Blech
Kühlen: 15 Minuten pro Blech

40 g Butter
200 g extrafeiner Zucker
200 g Mandelsplitter
1 g ungesüßtes Vanillepulver
4 Eiweiße
30 g Mehl
400 g dunkle Kuvertüre (70 % Kakaoanteil), temperiert (siehe S. 323)

1 Am Vortag die Butter bei schwacher Hitze zerlassen. Mit einem Holzlöffel in einer Schüssel den Zucker, die Mandeln, die Vanille und die Eiweiße verrühren. Die warme Butter zugießen und alles zu einem homogenen Teig verarbeiten. Über Nacht in den Kühlschrank stellen.
2 Am Folgetag den Ofen im Umluftmodus auf 150 °C vorheizen.
3 Das Mehl in den Teig sieben und einarbeiten. Zwei Bleche mit Backpapier auslegen. Mit einem Teelöffel einen kleinen Teigkloß abnehmen und auf eines der Bleche setzen. Den Teig mit der Hand vorsichtig zu einem gleichmäßig dünnen Kreis von 6–7 cm Durchmesser abflachen. Die Handfläche vor dem nächsten Plätzchen auf Küchenpapier trocken wischen. Im Abstand von 3–4 cm den nächsten Teigkloß auf das Blech setzen und den Vorgang wiederholen. Auf diese Weise den gesamten Teig auf beide Bleche auftragen. Die Plätzchenreihen immer etwas versetzt anordnen. Die Bleche für 15 Minuten in den Kühlschrank stellen.
4 Die Plätzchen blechweise 12–15 Minuten backen, anschließend mit einer Palette von dem Papier lösen und auf einem Kuchengitter abkühlen lassen.
5 Die abgekühlten Plätzchen bis zur Hälfte in die temperierte Kuvertüre tauchen.

Haselnussplätzchen mit Nutella

Ergibt etwa 60 Stück
Vorbereitung: 20 Minuten
Backzeit: etwa 1 Stunde
Kühlen: 1 Stunde 30 Minuten

150 g Haselnusskerne
100 g Butter
100 g Puderzucker
35 g Mehl
2 Eier
200 g Nutella®

1 Den Ofen auf 150 °C vorheizen.
2 Die Haselnüsse auf einem Blech verteilen und 15 Minuten rösten. In ein Küchentuch wickeln und kräftig aneinanderreiben, um die dünne, dunkle Haut zu entfernen. Die Nüsse grob hacken.
3 Die Butter bei schwacher Hitze zerlassen; sie sollte zwischen 30 und 35 °C warm sein. Den Puderzucker und das Mehl in eine Schüssel sieben. Die Eier, die Nutella®-Creme, die zerlassene Butter und die gehackten Nüsse zugeben und zu einem homogenen Teig verrühren. Im Kühlschrank 1 Stunde ruhen lassen.
4 Den Ofen im Umluftmodus auf 150 °C vorheizen.
5 Zwei Bleche mit Backpapier auslegen. Mit einem Teelöffel einen kleinen Teigkloß abnehmen und auf eines der Bleche setzen. Den Teig mit der Hand vorsichtig zu einem gleichmäßig dünnen Kreis von 6–7 cm Durchmesser abflachen. Die Handfläche vor dem nächsten Plätzchen auf Küchenpapier trocken wischen. Im Abstand von 3–4 cm den nächsten Teigkloß auf das Blech setzen und den Vorgang wiederholen. Auf diese Weise sämtlichen Teig auf beide Bleche auftragen. Die Plätzchenreihen immer etwas versetzt anordnen. Die Bleche für 15 Minuten in den Kühlschrank stellen.
6 Die Plätzchen blechweise 13–15 Minuten backen, mit einer Palette vom Papier lösen und auf einem Kuchengitter abkühlen lassen.

Schokoladen-Mandel-Plätzchen

Mousses, Cremes und andere Leckereien

»Mousses, Cremes und andere Leckereien ganz einfach«

Birnen-Beignets mit Minze und Schokoladenmilchreis

Für 6 Personen
Vorbereitung: 20 Minuten
Garzeit: einige Minuten pro Frittiergang

Etwa 1 kg Schokoladenmilchreis (siehe S. 183, Schritt 1–3. Die dort angegebenen Zutatenmengen ergeben etwa 1 kg)

Für den Ausbackteig
250 ml Eiswasser
100 g Reismehl
90 g extrafeiner Zucker
1 Prise feines Salz
Frisch gemahlener Pfeffer
1 Eigelb

Für die Beignets
3 Birnen (Williams oder Passe Crassane)
Saft von 2 Zitronen
½ Bund frische Minze

Zum Frittieren
1 l Traubenkernöl (oder ein anderes Frittieröl)

Zum Servieren
400 ml Schokoladensauce (siehe S. 290)

1 Den Schokoladenmilchreis zubereiten. Sechs Tassen oder Schälchen mit Frischhaltefolie auskleiden und den Reis bis zum Rand einfüllen. Beiseite stellen und raumtemperiert halten.
2 Für den Ausbackteig eine Handvoll Eiswürfel in 250 ml Wasser geben. Sobald sie geschmolzen sind, 250 ml Eiswasser abmessen. Das Mehl, den Zucker, das Salz, 3–4 Umdrehungen Pfeffer aus der Mühle, das Eigelb und das Eiswasser mit dem Schneebesen gründlich verschlagen, bis die Masse glatt ist. Den Ausbackteig kalt stellen.
3 Die Birnen schälen, in je 6 Stücke schneiden und mit dem Zitronensaft beträufeln. Die Minze in kleine Zweige zu 3–4 Blätter zerteilen.
4 Das Öl auf 180 °C erhitzen.
5 Die Birnenstücke durch den Ausbackteig ziehen und portionsweise in dem heißen Öl 1–2 Minuten frittieren. Mit einem Schaumlöffel herausheben und auf einem Tuch abtropfen lassen. Sind alle Fruchtstücke verarbeitet, die Minzezweige in das Öl geben und nur einige Sekunden frittieren.
6 Den Schokoladenmilchreis auf Einzelteller stürzen und die Frischhaltefolie entfernen. Die Birnen-Beignets um den Reis herum anrichten und mit der frittierten Minze garnieren. Mit Schokoladensauce servieren.
Die Birnen sollten Sie erst kurz vor dem Ausbacken schälen, damit sie nicht braun werden.

»Als all dies, eigens für uns zusammengestellt, zu Ende war, […] wurde uns eine Schokoladencreme, Inspiration und persönliche Aufmerksamkeit von Françoise, angeboten […] wie ein aus der Gelegenheit geborenes Werk, auf das sie all ihr Talent verwendet hätte.«

Marcel Proust, À la recherche du temps perdu, 1913–1927

Schokoladen-Brioche-Pudding

Für 6 Personen
Am Vortag beginnen
Vorbereitung: 20 Minuten
Backzeit: 20 Minuten

150 g Edelbitter-Schokolade (65 % Kakaoanteil)
400 ml Sahne
75 g gesalzene Butter
3 Eier
100 g extrafeiner Zucker
20 g Butter
6 große Scheiben Brioche oder Kuchenbrot
Crème fraîche zum Servieren

1 Am Vortag die Schokolade mit einem Sägemesser hacken und in eine Schüssel geben. Die Sahne aufkochen, über die Schokolade gießen und zügig glatt rühren. In Stücken die Butter dazugeben und alles zu einer homogenen Masse verarbeiten.
2 In einer weiteren Schüssel die Eier mit dem Zucker verquirlen. Unter ständigem Schlagen mit dem Schneebesen die Schokoladencreme zugießen.
3 Eine 18 × 24 cm große Auflaufform ausbuttern. Die Brioche-Scheiben in jeweils 4 Dreiecke schneiden, nacheinander durch die Schokoladencreme ziehen und leicht überlappend in die Form einlegen (das erste Dreieck schräg an den Formrand lehnen und die folgenden Dreiecke fächerartig anlegen). Mit der restlichen Creme übergießen und mit Frischhaltefolie bedeckt über Nacht in den Kühlschrank stellen.
4 Am Folgetag den Ofen auf 180 °C vorheizen.
5 Die Frischhaltefolie entfernen und den Brioche-Pudding im Ofen 20 Minuten backen. Abkühlen lassen und mit einer Schale Crème fraîche servieren.
Bereiten Sie den Pudding unbedingt am Vortag vor, damit die Brioche-Scheiben in der Puddingcreme schön durchziehen können.

Charlotte mit Schoko-Mokka-Mousse

ganz einfach

Für 8–10 Personen
Am Vortag beginnen
Vorbereitung: 25 + 5 Minuten
Garzeit: 2–3 Minuten

Für die Schokoladen-Mokka-Mousse
550 ml Sahne
4 EL gemahlener Kaffee
140 g extrafeiner Zucker
5 Eigelbe
2 Eier
300 g Edelbitter-Schokolade (70 % Kakaoanteil)

Für die Charlotte
15 g Butter für die Form
15 g extrafeiner Zucker für die Form
60 ml Wasser
60 g extrafeiner Zucker
60 ml konzentrierter Espresso
Etwa 30 Löffelbiskuits
Dunkle Schokoladenröllchen (siehe S. 282)

1 Am Vortag die Schokoladen-Mokka-Mousse zubereiten: Die Sahne aufkochen, vom Herd nehmen und den gemahlenen Kaffee einrühren. Die Mischung durch ein Sieb gießen, abkühlen lassen und kalt stellen. Den Zucker mit den Eigelben und den Eiern schaumig rühren. Die Schokolade mit einem Sägemesser hacken und in einer Schüssel auf dem heißen Wasserbad schmelzen. In eine andere, große Schüssel gießen und auf 45 °C abkühlen lassen (die Temperatur mit einem Küchenthermometer prüfen). Eine Glas- oder Edelstahlschüssel 15 Minuten tiefkühlen und darin anschließend die Mokka-Sahne steif schlagen. Zunächst ein Viertel der Sahne rasch unter die abgekühlte Schokolade rühren, dann vorsichtig den Rest unterheben. Sobald die Masse homogen ist, mit dem Schneebesen die Eier-Zucker-Mischung unterziehen. Die Mousse kalt stellen.
2 Für die Charlotte eine Charlotten-Form mit 22 cm Durchmesser ausbuttern und mit Zucker ausstreuen. Den Boden mit einem runden Stück Pergamentpapier auslegen. Das Wasser mit den 60 g Zucker aufkochen, vom Herd nehmen und den Espresso einrühren. Die Mischung abkühlen lassen. Die Löffelbiskuits nacheinander in dem erkalteten Espresso-Sirup tränken und den Rand und Boden der Charlotten-Form damit auskleiden. Die Mousse einfüllen und mit einer Schicht getränkter Löffelbiskuits bedecken. Die Charlotte über Nacht in den Kühlschrank stellen.
3 Kurz vor dem Servieren die Form mit dem Boden einige Sekunden in heißes Wasser stellen. Eine Servierplatte daraufsetzen und die Charlotte stürzen. Das Papier abziehen und die Charlotte mit Schokoladenröllchen verzieren.

Charlotte mit
Schoko-Mokka-Mousse

Schokoladen-Charlotte mit Vanillecreme

1 Am Vortag die Mousse au Chocolat zubereiten und in den Kühlschrank stellen.
2 Für die Vanillecreme die Gelatine in kaltem Wasser einweichen, gut ausdrücken und mit Küchenpapier trocken tupfen. Die Vanilleschote spalten und das Mark herauskratzen. Die Milch mit der Vanilleschote und ihrem Mark aufkochen. Vom Herd nehmen und zugedeckt 30 Minuten ziehen lassen.
3 Die Vanillemilch durch ein Sieb abseihen. Die Eigelbe mit dem Zucker verquirlen, die Milch einrühren und die Mischung zurück in den Topf gießen. Die Creme auf kleiner Flamme unter ständigem Rühren mit einem Holzlöffel langsam erhitzen, bis sie den Löffelrücken überzieht (zur Rose abziehen), jedoch auf keinen Fall aufkochen! Den Topf mit dem Boden sofort in Eiswasser stellen, die Gelatine untermischen und auflösen. Die Creme weitere 5 Minuten umrühren, bis sie sämig wird. Abkühlen lassen.
4 Eine Glas- oder Edelstahlschüssel 15 Minuten tiefkühlen und darin anschließend die Sahne steif schlagen. Vorsichtig unter die vollständig erkaltete Vanillecreme heben.
5 Für die Charlotte eine Charlotten-Form mit 22 cm Durchmesser ausbuttern, mit Zucker ausstreuen und den Boden mit einem runden Stück Pergamentpapier auslegen. Die halbe Vanilleschote spalten und das Mark herauskratzen. Das Wasser mit dem Zucker, der Vanilleschote und ihrem Mark aufkochen und abkühlen lassen. Die Löffelbiskuits nacheinander mit dem erkalteten Vanille-Sirup tränken und den Rand und Boden der Charlotten-Form damit auskleiden. Die Form bis zur Hälfte mit Mousse au Chocolat füllen und darauf die Vanillecreme verteilen. Mit einer Schicht getränkter Löffelbiskuits bedecken und über Nacht in den Kühlschrank stellen.
6 Kurz vor dem Servieren die Form mit dem Boden einige Sekunden in heißes Wasser stellen. Eine Servierplatte auf die Form setzen, die Charlotte daraufstürzen und das Papier abziehen. Die Charlotte mit Puderzucker bestäuben und mit Schokoladenröllchen verzieren.

Übrig gebliebene Mousse au Chocolat können Sie separat in einer Schüssel dazureichen. Idealer Begleiter zu dieser Charlotte ist eine Vanillesauce.

Für 8–10 Personen
Am Vortag beginnen
Vorbereitung: 30 Minuten
Garzeit: etwa 20 Minuten
Ziehen: 30 Minuten

300 g Mousse au Chocolat (siehe S. 177 »Dunkle Mousse au Chocolat«)

Für die Vanillecreme
1 ½ Blatt Gelatine (3 g)
1 Vanilleschote
150 ml Milch
2 Eigelbe
40 g extrafeiner Zucker
200 ml Sahne

Für die Charlotte
15 g Butter für die Form
15 g extrafeiner Zucker für die Form
½ Vanilleschote
100 ml Wasser
60 g extrafeiner Zucker
Etwa 30 Löffelbiskuits

Zum Dekorieren
Puderzucker
Dunkle Schokoladenröllchen
(siehe S. 282)

Chocolate-Show

1 Die Butter bei schwacher Hitze schmelzen, abkühlen lassen und über das Müsli gießen. Mit einer Gabel sorgfältig durchmischen und in den Kühlschrank stellen.
2 Die Schokolade mit einem Sägemesser hacken und in eine Schüssel geben. Das Wasser zum Kochen bringen, langsam unter kräftigem Schlagen über die Schokolade gießen und glatt rühren. Die Schüssel in Eiswasser stellen und die Mischung abkühlen lassen. Gelegentlich umrühren. Die Schokolade 45 Minuten im Gefrierschrank anfrieren. Zwischendurch zwei- bis dreimal durchrühren.
3 Die leicht angefrorene Schokolade mit dem elektrischen Handrührgerät aufschlagen.
4 Zum Servieren zwei Drittel der Müslimischung auf 6 Dessertschalen verteilen und mit der Schokoladenemulsion übergießen. Jeweils eine Kugel Mokka-Eis darauf anrichten, mit Quittengelee umkränzen und mit etwas Müsli bestreuen. Sofort servieren.

ganz einfach

Für 6 Personen
Vorbereitung: 15 Minuten
Garzeit: 3 Minuten
Tiefkühlen: 45 Minuten

20 g Butter
80 g Müsli
250 g Edelbitter-Schokolade
(70 % Kakaoanteil)
250 ml Mineralwasser
6 Kugeln gekauftes Mokka-Eis
80 g Quittengelee

Schokoladen-Couscous mit karamellisierten Himbeeren

ganz einfach

Für 6 Personen
Vorbereitung: 10 Minuten
Garzeit: 10–12 Minuten

80 g extrafeiner Zucker
250 g Himbeeren

Für den Couscous
½ Beutel (75 g) vorgegarten Couscous
175 g Edelbitter-Schokolade (70 % Kakaoanteil)
40 g extrafeiner Zucker

T. Deseine
Autor von Kulinaria

1 Den Zucker in einem Topf mit schwerem Boden schmelzen und karamellisieren lassen. Sobald er rötlich braun ist, den Karamell vom Herd nehmen und drei Viertel der Himbeeren hineingeben (Vorsicht vor spritzendem Karamell). Den Topf rütteln, damit die Früchte gleichmäßig mit Karamell überzogen werden. Bilden sich kleine Klümpchen, den Karamell erneut einige Sekunden erhitzen. Wieder herunternehmen und die restlichen Himbeeren hineingeben.
2 Den Couscous 3–5 Minuten länger garen als auf der Packungsanleitung angegeben.
3 Die Schokolade mit einem Sägemesser hacken und in einer Schüssel auf dem heißen Wasserbad schmelzen. Über den Couscous gießen und untermengen. Den Zucker einstreuen und ebenfalls unterrühren.
4 Den Schokoladen-Couscous in 6 Schalen anrichten und mit den karamellisierten Himbeeren garnieren. Warm oder raumtemperiert servieren.

Sie können den Couscous zusätzlich mit roten Beeren dekorieren (Brombeeren, Johannisbeeren, Heidelbeeren) und als Beilage Crème fraîche oder mit Sahne verschlagenen Mascarpone dazureichen.

Schokoladencreme mit Lavendel

ganz einfach

Für 4 Personen
Vorbereitung: 10 Minuten
Ziehen: 10 Minuten
Garzeit: 5 Minuten

125 g Edelbitter-Schokolade (60 % Kakaoanteil)
150 ml Sahne
150 ml Milch
1 g (1 kleine Prise) getrockneter Lavendel
1 Blatt Gelatine (2 g)
2 Eigelbe
30 g extrafeiner Zucker

1 Die Schokolade mit dem Sägemesser hacken und in einer Schüssel auf dem heißen Wasserbad schmelzen.
2 Die Sahne und die Milch in einem Topf aufkochen, den Lavendel hineingeben und 10 Minuten ziehen lassen. Durch ein Sieb gießen.
3 Die Gelatine in reichlich kaltem Wasser einweichen. Gut ausdrücken und mit Küchenpapier trocken tupfen.
4 Die Eigelbe in einem Topf mit dem Zucker und der Lavendelmilch verschlagen und auf mittlerer Stufe unter ständigem Rühren erhitzen. Sobald sich erste Bläschen zeigen, die Mischung sofort in eine große, durch Eiswasser gekühlte Schüssel gießen. Die Gelatine hineingeben und mit einem Schneebesen gründlich rühren, bis sie sich aufgelöst hat. Anschließend unter ständigem Weiterrühren portionsweise die geschmolzene Schokolade einarbeiten.
5 Die Schokoladencreme in Schalen füllen und bis zum Servieren in den Kühlschrank stellen.

»Schokolade ist förderlich und wohltuend zugleich. Ihr Nutzen ist unstreitig und verbürgt, und ihre Nachteile sind gleich null. Man schuldet ihr nichts als Dank und hat nicht den geringsten Anlass zum Tadel.«

Arthur Mangin, Le cacao et le chocolat, 1860

Schokoladencreme mit Kaffee-Whisky-Granita

Für 6 Personen
Am Vortag beginnen
Vorbereitung: 5 + 30 Minuten
Kühlen: 12 Stunden + 3–4 Stunden

Für die Kaffee-Whisky-Granita
¼ unbehandelte Orange
500 ml sehr starker Espresso, abgekühlt
50 g extrafeiner Zucker
7 cl Malt-Whisky

Für die Schokoladencreme
190 g Edelbitter-Schokolade (70 % Kakaoanteil)
250 ml Sahne
250 ml Milch
6 Eigelbe
50 g extrafeiner Zucker

Zum Fertigstellen
250 ml Sahne
1 EL Puffreis

1 Am Vortag die Granita zubereiten: Die Zeste der Orange dünn abschälen und fein hacken. Den Espresso kochen, abkühlen lassen und mit dem Zucker, dem Whisky und der Orangenzeste verrühren. Die Mischung in eine Schüssel gießen und über Nacht in den Gefrierschrank stellen. Die Granita am nächsten Tag durchrühren und weitere 3–4 Stunden tiefkühlen.
2 Für die Schokoladencreme die Schokolade mit einem Sägemesser hacken und in einer Schüssel auf dem heißen Wasserbad schmelzen. Die Sahne mit der Milch aufkochen. Die Eigelbe und den Zucker zugeben und die Mischung auf mittlerer Stufe unter ständigem Rühren langsam erhitzen, bis sich erste Bläschen zeigen. Die Creme sofort in eine große, eiswassergekühlte Schüssel gießen und einige Minuten weiterrühren, bis sie etwas abgekühlt ist. Portionsweise die geschmolzene Schokolade zugeben und unterschlagen.
3 Die Schokoladencreme in Dessertschalen füllen und in den Kühlschrank stellen.
4 Eine Glas- oder Edelstahlschüssel 15 Minuten tiefkühlen und darin anschließend die Sahne steif schlagen.
5 Die Dessertschalen aus dem Kühlschrank und die Granita aus dem Gefrierschrank nehmen. Die Granita mit einem Löffel schaben und die Späne auf der Schokoladencreme anrichten. Mit der Schlagsahne garnieren und mit dem Puffreis dekorieren.

Schokoladencreme mit Himbeeren

ganz einfach

Für 8 Personen
Zubereitung: 5 Minuten
Kühlen: etwa 4 Stunden

1,2 kg Schokoladencreme (siehe S. 287)
900 g Himbeeren
100 g extrafeiner Zucker

1 Die Schokoladencreme zubereiten und in 8 Teegläser (oder 8 Schälchen) füllen. Die Creme im Kühlschrank mindestens 4 Stunden anziehen lassen.
2 Die Himbeeren bis auf 100 g mit dem Zucker pürieren und das Püree durch ein feines Sieb streichen. Bis zum Servieren kalt stellen.
3 Kurz vor dem Servieren etwas Himbeer-Coulis über die Schokoladencreme geben und mit den ganzen Himbeeren garnieren. Die restliche Coulis separat in einem Schälchen dazureichen.

Schokoladencreme mit Himbeeren

Peruanische Creme

ganz einfach

Für 6 Personen
Vorbereitung: 15 Minuten
Garzeit: etwa 25 Minuten
Ziehen: 15 Minuten

1 l Milch
½ Vanilleschote
50 g geröstete Kaffeebohnen
200 g extrafeiner Zucker
70 ml Wasser
120 g Edelbitter-Schokolade (60 % Kakaoanteil)
8 Eigelbe

1 Die halbe Vanilleschote spalten und das Mark herauskratzen. Die Milch mit der Schote und dem Mark kurz aufkochen und vom Herd nehmen. Die gerösteten Kaffeebohnen in einer beschichteten Pfanne 3 Minuten rösten. Die Pfanne gelegentlich rütteln. Die Bohnen in die kochend heiße Milch geben und zugedeckt 15 Minuten ziehen lassen.
2 In einem Topf mit schwerem Boden 100 g des Zuckers schmelzen. Sobald er goldbraun karamellisiert ist, das Wasser zugießen und umrühren, bis sich der Karamell vollständig aufgelöst hat. Durch ein Sieb (um Schote und Kaffeebohnen zu entfernen) die Milch zugießen. Die Schokolade mit einem Sägemesser hacken und unter die Milch-Karamell-Mischung mengen.
3 Die Eigelbe mit dem restlichen Zucker verschlagen und dabei nach und nach den Milch-Karamell zugießen. Zurück in den Topf geben und auf kleiner Flamme unter ständigem Rühren mit einem Holzlöffel erhitzen, bis die Creme eindickt und den Löffelrücken überzieht (zur Rose abziehen). Auf keinen Fall aufkochen. Die Creme in eine Schüssel füllen und abkühlen lassen. Gelegentlich durchrühren. Bis zum Servieren kalt stellen.

Diese Creme wird gut gekühlt zu Kuchen, Schokoladen-Tartes und Eis serviert.

Crème brûlée mit Schokolade und Mascarpone

ganz einfach

Für 6 Personen
Am Vortag beginnen
Vorbereitung: 15 Minuten
Garzeit: 50 Minuten

100 g Edelbitter-Schokolade (70 % Kakaoanteil)
425 g Mascarpone
6 Eigelbe
125 g extrafeiner Zucker

Zum Fertigstellen
50 g extrafeiner Zucker

1 Den Ofen auf 100 °C vorheizen.
2 Die Schokolade mit einem Sägemesser hacken und in einer Schüssel auf dem heißen Wasserbad schmelzen.
3 Den Mascarpone, die Eigelbe und den Zucker verrühren. Die geschmolzene Schokolade untermengen und die Creme in 6 feuerfeste Förmchen füllen. Im Ofen 45 Minuten garen, abkühlen lassen und über Nacht in den Kühlschrank stellen.
4 Am Folgetag die Cremes mit dem Zucker bestreuen und mit einem heißen Brenneisen (oder einem Bunsenbrenner) leicht karamellisieren, oder die Cremes für 1–2 Minuten unter den vorgeheizten Backofengrill schieben. Sofort servieren.

Crème brûlée mit Schokolade

ganz einfach

Für 8 Personen
Am Vortag beginnen
Vorbereitung: 15 Minuten
Garzeit: etwa 45 Minuten

Für die Eiercreme
200 g Edelbitter-Schokolade (70 % Kakaoanteil)
8 Eigelbe
180 g extrafeiner Zucker
500 ml Milch
500 ml Sahne

Zum Fertigstellen
Rohrzucker

1 Am Vortag die Eiercreme zubereiten: Den Ofen auf 100 °C vorheizen. Die Schokolade mit einem Sägemesser hacken, die Eigelbe und den Zucker verquirlen. Die Milch mit der Sahne aufkochen, die Schokolade zugeben und rühren, bis sie geschmolzen und die Masse glatt ist. In die Eigelb-Zucker-Mischung gießen und gründlich verschlagen.
2 Die Eiercreme in 8 feuerfeste Förmchen füllen und 45 Minuten im Ofen garen. Abkühlen lassen und über Nacht in den Kühlschrank stellen.
3 Am Folgetag die Cremes aus dem Kühlschrank nehmen und mit Rohrzucker bestreuen. Den Zucker mit einem heißen Brenneisen (oder einem Bunsenbrenner) leicht karamellisieren, oder die Cremes für 1–2 Minuten unter den vorgeheizten Backofengrill schieben. Sofort servieren.

Schokoladen-Flan

Für 6–8 Personen
Vorbereitung: 30 Minuten
Backzeit: 1 Stunde 20 Minuten
Ruhen des Teiges: 4 Stunden 30 Minuten
Kühlen: 3 Stunden

250 g klassischer Mürbeteig (*pâte brisée*; siehe S. 298)
Mehl für die Arbeitsfläche
15 g Butter für die Form

Für den Flan
370 ml Milch
370 ml Mineralwasser
4 Eier
200 g extrafeiner Zucker
50 g Schokoladenpuddingpulver
150 g Edelbitter-Schokolade (70 % Kakaoanteil)

1 Den Mürbeteig zubereiten und 2 Stunden im Kühlschrank ruhen lassen.
2 Den Teig auf der bemehlten Arbeitsfläche 2 mm dünn zu einem Kreis von 30 cm Durchmesser ausrollen. Auf ein Blech legen und für weitere 30 Minuten kalt stellen.
3 Eine Backform mit 22 cm Durchmesser und 3 cm hohem Rand ausbuttern und mit dem Teig auskleiden. Überschüssigen Teig entfernen. Erneut für 2 Stunden in den Kühlschrank stellen.
4 Für den Flan die Milch mit dem Wasser auf kleiner Flamme erhitzen. Die Eier mit dem Zucker und dem Puddingpulver verschlagen. Die Mischung langsam in die Milch gießen und dabei ständig weiterschlagen. Sobald die Creme aufwallt, vom Herd ziehen. Den Topf mit dem Boden in Eiswasser stellen und die Mischung weitere 5 Minuten verschlagen.
5 Die Schokolade mit einem Sägemesser hacken, unter die heiße Creme schlagen und abkühlen lassen.
6 Den Ofen auf 190 °C vorheizen. Die Creme in den vorbereiteten Teig füllen und 1 Stunde backen. Den Flan abkühlen lassen und vor dem Servieren für 3 Stunden kalt stellen.

Schokoladen-Lebkuchen-Creme

Für 8 Personen
Vorbereitung: 20 Minuten
Garzeit: etwa 10 Minuten

2 Scheiben Gewürzkuchen (oder 3–4 Lebkuchen ohne Glasur)

Für die Pariser Creme
20 g *spéculos* (belgische Butterspekulatius; ersatzweise hiesige Spekulatius)
160 ml Milch
30 g Kristallzucker
2 Eigelbe

Für die Schokoladencreme
90 ml Milch
90 ml Sahne
3 TL löslicher Kaffee
20 g Kristallzucker
1 Eigelb
70 g Edelbitter-Schokolade (65 % Kakaoanteil)

Ph. Vandecappelle
Pâtisserie Mahieu (Brüssel)

1 Den Gewürzkuchen oder die Lebkuchen in ganz kleine Würfel schneiden und in einer beschichteten Pfanne 3 Minuten unter Rühren rösten. Abkühlen lassen.
2 Für die Pariser Creme die Spekulatius zerbröckeln und im Mixer pulverisieren. Die Milch mit 15 g des Zuckers aufkochen. Die restlichen 15 g Zucker mit den Eigelben verquirlen. Unter kräftigem Schlagen die heiße Milch zugießen. Die Mischung zurück in den Topf geben und auf kleiner Flamme unter Rühren erhitzen. Kurz vor dem Aufwallen vom Herd nehmen und die gemahlenen Spekulatius untermengen.
3 Für die Schokoladencreme die Milch mit der Sahne aufkochen, vom Herd nehmen und den Kaffee einrühren. Den Zucker mit dem Eigelb verschlagen. Die heiße Milch-Kaffee-Mischung zugießen, zurück in den Topf geben und auf kleiner Flamme unter Rühren 4–6 Minuten erhitzen, bis die Creme eindickt und den Löffelrücken überzieht. Die Schokolade mit einem Sägemesser hacken und in eine Schüssel geben. Die Creme durch ein Sieb über die Schokolade seihen, mit einem Schneebesen glatt rühren und abkühlen lassen.
4 Die Pariser Creme in 8 Gläser mit 80 ml Fassungsvermögen und geradem Rand füllen. Die Oberfläche mit der Hälfte der Gewürzkuchenwürfeln bestreuen und mit der lauwarmen Schokoladencreme auffüllen. Mit den restlichen Gewürzkuchenwürfeln bestreuen und vor dem Servieren ganz abkühlen lassen.

Fondant mit Edelbitter-Schokolade

1 Am Vortag den Espresso kochen und abkühlen lassen.
2 Den Fondant zubereiten: Die Rosinen in den Armagnac einlegen und 30 Minuten ziehen lassen.
3 Die Eier trennen, die Butter in kleine Stücke schneiden.
4 Die Schokolade mit einem Sägemesser hacken und in einer Schüssel auf dem heißen Wasserbad schmelzen. Herunternehmen, die Butterstücke hineingeben und sorgfältig untermengen. Sobald die Mischung glatt ist, die abgetropften Rosinen, den erkalteten Espresso und die Eigelbe untermengen und erneut glatt rühren.
5 Die 8 Eiweiße steif schlagen, ein Drittel des Eischnees zügig unter die Schokolade rühren, dann ganz behutsam den Rest unterheben.
6 Eine 22 cm lange Kastenform mit Frischhaltefolie auskleiden, die Folie etwas über den Rand hinaushängen lassen. Den Fondant einfüllen, mit der Folie bedecken und über Nacht in den Kühlschrank stellen.
7 Am folgenden Tag die Schokoladensauce zubereiten: Die Sahne aufkochen und vom Herd nehmen. Die Schokolade mit dem Sägemesser hacken und unter die Sahne schlagen, bis sie geschmolzen ist. Die Sauce in einen Krug füllen.
8 Den Fondant auf eine Platte stürzen, die Folie abziehen und mit der lauwarmen Schokoladensauce servieren.

ganz einfach

Für 6 Personen
Am Vortag beginnen
Vorbereitung: 20 + 5 Minuten
Garzeit: etwa 4 Minuten

Für den Fondant
60 ml starker Espresso
100 g Smyrna-Rosinen
4 cl Armagnac
6 Eier plus 2 Eiweiße
300 g weiche Butter
350 g Edelbitter-Schokolade
(70 % Kakaoanteil)

Für die Schokoladensauce
250 ml Sahne
150 g Edelbitter-Schokolade
(70 % Kakaoanteil)

O. Versini
Restaurant Casa Olympe (Paris)

Schokoladen-Fondue

1 Für das Fondue die Schokolade mit dem Sägemesser hacken und in eine Schüssel geben. Die Butter in Stücke schneiden. Die Milch, Crème fraîche und den Zucker zum Kochen bringen und unter Rühren über die Schokolade gießen. Die Butterstücke untermengen und glatt rühren.
2 Die ausgewählten Beigaben vorbereiten. Die Brioche-Scheiben toasten. Die Apfel- und Birnenstücke mit der Butter und dem Zucker rasch in der Pfanne etwas Farbe nehmen lassen. Die Erdbeeren entstielen, aber ganz lassen. Die Ananas schälen, in Scheiben und dann in kleine Dreiecke schneiden.
3 Die sehr heiße Schokolade in einen Fonduetopf gießen und auf den vorbereiteten Brenner oder eine Warmhalteplatte stellen. Die Schokolade von Zeit zu Zeit umrühren, damit sie nicht ansetzt. Die vorbereiteten Brioche-Scheiben, Früchte und das Gebäck auf Tellern anrichten und auf den Tisch stellen. Nun kann jeder Teilnehmer nach eigenem Belieben Früchte und Gebäck in den verschiedensten Kombinationen aufspießen und in die Schokolade tauchen.

Wenn Sie kein Fondue-Set haben, können Sie die Schokolade auch in einem herkömmlichen Topf schmelzen und von Zeit zu Zeit, wenn sie zu fest wird, kurz wieder erhitzen.

ganz einfach

Für 8 Personen
Vorbereitung: 25 Minuten
Garzeit: 2–3 Minuten

Für das Fondue
600 g Edelbitter-Schokolade
(60 % Kakaoanteil)
60 g Butter
500 ml Milch
250 ml Crème fraîche
100 g extrafeiner Zucker

Mögliche Kandidaten für das »Schokoladenbad«
Brioche-Scheiben
Große Apfel- und Birnenstücke
30 g Butter
20 g extrafeiner Zucker
Erdbeeren
Himbeeren
1 Ananas
Financiers (Muffins)
Madeleines
Sandgebäck mit Salzblüte
(siehe S. 147)

Schokoladen-Fondue

Weiße Mousse au Chocolat

ganz einfach

Für 6–8 Personen
Vorbereitung: 15 Minuten
Garzeit: 2–3 Minuten

650 ml Sahne
185 g weiße Schokolade

1 Eine Glas- oder Edelstahlschüssel für 15 Minuten in den Gefrierschrank stellen.
2 Einhundert Milliliter Sahne zum Kochen bringen. Die Schokolade mit dem Sägemesser hacken und in einer Schüssel auf dem heißen Wasserbad schmelzen. Herunternehmen, die heiße Sahne zugießen und die Mischung glatt schlagen. Abkühlen lassen.
3 Die restliche Sahne mit dem elektrischen Handrührgerät in der kalt gestellten Schüssel steif schlagen. Mit einem biegsamen Spatel ein Drittel der Sahne unter die Schokoladenmasse rühren, dann behutsam den Rest unterheben. Die Mousse in eine Schüssel füllen und sofort servieren oder kalt stellen.

Weiße Mousse au Chocolat mit Limette

Für 6 Personen
Vorbereitung: 35 Minuten
Kühlen: 6 Stunden

2 unbehandelte Limetten
250 g weiße Schokolade
150 ml Sahne
5 Eiweiße
20 g extrafeiner Zucker

Zum Dekorieren
1 unbehandelte Limette
Weiße Schokoladenröllchen
(siehe S. 282)

1 Die Zeste der Limetten dünn abschälen und fein hacken.
2 Die Schokolade mit dem Sägemesser hacken und in eine Schüssel geben.
3 In einem Topf die Sahne mit der Limettenzeste aufkochen. Die heiße Mischung über die Schokolade gießen.
4 Den Saft der beiden Limetten auspressen und unter die Schokoladensahne mengen. Mit dem Finger die Temperatur prüfen, sie sollte etwa 30 °C betragen (bei dieser Temperatur fühlt sich die Masse lauwarm an).
5 Die Eiweiße mit dem Zucker steif schlagen, ein Viertel der Masse vorsichtig unter die Mousse ziehen, dann behutsam den Rest unterheben. Die Mousse in eine Schüssel füllen und 6 Stunden durchkühlen lassen.
6 Zum Servieren die Limette sauber schälen und in feine Scheiben schneiden. Die Scheiben dekorativ auf der Mousse arrangieren und mit den weißen Schokoladenröllchen verzieren.

Dunkle Mousse au Chocolat

ganz einfach

Für 4–6 Personen
Vorbereitung: 15 Minuten
Garzeit: 2–3 Minuten

170 g Edelbitter-Schokolade
(70 % Kakaoanteil)
80 ml Milch
1 Eigelb
4 Eiweiße
20 g extrafeiner Zucker

1 Die Schokolade mit dem Sägemesser hacken und auf dem heißen Wasserbad schmelzen. In einem kleinen Topf die Milch aufkochen. Die Schokolade aus dem Wasserbad nehmen, die Milch zugießen und die Mischung glatt schlagen. Das Eigelb zugeben und unterrühren.
2 Die Eiweiße steif schlagen und dabei langsam den Zucker einstreuen. Mit dem Finger die Temperatur prüfen, sie sollte etwa 40 °C betragen (bei dieser Temperatur fühlt sich die Masse warm an). Mit einem Gummispatel ein Drittel des Eischnees unter die Schokolade ziehen, dann behutsam den Rest unterheben.
3 Die Mousse in eine Schüssel füllen und vor dem Servieren mindestens 1 Stunde durchkühlen lassen.

Helle Mousse au Chocolat mit kandierter Zitrone und Ingwer

Für 4 Personen
Vorbereitung: 20 Minuten
Garzeit: etwa 12 Minuten

1 unbehandelte Zitrone
160 g Vollmilchschokolade
20 ml Milch
30 ml Sahne
1 g frisch geriebene Ingwerwurzel
20 g weiche Butter
3 Eiweiße
10 g extrafeiner Zucker
2 Eigelbe

Zum Garnieren
½ unbehandelte Zitrone
20 ml Wasser
40 ml Zitronensirup (im gut sortierten Lebensmittelhandel)
40 g kandierter Ingwer, gewürfelt

1 Die Zitrone waschen und abtrocknen. Die Zeste dünn abschälen und sehr fein hacken. Die Schokolade mit dem Sägemesser hacken und in einer Schüssel auf dem heißen Wasserbad schmelzen. Aus dem Wasserbad nehmen und die Zeste unterrühren.
2 Die Milch mit der Sahne und dem geriebenen Ingwer aufkochen und über die geschmolzene Schokolade gießen. Die in Stücke geschnittene Butter zugeben und die Masse glatt rühren.
3 Die Eiweiße steif schlagen und dabei nach und nach den Zucker einstreuen. Kurz bevor der Eischnee fest ist, die Eigelbe zugeben und vorsichtig einarbeiten. Zunächst ein Drittel der Masse zügig unter die Schokolade rühren, dann behutsam den Rest unterheben.
4 Die Mousse in 4 Schalen füllen und für mindestens 1 Stunde in den Kühlschrank stellen.
5 Inzwischen die Garnitur vorbereiten: Die halbe Zitrone waschen, abtrocknen und in feine Scheiben schneiden. Das Wasser mit dem Zitronensirup zum Kochen bringen. Die Zitronenscheiben hineingeben und bei schwacher Hitze 10 Minuten garen. Abkühlen lassen.
6 Die Mousses aus dem Kühlschrank nehmen und mit den kandierten Zitronenscheiben garnieren. Mit den Ingwerwürfeln bestreuen und servieren.

Servieren Sie zu dieser Mousse dünne, getoastete Scheiben Gewürz- oder Pfefferkuchen.

Mousse au Chocolat mit Karamell

Für 4 Personen
Zubereitung: 15 Minuten

300 ml Sahne
90 g extrafeiner Zucker
30 g leicht gesalzene Butter
85 g Edelbitter-Schokolade (60 % Kakaoanteil)

1 Eine Glas- oder Edelstahlschüssel für 15 Minuten in den Gefrierschrank stellen.
2 Die Sahne mit dem elektrischen Handrührgerät in der kalt gestellten Schüssel sehr steif schlagen.
3 In einem großen Topf mit schwerem Boden den Zucker zu einem goldbraunen Karamell kochen.
4 Den Karamell vom Herd nehmen, die Butter zugeben und 2 Esslöffel der geschlagenen Sahne einrühren (Vorsicht vor spritzendem Karamell).
5 Die Schokolade mit einem Sägemesser hacken und in eine Schüssel geben. In drei Portionen die Karamell-Sahne-Mischung hinzufügen und mit einem Holzlöffel unterrühren.
6 Die Mischung auf 45 °C abkühlen lassen und mit einem Spatel vorsichtig die restliche Schlagsahne unterheben.
7 Die Mousse in eine Schüssel füllen, mit Frischhaltefolie bedecken und vor dem Servieren 1–2 Stunden durchkühlen lassen.

(Bild siehe Seite 178/179)

Mousse au Chocolat mit Karamell

»Ich liebe die Kombination dieser Mousse aus dunkler, nicht zu bitterer Schokolade und einem goldbraunen, würzigen Karamell.«

Pierre Hermé
(Rezept siehe Seite 177)

Mousse au Chocolat mit Himbeeren

Für 6 Personen
Zubereitung: 15 Minuten

1 Blatt Gelatine (2 g)
350 ml Sahne
180 g Himbeeren
220 g Edelbitter-Schokolade (65 % Kakaoanteil)

1 Die Gelatine in reichlich kaltem Wasser einweichen. Gut ausdrücken und mit Küchenpapier trocken tupfen.
2 50 ml der Sahne zum Kochen bringen, vom Herd nehmen und die Gelatine darin auflösen.
3 Die Himbeeren mit dem Stabmixer (oder mit dem Passiergerät) pürieren und unter die Sahne-Gelatine-Mischung rühren.
4 Eine Glas- oder Edelstahlschüssel 15 Minuten tiefkühlen.
5 Die Schokolade mit einem Sägemesser hacken und auf dem heißen Wasserbad schmelzen (die Temperatur der Schokolade sollte zwischen 40 und 45 °C liegen)
6 Die restlichen 300 ml Sahne in der kalt gestellten Schüssel mit dem elektrischen Handrührgerät steif, aber nicht zu fest schlagen.
7 Die geschmolzene Schokolade mit der Himbeer-Sahne-Mischung vermengen. Die geschlagene Sahne zugeben und vorsichtig mit einem Spatel unterheben.
8 Die Mousse in 6 Schalen füllen und vor dem Servieren 1–2 Stunden durchkühlen lassen.

Mousse au Chocolat mit flambierten Zimtäpfeln

Für 4 Personen
Vorbereitung: 20 Minuten
Garzeit: etwa 8 Minuten
Ziehen: 10 Minuten
Kühlen: 2 Stunden

Für die Einlage
1 Apfel (knackig, leicht säuerlich)
10 g Butter
3 Prisen gemahlener Ceylon-Zimt
10 g extrafeiner Zucker
2 cl brauner Plantagenrum

Für die Mousse
165 g Edelbitter-Schokolade (60 % Kakaoanteil)
60 ml Sahne
1 kleine Zimtstange
3 Eiweiße
25 g extrafeiner Zucker

Zum Fertigstellen
1 Apfel (knackig, leicht säuerlich)
10 g Butter
10 g extrafeiner Zucker

1 Zunächst die Einlage vorbereiten: Den Apfel schälen und in etwa 7 mm kleine Würfel schneiden. Die Butter in einer Pfanne bei lebhafter Hitze aufschäumen. Sobald sie braun wird, die Apfelwürfel hineingeben, mit dem Zimt und dem Zucker bestreuen und 2–3 Minuten karamellisieren. Darauf achten, dass sie nicht zerfallen. Mit dem Rum übergießen und sofort flambieren. Die Äpfel auf einem Teller vollständig abkühlen lassen.
2 Für die Mousse die Schokolade mit dem Sägemesser hacken und auf dem heißen Wasserbad schmelzen. In einem Topf die Sahne mit der Zimtstange aufkochen, vom Herd nehmen und zugedeckt 10 Minuten ziehen lassen. Durch ein Sieb in die geschmolzene Schokolade gießen und mit einem Schneebesen glatt rühren.
3 Die Eiweiße steif schlagen und dabei in zwei Schüben den Zucker einstreuen. Ein Drittel der Masse zügig unter die Schokolade rühren, dann vorsichtig den restlichen Eischnee und die abgekühlten Zimtäpfel unterheben. Die Mousse in 4 Schalen füllen und für 2 Stunden kalt stellen.
4 Den verbliebenen Apfel schälen und in dicke Scheiben schneiden. Die Butter in einer Pfanne bei starker Hitze aufschäumen. Sobald sie braun wird, die Apfelscheiben einlegen, mit dem Zucker bestreuen und 2–3 Minuten karamellisieren. Abkühlen lassen und die Mousses dekorativ mit den Äpfeln garnieren.

Mini-Schokopuddings
(Rezept siehe Seite 182)

Mousse au Chocolat mit Orange

ganz einfach

Für 4 Personen
Zubereitung: 10 Minuten

175 g Edelbitter-Schokolade (60 % Kakaoanteil)
¼ unbehandelte Orange
80 ml Sahne
2 Eier
4 Eiweiße
15 g extrafeiner Zucker

1 Die Schokolade mit dem Sägemesser hacken und in eine Schüssel geben.
2 Die Orangenzeste dünn abschälen und fein hacken.
3 Die Sahne mit der Orangenzeste in einem Topf verrühren und zum Kochen bringen. Über die Schokolade gießen und kräftig verrühren.
4 Die Eier trennen. Die Eigelbe unter die Schokoladen-Sahne-Mischung mengen. Sechs Eiweiße mit dem Zucker steif schlagen und zunächst ein Drittel der Masse unterziehen, dann vorsichtig den restlichen Eischnee unterheben.
5 Die Mousse in 4 Schalen füllen und vor dem Servieren 1–2 Stunden durchkühlen lassen.

Extracremige Mousse au Chocolat

Für 6–8 Personen
Vorbereitung: 15 Minuten
Garzeit: 3–4 Minuten
Kühlen: 1 Stunde

270 g Edelbitter-Schokolade (70 % Kakaoanteil)
3 EL Schokoladensauce (siehe S. 290)
250 g weiche Butter
3 Eigelbe
6 Eiweiße
20 g extrafeiner Zucker
Schokoladenröllchen (nach Belieben; siehe S. 282)

1 Die Schokolade mit einem Sägemesser hacken und auf dem heißen Wasserbad schmelzen. Aus dem Wasserbad nehmen und auf 45 °C abkühlen lassen (die Temperatur mit einem Küchenthermometer kontrollieren).
2 Die Schokoladensauce zubereiten.
3 Die Butter in der Küchenmaschine schaumig schlagen und auf drei Male die geschmolzene Schokolade einarbeiten.
4 In einer Schüssel die Eigelbe mit der Schokoladensauce verrühren. Die Mischung zu den anderen Zutaten in die Küchenmaschine geben und mixen, bis die Mischung glatt ist.
5 Die Eiweiße steif, aber nicht zu fest schlagen. Dabei nach und nach den Zucker einstreuen. Mit einem biegsamen Spatel zunächst ein Drittel des Eischnees unter die Schokoladenmasse mengen, dann behutsam den Rest unterheben.
6 Die Mousse in eine Schüssel füllen und höchstens für 1 Stunde in den Kühlschrank stellen. Nach Belieben vor dem Servieren mit Schokoladenröllchen bestreuen.

Mini-Schokopuddings

Für 6 Personen
Vorbereitung: 15 Minuten
Garzeit: 1 Stunde 10 Minuten

500 ml Milch
150 g Edelbitter-Schokolade (70 % Kakaoanteil)
4 Eigelbe
1 Ei
80 g extrafeiner Zucker
15 g Butter für die Förmchen

1 Die Milch in einem Topf aufkochen. Die Schokolade mit dem Sägemesser hacken und in eine Schüssel geben. Mit der kochenden Milch übergießen und dabei kräftig mit einem Holzlöffel rühren.
2 Die Eigelbe, das ganze Ei und den Zucker 3 Minuten aufschlagen. Mit der Schokoladen-Milch übergießen und umrühren, bis die Masse glatt ist.
3 Den Ofen auf 100 °C vorheizen.
4 Sechs kleine Becherförmchen ausbuttern und gleichmäßig mit der Creme füllen. Die Förmchen in eine Bratenpfanne stellen und diese bis zur halben Höhe der Förmchen mit heißem Wasser füllen. In den Ofen schieben und 1 Stunde und 10 Minuten garen. Die Förmchen aus dem Wasserbad nehmen, abkühlen lassen und vor dem Servieren im Kühlschrank durchkühlen. Gut gekühlt servieren.

(Bild siehe Seite 181)

Gianduja-Schokoladenreis

Für 8 Personen
Vorbereitung: 20 Minuten
Garzeit: etwa 35 Minuten
Kühlen: 3–4 Stunden

Für den Schokoladenmilchreis
60 g Rosinen
700 ml Milch
35 g extrafeiner Zucker
1 Prise Salzblüte (Fleur de Sel)
50 g Rundkornreis
180 g Edelbitter-Schokolade (70 % Kakaoanteil)
50 g Butter

Für die Gianduja-Sahne
250 ml Sahne
100 g Gianduja-Schokolade (ersatzweise Nugatschokolade)

Für die Brioche-Scheiben
1 Brioche
50 g Butter
30 g extrafeiner Zucker
Salzblüte (Fleur de Sel)

1 Den Schokoladenmilchreis zubereiten: Die Rosinen in einem Topf mit Wasser nur eben bedecken und bei schwacher Hitze garen, bis die Flüssigkeit vollständig verdampft ist. Abkühlen lassen.
2 Die Milch mit dem Zucker und dem Salz aufkochen. Den Reis einstreuen und garen.
3 Die Schokolade mit dem Sägemesser hacken und mit der Butter abseits des Herdes unter den Reis rühren. Die Rosinen untermengen, gut verrühren und abkühlen lassen.
4 Die Gianduja-Sahne zubereiten: Die Sahne aufkochen und vom Herd nehmen. Die Gianduja-Schokolade in Stücke zerbrechen, in die heiße Sahne geben und rasch verschlagen. Die Mischung für 3–4 Stunden kalt stellen.
5 Eine Glas- oder Edelstahlschüssel für 15 Minuten in den Gefrierschrank stellen. Die erkaltete Gianduja-Sahne hineingießen und steif schlagen. In den Kühlschrank stellen.
6 Den Backofengrill vorheizen. Die Brioche in 8 Scheiben von 1,5 cm Dicke schneiden. Die Butter zerlassen. Die Brioche-Scheiben von der einen Seite mit der Butter bestreichen und mit dem Zucker bestreuen. Unter dem Backofengrill rösten und anschließend mit einigen Kristallen Salzblüte bestreuen.
7 8 Martinigläser randvoll mit Schokoladenreis füllen, mit Zucker bestreuen und unter dem Grill einige Sekunden karamellisieren lassen.
8 Auf jedem Glas eine Kugel der geschlagenen Gianduja-Sahne anrichten und mit den gerösteten Brioche-Scheiben servieren.

Schokoladen-Soufflé

Für 4 Personen
Vorbereitung: 20 Minuten
Backzeit: etwa 12 Minuten

20 g weiche Butter
100 g extrafeiner Zucker
180 g Edelbitter-Schokolade (70 % Kakaoanteil)
100 ml Milch
30 g Kakaopulver
5 Eier
Kakaopulver zum Bestäuben

H. Daumy
Restaurant les Templiers (Les Bézards)

1 4 Soufflé-Förmchen aus Porzellan ausbuttern und mit je 10 g extrafeinem Zucker ausstreuen. In den Kühlschrank stellen.
2 Den Ofen auf 200 °C vorheizen.
3 Die Schokolade mit dem Sägemesser hacken und auf dem heißen Wasserbad schmelzen. Die Milch aufkochen, vom Herd nehmen und den Kakao einrühren. Die geschmolzene Schokolade aus dem Wasserbad nehmen, die Kakao-Milch zugießen und rasch verschlagen.
4 Die Eier trennen. Die Eigelbe unter die Schokoladenmasse rühren. Die Eiweiße zu sehr festem Schnee schlagen und dabei nach und nach die restlichen 60 g Zucker einarbeiten.
5 Ein Drittel des Eischnees zügig unter die Schokoladenmasse ziehen, dann ganz behutsam den Rest unterheben.
6 Die Soufflé-Masse in die Förmchen füllen und mit einer Palette glatt streichen. Im Ofen 12 Minuten backen.
7 Die Soufflés mit Kakaopulver bestäuben und sofort servieren.

Kalte Schokoladensuppe mit Minzegelee und Trüffeln

Für 8 Personen
Vorbereitung: 30 Minuten
Ziehen: 3 Minuten
Garzeit: etwa 12 Minuten
Tiefkühlen: 2–3 Stunden

Für das Gelee und die Trüffel
300 g dunkle Ganache (siehe S. 289)
3 Blatt Gelatine (9 g)
80 g frische Minzeblätter
300 ml Mineralwasser
80 g extrafeiner Zucker

Für die Schokoladensuppe
110 g Edelbitter-Schokolade (70 % Kakaoanteil)
30 g extrafeiner Zucker
220 ml Mineralwasser
10 g Kakaopulver
1 kleine Prise Salzblüte (Fleur de Sel)

Zum Fertigstellen
30 frische Minzeblättchen

1 Die Einlage vorbereiten: Zuerst die Ganache für die Trüffel herstellen, etwas anziehen lassen und in einen Spritzbeutel mit Lochtülle Nr. 4 füllen. Ein Blech mit Pergamentpapier auskleiden und kleine Kugeln Ganache aufspritzen. Die Trüffel 2–3 Stunden in den Gefrierschrank stellen.
2 Die Gelatine in kaltem Wasser einweichen. Die Minze waschen, abtrocknen und grob in Streifen schneiden. Das Wasser mit dem Zucker zum Kochen bringen. Die Minze hineingeben, vom Herd nehmen und maximal 3 Minuten ziehen lassen. Die Gelatine gut ausdrücken und mit Küchenpapier trocken tupfen. Den Minzesirup durch ein Sieb passieren, die Gelatine untermengen und auflösen. Das Gelee gleichmäßig auf 8 tiefe Teller verteilen und im Kühlschrank fest werden lassen.
3 Für die Suppe die Schokolade mit dem Sägemesser hacken. Den Zucker in einem Topf mit schwerem Boden schmelzen. Sobald er rötlich braun karamellisiert ist, das Wasser zugießen (Vorsicht vor spritzendem Karamell) und zum Kochen bringen. Die gehackte Schokolade, den Kakao und das Salz einrühren und erneut aufkochen. Vom Herd nehmen und die Suppe mit dem Stabmixer 5 Minuten aufschäumen. Die Suppe erkalten und dann im Kühlschrank gut durchkühlen lassen.
4 Etwa 1 Stunde vor dem Servieren die Trüffel aus dem Gefrierschrank nehmen. Die Minzeblättchen für die Dekoration waschen und abtrocknen.
5 Die Teller mit dem Minzegelee aus dem Kühlschrank nehmen und die Trüffel darauf verteilen. Die kalte Schokoladensuppe darüberschöpfen. Die Minzeblättchen in feine Streifen schneiden, über die Suppe streuen und sofort servieren.

Erdbeer-Tatar mit Schokolade

ganz einfach

Für 4 Personen
Vorbereitung: 15 Minuten
Garzeit: 2–3 Minuten

150 g Edelbitter-Schokolade (60 % Kakaoanteil)
20 ml Wasser
80 ml Milch
100 ml Sahne
20 g Zucker
15 g Butter

Für das Tatar
500 g Erdbeeren
1 unbehandelte Zitrone
40 g extrafeiner Zucker

1 Die Schokolade mit einem Sägemesser hacken und in eine Schüssel geben. Das Wasser mit der Milch und der Sahne aufkochen und vom Herd nehmen. Den Zucker unterrühren, bis er sich aufgelöst hat. Sofort die Schokolade zugeben und mit einem Holzlöffel untermengen. Die Butter hinzufügen und weiterrühren, bis die Mischung glatt ist. Auf Raumtemperatur abkühlen lassen.
2 Die Erdbeeren entstielen und je nach Größe in 4–6 Stücke schneiden. Die Zitrone waschen, die Zeste dünn abschälen und ganz fein hacken. Die Zeste unter den Zucker mischen und mit dem Stiel eines Holzlöffels zerdrücken, sodass der austretende Saft den Zucker etwas anfeuchtet. Die Erdbeeren vorsichtig in dem zitronisierten Zucker wenden, bis sie rundherum bedeckt sind.
3 Die Erdbeeren in 4 Gläsern anrichten, mit der kalten Schokoladensauce überziehen und servieren.

C. Jobard
Köchin und Journalistin

Erdbeer-Tatar mit
Schokolade

Früchte-Tempura mit Schokoladensauce

Für 8–10 Personen
Vorbereitung: 20 Minuten
Garzeit: einige Sekunden pro Fruchtstück

Für den Tempura-Ausbackteig
60 g Kartoffelstärke
50 g Mehl
50 g extrafeiner Zucker
1 Vanilleschote
2 Eier
400 ml Mineralwasser
2 Eiswürfel
Frisch gemahlener Pfeffer

Für die Früchte
5 Feigen
1 Traube Weinbeeren
3 Orangen
2 Äpfel
2 Pfirsiche
2 Bananen
800 g Schokoladensauce (siehe S. 290)

Zum Ausbacken
1 l Frittieröl
Kartoffelstärke

1 Für den Tempura-Teig in einer Schüssel die Stärke, das gesiebte Mehl und den Zucker vermengen. Die Vanilleschote spalten, das Mark herauskratzen und untermischen. Die Eier mit dem Wasser und den Eiswürfeln leicht verschlagen und ebenfalls unter die Mehlmischung rühren. Mit 3–4 Umdrehungen aus der Pfeffermühle würzen und maximal 1 Stunde in den Kühlschrank stellen. Den Teig unbedingt zwischendurch ab und zu umrühren, damit er die richtige Konsistenz bekommt.
2 Die Früchte vorbereiten: Die Feigen und die Weinbeeren abspülen. Die Feigen vierteln und die Trauben ablösen, jedoch einen kleinen Stielansatz stehen lassen. Die Orangen sauber abschälen, filetieren und die Filets halbieren. Die Äpfel und die Pfirsiche würfeln, die Bananen schälen und in dicke Scheiben schneiden. Sämtliche Früchte auf einer Platte anrichten.
3 Die Schokoladensauce zubereiten.
4 Einen Fondue-Topf mit dem heißen Öl vorbereiten. Die Schokoladensauce auf einer Warmhalteplatte auf den Tisch stellen. Die Platte mit den Früchten und den Tempura-Teig dazustellen. Etwas Kartoffelstärke in eine Schale geben. Die Teilnehmer nehmen ein Fruchtstück auf, wenden es leicht in der Stärke (überschüssige Stärke über der Schale abklopfen) und ziehen es durch den Tempura-Teig. Anschließend einige Sekunden in dem heißen Öl ausbacken und in die Schokoladensauce tauchen.

Heiße Schokoladensuppe mit Zimtäpfeln und Rosinen

Für 6 Personen
Vorbereitung: 20 Minuten
Garzeit: etwa 18 Minuten

Für die Einlage
2 Äpfel (knackig und säuerlich)
30 g Butter
20 g Zucker
40 g Rosinen
1 TL gemahlener Zimt

Zum Garnieren
150 ml Sahne
40 g extrafeiner Zucker
½ TL gemahlener Ceylon-Zimt
3 Scheiben Gewürz- oder Honigkuchen
20 g Butter

Für die Schokoladensuppe
170 g Edelbitter-Schokolade (70 % Kakaoanteil)
55 g extrafeiner Zucker
1 Stange Ceylon-Zimt
330 ml Mineralwasser
15 g Kakaopulver
1 Prise Salzblüte (Fleur de Sel)

1 Für die Einlage die Äpfel schälen und in etwa 5 mm kleine Würfel schneiden. Die Butter in einer Pfanne aufschäumen. Sobald sie braun wird, die Äpfel, den Zucker, die Rosinen und den Zimt hineingeben und einige Minuten karamellisieren lassen. Vom Herd nehmen.
2 Die Garnitur vorbereiten: Eine Glas- oder Edelstahlschüssel 15 Minuten tiefkühlen und darin anschließend die Sahne mit 10 g des Zuckers steif schlagen. In den Kühlschrank stellen. Die restlichen 30 g Zucker mit dem Zimt vermengen und beiseite stellen. Den Gewürzkuchen in 3 mm kleine Würfel schneiden. Die Butter in einer kleinen Pfanne erhitzen und die Würfel darin 2–3 Minuten anschwitzen.
3 Für die Suppe die Schokolade mit einem Sägemesser hacken. Den Zucker mit dem in Stücke zerbrochenen Zimt erhitzen. Sobald die Mischung goldbraun karamellisiert ist, das Wasser zugießen (Vorsicht vor spritzendem Karamell) und zum Kochen bringen. Die gehackte Schokolade, den Kakao und das Salz unterrühren und erneut aufkochen.
4 Die Suppe vom Herd nehmen, durch ein Sieb passieren und 5 Minuten mit dem Stabmixer gründlich aufschäumen. Die Zimtäpfel und Rosinen einrühren. Die Suppe in tiefe Teller oder Schalen schöpfen, mit einem Klecks Sahne garnieren und mit den gerösteten Gewürzkuchenwürfeln bestreuen. Sofort servieren.

Tiramisu

ganz einfach

Für 6 Personen
Am Vortag beginnen
Vorbereitung: 25 Minuten
Garzeit: etwa 8 Minuten

200 ml sehr starker Kaffee
4 Eiweiße
30 ml Wasser
90 g extrafeiner Zucker
250 g Mascarpone
4 Eigelbe
Etwa 20 Löffelbiskuits
8 cl trockener Marsala (oder Amaretto)
150 g Vollmilchschokolade
Kakaopulver zum Bestäuben

1 Den Kaffee kochen und abkühlen lassen.
2 Die Eiweiße mit dem elektrischen Handrührgerät zu einem geschmeidigen, nicht zu festen Eischnee schlagen. Das Wasser mit dem Zucker aufkochen und höchstens 3 Minuten kochen lassen. Den Sirup in einem dünnen Strahl in den Eischnee gießen und dabei beständig weiterschlagen, bis die Masse vollständig erkaltet ist.
3 Den Mascarpone in einer Schüssel mit den Eigelben verrühren. Sobald die Mischung glatt ist, vorsichtig den Eischnee unterziehen.
4 Die Löffelbiskuits mit etwas Kaffee tränken. Den Boden einer etwa 19 × 24 cm großen Auflaufform mit Löffelbiskuits auslegen und mit Marsala beträufeln. Eine Schicht Mascarponecreme auftragen und gleichmäßig die Hälfte der Vollmilchschokolade darüberreiben. Die restlichen Zutaten in gleicher Weise einschichten und zuoberst mit Mascarponecreme abschließen. Über Nacht in den Kühlschrank stellen.
5 Das Tiramisu unmittelbar vor dem Servieren mit Kakaopulver bestäuben.

Schokoladen-Trifle

Für 4 Personen
Vorbereitung: 10 Minuten
Garzeit: 2 Minuten
Kühlen: 2–3 Stunden

60 ml Mineralwasser
30 g Zucker
10 g Kakaopulver
200 g Schokoladencreme (siehe S. 287)
1 kleiner gekaufter Tortenbiskuit
4 Stück Sandgebäck mit Salzblüte (siehe S. 146)
200 ml Sahne

1 Eine Glas- oder Edelstahlschüssel 15 Minuten tiefkühlen.
2 Das Wasser mit dem Zucker aufkochen. Vom Herd nehmen und rasch den Kakao unterrühren. Den Sirup bei schwacher Hitze erneut zum Kochen bringen und wieder von der Kochstelle nehmen. Abkühlen lassen.
3 Die Schokoladencreme zubereiten und abkühlen lassen.
4 Den Biskuit in 4 gleich große Stücke zerteilen und in 4 Gläser mit geradem Rand von 250 ml Fassungsvermögen geben. Die Biskuitstücke mit dem Kakao-Sirup tränken und mit einem Löffelrücken zerdrücken. Mit etwas kalter Schokoladencreme auffüllen. Das Sandgebäck in kleine Stückchen zerkrümeln und über die Creme streuen.
5 Die Sahne in der kalt gestellten Schüssel steif schlagen und die Trifles mit einer kleinen Sahnehaube krönen. Vor dem Servieren 2–3 Stunden durchkühlen lassen.

Schokoladen-Trifle mit Himbeeren

ganz einfach

Für 4 Personen
Vorbereitung: 10 Minuten
Garzeit: 3 Minuten
Kühlen: 2–3 Stunden

60 ml Mineralwasser
30 g extrafeiner Zucker
1 cl Himbeergeist
200 ml Schokoladencreme (siehe S. 287)
½ Schokoladenbiskuit mit Mehl (siehe S. 297)
100 g Himbeeren
4 kleine Butterkekse
200 ml Sahne

1 Eine Glas- oder Edelstahlschüssel 15 Minuten tiefkühlen.
2 Das Wasser mit dem Zucker zum Kochen bringen. Vom Herd nehmen, den Himbeergeist einrühren und abkühlen lassen.
3 Die Schokoladencreme zubereiten und abkühlen lassen.
4 Den Biskuit in 4 gleich große Stücke zerteilen und in 4 Gläser mit geradem Rand und 250 ml Fassungsvermögen füllen. Die Biskuitstücke mit dem Sirup tränken und mit dem Rücken eines Löffels zerdrücken. Die Himbeeren darüber verteilen und mit etwas kalter Schokoladencreme bedecken. Die Butterkekse zerbröseln und über die Creme streuen.
5 Die Sahne in der kalt gestellten Schüssel steif schlagen und auf den Butterkeksbröseln verteilen. Vor dem Servieren 2–3 Stunden durchkühlen lassen.

»Mousses, Cremes und andere Leckereien Glanzstücke«

Krapfen (Berliner)

Ergibt 25 kleine Krapfen
Vorbereitung: 40 Minuten
Garzeit: 10–12 Minuten pro Frittiergang
Gehen des Teiges: etwa 5 Stunden

Für den Vorteig
5 g frische Hefe
180 ml Mineralwasser (20 °C warm)
275 g Mehl

Für den Teig
250 g Mehl, plus Mehl für das Küchentuch
11 g Salzblüte (Fleur de Sel)
65 g extrafeiner Zucker
5 Eigelbe
60 g frische Hefe
60 ml Milch
65 g Butter

Zum Frittieren
1 l Traubenkernöl

Für die Füllung
750 g dunkle Ganache (siehe S. 289)

Zum Fertigstellen
3 g gemahlener Ceylon-Zimt
250 g extrafeiner Zucker

G. Hermé
(Vater von Pierre Hermé)

1 Für den Vorteig die Hefe in eine Schüssel bröckeln. Das Wasser zugießen und die Hefe mit den Fingerspitzen darin auflösen. Das Mehl hineinsieben und alles zu einem homogenen, flüssigen Teig verarbeiten. Mit einem Tuch bedecken und 1 ½–2 Stunden gehen lassen. Wenn sich an der Oberfläche kleine Bläschen bilden, ist der Vorteig ausreichend gegangen.
2 Den Teig zubereiten: Den Vorteig in die Schüssel der Küchenmaschine geben. Das gesiebte Mehl, das Salz, den Zucker, die Eigelbe, die zerbröckelte Hefe und die Milch zufügen und mit dem Knethaken auf mittlerer Stufe etwa 20 Minuten kneten, bis sich der Teig vom Schüsselrand löst. Nach und nach die gewürfelte Butter zugeben und sorgfältig einarbeiten, bis der Teig glatt ist. Den Teig in der Schüssel mit einem Küchentuch bedecken und gehen lassen, bis er sein Volumen verdoppelt hat.
3 Den Teig auf seine ursprüngliche Größe abschlagen und in 25 kleine Stücke zerteilen. Jedes Teigstück zu einer schön runden Kugel rollen und auf ein nur ganz leicht angefeuchtetes und mit Mehl bestäubtes Tuch legen. Zwischen den Kugeln 5 cm Abstand lassen. Mit einem weiteren Tuch bedecken und erneut gehen lassen, bis die Kugeln ihr Volumen verdoppelt haben.
4 Das Öl auf 160 °C erhitzen, je nach Größe des Topfes oder Frittiergeräts 3–4 Berliner hineingeben und 10–12 Minuten backen. Nach der Hälfte der Garzeit mit einem Schaumlöffel wenden. Fertige Berliner auf einem Tuch abtropfen lassen.
5 Die Ganache zubereiten und in einen Spritzbeutel mit mittelgroßer Lochtülle füllen. Die Krapfen mit der Tülle einstechen und etwas Füllung hineinspritzen.
6 Den Zimt mit dem Zucker vermengen, die Krapfen in der Mischung wenden und lauwarm servieren.

Krapfen, gefüllt mit Schokoladencreme
Die Krapfen halbieren, jede Hälfte mit einer Rosette Schokoladencreme (Seite 287) garnieren und wieder zusammensetzen. Rechnen Sie 30 g Creme pro Krapfen.

Krapfen, gefüllt mit Ganache und Himbeerkonfitüre
Die Krapfen mit einem Spritzbeutel mit mittelgroßer Lochtülle jeweils zur Hälfte mit Ganache und zur Hälfte mit Himbeerkonfitüre füllen.

Krapfen (Berliner)

Gebackene Kaffee-Eiercreme mit Schoko- und Sahnehaube

Für 6 Personen
Am Vortag beginnen
Vorbereitung: 20 + 10 Minuten
Garzeit: etwa 45 Minuten

Für die Eiercreme
300 ml Milch
15 g gemahlener Kaffee
250 ml Sahne
90 g extrafeiner Zucker
5 Eigelbe

Zum Garnieren
400 g Schokoladencreme (siehe S. 287)
120 ml Sahne
2 TL Sesamsamen

1 Am Vortag die Eiercreme zubereiten: Die Milch aufkochen, vom Herd nehmen und den Kaffee einrühren. Zugedeckt 3 Minuten ziehen lassen und durch ein feines Sieb abgießen. Die Sahne aufkochen und mit der Milch-Kaffee-Mischung verrühren.
2 Den Ofen auf 100 °C vorheizen.
3 Den Zucker und die Eigelbe mit einem Holzlöffel verrühren. Die Milch-Kaffee-Sahne-Mischung zugießen und glatt rühren. Die Creme in 6 feuerfeste Förmchen füllen und 45 Minuten im Ofen backen. Die Cremes abkühlen lassen und über Nacht in den Kühlschrank stellen.
4 Am Folgetag die Schokoladencreme zubereiten.
5 Eine Glas- oder Edelstahlschüssel 15 Minuten tiefkühlen. Die Sesamsamen in einer beschichteten Pfanne 2–3 Minuten rösten. Abkühlen lassen. Die Sahne in der kalt gestellten Schüssel mit dem elektrischen Handrührgerät steif schlagen.
6 Die Eiercremes mit einer etwa 1,5 cm dicken Schicht Schokoladencreme bedecken und mit der Schlagsahne garnieren. Die gerösteten Sesamsamen darüberstreuen und sofort servieren.

Zweierlei Cremes mit Passionsfrucht und Vollmilchschokolade

Für 6 Personen
Am Vortag beginnen
Vorbereitung: 10 + 15 Minuten
Garzeit: etwa 1 Stunde

Für die Passionsfrucht-Creme
6 Passionsfrüchte (Maracujas)
7 Eigelbe
125 g extrafeiner Zucker
380 ml Sahne

Für die Vollmilchschokoladencreme
½ Blatt Gelatine (1 g)
80 ml Milch
80 ml Sahne
2 Eigelbe
30 g extrafeiner Zucker
200 g Vollmilchschokolade

Zum Dekorieren
Helle Schokoladenröllchen (aus Vollmilchschokolade; siehe S. 282)

1 Am Vortag die Passionsfrucht-Creme zubereiten: Den Ofen im Umluftmodus auf 90 °C vorheizen.
2 Die Passionsfrüchte halbieren, das Fruchtmark herauslösen und durch ein Sieb streichen. Den Saft auffangen. Die Eigelbe und den Zucker mit einem Holzlöffel verrühren. Den Passionsfruchtsaft und die Sahne zugeben und vermengen.
3 Die Mischung in 6 Martinigläser füllen, auf ein Blech stellen und im Ofen 50–60 Minuten garen. Zur Garprobe ein Glas am Stiel leicht rütteln. Die Creme sollte vollständig gestockt sein und darf an der Oberfläche nicht wackeln. Die Cremes abkühlen lassen und über Nacht in den Kühlschrank stellen.
4 Am Folgetag die Vollmilchschokoladencreme zubereiten: Die Gelatine in kaltem Wasser einweichen. Die Milch mit der Sahne aufkochen. Die Eigelbe in einer Schüssel mit dem Zucker verrühren und unter ständigem Rühren die kochende Milch und Sahne untermengen. Die Mischung zurück in den Topf gießen und unter Rühren bei schwacher Hitze langsam eindicken lassen, aber nicht aufkochen. Vom Herd nehmen. Die Gelatine gut ausdrücken und in der heißen Creme auflösen. Den Topf mit dem Boden in eine Schüssel mit Eiswasser stellen und die Creme weitere 5 Minuten umrühren, bis sie sämig wird.
5 Die Creme aus dem Eiswasser nehmen. Die Schokolade mit einem Sägemesser hacken und in eine Schüssel geben. Die Creme auf drei Male in die Schokolade gießen und vor jedem nächsten Mal sorgfältig verrühren. Abkühlen lassen.
6 Zum Servieren die Passionsfrucht-Cremes mit einer Schicht Schokoladencreme garnieren und mit Schokoladenröllchen bestreuen.

Gebackene Pistazien-Creme mit Kakao-Krokant

Für 6 Personen
Am Vortag beginnen
Vorbereitung: 15 + 20 Minuten
Garzeit: etwa 40 Minuten
Kühlen: 2 Stunden

Für die Pistazien-Creme
100 g geschälte Pistazien
250 ml Milch
250 ml Sahne
2 Tropfen Mandelessenz
3 Eigelbe
80 g extrafeiner Zucker

Für die Schokoladencreme
100 g Edelbitter-Schokolade (65 % Kakaoanteil)
250 ml Milch
250 ml Sahne
6 Eigelbe
100 g extrafeiner Zucker

Für den Kakao-Krokant
100 g extrafeiner Zucker
33 g Glukose (aus dem Reformhaus)
30 ml Milch
100 g Kakaobohnenbruch (erhältlich im Schokoladenfachhandel; ersatzweise ganze Kakaobohnen im Mörser zerstoßen)

Zum Dekorieren
Etwa 20 geschälte Pistazien

1 Am Vortag die Pistazien-Creme zubereiten: Die Pistazien im Mixer fein mahlen, in einem Topf mit der Milch, der Sahne und der Mandelessenz verrühren und aufkochen. Vom Herd nehmen.
2 Den Ofen auf 100 °C vorheizen.
3 In einer Schüssel die Eigelbe und den Zucker verrühren. Die heiße Pistazienmilch zugießen und dabei zügig mit dem Schneebesen verschlagen. Die Mischung in 6 feuerfeste Förmchen füllen (etwa 1 cm hoch) und 20 Minuten im Ofen backen. Die Creme sollte nur gerade eben gestockt sein. Abkühlen lassen und über Nacht in den Kühlschrank stellen.
4 Am folgenden Tag die Schokoladencreme zubereiten: Die Schokolade mit dem Sägemesser hacken und in eine Schüssel geben. Die Milch mit der Sahne aufkochen. Die Eigelbe mit dem Zucker verrühren. Die kochende Milch-Sahne-Mischung über die Eigelbmasse gießen und dabei ständig mit dem Schneebesen schlagen. Die Mischung zurück in den Topf gießen und unter ständigem Rühren erhitzen, bis sie langsam eindickt, aber nicht aufkochen. Die heiße Creme über die Schokolade gießen und glatt rühren. Abkühlen lassen. Die Pistazien-Cremes mit einer Schicht Schokoladencreme bedecken und für 2 Stunden in den Kühlschrank stellen.
5 Den Kakao-Krokant zubereiten: Den Ofen auf 170 °C vorheizen.
6 In einem Topf den Zucker, die Glukose und die Milch vermengen, zum Kochen bringen und 3 Minuten nach dem Aufwallen den Kakaobohnenbruch zugeben. Gut verrühren und die Mischung auf ein mit Backpapier ausgelegtes Blech gießen und verteilen. Im Ofen 15–20 Minuten backen, bis der Krokant goldbraun ist.
7 Den Krokant auf dem Blech abkühlen lassen und anschließend grob in Stücke zerbrechen.
8 Die Pistazien grob hacken. Die Cremes aus dem Kühlschrank nehmen und mit den Pistazien bestreuen. Ein Stück Kakao-Krokant hineinstecken und sofort servieren.

Das Besondere an dieser Creme liegt in dem Kontrast zwischen der zart schmelzenden Pistazien-Creme und dem knusprigen Krokant. Damit dies gelingt, sollten Sie die Pistazien-Creme unbedingt am Vortag zubereiten, die Schokoladencreme und den Krokant jedoch erst 2 Stunden vor dem Servieren.

Schokoladenkroketten mit Kokos-Tapioka-Creme und kandiertem Ingwer

Für 8 Personen
Vorbereitung: 40 Minuten
Garzeit: etwa 40 Minuten
Kühlen: 2 Stunden
Tiefkühlen: 2 Stunden

Für den kandierten Ingwer
5 cm frische Ingwerwurzel
160 ml Wasser
50 g Zucker

Für die Kroketten
145 g Edelbitter-Schokolade (70 % Kakaoanteil)
115 g Butter
3 Tropfen Tabasco
1 Ei
3 Eigelbe
30 g extrafeiner Zucker

Für die Kokos-Tapioka-Creme
1 unbehandelte Orange
2 Scheiben frischer Ingwer (von der Dicke einer großen Münze)
500 ml Milch
40 g extrafeiner Zucker
65 g Tapiokaperlen (aus dem Reformhaus oder Asia-Shop)
250 g Crème fraîche
400 ml Kokosmilch (aus der Dose)

Zum Panieren der Kroketten
2 Eier
125 g Kokosraspel

Zum Frittieren
1 l Traubenkernöl (oder ein anderes Frittieröl)

Zum Fertigstellen
3 Passionsfrüchte (Maracujas)

1 Den Ingwer kandieren: Die Ingwerwurzel schälen, schräg in Scheiben und dann in Stäbchen schneiden. Das Wasser mit dem Zucker zum Kochen bringen. Die Ingwerstäbchen hineingeben und auf kleinster Stufe 20 Minuten garen. Abkühlen lassen.
2 Für die Kroketten die Schokolade mit einem Sägemesser hacken und auf dem heißen Wasserbad schmelzen. Die Butter in einem Topf mit dem Tabasco zerlassen und wieder vom Herd nehmen. In einer Schüssel das Ei und die Eigelbe mit dem Zucker behutsam verrühren, ohne Luft in die Masse einzuarbeiten. Unter Rühren langsam die geschmolzene Schokolade zugießen und anschließend die zerlassene Butter unterziehen. Die Krokettenmasse behutsam durchrühren und etwa 2,5 cm hoch in ein flaches Gefäß oder auf ein Blech gießen. Im Kühlschrank 2 Stunden fest werden lassen.
3 Inzwischen die Kokos-Tapioka-Creme zubereiten: Die Orange waschen, abtrocknen und 3 Streifen Zeste abschälen. Die Ingwerscheiben schälen. Die Milch mit dem Zucker, der Orangenzeste und den Ingwerscheiben zum Kochen bringen. Unter ständigem Rühren mit einem Holzlöffel die Tapiokaperlen einrieseln lassen und 10 Minuten garen. Dabei ständig umrühren. In einem zweiten Topf die Crème fraîche zum Kochen bringen. Die Kokosmilch zugießen und unter ständigem Rühren 3 Minuten köcheln lassen. Die Mischung unter die Tapiokaperlen mengen und abkühlen lassen. Zwischendurch ab und zu umrühren. Die Orangenzeste und die Ingwerscheiben entfernen.
4 Zum Panieren der Kroketten die Eier in einer Schüssel verschlagen und die Kokosraspel auf einen tiefen Teller geben. Die erstarrte Krokettenmasse in etwa 2 cm große Würfel schneiden. Mithilfe einer Gabel zuerst durch das verschlagene Ei ziehen und dann in den Koksraspeln wenden. Die panierten Kroketten auf ein mit Pergamentpapier bedecktes Blech legen. Die Kroketten vor dem Frittieren 2 Stunden einfrieren.
5 Kurz vor dem Fertigstellen die Passionsfrüchte halbieren. Das Fruchtfleisch herauslösen und mit seinem Saft auf 8 Teller verteilen. Das Frittieröl auf 180 °C erhitzen. Die gefrorenen Schokoladenkroketten zu je 4 Stück in das heiße Öl gleiten lassen und maximal 3 Minuten frittieren.
6 Die frittierten Kroketten mit einem Schaumlöffel herausheben, auf Küchenpapier kurz abtropfen lassen und auf den Tellern anrichten. Mit der Kokos-Tapioka-Creme umträufeln und mit den kandierten Ingwerstäbchen garnieren. Sofort servieren.

Sie können den Ingwer bis zu 1 Monat im Voraus kandieren und in einem luftdicht verschlossenen Gefäß aufbewahren. Auch die Kokos-Tapioka-Creme lässt sich im Voraus zubereiten. Sie hält sich im Kühlschrank bis zu 2 Tage. Die Kroketten können Sie bis zu 1 Monat einfrieren.

Tapiokaperlen, die aus der Wurzel des Manioks gewonnen werden, finden Sie in manchen Reformhäusern und im Asia-Laden.

Schokoladenkroketten

Schokoladenkuppeln mit Mokka-Creme und Filoteig-Kräckern

Für 8 Personen
Am Vortag beginnen
Vorbereitung: 40 + 20 Minuten
Garzeit: 35 + etwa 30 Minuten
Tiefkühlen: 6 Stunden

Für das Kaffee-Gelee
4 Blatt Gelatine (8 g)
250 ml sehr starker Kaffee
40 g extrafeiner Zucker

Für die Mokka-Creme (*crème anglaise au café*)
500 ml Milch
20 g gemahlener Kaffee
6 Eigelbe
100 g extrafeiner Zucker

Für die Schokoladenmousse
40 ml Mineralwasser
100 g extrafeiner Zucker
1 Ei
4 Eigelbe
250 g Edelbitter-Schokolade (60 % Kakaoanteil)
340 ml Sahne

Für die Schokoladenbiskuitböden
75 g Edelbitter-Schokolade (60 % Kakaoanteil)
65 g Butter
4 Eiweiße
70 g Zucker
2 Eigelbe
4 g Kakaopulver

Für die Filoteig-Kräcker
3 Blätter Filoteig
40 g Butter
20 g extrafeiner Zucker
40 ml Zitronensirup (im gut sortierten Lebensmittelhandel)

1 Am Vortag das Kaffee-Gelee zubereiten: die Gelatine in kaltem Wasser einweichen, gut ausdrücken und auf Küchenpapier trocken tupfen. Den Kaffee kochen und die Gelatine darin auflösen. Den Zucker zugeben und rühren, bis er sich aufgelöst hat. Das Gelee in Eiswürfelbereiter mit halbkugelförmigen Mulden füllen und über Nacht gefrieren lassen.
2 Ebenfalls am Vortag die Mokka-Creme zubereiten: Die Milch aufkochen, den Kaffee einrühren, kurz ziehen lassen und durch ein feines Sieb gießen. In einem zweiten Topf mit schwerem Boden die Eigelbe und den Zucker mit einem Schneebesen 3 Minuten aufschlagen. Nach und nach in einem dünnen Strahl die Milch-Kaffee-Mischung zugießen und dabei ständig weiterschlagen. Die Creme auf mittlerer Stufe unter ständigem Schlagen auf 85 °C erhitzen (die Temperatur mit einem Küchenthermometer prüfen). Den Topf vom Herd nehmen und die Creme 4–5 Minuten behutsam weiter umrühren, bis sie sämig wird. Eine große Schüssel Eiswasser vorbereiten, eine zweite, kleinere Schüssel hineinsetzen und durch ein feines Sieb die Mokka-Creme in die Schüssel seihen.
3 Die Creme unter gelegentlichem Rühren abkühlen lassen. Über Nacht in den Kühlschrank stellen.
4 Auch die Schokoladenmousse am Vortag zubereiten: Das Wasser mit dem Zucker aufkochen und 3 Minuten kochen lassen. Sobald der Sirup dicke Blasen schlägt (bei 125 °C), den Topf vom Herd nehmen.
5 In einer Schüssel das Ei und die Eigelbe verschlagen und dabei in einem dünnen Strahl den heißen Sirup einarbeiten. Die Masse weiter aufschlagen, bis sie ihr Volumen verdreifacht hat und kalt ist.
6 Die Schokolade mit dem Sägemesser hacken und auf dem heißen Wasserbad schmelzen. In eine große Schüssel gießen und auf 45 °C abkühlen lassen. Eine Glas- oder Edelstahlschüssel 15 Minuten tiefkühlen und darin anschließend mit dem elektrischen Handrührgerät die Sahne steif schlagen. Ein Viertel der Schlagsahne behutsam unter die geschmolzene Schokolade rühren, dann den Rest unterheben. Sobald die Masse homogen ist, mit dem Schneebesen vorsichtig die Eier-Sirup-Mischung unterziehen. Die Mousse über Nacht in den Kühlschrank stellen.
7 Am Folgetag die Biskuitböden backen: Den Ofen auf 170 °C vorheizen. Die Schokolade mit dem Sägemesser hacken und auf dem heißen Wasserbad schmelzen. Die Butter bei schwacher Hitze zerlassen und abseits des Herdes unter die geschmolzene Schokolade mengen. Die Eiweiße steif schlagen und dabei nach und nach 40 g des Zuckers einarbeiten. Die Eigelbe mit dem restlichen Zucker und dem gesiebten Kakao verrühren. Die Eigelb-Zucker-Mischung unter die Schokolade rühren, zunächst ein Drittel des Eischnees zügig unterziehen, dann vorsichtig den Rest unterheben.
8 Den Biskuitteig in einen Spritzbeutel mit Lochtülle Nr. 8 füllen. Ein Backblech mit Backpapier auskleiden und spiralförmig 8 Kreise von 8–9 cm Durchmesser aufspritzen. Die Biskuitböden 20 Minuten backen und anschließend auf einem Kuchengitter abkühlen lassen.
9 In 8 halbkugelförmige Schalen (oder Schalen für Eisbomben) mit 9 cm Durchmesser etwas Schokoladenmousse einfüllen und je einen »Würfel« des gefrorenen Kaffee-Gelees sanft hineindrücken. Bis 1 cm unter den Rand mit Mousse auffüllen und glatt streichen. Je einen Biskuitboden auflegen und die Schalen für 6 Stunden in den Gefrierschrank stellen.

10 Die Schalen 3 Stunden vor dem Servieren aus dem Gefrierschrank nehmen. Den Ofen auf 230 °C vorheizen.
11 Die Dekoration vorbereiten: Ein Blech mit Backpapier auskleiden und ein Filoteigblatt darauflegen. Die Butter bei schwacher Hitze zerlassen, den Zucker und den Zitronensirup zugeben und verrühren. Das Teigblatt über die gesamte Fläche mit der Mischung bestreichen, dann nacheinander das zweite und dritte Teigblatt auflegen und ebenfalls einpinseln. Die Filoblätter im Ofen in etwa 8 Minuten goldbraun und knusprig backen. Abkühlen lassen und dann in grobe Stücke zerbrechen.
12 Zum Herauslösen der Schokoladenkuppeln die Schalen kurz in heißes Wasser tauchen. Einen Dessertteller umgedreht aufsetzen und die Kuppeln daraufstürzen.
13 Die Schokoladenkuppeln mit der kalten Mokka-Creme umgießen. Einige Filoteig-Kräcker dekorativ in die Kuppeln stecken und sofort servieren.

(Bild siehe Seite 196/197)

Gebackene Eiercreme mit grünem Tee und Maronen

Für 6 Personen
Am Vortag beginnen
Vorbereitung: 10 + 10 Minuten
Garzeit: etwa 45 Minuten

Für die Eiercreme
250 ml Milch
1 ½ TL Matcha-Tee (fein pulverisierter japanischer Grüntee)
4 Eigelbe
75 g extrafeiner Zucker
250 ml Sahne

Für die Maronen
200 g ganze gegarte Maronen (aus dem Glas oder Vakuumpack)
½ Vanilleschote
30 g Butter
30 g Rohrzucker
1 Prise Salzblüte (Fleur de Sel)
Frisch gemahlener Pfeffer
450 g Schokoladencreme (siehe S. 287)

1 Am Vortag die gebackene Eiercreme zubereiten: Die Milch aufkochen und auf 60 °C abkühlen lassen (die Temperatur mit dem Küchenthermometer prüfen). Den Matcha-Tee hineingeben und sorgfältig verrühren, um das Pulver möglichst fein zu verteilen.
2 Den Ofen auf 100 °C vorheizen.
3 Die Eigelbe mit dem Zucker verschlagen, dann die Sahne unterrühren. Nach und nach die Milch-Tee-Mischung zugießen und glatt schlagen. Die Creme in 6 feuerfeste Förmchen füllen und im Ofen 45 Minuten backen. Abkühlen lassen und über Nacht in den Kühlschrank stellen.
4 Am folgenden Tag die gegarten Maronen grob zerbröckeln. Die Vanilleschote spalten und das Mark herauskratzen. Die Butter bei lebhafter Hitze aufschäumen. Die Maronenstücke und die Vanilleschote mit dem Mark hineingeben und 3–4 Minuten rösten, bis die Maronen goldbraun sind. Mit Salzblüte und 3–4 Umdrehungen aus der Pfeffermühle würzen und abkühlen lassen. Die Vanilleschote entfernen.
5 Die Schokoladencreme zubereiten.
6 Die erkalteten Maronen auf den gebackenen Cremes verteilen, mit einer Schicht Schokoladencreme bedecken und sofort servieren.

Schokoladenkuppeln mit Mokka-Creme und Filoteig-Kräckern

»Ich wollte gegensätzliche Eindrücke zu einem harmonischen Ganzen zusammenführen: die Cremigkeit der Mousse mit ihrem Kern aus geeistem Kaffee-Gelee und die Knusprigkeit der goldbraunen Filoteig-Kräcker.«

Pierre Hermé
(Rezept siehe Seite 194)

Waffeln mit Pistazien, Rosinen und Schokolade

Für 6 Personen
Am Vortag beginnen
Vorbereitung: 10 + 15 Minuten
Garzeit: 18 + 4–5 Minuten pro Waffel
Kühlen: 1 Stunde

Für die Rosinen in Sirup
60 g Rosinen
3 dünne Scheiben frische Ingwerwurzel
330 ml Wasser
1 ½ EL Honig
1 Prise feines Salz
Frisch gemahlener Pfeffer
3–4 Safranfäden
1 TL Kartoffelstärke

Für den Waffelteig
1 Eiweiß
100 g Mehl
5 g Backpulver
3 Eigelbe
40 ml Milch
70 g extrafeiner Zucker
1 Prise Salz
170 ml Sahne
80 g geschälte Pistazien
70 g Butter
Puderzucker zum Bestäuben

600 g Schokoladencreme (siehe S. 287)

1 Am Vortag die Rosinen in Sirup zubereiten: Die Rosinen waschen, die Ingwerscheiben schälen. Die Rosinen, den Ingwer, das Wasser, den Honig, das Salz und etwas frisch gemahlenen Pfeffer in einem Topf zum Kochen bringen und auf kleiner Flamme 15 Minuten sanft garen.
2 Die Rosinen in einem Sieb abtropfen lassen, den Sirup in einem Topf auffangen. Die Safranfäden zugeben und auf mittlerer Stufe erhitzen. Die Stärke mit 1 Teelöffel Wasser verrühren und unter den Sirup rühren. Den Sirup unter Schlagen aufkochen und durch ein Sieb wieder über die Rosinen seihen. Die Ingwerscheiben entfernen, abkühlen lassen und über Nacht in den Kühlschrank stellen.
3 Am folgenden Tag den Waffelteig zubereiten: Eine Glas- oder Edelstahlschüssel 15 Minuten tiefkühlen. Das Eiweiß steif schlagen. Das Mehl mit dem Backpulver sieben. In einer weiteren Schüssel die Eigelbe mit der Milch, dem Zucker und dem Salz verrühren. Die Sahne mit dem elektrischen Handrührgerät in der kalt gestellten Schüssel steif schlagen. Die Pistazienkerne in kleine Stücke hacken. Die Butter bei schwacher Hitze zerlassen.
4 Mit einem biegsamen Spatel vorsichtig zuerst den Eischnee unter die Milch-Eigelb-Mischung ziehen, dann genauso behutsam die geschlagene Sahne unterheben. Vorsichtig das gesiebte Mehl und die zerlassen Butter einarbeiten und zuletzt die gehackten Pistazien untermengen. Den Teig im Kühlschrank 1 Stunde ruhen lassen.
5 Die Schokoladencreme zubereiten und kalt stellen.
6 Den Ofen auf 95 °C vorheizen. Die Waffeln in dem Waffeleisen nach Bedienungsanleitung backen. Die fertigen Waffeln nebeneinander auf das Ofengitter legen und im Ofen warm halten.
7 Die heißen Waffeln kurz vor dem Servieren mit Puderzucker bestäuben und diagonal in zwei Hälften schneiden. Eine Hälfte auf den Teller legen, eine Kugel kalte Schokoladencreme in die Mitte platzieren und die zweite Waffelhälfte daraufsetzen. Die Rosinen rundherum verteilen und mit dem safranisierten Sirup überziehen. Sämtliche Waffeln in dieser Weise anrichten.

Mousse Sabayon mit Zitrone

Für 8 Personen
Vorbereitung: 20 Minuten
Garzeit: 5 Minuten
Kühlen: 1–2 Stunden

2 Blatt Gelatine (4 g)
½ unbehandelte Zitrone
120 g Edelbitter-Schokolade (60 % Kakaoanteil)
160 g Edelbitter-Schokolade (70 % Kakaoanteil)
40 ml Wasser
100 g extrafeiner Zucker
2 Eier
4 Eigelbe
400 ml Sahne

1 Die Gelatine in reichlich kaltem Wasser einweichen. Gut ausdrücken und mit Küchenpapier abtrocknen.
2 Die Zeste der halben Zitrone dünn abschälen und fein hacken.
3 Beide Schokoladen mit einem Sägemesser hacken und auf dem heißen Wasserbad mit der Zitronenzeste schmelzen.
4 In einem Topf mit schwerem Boden das Wasser und den Zucker bis 131 °C kochen (die Temperatur mit einem Zuckerthermometer prüfen).
5 In einer Schüssel die Eier und die Eigelbe mit dem elektrischen Handrührgerät schaumig schlagen. In einem dünnen Strahl den gekochten Zucker zugießen. Die Gelatine zugeben und weiterschlagen, bis die Mischung vollständig erkaltet ist.
6 Eine Glas- oder Edelstahlschüssel 15 Minuten tiefkühlen und darin anschließend die Sahne steif schlagen.

7 Ein Viertel der geschlagenen Sahne unter die geschmolzene Schokolade mengen, dann vorsichtig den Rest unterheben. Zuletzt die abgekühlte Eier-Zucker-Gelatine-Masse zugeben und mit einem Spatel behutsam einarbeiten.
8 Die Mousse Sabayon in eine Schüssel füllen und vor dem Servieren für 1–2 Stunden kalt stellen.

Der Zucker hat die Temperatur von 131 °C nach dreiminütigem Kochen erreicht.

Pikant-süße Schokoküchlein mit fruchtiger Sauce

Für 6 Personen
Vorbereitung: 25 Minuten
Garzeit: etwa 12 Minuten

Für die Sauce
¼ unbehandelte Limette
1 ½ Bananen
1 Avocado
140 ml frisch gepresster Zitronensaft
60 ml frisch gepresster Orangensaft
40 g extrafeiner Zucker

Für die Küchlein
115 g Butter, plus 20 g für die Formen
3 Spritzer Tabasco
300 g Edelbitter-Schokolade
(70 % Kakaoanteil)
2 Eier
4 Eigelbe
25 g extrafeiner Zucker, plus 20 g für die Formen

Zum Garnieren
2 Bananen
50 ml frisch gepresster Zitronensaft
15 g Butter
25 g extrafeiner Zucker

1 Für die Sauce die Limettenzeste dünn abschälen und fein hacken. Die Bananen und die Avocado schälen, in Stücke schneiden (den Avocadostein beiseite legen), und mit dem Zitronen- und Orangensaft, dem Zucker und der Limettenzeste im Mixer pürieren. Die Sauce in eine Schüssel füllen und den Avocadostein einlegen (er verhindert, dass die Sauce oxidiert). Mit Frischhaltefolie bedeckt in den Kühlschrank stellen.
2 Den Ofen auf 180 °C vorheizen. 6 Auflaufförmchen ausbuttern, mit Zucker ausstreuen und auf das Ofengitter stellen. In einem Topf die Butter mit dem Tabasco zerlassen, dann vom Herd nehmen. Die Schokolade mit dem Sägemesser hacken und auf dem heißen Wasserbad schmelzen. Vom Wasserbad nehmen. In einer Schüssel die Eier, die Eigelbe und den Zucker behutsam verrühren, ohne Luft in die Masse einzuarbeiten. Sobald sich die Zutaten miteinander verbunden haben, die geschmolzene Schokolade zugießen und die Masse glatt rühren. Zuletzt nach und nach die Butter einarbeiten. Die Masse in die vorbereiteten Förmchen füllen und maximal 12 Minuten im Ofen backen.
4 Inzwischen die Garnitur vorbereiten: Die Bananen schälen und schräg in etwa 7 mm dicke Scheiben schneiden. Mit Zitronensaft beträufeln, damit sie nicht anlaufen. Die Butter bei lebhafter Hitze aufschäumen, die Bananen hineingeben, mit dem Zucker bestreuen und rasch von beiden Seiten karamellisieren lassen. Vom Herd nehmen.
5 Die Schokoladenküchlein umgedreht auf eine breite Palette setzen und auf Dessertteller gleiten lassen. Die Formen vorsichtig abziehen. Die Bananenscheiben neben den Küchlein fächerförmig anrichten und mit etwas Avocadosauce überziehen. Die restliche Sauce separat dazureichen.

Kontrollieren Sie kurz vor dem Servieren noch einmal die Konsistenz der Bananen-Avocado-Sauce. Falls nötig, rühren Sie noch etwas Zitronen- oder Orangesaft unter.

»Frühstückseier« mit altem Rum und Schokolade

Für 10 Eier
Am Vortag beginnen
Vorbereitung: 10 + 20 Minuten
Garzeit: etwa 10 Minuten

Für die Eier
10 ganz frische Eier
1 TL Essig

Für die Chantilly mit altem Rum
250 ml Sahne
4 cl alter brauner Plantagenrum

Für die Ganache
115 g Butter
140 g Edelbitter-Schokolade (60 % Kakaoanteil)
3 Eigelbe
1 Ei
40 g extrafeiner Zucker

Für das Rum-Sabayon
1 Eigelb
4 cl alter brauner Plantagenrum
40 g extrafeiner Zucker
20 ml Wasser

1 Am Vortag die leeren Eierschalen vorbereiten: Die Eier auf drei Viertel der Höhe mit einer Nadel einstechen. Die Spitze einer Scherenklinge durch das Loch einführen und einen Deckel abschneiden. Die Eier in eine Schüssel ausleeren. Die leeren Schalen zunächst mit kaltem Wasser, dann mit etwas Essigwasser ausspülen. Die dünne weiße Membran abziehen und erneut mit kaltem Wasser ausspülen. Die Eierschalen mit der Öffnung nach unten auf ein Tuch setzen und über Nacht trocknen lassen.
2 Am nächsten Tag die Chantilly zubereiten: Eine Glas- oder Edelstahlschüssel 15 Minuten tiefkühlen und anschließend die Sahne mit dem elektrischen Handrührgerät darin steif schlagen. Den Rum hineingeben und noch 2 Sekunden weiterschlagen. Die Rum-Chantilly in einen Spritzbeutel mit Lochtülle füllen und in den Kühlschrank legen.
3 Den Ofen auf 180 °C vorheizen.
4 Für die Ganache die Butter bei schwacher Hitze zerlassen und vom Herd nehmen. Die Schokolade mit einem Sägemesser hacken und auf dem heißen Wasserbad schmelzen. Die Eigelbe, das Ei und den Zucker verrühren. Die 45 °C warme Schokolade (mit dem Küchenthermometer kontrollieren) zugießen und behutsam vermengen. Die zerlassene Butter zugeben und sanft einarbeiten, bis die Masse glatt ist.
5 Aus Alufolie 10 »Eierbecher« formen (als standfester Sockel während des Garens) und auf ein Backblech setzen. Die leeren Eierschalen hineinsetzen und zu drei Vierteln mit Ganache füllen. Im Ofen 8 Minuten backen.
6 Inzwischen das Sabayon aufschlagen. Das Eigelb, den Rum, den Zucker und das Wasser in einem Schneeschlagkessel (oder einer runden Edelstahlschüssel) vermengen und auf das heiße Wasserbad setzen. Die Masse mit dem elektrischen Handrührgerät aufschlagen, bis sie cremig eindickt. Aus dem Wasserbad nehmen und weitere 2 Minuten aufschlagen.
7 Die gebackenen Eier in Eierbecher setzen (oder in Serviettenringen in die Mitte eines Tellers) und bis zum Rand mit der Rum-Chantilly füllen. Als »Eigelb« einen großen Tropfen Sabayon in die Mitte setzen und die Eier sofort servieren.

Sie können auch aus Filoteig »Eierbecher« modellieren, die Sie einige Minuten bei 250 °C backen und anschließend mit Puderzucker bestäuben.

»Frühstückseier« mit
altem Rum und Schokolade

Eiscremes und Eisdesserts

»Eiscremes und Eisdesserts ganz einfach«

Banana-Split

Für 6 Personen
Vorbereitung: 20 Minuten
Garzeit: etwa 35 Minuten
Gefrierzeit: etwa 30 Minuten

Für das Karamelleis
260 g extrafeiner Zucker
150 ml Sahne
35 g leicht gesalzene Butter
3 Eigelbe
½ l Milch

½ l Schokoladen-Sorbet (siehe S. 210)
300 g Schokoladensauce (siehe S. 290)
200 ml Sahne
6 Bananen
Saft von 1 Zitrone
60 g Mandelsplitter

1 Eine Glas- oder Edelstahlschüssel für 15 Minuten in den Gefrierschrank stellen.
2 Den Karamell für das Eis kochen: In einem Topf 20 g des Zuckers gleichmäßig auf dem Boden verteilen und auf ganz kleiner Stufe schmelzen lassen. Weitere 20 g Zucker gleichmäßig verteilt einstreuen und ebenfalls schmelzen lassen. Auf diese Weise fortfahren, bis 175 g Zucker verbraucht sind. Der entstandene Karamell sollte eine dunkle, goldbraune Farbe haben.
3 Inzwischen in der kalt gestellten Schüssel mit dem elektrischen Handrührgerät 50 ml der Sahne steif schlagen.
4 Sobald der Karamell fertig ist, vom Herd nehmen, die Butter zugeben und mit einem Holzlöffel verrühren. Dabei mit dem Löffel Achten beschreiben. Die geschlagene Sahne zugeben und unterziehen.
5 In einem weiteren Topf die Eigelbe mit dem verbliebenen Zucker (85 g) verrühren. In einem dritten Topf die Milch mit der restlichen Sahne zum Kochen bringen.
6 Den Karamell mit einem Schneebesen in die Milch und Sahne rühren. Die Mischung in einem dünnen steten Strahl in die Eigelb-Zucker-Masse gießen und dabei mit dem Schneebesen kräftig verschlagen. Die Creme auf kleiner Stufe behutsam erhitzen, bis sie bei etwa 85 °C eindickt. Dabei mit einem Holzlöffel beständig Achten rühren und den Löffel auch bis an den Topfrand führen. Zur Garprobe mit dem Finger über den Löffelrücken fahren. Hinterlässt er eine deutlich sichtbare Spur, hat die Creme die richtige Konsistenz erreicht. Sie darf auf keinen Fall aufkochen.
7 Eine Schüssel mit Eiswasser vorbereiten und eine kleinere Schüssel hineinsetzen. Die Creme hineingießen und weitere 3–4 Minuten umrühren, bis sie sämig wird. In dem Eiswasser abkühlen lassen und von Zeit zu Zeit durchrühren.
8 Die vollständig erkaltete Karamellcreme in die Eismaschine füllen und nach Bedienungsanleitung gefrieren. Das fertige Eis in den Gefrierschrank stellen.
10 Eine weitere Glas- oder Edelstahlschüssel 15 Minuten tiefkühlen und die 200 ml Sahne darin steif schlagen. In einen Spritzbeutel mit Sterntülle füllen und in den Kühlschrank legen.
11 Die Bananen schälen, längs halbieren und mit Zitronensaft beträufeln. Die Mandeln in einer beschichteten Pfanne unter Rühren rösten. Die Bananenhälften in 6 großen Dessertschalen anrichten. In die Mitte jeweils eine Kugel Karamelleis und eine Kugel Schokoladen-Sorbet setzen und mit einer Sahnerosette garnieren. Etwas kalte Schokoladensauce darüberziehen und mit den gerösteten Mandeln bestreuen.

Eisschokolade

1 Für die Trinkschokolade das Wasser mit dem Zucker zum Kochen bringen. Die Schokolade mit dem Sägemesser hacken, in die kochende Flüssigkeit geben und mit dem Schneebesen rasch verschlagen. Erneut aufkochen und vom Herd nehmen. Die Mischung im Mixer 3 Minuten aufschäumen, in eine Schüssel gießen und abkühlen lassen. In den Kühlschrank stellen.

2 Eine Glas- oder Edelstahlschüssel für 15 Minuten in den Gefrierschrank stellen. Die Sahne in der Schüssel steif schlagen und in einen Spritzbeutel mit Sterntülle füllen.

3 Zum Servieren pro Person jeweils 2 Kugeln Schokoladeneis in hohe Gläser geben und mit der kalten Schokolade auffüllen. Eine Sahnehaube aufdressieren und mit Schokoladenröllchen bestreuen. Mit einem Strohhalm oder einem Eislöffel sofort servieren.

ganz einfach

Für 6 Personen
Zubereitung: 10 Minuten

Für 1,5 Liter kalte Trinkschokolade
1,2 l Wasser
100 g extrafeiner Zucker
250 g Edelbitter-Schokolade (65 % Kakaoanteil)
50 g Kakaopulver

750 ml dunkles Schokoladeneis (siehe S. 207)
200 ml Sahne
Dunkle Schokoladenröllchen (siehe S. 282)

Schokoladen-Minze-Eisbecher

1 Am Vortag die Minzecreme für das Eis zubereiten: Die Minze abspülen, 15 g der Blätter im Kühlschrank zurücklegen und den Rest grob hacken. Die Milch mit der Sahne aufkochen und wieder vom Herd nehmen. Die gehackte Minze unterrühren und zugedeckt 5 Minuten (nicht länger) ziehen lassen. Die Mischung durch ein Sieb gießen, die gehackte Minze zurückbehalten. Die Creme in eine Schüssel mit Eiswasser setzen und abkühlen lassen.

2 Die Eigelbe und den Zucker mit dem elektrischen Handrührgerät 3 Minuten aufschlagen. Bei laufendem Gerät nach und nach in einem dünnen Strahl die Minzecreme zugießen. Die Mischung in einen Topf geben. Eine große Schüssel mit Eiswasser bereitstellen. Die Creme auf mittlerer Stufe unter ständigem Rühren behutsam erhitzen, bis sie eindickt, jedoch nicht aufkochen. Den Topf mit dem Boden in das Eiswasser stellen und weitere 5 Minuten rühren, bis die Creme sämig wird. Die gehackte Minze untermischen und mit dem Stabmixer aufschäumen. Zugedeckt über Nacht in den Kühlschrank stellen.

3 Am Folgetag die Minzecreme in der Eismaschine gefrieren. Die zurückbehaltenen 15 g Minze in ganz feine Streifen schneiden. Sobald das Eis etwas anzieht, die Minzestreifen und die Schokoladenröllchen zugeben und mit etwas Pfeffer würzen. Das Eis bis zum Servieren im Gefrierschrank aufbewahren.

4 Für das Minzegelee die Gelatine in kaltem Wasser einweichen. Die Minze waschen und grob in Streifen schneiden. Das Wasser mit dem Zucker aufkochen und wieder vom Herd nehmen. Die Minze einrühren und zugedeckt 5 Minuten (nicht länger) ziehen lassen. Die gut ausgedrückte Gelatine in dem heißen Sirup auflösen. Die Mischung im Mixer pürieren und durch ein Sieb in ein flaches Gefäß abseihen. Das Gelee im Kühlschrank fest werden lassen.

5 Das Minzegelee auf 6 Dessertschalen verteilen und pro Person 1 Kugel Schokoladen-Sorbet und 2 Kugeln Schokoladen-Minze-Eis darauf anrichten. Die Sahne steif schlagen und das Eis mit einer Sahnerosette garnieren. Sofort servieren.

Für 6 Personen
Am Vortag beginnen
Vorbereitung: 35 + 10 Minuten
Ziehen: 5 + 5 Minuten
Garzeit: etwa 20 + 4 Minuten
Gefrierzeit: etwa 30 Minuten
Kühlen: 2 Stunden

Für das Schokoladen-Minze-Eis
55 g frische Minzeblätter
500 ml Milch
120 ml Sahne
6 Eigelbe
100 g extrafeiner Zucker
100 g dunkle Schokoladenröllchen (70 % Kakaoanteil; siehe S. 282)
Frisch gemahlener Pfeffer

Für das Minzegelee
1 ½ Blatt Gelatine (3 g)
80 g frische Minzeblätter
300 ml Wasser
80 extrafeiner Zucker

½ l Schokoladen-Sorbet (siehe S. 210)
200 ml Sahne

Schokoladen-Minze-Eisbecher

Eisbecher »Malesherbes«

Für 6 Personen
Vorbereitung: 10 Minuten
Garzeit: 15 Minuten

1 l Karamelleis (siehe Rezept »Banana-Split« S. 203, Schritt 1–8)
1 l Schokoladen-Sorbet (siehe S. 210)
600 g Schokoladencreme (siehe S. 287)

Für den Macadamiakaramell
200 g Macadamianüsse
115 g extrafeiner Zucker
60 ml Wasser
¼ Vanilleschote
200 ml Sahne

1 Das Karamelleis, das Sorbet und die Schokoladencreme zubereiten.
2 Den Ofen auf 180 °C vorheizen. Die Macadamianüsse auf einem Blech verteilen und 15 Minuten im Ofen rösten. Die heißen Nüsse in ein Küchentuch wickeln und im Tuch kräftig aneinanderreiben, damit sich die dunkle Haut löst. Hautreste entfernen und die Nüsse in dem Tuch warm halten, während Sie den Zuckersirup kochen.
3 In einer Kasserolle 100 g des Zuckers, das Wasser sowie die Stange und das herausgekratzte Mark der Vanilleschote zum Kochen bringen und höchstens 3 Minuten kochen lassen. Die heißen Macadamianüsse hineingeben und unter ständigem Rühren karamellisieren lassen. Sobald der Karamell hellgelb ist, die Nüsse auf einen eingeölten Bogen Pergamentpapier gießen und die Vanilleschote entfernen. Abkühlen lassen und anschließend grob hacken.
4 Eine Edelstahl- oder Glasschüssel für 15 Minuten im Gefrierschrank kalt stellen. Die Sahne darin sehr steif schlagen und während des Schlagens die restlichen 15 g Zucker einarbeiten. Die Chantilly-Sahne in einen Spritzbeutel mit Sterntülle füllen.
5 In jedem Eisbecher 1 Kugel Karamelleis, 1 Kugel Schokoladen-Sorbet und 1 Kugel Schokoladencreme anrichten und zur Dekoration mit dem Spritzbeutel eine Sahnerosette aufdressieren. Mit dem Macadamiakaramell bestreuen und sofort servieren.

Milchschokoladeneis

ganz einfach

Für 4–6 Personen
Vorbereitung: 10 Minuten
Garzeit: etwa 10 Minuten
Gefrierzeit: etwa 30 Minuten

180 g Vollmilchschokolade
500 ml Vollmilch
70 ml Sahne
4 Eigelbe
30 g extrafeiner Zucker

1 Die Schokolade mit einem Sägemesser sehr fein hacken.
2 In einer Kasserolle die Milch mit der Sahne zum Kochen bringen. In einer Schüssel die Eigelbe mit dem Zucker verquirlen. Die heiße Milch-Sahne-Mischung unter ständigem Rühren allmählich in das Eigelb gießen und zwei Drittel der gehackten Schokolade untermengen.
3 Die Mischung zurück in die Kasserolle gießen und bei ganz schwacher Hitze ständig weiterrühren, bis sie den Löffelrücken überzieht. Die Masse mit dem Stabmixer kurz aufschlagen und durch ein feines Sieb passieren.
4 Die Eismasse vollständig erkalten und dann in der Eismaschine gefrieren lassen. Sobald das Eis etwas anzieht, die restlichen Schokoladenspäne unterarbeiten.
5 Das Eis bis unmittelbar vor dem Servieren in den Gefrierschrank stellen.

Weißes Schokoladeneis mit karamellisierten Pekannüssen

Für 4–6 Personen
Am Vortag beginnen
Vorbereitung: 10 + 10 Minuten
Garzeit: 3 + 5 Minuten
Gefrierzeit: etwa 30 Minuten

Für das weiße Schokoladeneis
250 g weiße Schokolade
500 ml fettarme Milch (1,5 % Fett)
40 g brauner Rohrzucker

Für die karamellisierten Pekannüsse
30 ml Wasser
100 g extrafeiner Zucker
60 g Pekannüsse

1 Am Vortag die Schokolade mit einem Sägemesser zerkleinern und in eine Schüssel geben. Die Milch zum Kochen bringen und den Zucker einrühren. Erneut aufkochen, die Mischung über die Schokolade gießen und dabei kräftig schlagen. Die Mischung, sobald sie glatt ist, erkalten lassen und über Nacht in den Kühlschrank stellen.
2 Am Folgetag die vorbereitete Eismasse nach der Bedienungsanleitung in der Eismaschine gefrieren.
3 Die Pekannüsse karamellisieren: Das Wasser mit dem Zucker zum Kochen bringen. Nach 3 ½ Minuten (der Zuckersirup ist jetzt 131 °C heiß) die Nüsse hineingeben und beständig rühren, bis sie karamellisiert sind. Auf ein mit Backpapier ausgelegtes Blech gießen und vollständig abkühlen lassen. Den Pekannusskaramell grob hacken.
4 Sobald das Schokoladeneis anzieht, die gehackten Pekannüsse zugeben und weitere 2 Minuten in der Maschine rühren, bis sie gleichmäßig verteilt sind. Das Eis in einen Behälter füllen und bis zum Servieren in den Gefrierschrank stellen.

Dunkles Schokoladeneis

ganz einfach

Für 4–6 Personen
(Ergibt etwa 1 Liter Eiscreme)
Vorbereitung: 10 Minuten
Garzeit: etwa 5 Minuten
Gefrierzeit: etwa 30 Minuten

240 g Edelbitter-Schokolade (65 % Kakaoanteil)
750 ml Vollmilch
30 g Milchpulver
80 g extrafeiner Zucker

1 Die Schokolade mit einem Sägemesser hacken.
2 Die Milch mit dem Milchpulver und dem Zucker zum Kochen bringen. Die gehackte Schokolade zugeben und kräftig verschlagen. Erneut aufwallen lassen und höchstens noch 1 Minute kochen.
3 Eine große Schüssel mit Eiswasser vorbereiten. Eine zweite, etwas kleinere Schüssel daraufsetzen. Die Eismasse hineingießen und gelegentlich umrühren, bis sie vollständig abgekühlt ist.
4 Die erkaltete Eiscreme in die Eismaschine füllen und nach der Bedienungsanleitung gefrieren. Das Schokoladeneis bis zum Servieren in den Gefrierschrank stellen.

Dunkles Schokoladeneis mit Ei

ganz einfach

Für 4–6 Personen
(Ergibt etwa 1 Liter Eiscreme)
Vorbereitung: 5 Minuten
Garzeit: etwa 20 Minuten
Gefrierzeit: etwa 30 Minuten

140 g Edelbitter-Schokolade (65 % Kakaoanteil)
3 Eigelbe
110 g extrafeiner Zucker
500 ml Vollmilch

1 Die Schokolade mit einem Sägemesser hacken und in eine Schüssel geben.
2 In einer Kasserolle mit schwerem Boden die Eigelbe mit dem Zucker verquirlen. Die Milch zugießen und die Mischung 3 Minuten verschlagen, bis sie homogen ist. Bei mittlerer Hitze mit einem Holzlöffel beständig rühren, bis die Mischung cremig eindickt (bei 85 °C). Beim Rühren Achten beschreiben und den Löffel auch am Topfrand entlangführen. Zum Prüfen der Konsistenz mit einem Finger über den Löffelrücken fahren. Hinterlässt er eine deutlich sichtbare Spur, ist die Creme fertig. Sie darf auf keinen Fall kochen.
3 Die Masse sofort über die Schokolade gießen und kräftig verschlagen. Eine große Schüssel mit Eiswasser füllen. Die Masse weitere 3–4 Minuten durchrühren, damit sie schön glatt und cremig wird. In das Eiswasser setzen und unter gelegentlichem Rühren abkühlen lassen.
5 Die völlig erkaltete Creme in die Eismaschine füllen und nach der Bedienungsanleitung gefrieren. Das Schokoladeneis bis zum Servieren in den Gefrierschrank stellen.

Eiswürfel »Paradies«

ganz einfach

Ergibt etwa 20 Eiswürfel
Vorbereitung: 5 Minuten
Garzeit: 2 Minuten
Gefrierzeit: 3 Stunden

500 ml Mineralwasser
50 g Zucker
100 g Kakaopulver

Zum Dekorieren
Bunte Zuckerkonfetti (Tortendekor)

F. E. Grasser-Hermé
Kochbuchautor

1 In einem Topf das Wasser mit dem Zucker zum Kochen bringen, über den Kakao gießen und kräftig verschlagen. Die heiße Schokolade in einen Krug oder eine Kanne füllen und abkühlen lassen.
2 Drei Viertel der Mischung in zwei kleine Eiswürfelbereiter mit dekorativen Motiven (Herzen, Delfine …) füllen. Auf einer geraden, festen Unterlage in den Gefrierschrank stellen und 3 Stunden gefrieren lassen.
3 Wenn die Eiswürfel an der Oberfläche fast völlig erstarrt sind, mit den Zuckerkonfetti bestreuen.
4 Die vollständig gefrorenen Schokoladeneiswürfel nacheinander ganz vorsichtig aus der Form lösen.

Windbeutel mit Vanilleeis und Schokoladensauce

Für 10 Personen
Vorbereitung: 25 Minuten
Garzeit: etwa 20 Minuten
Gefrierzeit: etwa 30 Minuten

Für das Vanilleeis
2 Vanilleschoten
700 ml Milch
300 ml Sahne
8 Eigelbe
200 g extrafeiner Zucker
750 g Brandteig (*pâte à choux*; siehe S. 299)

Zum Servieren
500 g heiße Schokoladensauce (siehe S. 290)

1 Für das Vanilleeis die Vanilleschote spalten und das Mark herauskratzen. Die Milch, die Sahne und die Vanilleschote mit ihrem Mark zum Kochen bringen. In einer Schüssel die Eigelbe und den Zucker verrühren. Nach und nach die kochende Milch und Sahne unterschlagen. Die Mischung zurück in den Topf gießen und auf kleiner Stufe behutsam erhitzen, bis sie eindickt (bei etwa 85 °C). Dabei mit einem Holzlöffel über den gesamten Topfboden beständig Achten beschreiben und auch am Topfrand gut rühren. Zur Garprobe die Creme über den Löffelrücken laufen lassen und sanft darüberpusten. Bleibt ein rosenähnliches Gebilde zurück, hat die Creme die richtige Konsistenz erreicht. Sie darf auf keinen Fall aufkochen.
2 Eine große Schüssel mit Eiswasser bereitstellen und eine zweite, kleinere Schüssel hineinsetzen. Die Creme eingießen und weitere 3–4 Minuten umrühren, bis sie sämig wird. Die Creme in dem Eiswasser abkühlen lassen und ab und zu umrühren. Die Vanilleschote entfernen.
3 Die vollständig erkaltete Vanillecreme in der Eismaschine nach der Bedienungsanleitung gefrieren.
4 Den Ofen auf 190 °C vorheizen.
5 Den Brandteig herstellen und noch warm in einen Spritzbeutel mit Lochtülle Nr. 9 füllen. Ein Blech mit Backpapier auslegen, im Abstand von 5 cm kleine Windbeutel von 4–4,5 cm Durchmesser aufspritzen und 7 Minuten backen. Die Ofentür mit einem Holzlöffel einen Spalt öffnen und weitere etwa 13 Minuten backen. Die Windbeutel auf einem Kuchengitter abkühlen lassen.
6 Die Schokoladensauce zubereiten.
7 Die Windbeutel wie ein Brötchen aufschneiden, mit einer kleinen Kugel Vanilleeis füllen und wieder zusammensetzen. Auf jedem Teller 5 kleine Windbeutelchen anrichten und mit der noch heißen Schokoladensauce (etwa 45 °C) überziehen. Sofort servieren.

Windbeutel mit Vanilleeis
und Schokoladensauce

Schokoladen-Granita

ganz einfach

Für 6 Personen
Vorbereitung: 15 Minuten
Garzeit: 2–3 Minuten
Gefrierzeit: etwa 30 Minuten

Für 1,5 Liter kalte Trinkschokolade
1,2 l Wasser
100 g extrafeiner Zucker
250 g Edelbitter-Schokolade
(70 % Kakaoanteil)
20 g Kakaopulver
400 ml Wasser
60 g extrafeiner Zucker

1 Für die Trinkschokolade 1,2 l Wasser mit den 100 g Zucker zum Kochen bringen. Die Schokolade mit einem Sägemesser hacken. Die Schokolade und den Kakao mit einem Schneebesen rasch in das kochende Wasser rühren, erneut zum Kochen bringen und vom Herd nehmen.
2 Die Mischung mit dem Stabmixer 3 Minuten aufschäumen, in eine Schüssel gießen und vollständig abkühlen lassen. In den Kühlschrank stellen.
3 Die 400 ml Wasser mit dem restlichen Zucker kurz aufkochen, vom Herd nehmen und die kalte flüssige Schokolade zugießen. Umrühren, abkühlen lassen und anschließend auf zwei Schüsseln verteilen. Für 1 ½ Stunden in den Gefrierschrank stellen.
4 Die Oberfläche der Granita mit einem Esslöffel zu Eisspänen schaben. Erst unmittelbar vor dem Servieren aus dem Gefrierschrank nehmen und in Cocktailgläsern anrichten.

Birne Hélène

ganz einfach

Für 6 Personen
Zubereitung: 5–10 Minuten

6 pochierte Birnen (siehe S. 306)
200 g Schokoladensauce (siehe S. 290)
1 l Vanilleeis (siehe Rezept »Windbeutel mit Vanilleeis«, S. 208, Schritt 1–3)
200 ml Sahne

1 Die pochierten Birnen in große Würfel schneiden.
2 Die Schokoladensauce zubereiten und im heißen Wasserbad warm stellen. Gelegentlich umrühren. (Sie können die Sauce auch in der Mikrowelle wieder erwärmen.)
3 Das Vanilleeis zubereiten.
4 Eine Glas- oder Edelstahlschüssel 15 Minuten tiefkühlen und die Sahne mit dem elektrischen Handrührgerät darin steif schlagen.
5 Zum Servieren pro Person 2–3 mittelgroße Kugeln Vanilleeis in Dessertschalen anrichten. Die Birnenwürfel gleichmäßig darüber verteilen und mit einer Sahnerosette garnieren. Die heiße Schokolade in einer Sauciere separat dazureichen.

Wenn die Zeit knapp ist, können Sie für diesen Klassiker natürlich auch gekauftes Vanilleeis guter Qualität verwenden.

Schokoladen-Sorbet

ganz einfach

Für 6 Personen
(ergibt etwa 1 Liter Sorbet)
Vorbereitung: 10 Minuten
Garzeit: etwa 6 Minuten
Gefrierzeit: etwa 30 Minuten

200 g Edelbitter-Schokolade
(70 % Kakaoanteil)
500 ml Mineralwasser
200 g extrafeiner Zucker

1 Die Schokolade mit dem Sägemesser hacken. Das Wasser mit dem Zucker aufkochen. Sobald es aufwallt, zügig die Schokolade einrühren und unter ständigem Rühren 2–3 Minuten kochen lassen.
2 Eine große Schüssel mit Eiswasser bereitstellen und eine zweite, kleinere Schüssel hineinsetzen. Die Schokoladencreme in die Schüssel gießen und abkühlen lassen. Ab und zu durchrühren.
3 Die vollständig erkaltete Creme in der Eismaschine nach Bedienungsanleitung gefrieren und bis zum Servieren in den Gefrierschrank stellen.

Schokoladen-Sorbet mit Haselnusssplittern

Für 4–6 Personen
Vorbereitung: 20 Minuten
Garzeit: etwa 20 Minuten
Gefrierzeit: etwa 30 Minuten

Für die Haselnusssplitter
160 g ganze Haselnusskerne
20 ml Wasser
60 g extrafeiner Zucker

Für das Schokoladen-Sorbet
100 g Edelbitter-Schokolade (70 % Kakaoanteil)
400 ml Wasser
125 g extrafeiner Zucker

É. Vergne
Pâtisserie Vergne (Audincourt und Belfort)

1 Den Ofen auf 180 °C vorheizen.
2 Für die Haselnusssplitter die Haselnüsse auf einem Backblech verteilen und 15 Minuten im Ofen rösten. In ein Küchentuch einschlagen und kräftig aneinanderreiben, um die dünne, braune Haut zu entfernen.
3 Das Wasser mit dem Zucker zum Kochen bringen. Die Haselnüsse zugeben und in dem Sirup karamellisieren lassen. Sobald die Nüsse goldbraun sind, auf einen Bogen Backpapier gießen und abkühlen lassen. Den Haselnusskrokant hacken.
4 Für das Sorbet die Schokolade mit dem Sägemesser hacken. Das Wasser und den Zucker aufkochen und vom Herd nehmen. Die gehackte Schokolade hineingeben und sorgfältig glatt rühren. Abkühlen und anschließend in der Eismaschine anziehen lassen, bis die Masse cremig ist.
5 Eine Glas- oder Edelstahlschüssel für 15 Minuten in den Gefrierschrank stellen und anschließend das noch cremige Sorbet hineingeben. Rasch die Haselnusssplitter untermengen und das Sorbet bis zum Servieren in den Gefrierschrank stellen.

Geeistes Tiramisu

Für 6–8 Personen
Vorbereitung: 20 Minuten
Garzeit: etwa 6 Minuten
Gefrierzeit: etwa 30 Minuten

1 Tortenbiskuit (fertig vom Bäcker)

Für den Kaffee-Sirup
350 ml starker Espresso
100 g extrafeiner Zucker
5 cl Kaffeelikör

Für die Mascarponecreme
50 ml Wasser
150 g extrafeiner Zucker
4 Eigelbe
200 g Mascarpone
8 cl Marsala
250 ml Sahne

Zum Garnieren
100 g Edelbitter-Schokolade (65 % Kakaoanteil)
Kakaopulver zum Bestäuben

1 Den Biskuit waagerecht in 3 Böden schneiden.
2 Eine Glas- oder Edelstahlschüssel für 15 Minuten in den Gefrierschrank stellen.
3 Für den Kaffee-Sirup den heißen Espresso mit dem Zucker und dem Kaffeelikör verrühren. Abkühlen lassen.
4 Für die Mascarponecreme das Wasser mit dem Zucker zum Kochen bringen und maximal 3 Minuten kochen lassen. In einer Schüssel die Eigelbe mit dem elektrischen Handrührgerät verschlagen und dabei in einem dünnen Strahl langsam den heißen Sirup zugießen. Sobald die Masse bandartig vom Rührschlegel fließt, mit einem Schneebesen den Mascarpone und den Marsala unterziehen. Die Sahne in der kalt gestellten Schüssel steif schlagen und behutsam unter die Mascarponecreme heben.
5 In eine Soufflé-Form von 18–20 cm Durchmesser einen Biskuitboden einlegen und mit einem Drittel des abgekühlten Kaffee-Sirups tränken. Die Hälfte der Mascarponecreme auftragen und glatt streichen. Die Hälfte der Schokolade darüber raspeln und mit einem zweiten Biskuitboden bedecken. Erneut mit Kaffee-Sirup tränken und mit der restlichen Mascarponecreme bestreichen. Die andere Hälfte der Schokolade gleichmäßig über die Creme raspeln, den dritten Biskuitboden auflegen und auch diesen mit Sirup tränken. Für mindestens 3–4 Stunden in den Gefrierschrank stellen.
6 Das Tiramisu eine halbe Stunde vor dem Servieren aus dem Gefrierschrank nehmen. Mit Kakaopulver bestäuben und zum leichteren Portionieren die Messerklinge in heißem Wasser erwärmen.

Schokoladeneis-Soufflé

Für 6–8 Personen
Vorbereitung: 20 Minuten
Gefrierzeit: 45 Minuten

250 ml Milch
250 g Zucker
8 Eigelbe
375 g Edelbitter-Schokolade (70 % Kakaoanteil)
450 ml Sahne

F. Daubos
Pâtisserie-chocolaterie Daubos (Versailles)

1 In einem Topf die Milch mit 150 g des Zuckers zum Kochen bringen. In einer Schüssel die Eigelbe mit dem restlichen Zucker verschlagen und unter ständigem Rühren die kochende Milch zugießen.
2 Die Mischung zurück in den Topf gießen und bei sehr geringer Hitze unter ständigem Rühren eindicken lassen, bis sie den Löffelrücken überzieht. Durch ein Sieb passieren und mit dem elektrischen Handrührgerät kalt schlagen.
3 Die Schokolade mit einem Sägemesser hacken und auf dem heißen Wasserbad schmelzen.
4 Eine Glas- oder Edelstahlschüssel für 15 Minuten in den Gefrierschrank stellen und darin anschließend die Sahne steif schlagen.
5 Ein Drittel der geschlagenen Sahne unter die geschmolzene Schokolade rühren. Die kalte Eier-Zucker-Creme einarbeiten und dann die restliche Sahne unterheben.
6 Für eine Soufflé-Form mit 22 cm Durchmesser eine Randerhöhung präparieren: Einen Bogen Alufolie dreifach legen und so um den oberen Teil der Form wickeln, dass sie 3 cm über den Rand hinausragt. Die Folie mit Küchengarn oder Klebeband fixieren. Die »Soufflé«-Masse bis zum oberen Folienrand einfüllen und für 45 Minuten in den Gefrierschrank stellen.
7 Das Soufflé 30 Minuten vor dem Servieren aus dem Gefrierschrank nehmen. Die Folie entfernen und servieren.

Geeiste Mokka-Sahnetrüffeln

Ergibt etwa 25 Stück
Am Vortag beginnen
Vorbereitung: 30 Minuten
Garzeit: etwa 5 Minuten
Gefrierzeit: mindestens 4–5 Stunden

Für die Trüffelmasse
300 ml Sahne
65 g sehr fein gemahlener Kaffee
250 g weiße Schokolade
30 g Butter

Für den Überzug
250 g Edelbitter-Schokolade (65 % Kakaoanteil)
Kakaopulver zum Bestäuben

M. Moreno
Pâtisserie Mallorca (Madrid)

1 Am Vortag die Trüffelmasse zubereiten. Die Sahne in einem Topf erhitzen und beim allerersten Aufwallen (bei 95 °C) wieder vom Herd ziehen. Den gemahlenen Kaffee einrühren und 20 Minuten ziehen lassen. Durch ein feines Sieb passieren und zurück in den Topf gießen.
2 Die weiße Schokolade mit dem Sägemesser hacken. Die Kaffee-Sahne-Mischung auf mittlerer Stufe wieder leicht erhitzen und die gehackte Schokolade einrühren. Sobald sie geschmolzen ist, vom Herd ziehen und die Butter untermengen. Die Creme glatt rühren, abkühlen lassen und über Nacht in den Kühlschrank stellen.
3 Am Folgetag die Trüffelcreme im Mixer oder in der Küchemaschine aufschlagen. In einen Spritzbeutel mit Lochtülle Nr. 9 füllen und auf ein mit Pergamentpapier ausgelegtes Blech kleine Kugeln von etwa 3 cm Durchmesser aufspritzen. Mindestens 4–5 Stunden gefrieren.
4 Für den Überzug die Schokolade mit dem Sägemesser hacken und auf dem heißen Wasserbad schmelzen. Abkühlen lassen.
5 Das Kakaopulver auf einen Teller sieben. Eine gefrorene Trüffel auf eine Gabel legen und in die geschmolzene Schokolade tauchen. Überschüssige Schokolade einige Sekunden abtropfen lassen und die Unterseite der Gabel am Topfrand abstreifen. Die Trüffeln in den Kakao legen und mit der Gabel rundherum darin wenden. Mit den anderen Trüffeln in gleicher Weise verfahren. Sofort servieren.

Geeiste Mokka-Sahnetrüffeln

»Eiscremes und Eisdesserts Glanzstücke«

Schoko-Baisers gefüllt mit Schokoladeneis

Für 6 Personen
Vorbereitung: 20 + 30 Minuten
Backzeit: 2 Stunden
Trocknen: 2–3 Stunden

Für die Schokoladen-Baisermasse
100 g Puderzucker
15 g Kakaopulver
4 Eiweiße
100 g extrafeiner Zucker

1 l dunkles Schokoladeneis (siehe S. 207)
200 ml Chantilly mit Edelbitter-Schokolade (siehe S. 286)

1 Für das Schokoladen-Baiser den Puderzucker und den Kakao sieben. Die Eiweiße mit dem elektrischen Handrührgerät auf mittlerer Stufe steif schlagen. Dabei von Beginn an nach und nach die Hälfte des extrafeinen Zuckers einarbeiten. Weiterschlagen, bis die Masse sehr fest ist und glänzt. Die andere Hälfte Zucker auf einmal einstreuen und mit einem biegsamen Spatel so rasch und behutsam wie möglich unterheben. Dann mit einem Schneebesen genauso zügig und vorsichtig die Puderzucker-Kakao-Mischung unterziehen.
2 Den Ofen auf 120 °C vorheizen.
3 Die Baisermasse in einen Spritzbeutel mit Lochtülle Nr. 15 füllen. Zwei Backbleche mit Backpapier auslegen und mit der Masse auf jedes Blech spiralförmig 8 Ovale von etwa 8 cm Länge und 4–5 cm Breite aufspritzen. Beide Bleche in den Ofen schieben, die Tür mit einem Holzlöffel einen Spalt offen halten und 30 Minuten backen. Die Temperatur auf 100 °C reduzieren und weitere 1 ½ Stunden backen. Den Ofen ausschalten und die Baisers bei leicht geöffneter Tür 2–3 Stunden trocknen lassen. Zum Abkühlen auf zwei Kuchengitter legen.
4 Das Schokoladeneis und die Schokoladen-Chantilly zubereiten.
5 Die Schokoladen-Chantilly in einen Spritzbeutel mit Sterntülle füllen. Auf die glatte Seite eines Baisers eine Kugel Schokoladeneis setzen und einen zweiten Baiser, ebenfalls mit der glatten Seite, daraufdrücken. Auf einem Dessertteller anrichten und mit einer Rosette Schokoladen-Chantilly verzieren. Die restlichen Baisers in gleicher Weise zusammensetzen. Sofort servieren.

Stellen Sie die Dessertteller vor dem Anrichten 15–20 Minuten in den Gefrierschrank, damit das Eis nicht sofort schmilzt.

Statt Schokoladeneis können Sie für dieses Rezept auch Karamelleis oder Vanilleeis nehmen.

Schoko-Baisers, gefüllt
mit Schokoladeneis

Zimt-Schokoladen-Eisbecher mit Feigensauce

Für 8 Personen
Vorbereitung: 40 Minuten
Koch- und Backzeit: etwa 40 Minuten
Ruhen des Teiges: 1 Stunde
Gefrierzeit: etwa 30 Minuten

Für das Karamell-Zimt-Eis
260 g extrafeiner Zucker
5 g zerstoßene Zimtstange
150 ml Sahne
35 g Butter
3 Eigelbe
500 ml Milch

Für die Streusel
25 g weiche Butter
25 g extrafeiner Zucker
25 g gemahlene Mandeln
1 g Salzblüte (Fleur de Sel)
25 g Mehl
1 großzügige Prise gemahlener Zimt

Für die Feigensauce
500 g violette Feigen
50 g extrafeiner Zucker
20 ml frisch gepresster Zitronensaft

Zum Servieren
200 ml Sahne
1 l Schokoladen-Sorbet (siehe S. 210)

1 Eine Glas- oder Edelstahlschüssel 15 Minuten tiefkühlen.
2 Den Karamell für das Zimteis kochen: In einem Topf 20 g des Zuckers gleichmäßig auf dem Boden verteilen und auf ganz kleiner Stufe schmelzen lassen. Weitere 20 g Zucker gleichmäßig einstreuen und ebenfalls schmelzen lassen. Auf diese Weise fortfahren, bis 175 g Zucker verbraucht sind. Nach der Hälfte des Zuckers den zerstoßenen Zimt zugeben. Der entstandene Karamell sollte eine dunkle, goldbraune Farbe haben.
3 Inzwischen in der kalt gestellten Schüssel mit dem elektrischen Handrührgerät 50 ml der Sahne steif schlagen. Sobald der Karamell die gewünschte Farbe hat, vom Herd nehmen, die Butter zugeben und mit einem Holzlöffel Achten rühren. Rasch die geschlagene Sahne einarbeiten und die Masse 1 Stunde ruhen lassen.
4 In einem weiteren Topf die Eigelbe mit dem verbliebenen Zucker (85 g) verrühren. In einem dritten Topf die Milch und die restliche Sahne zum Kochen bringen. Den Sahnekaramell durch ein Sieb passieren und mit einem Schneebesen in die Milch und Sahne rühren. Die Mischung langsam in einem dünnen Strahl in die Eigelb-Zucker-Masse gießen und dabei ständig mit dem Schneebesen schlagen. Die Creme auf kleiner Stufe behutsam erhitzen, bis sie bei etwa 85 °C cremig eindickt. Mit einem Holzlöffel beständig Achten rühren und auch den Topfrand berücksichtigen. Zur Garprobe mit dem Finger über den Löffelrücken fahren. Hinterlässt er eine deutlich sichtbare Spur, hat die Creme die richtige Konsistenz erreicht. Sie darf auf keinen Fall aufkochen.
5 Eine Schüssel mit Eiswasser vorbereiten und eine kleinere Schüssel daraufsetzen. Die Creme hineingießen und weitere 3–4 Minuten umrühren, bis sie sämig wird. In dem Eiswasser abkühlen lassen und von Zeit zu Zeit durchrühren.
6 Die vollständig erkaltete Karamellcreme in die Eismaschine füllen und nach Bedienungsanleitung gefrieren. Das fertige Eis in den Gefrierschrank stellen.
7 Den Ofen auf 180 °C vorheizen.
8 Für die Streusel die Butter, den Zucker, die gemahlenen Mandeln, das Salz, das Mehl und den Zimt mit den Fingerspitzen zu einem krümeligen Teig verkneten und 1 Stunde kalt stellen.
9 Ein Blech mit Backpapier auslegen, die Streusel darauf verteilen und 15 Minuten im Ofen backen. Abkühlen lassen.
10 Für die Sauce die Feigen halbieren, das Fruchtfleisch mit einem kleinen Löffel herauslösen und im Mixer pürieren. Das Fruchtpüree mit dem Zucker und dem Zitronensaft aufkochen und 2 Minuten unter Rühren garen. Abkühlen lassen.
11 Zum Servieren die Sahne in einer eisgekühlten Schüssel steif schlagen und in einen Spritzbeutel mit Sterntülle füllen. Die kalte Feigensauce auf 8 Eisbecher oder Dessertschalen verteilen und pro Person 1 Kugel Zimt-Karamell-Eis und 2 Kugeln Schokoladen-Sorbet anrichten. Einige Streusel darüberstreuen und mit einer Sahnerosette verzieren. Sofort servieren.

Für 6 Personen
Vorbereitung: 30 Minuten
Back- und Garzeit: etwa 30 Minuten
Gefrierzeit: etwa 30 Minuten

Für 1 Liter Karamelleis
260 g extrafeiner Zucker
35 g leicht gesalzene Butter
150 ml Sahne
3 Eigelbe
500 ml Milch

Für die Karamellsplitter
50 g Glukose (aus dem Reformhaus)
50 g extrafeiner Zucker
50 g leicht gesalzene Butter

1 l Schokoladen-Sorbet (siehe S. 210)
Karamellisierte Haselnüsse, gehackt (siehe S. 305)
60 Schokoladenbaiser-Stäbchen (siehe Rezept »Concorde«, S. 82, Schritt 1–4, dabei jedoch sämtliche Baisermasse in langen Bändern auf das Blech aufspritzen und Schritt 8)
200 ml Sahne

Eisbecher »Faubourg«

1 Eine Glas- oder Edelstahlschüssel 15 Minuten tiefkühlen.
2 Den Karamell für das Eis kochen: In einem Topf 20 g des Zuckers gleichmäßig auf dem Boden verteilen und auf ganz kleiner Stufe schmelzen lassen. Weitere 20 g Zucker einstreuen und erneut schmelzen lassen. Auf diese Weise fortfahren, bis 175 g Zucker verbraucht sind. Der Karamell sollte von einer dunklen, goldbraunen Farbe sein.
3 Inzwischen mit dem elektrischen Handrührgerät in der kalt gestellten Schüssel 50 ml der Sahne steif schlagen. Sobald der Karamell die gewünschte Farbe hat, vom Herd nehmen, die Butter zugeben und mit einem Holzlöffel Achten rühren. Rasch die geschlagene Sahne einarbeiten.
4 In einem weiteren Topf die Eigelbe mit dem verbliebenen Zucker (85 g) verrühren. In einem dritten Topf die Milch und die restliche Sahne zum Kochen bringen. Den Sahnekaramell durch ein Sieb passieren und mit einem Schneebesen in die Milch und Sahne rühren. Die Mischung langsam in einem dünnen Strahl in die Eigelb-Zucker-Masse gießen und mit dem Schneebesen ständig schlagen. Die Creme auf kleiner Stufe behutsam erhitzen, bis sie cremig eindickt (bei etwa 85 °C). Dabei mit einem Holzlöffel beständig Achten rühren und den Löffel auch am Topfrand entlang führen. Zur Garprobe mit dem Finger über den Löffelrücken fahren. Hinterlässt er eine deutlich sichtbare Spur, hat die Creme die richtige Konsistenz erreicht. Sie darf auf keinen Fall aufkochen.
5 Eine Schüssel mit Eiswasser vorbereiten und eine kleinere Schüssel daraufsetzen. Die Creme hineingießen und weitere 3–4 Minuten umrühren, bis sie sämig wird. In dem Eiswasser abkühlen lassen und hin und wieder durchrühren.
6 Die vollständig erkaltete Karamellcreme in die Eismaschine füllen und nach der Bedienungsanleitung gefrieren.
7 Für die Karamellsplitter die Glukose mit dem Zucker schmelzen und zu einem dunklen, goldbraunen Karamell kochen. Sofort die Butter zugeben und rasch unterrühren. Den Karamell erneut kurz aufkochen und dann auf eine Silikonmatte (oder einen Bogen Backpapier) gießen. Die Unterlage so neigen, dass der Karamell zu einer gleichmäßig dünnen Schicht zerläuft. Abkühlen lassen und anschließend in kleine »Splitter« zerbrechen.
8 Sobald das Eis etwas angezogen hat, die Karamellsplitter untermischen. Das vollständig gefrorene Eis in den Gefrierschrank stellen.
9 Das Schokoladen-Sorbet und die karamellisierten Haselnüsse zubereiten. Die Schokoladenbaiser-Bänder backen und in 3–5 cm lange Stäbchen schneiden.
10 Eine Glas- oder Edelstahlschüssel 15 Minuten tiefkühlen, die Sahne darin steif schlagen und in einen Spritzbeutel mit Sterntülle füllen.
11 Zum Servieren die Baiser-Stäbchen auf 6 Eisbecher oder Dessertschalen verteilen. Pro Person 1 Kugel Karamelleis und 2 kleine Kugeln Schokoladen-Sorbet darauf anrichten. Mit einer Sahnerosette garnieren und mit den Haselnüssen bestreuen.

(Bild siehe Seite 218/219)

Eisbecher »Faubourg«

»Ich wollte mit unterschiedlichen Texturen spielen: knuspriges Baiser stößt auf die kernige Frische eines Schokoladen-Sorbets und den sanften Schmelz von Karamelleis.«

Pierre Hermé
(Rezept siehe Seite 217)

Schokoladeneis-Soufflé mit Kokos-Dacquoise

Für 6–8 Personen
Am Vortag beginnen
Vorbereitung: 20 + 30 Minuten
Garzeit: etwa 35 + 15 Minuten
Gefrierzeit: 4–6 Stunden

Für die Kokos-Dacquoise
35 g gemahlene Mandeln
55 g Puderzucker
25 g Kokosraspel, gemahlen
2 Eiweiße
20 g extrafeiner Zucker
Puderzucker zum Bestäuben

Für das Schokoladen-Parfait
1 unbehandelte Limette
250 ml Milch
8 Eigelbe
250 g extrafeiner Zucker
440 ml Sahne
2 Eiweiße
350 g Edelbitter-Schokolade
(70 % Kakaoanteil)

Zum Dekorieren
1 großen EL Kokosraspel

1 Am Vortag die Dacquoise-Böden backen: Den Ofen auf 150 °C vorheizen. Die gemahlenen Mandeln und den Puderzucker sieben und mit den gemahlenen Kokosraspeln vermengen. Die Eiweiße steif schlagen und dabei nach und nach den extrafeinen Zucker einarbeiten. Die Kokos-Mandel-Mischung mit einem biegsamen Spatel behutsam unter den Eischnee ziehen. Den Teig in einen Spritzbeutel mit Lochtülle Nr. 12 füllen. Ein Blech mit Backpapier auslegen und spiralförmig 3 Kreise von 16 cm Durchmesser aufspritzen (siehe Seite 294). Die Kreise mit etwas Puderzucker bestäuben, 10 Minuten ruhen lassen und 35 Minuten im Ofen backen.
2 Die Dacquoise-Böden auf Kuchengittern abkühlen lassen, fest in Frischhaltefolie wickeln und über Nacht in den Kühlschrank legen.
3 Am Folgetag das Schokoladen-Parfait zubereiten: Die Limette waschen, die Zeste dünn abschälen und ganz fein hacken. Die Milch mit der Zeste aufkochen. In einer Schüssel die Eigelbe mit 150 g des Zuckers verrühren. Die kochende Milch zugießen und dabei kräftig mit einem Schneebesen schlagen. Die Mischung zurück in den Topf geben und unter Rühren auf kleiner Stufe behutsam erhitzen, bis sie cremig eindickt (bei etwa 85 °C). Beim Rühren mit dem Holzlöffel beständig Achten beschreiben und auch den Topfrand berücksichtigen. Zur Garprobe mit dem Finger über den Löffelrücken fahren. Hinterlässt er eine deutlich sichtbare Spur, hat die Creme die richtige Konsistenz erreicht. Sie darf auf keinen Fall aufkochen.
4 Eine Schüssel mit Eiswasser bereitstellen und eine kleinere Schüssel einsetzen. Die Creme hineingießen und weitere 3–4 Minuten umrühren, bis sie sämig wird. In dem Eiswasser abkühlen lassen und von Zeit zu Zeit durchrühren.
5 Eine Glas- oder Edelstahlschüssel 15 Minuten tiefkühlen und die Sahne darin steif schlagen. Die Eiweiße steif schlagen und auf halber Strecke nach und nach die restlichen 100 g Zucker einstreuen. Weiterschlagen, bis der Eischnee ganz fest ist und glänzt.
6 Die Schokolade mit einem Sägemesser hacken und auf dem heißen Wasserbad schmelzen. Herunternehmen und 3 Minuten abkühlen lassen. Zunächst ein Drittel der geschlagenen Sahne unterrühren, dann den Rest unterheben. Die Mischung unter die vollständig erkaltete Eiercreme rühren, einen großen Esslöffel Eischnee unter die Masse ziehen und zuletzt vorsichtig den restlichen Eischnee unterheben.
7 In eine Soufflé-Form mit 18 cm Durchmesser eine etwa 1,5 cm dicke Schicht der Parfaitmasse einfüllen. Einen Dacquoise-Boden einlegen, ein Drittel der verbliebenen Parfaitmasse darübergießen und glatt streichen. Einen zweiten Boden einlegen und ein weiteres Drittel Parfaitmasse einfüllen. Glatt streichen und mit dem letzten Dacquoise-Boden bedecken. Aus einem dreifach gelegten Streifen Alufolie eine Art Manschette falten und so um die Form wickeln, dass der Rand um 3 cm erhöht wird. Mit Küchengarn oder einem Klebestreifen fixieren. Die restliche Parfaitmasse bis zum Rand einfüllen, glatt streichen und das Eis-Soufflé für 4–6 Stunden einfrieren.
8 Kurz vor dem Servieren die Kokosraspel in der Pfanne 2–3 Minuten rösten und abkühlen lassen. Über das Eis-Soufflé streuen, die Alumanschette entfernen und das Soufflé in der Form servieren.

Schokoladeneis-Soufflé
mit Kokos-Dacquoise

Schokoladen-Malaga-Eisbecher

Für 6 Personen
Am Vortag beginnen
Vorbereitung: etwa 25 Minuten
Garzeit: etwa 30 Minuten
Gefrierzeit: etwa 30 Minuten

Für das Malaga-Eis
100 g Rosinen
5 cl alter brauner Plantagenrum
1 Vanilleschote
350 ml Milch
150 ml Sahne
4 Eigelbe
100 g extrafeiner Zucker

Für das Schokoladeneis
200 ml Chantilly mit Edelbitter-Schokolade (siehe S. 286)
½ l dunkles Schokoladeneis mit Ei (siehe S. 207)

Zum Servieren
3 kleine Rum-Babas (aus der Konditorei; ersatzweise kleine, mit etwas Rum getränkte Brioches)

1 Am Vortag die Rosinen mit dem Rum zum Kochen bringen und 10 Minuten leise köcheln lassen. Vom Herd nehmen, die Mischung flambieren und über Nacht ziehen lassen.
2 Am Folgetag das Malaga-Eis zubereiten: Die Vanilleschote spalten und das Mark herauskratzen. Die Milch, die Sahne und die Vanilleschote mit ihrem Mark aufkochen. Die Eier und den Zucker in einer Schüssel verrühren. Langsam die kochende Flüssigkeit zugießen und dabei kräftig schlagen. Die Mischung zurück in den Topf gießen und auf kleiner Stufe behutsam erhitzen, bis sie cremig eindickt (bei etwa 85 °C). Dabei mit einem Holzlöffel beständig Achten rühren und auch den Topfrand berücksichtigen. Zur Garprobe mit dem Finger über den Löffelrücken fahren. Hinterlässt er eine deutlich sichtbare Spur, hat die Creme die richtige Konsistenz erreicht. Sie darf auf keinen Fall aufkochen.
3 Eine Schüssel mit Eiswasser bereitstellen und eine kleinere Schüssel hineinsetzen. Die Creme hineingießen und weitere 3–4 Minuten umrühren, bis sie sämig wird. In dem Eiswasser abkühlen lassen und von Zeit zu Zeit durchrühren. Die Vanilleschote entfernen.
4 Die völlig erkaltete Creme in der Eismaschine nach der Bedienungsanleitung gefrieren. Drei Minuten vor Ende der Gefrierzeit die abgetropften Rumrosinen einrühren. Das Eis bis zum Servieren in den Gefrierschrank stellen.
5 Die Schokoladen-Chantilly schlagen und das Schokoladeneis mit Ei zubereiten.
6 Zum Servieren die Rum-Babas waagerecht halbieren und in 6 große Eisbecher oder Dessertschalen einlegen. Pro Person 1 Kugel Schokoladeneis und 2 Kugeln Malaga-Eis darauf anrichten und mit einer großen Rosette Schokoladen-Chantilly verzieren. Sofort servieren.

Pikantes Schokoladen-Mandel-Eis

Für 6–8 Personen
Fertigstellen: 5 Minuten

150 g »Pikante Schokoladen-Mandeln« (siehe S. 238)
1 l dunkles Schokoladeneis (siehe S. 207)

1 Die gebrannten Mandeln mit Schokolade und das Schokoladeneis zubereiten.
2 Die Mandeln grob hacken, kurz vor Ende der Gefrierzeit in die Eismaschine geben und unter das fast gefrorene Schokoladeneis rühren. Weitere 2 Minuten rühren, das Eis in ein Gefäß umfüllen und bis zum Servieren in den Kühlschrank stellen.

Servieren Sie zu diesem Eis Sandgebäck mit Salzblüte (siehe Seite 147) oder Schoko-Diamanten (siehe Seite 138).

Makronen mit Schokoladen-Lavendel-Eis

Ergibt 40 kleine Eismakronen
Vorbereitung: 25 Minuten
Garzeit: etwa 6 Minuten
Gefrierzeit: etwa 30 Minuten

80 kleine Makronen (siehe S. 158)

Für das Schokoladen-Sorbet mit Lavendel

200 g Edelbitter-Schokolade (70 % Kakaoanteil)
180 g extrafeiner Zucker
1 l Mineralwasser
½ TL Lavendelblüten

1 Die Makronen backen.
2 Für das Schokoladen-Sorbet die Schokolade mit dem Sägemesser hacken. Das Wasser mit dem Zucker und den Lavendelblüten zum Kochen bringen. Zügig die Schokolade einrühren und 2–3 Minuten kochen lassen. Ständig weiterrühren, da die Masse stark aufschäumt.
3 Eine große Schüssel Eiswasser vorbereiten und eine zweite, kleinere Schüssel einsetzen. Die Schokolade hineingießen und abkühlen lassen. Hin und wieder umrühren.
4 Die völlig erkaltete Schokoladenmasse in die Eismaschine füllen und nach der Bedienungsanleitung gefrieren. In den Gefrierschrank stellen.
5 Auf die glatte Seite einer Makrone eine kleine Kugel Schokoladeneis setzen, mit einer zweiten Makrone bedecken und leicht andrücken. Sämtliche Makronen auf diese Weise mit Eis füllen und zusammensetzen. In den Gefrierschrank stellen.
6 Die Eismakronen etwa 1 Stunde vor dem Servieren aus dem Gefrierschrank in den Kühlschrank stellen.

Schokoladen-Torroncino-Eis

Für 6–8 Personen
Vorbereitung: 20 Minuten
Gefrierzeit: 3–4 Stunden

30 g Mandeln
30 g Haselnusskerne
500 ml Sahne
160 g Edelbitter-Schokolade (60 % Kakaoanteil)
1 EL Wasser
60 g flüssiger Honig
40 g extrafeiner Zucker
6 Eiweiße
50 g getrocknete Aprikosen, gewürfelt
30 g Pistazien, grob gehackt

1 Eine Glas- oder Edelstahlschüssel 15 Minuten tiefkühlen.
2 Den Ofen auf 150 °C vorheizen. Die Mandeln und Haselnüsse auf einem Blech verteilen und 15 Minuten im Ofen rösten. Zwischendurch hin und wieder wenden. Die Nüsse abkühlen lassen und in kleine Stücke hacken.
3 Die Sahne in der kalt gestellten Schüssel mit dem elektrischen Handrührgerät steif schlagen.
4 Die Schokolade mit einem Sägemesser hacken und auf dem heißen Wasserbad schmelzen.
5 In einem kleinen Topf das Wasser, den Honig und den Zucker zum Kochen bringen und auf kleiner Flamme 1 Minute köcheln lassen.
6 Die Eiweiße steif schlagen. Wenn der Eischnee relativ fest ist, die Honig-Zucker-Mischung zugießen und weiterschlagen, bis die Masse vollständig erkaltet ist. Zunächst ein Drittel der geschmolzenen Schokolade einarbeiten, dann vorsichtig den Rest unterziehen.
7 Die Aprikosenwürfel sowie die gehackten Mandeln, Haselnüsse und Pistazien unter die Masse heben.
8 Eine 22 cm lange Kastenform mit Frischhaltefolie auskleiden, die Eismasse einfüllen, mit Folie bedecken und 3–4 Stunden einfrieren.
9 Das Schokoladen-Torroncino-Eis auf eine rechteckige Platte stürzen und die Folie entfernen. Das Eis in Scheiben schneiden und sofort servieren.

Schokoladenparfait

Für 8–10 Personen
Am Vortag beginnen
Vorbereitung: 40 + 5 Minuten
Garzeit: etwa 20 Minuten
Gefrierzeit: etwa 12 Stunden

200 ml Milch
6 Eigelbe
150 g extrafeiner Zucker
280 g Edelbitter-Schokolade (70 % Kakaoanteil)
350 ml Sahne
150 g karamellisierte Mandeln (siehe S. 305)
100 ml Chantilly mit Edelbitter-Schokolade (siehe S. 286)

Für das Baiser
20 ml Wasser
60 g extrafeiner Zucker
1 Eiweiß

1 Am Vortag die Milch zum Kochen bringen und die Eigelbe mit dem Zucker in einer Schüssel verschlagen. Unter kräftigem Rühren die kochende Milch zugeben und die Mischung zurück in den Topf gießen. Die Creme auf kleiner Stufe langsam erhitzen, bis sie cremig eindickt (bei etwa 85 °C). Dabei mit einem Holzlöffel ständig Achten beschreiben und auch am Topfrand gut rühren. Zur Garprobe mit dem Finger über den Löffelrücken fahren. Hinterlässt er eine deutlich sichtbare Spur, hat die Creme die richtige Konsistenz erreicht. Sie darf auf keinen Fall aufkochen.
2 Eine Schüssel mit Eiswasser bereitstellen und eine kleinere Schüssel einsetzen. Die Creme hineingießen und weitere 3–4 Minuten umrühren, bis sie sämig wird. In dem Eiswasser abkühlen lassen und hin und wieder umrühren.
3 Eine Glas- oder Edelstahlschüssel 15 Minuten in den Gefrierschrank stellen.
4 Die Schokolade mit einem Sägemesser hacken und auf dem heißen Wasserbad schmelzen.
5 In der kalt gestellten Schüssel die Sahne mit dem elektrischen Handrührgerät steif schlagen.
6 Für das Baiser das Wasser mit dem Zucker zum Kochen bringen und höchstens 3 Minuten kochen lassen. Vom Herd nehmen. Die Eiweiße steif schlagen. In einem dünnen Strahl den heißen Sirup zugießen und mit dem elektrischen Handrührgerät ständig weiterschlagen, bis die Masse wieder kalt ist.
7 Die Parfaitmasse zubereiten: Die Temperatur der Schokolade prüfen; sie sollte 40 °C betragen. Zunächst ein Drittel der geschlagenen Sahne untermengen, dann die abgekühlte Eigelb-Zucker-Mischung einarbeiten. Gut durchmischen und dann vorsichtig die restliche Sahne sowie die Baisermasse unterheben.
8 Die karamellisierten Mandeln zubereiten, 8 Mandeln ganz lassen und den Rest grob hacken.
9 Eine Soufflé-Form mit einer dreifach gelegten Manschette aus Alufolie so umwickeln, dass sie ein gutes Stück über den Formrand hinausragt. Mit Küchengarn fixieren. Ein Drittel der Parfaitmasse einfüllen, glatt streichen und mit der Hälfte der gehackten Mandeln bestreuen. Ein weiteres Drittel Parfaitmasse einfüllen, erneut glatt streichen und die restlichen Mandeln darüber verteilen. Mit der verbliebenen Parfaitmasse auffüllen und die Oberfläche glätten. Das Parfait über Nacht einfrieren.
10 Am folgenden Tag die Schokoladen-Chantilly schlagen.
11 Das Parfait aus dem Gefrierschrank nehmen und die Alumanschette entfernen. Die Schokoladen-Chantilly in einen Spritzbeutel mit Sterntülle füllen, rundherum 8 Rosetten auf das Parfait dressieren und mit je einer Mandel verzieren. Das Parfait vor dem Servieren 1 Stunde in den Kühlschrank stellen.

»[…] Diese Sorglosen, wie sie im Juni, im Juli
und an glutheißen Tagen
sich den Bauch mit Schokolade vollschlagen,
geeist, gefroren
kleine, eisige Bissen
gierig verschlungen […]«

Francesco Arisi, 1736, nach P. Campores

Schokoladenparfait

Norwegisches Omelett mit Schokolade

Für 10–12 Personen
Vorbereitung: 35 Minuten
Gefrierzeit: etwa 30 Minuten

750 ml dunkles Schokoladeneis (siehe S. 207)

Für das Eisparfait
90 ml Wasser
90 g extrafeiner Zucker
4 Eigelbe
500 ml Sahne
4 cl Grand Marnier
50 g getrocknete Aprikosen, in 1 cm große Würfel geschnitten
50 g kandierte Orangenschale, in 1 cm große Würfel geschnitten

Für den Sirup
70 ml Wasser
70 g extrafeiner Zucker
7 cl Grand Marnier

30 Löffelbiskuits
200 g Französische Baisermasse (siehe S. 295)

1 Die Schokoladeneismasse zubereiten und für 30 Minuten in den Kühlschrank stellen. Eine Glas- oder Edelstahlschüssel 15 Minuten tiefkühlen.
2 Das Eisparfait zubereiten: Das Wasser mit dem Zucker zum Kochen bringen und nach und nach unter das Eigelb schlagen. Die Sahne in der kalt gestellten Schüssel mit dem elektrischen Handrührgerät steif schlagen. Die Eigelb-Sirup-Mischung auf das heiße Wasserbad setzen und unter sanftem Schlagen mit einem Schneebesen langsam erhitzen, bis die Masse cremig eindickt. Aus dem Wasserbad nehmen und die Masse mit dem elektrischen Handrührgerät vollständig kalt schlagen. Den Grand Marnier, sämtliche Fruchtwürfel und die geschlagene Sahne unterziehen.
3 Für den Sirup das Wasser und den Zucker aufkochen, vom Herd nehmen und den Grand Marnier einrühren. Die Löffelbiskuits mit dem Sirup tränken.
4 Eine 28 cm lange Kastenform mit Frischhaltefolie auskleiden und den Rand rundherum mit den getränkten Löffelbiskuits »verschalen«. Das Schokoladeneis durchrühren und in die Form einfüllen.
5 Sofort die Parfaitmasse über das Schokoladeneis gießen und die Form in den Gefrierschrank stellen.
6 Die Französische Baisermasse herstellen.
7 Das Eis auf eine Servierplatte stürzen. Die Form abziehen und die Folie entfernen. Das Eis gleichmäßig mit der Baisermasse bestreichen. Den Überzug mit der Palettenspitze antupfen und rasch wieder hochziehen, sodass sich kleine Spitzen bilden. Auf diese Weise den gesamten Baisermantel mit Spitzen verzieren. Für 1 Stunde in den Gefrierschrank stellen.
8 Den Backofengrill vorheizen, das »Norwegische Omelett« einschieben und den Baiserüberzug 1–2 Minuten karamellisieren.

Windbeutel mit Kardamomeis und Schokoladensauce

Für 10 Personen
Vorbereitung: 25 Minuten
Garzeit: etwa 40 Minuten
Ziehen: 30 Minuten
Gefrierzeit: etwa 30 Minuten

8 grüne Kardamomkapseln
500 ml Milch
130 ml Sahne
Frisch gemahlener schwarzer Pfeffer
6 Eigelbe
100 g extrafeiner Zucker

Für die 50 kleinen Windbeutel
750 g Brandteig (*pâte à choux*; siehe S. 299)
60 g geschälte Mandeln, grob gehackt
100 g grober Kristallzucker

Zum Servieren
500 ml heiße Schokoladensauce (siehe S. 290)

1 Für das Kardamomeis die Kardamomkapseln spalten und in einer beschichteten Pfanne 2–3 Minuten rösten. Die Milch mit der Sahne zum Kochen bringen, die gerösteten Samen hineingeben und mit 2–3 Umdrehungen aus der Pfeffermühle würzen. Vom Herd nehmen und zugedeckt 30 Minuten ziehen lassen. Die Mischung durch ein Sieb gießen und wieder zum Kochen bringen.
2 In einer Schüssel die Eigelbe mit dem Zucker verrühren. Unter ständigem Schlagen die kochende Milch-Sahne-Mischung zugießen. Zurück in den Topf geben und auf kleiner Stufe behutsam erhitzen, bis die Creme eindickt (bei etwa 85 °C). Dabei mit einem Holzlöffel ständig Achten rühren und auch den Topfrand berücksichtigen. Zur Garprobe mit dem Finger über den Löffelrücken fahren. Hinterlässt er eine deutlich sichtbare Spur, hat die Creme die richtige Konsistenz erreicht. Sie darf auf keinen Fall aufkochen.
3 Eine Schüssel mit Eiswasser bereitstellen und eine kleinere Schüssel einsetzen. Die Creme hineingießen und weitere 3–4 Minuten umrühren, bis sie sämig wird. In dem Eiswasser abkühlen lassen und hin und wieder umrühren.
4 Die Kardamomcreme in die Eismaschine füllen und nach der Bedienungsanleitung gefrieren. Anschließend in den Gefrierschrank stellen.
5 Den Brandteig herstellen. Den Ofen auf 190 °C vorheizen.
6 Den noch heißen Brandteig in einen Spritzbeutel mit Lochtülle Nr. 9 füllen. Ein Blech mit Backpapier auslegen und im Abstand von 5 cm kleine Windbeutel von 4–4,5 cm Durchmesser aufspritzen.

7 Die Windbeutel sofort mit den gehackten Mandeln und dem Kristallzucker bestreuen und im Ofen 7 Minuten backen. Die Ofentür mit einem Holzlöffel einen Spalt öffnen und weitere etwa 13 Minuten backen. Die Windbeutel auf einem Kuchengitter abkühlen lassen.
8 Die Schokoladensauce zubereiten.
9 Von den Windbeuteln schräg einen Deckel abschneiden, auf die untere Hälfte eine kleine Kugel Kardamomeis platzieren und den Deckel wieder aufsetzen. Pro Person 5 gefüllte Windbeutel auf Tellern anrichten und mit etwas heißer Schokoladensauce (etwa 45 °C) überziehen. Sofort servieren.

Vacherin mit Schokoladeneis

Für 6–8 Personen
Vorbereitung: 30 Minuten
Garzeit: etwa 2 Stunden
Gefrierzeit: etwa 30 Minuten

300 g Französische Baisermasse (siehe S. 295)

Für 1 Liter Schokoladen-Sorbet
200 g Edelbitter-Schokolade (70 % Kakaoanteil)
500 ml Mineralwasser
200 g extrafeiner Zucker

200 ml Chantilly mit Edelbitter-Schokolade (siehe S. 286)
Dunkle Schokoladenröllchen (siehe S. 282)

1 Die Französische Baisermasse herstellen.
2 Den Ofen auf 120 °C vorheizen.
3 Die Baisermasse in einen Spritzbeutel mit Lochtülle Nr. 10 füllen. Eine Blech mit Backpapier auslegen und spiralförmig 2 Kreise von 18 cm Durchmesser aufspritzen (siehe Seite 294). Im nicht ganz geschlossenen Ofen (die Tür mit einem Holzlöffel einen Spalt offen halten) 30 Minuten backen. Die Temperatur auf 100 °C reduzieren und weitere 1 ½ Stunden backen. Den Ofen ausschalten und die Baiserböden bei leicht geöffneter Tür 2–3 Stunden trocknen lassen. Zum Abkühlen auf zwei Kuchengitter legen.
4 Für das Schokoladen-Sorbet die Schokolade mit dem Sägemesser hacken. Das Wasser mit dem Zucker aufkochen. Sobald es kocht, die Schokolade hineingeben und kräftig umrühren. Die Mischung 2–3 Minuten kochen lassen und ständig weiterrühren. Eine große Schüssel Eiswasser vorbereiten und eine zweite, kleinere Schüssel daraufsetzen. Die Schokolade hineingießen und in dem Eiswasser abkühlen lassen. Gelegentlich umrühren. Die völlig erkaltete Masse in die Eismaschine füllen und nach der Bedienungsanleitung gefrieren. Das Sorbet in den Gefrierschrank stellen.
5 Einen Tortenring mit 20 cm Durchmesser und 6 cm hohem Rand auf einen Bogen Backpapier setzen. Einen Baiserboden einlegen, die Hälfte des Schokoladen-Sorbets einfüllen und mit dem zweiten Boden bedecken. Das restliche Sorbet auf das Baiser auftragen und verstreichen. Den Vacherin für 2 Stunden in den Gefrierschrank stellen.
6 Die Schokoladen-Chantilly zubereiten und in einen Spritzbeutel mit Sterntülle füllen. Den Vacherin aus dem Gefrierschrank nehmen und 2–3 Minuten erwärmen lassen, dann den Rand abziehen. Den Rand und die Oberfläche mit Sahnerosetten verzieren. Den Vacherin mit Schokoladenröllchen bestreuen und vor dem Servieren noch 30 Minuten in den Gefrierschrank stellen. Das Backpapier vom Boden abziehen und den Vacherin auf einer Platte servieren.

Trüffeln, Pralinen, Bonbons und Konfitüren

»Trüffeln, Pralinen, Bonbons und Konfitüren ganz einfach«

ganz einfach

Ergibt etwa 20 Spieße
Zubereitung: 15 Minuten
Kühlen: 2 Stunden

200 g dunkle Ganache (siehe S. 289)
2 Zitronen
4 Bananen

20 kleine Holzspieße

Bananenspieße mit Schokolade

1 Die Ganache zubereiten. Ein Tablett mit Pergamentpapier auslegen und einen flachen Tortenring (oder den Ring einer niedrigen Springform) daraufsetzen. Die Ganache 1,5 cm hoch in den Ring gießen und im Kühlschrank 2 Stunden fest werden lassen.
2 Den Saft der Zitronen auspressen und in eine Schüssel geben. Die Bananen schälen, in 1,5 cm dicke Scheiben schneiden und in dem Zitronensaft wenden.
3 Die erstarrte Ganache auf einen zweiten Bogen Pergamentpapier stürzen und das Papier von der Unterseite abziehen. In etwa 1,5 cm große Würfel schneiden.
4 Jeweils eine Bananenscheibe und einen Ganachewürfel auf die Spieße stecken und bis zum Servieren kalt stellen.

Für 3 Gläser à 375 g
Am Vortag beginnen
Vorbereitung: 20 + 20 Minuten
Garzeit: 10 + 10 Minuten

1,2 kg reife Williams-Birnen
750 g Einmachzucker
1 unbehandelte Orange
50 ml frisch gepresster Zitronensaft
250 g Edelbitter-Schokolade
(60 % Kakaoanteil)

3 Gläser mit Schraubverschluss

Ch. Ferber
Maison Ferber (Niedermorschwihr)

Birnen-Schokoladen-Konfitüre »Belle-Hélène«

1 Am Vortag die Birnen schälen, halbieren und die Kerngehäuse entfernen. Das Fruchtfleisch in feine Scheiben schneiden und mit dem Zucker in einen Topf geben (vorzugsweise einen Marmeladenkochtopf aus Kupfer). Die Orangenzeste dünn abreiben, den Saft der Frucht auspressen. Den Zitronensaft sowie den Saft und die Zeste der Orange zugeben und zum Kochen bringen. Die Mischung vorsichtig in eine Schüssel füllen.
2 Die Schokolade mit einem Sägemesser hacken und unter die Konfitüre rühren, bis sie geschmolzen ist. Die Konfitüre mit Pergamentpapier zudecken, damit sich keine Haut bildet, und über Nacht in den Kühlschrank stellen.
3 Am nächsten Tag die Konfitüre wieder zum Sieden bringen. Unter ständigem Rühren bei lebhafter Hitze 5 Minuten kochen lassen. Abschäumen und mit einem Küchenthermometer die Temperatur kontrollieren. Sobald sie 105 °C erreicht hat, den Garprozess unterbrechen. Die kochend heiße Konfitüre mit einer Kelle durch einen Trichter in sterile Gläser füllen. Die Gläser bis zum Rand füllen, da die Konfitüre beim Abkühlen wieder etwas an Volumen verliert. Die Ränder und Seiten sorgfältig säubern und die Gläser fest verschließen. Bis zum vollständigen Erkalten auf den Kopf stellen, damit im Glas ein Unterdruck entsteht.

Konfitüren halten sich am längsten in sterilen Gläsern mit Schraubverschluss, die man gleich nach dem Abfüllen der noch heißen Konfitüre fest verschließt.

Zum Sterilisieren legen Sie die Gläser und Deckel einige Minuten in kochendes Wasser oder stellen Sie für 5 Minuten in den 110 °C heißen Ofen.

Bananenkonfitüre mit Schokolade und Zimt

ganz einfach

Ergibt 4–5 Gläser à 375 g
Vorbereitung: 15 Minuten
Garzeit: etwa 20 Minuten

400 g Orangen
1,3 kg Bananen
700 g Einmachzucker
½ TL gemahlener Ceylon-Zimt
100 g Edelbitter-Schokolade
(70 % Kakaoanteil)

4–5 Gläser mit Schraubverschluss

Ch. Ferber
Maison Ferber (Niedermorschwihr)

1 Die Orangen halbieren und den Saft auspressen. Die Saftmenge abmessen; es werden 200 ml benötigt. Die Bananen schälen, 800 g Fruchtfleisch abwiegen und in dünne Scheiben schneiden.
2 Die Bananenscheiben, den Orangensaft, den Zucker und den Zimt in einem Topf (vorzugsweise einem Marmeladentopf aus Kupfer) bei starker Hitze zum Kochen bringen und etwa 5 Minuten garen. Immer wieder abschäumen.
3 Die Schokolade mit einem Sägemesser hacken und über die Früchte in den Topf streuen. Mit dem Stabmixer sofort pürieren und unter ständigem Rühren weitere 5 Minuten kochen lassen. Mit einem Zuckerthermometer die Temperatur kontrollieren. Sobald sie 105 °C erreicht hat, den Garprozess unterbrechen.
4 Die kochend heiße Konfitüre mithilfe einer Kelle durch einen Trichter in sterile Gläser füllen. Bis zum Rand auffüllen, da die Konfitüre beim Abkühlen wieder etwas an Volumen verliert. Die Gläser am Rand und an den Seiten sorgfältig säubern und mit den Deckeln fest verschließen. Bis zum vollständigen Erkalten auf den Kopf stellen, damit im Glas ein Unterdruck entsteht.

Konfitüren mit Schokolade schmecken wie alle Konfitüren gut zum Frühstück, zum Nachmittagstee oder auch als Dessert auf gerösteten Brioche-Scheiben.

Himbeer-Schokoladen-Konfitüre

ganz einfach

Ergibt 5 Gläser à 375 g
Am Vortag beginnen
Vorbereitung: 15 + 20 Minuten
Garzeit: 10 + 10 Minuten

1,2 kg Himbeeren
250 g Edelbitter-Schokolade
(70 % Kakaoanteil)
750 g Einmachzucker
50 ml Zitronensaft

5 Gläser mit Schraubverschluss

Ch. Ferber
Maison Ferber (Niedermorschwihr)

1 Am Vortag die Himbeeren durch die feine Scheibe eines Passiergeräts drehen.
2 Die Schokolade mit einem Sägemesser hacken. Das Himbeerpüree mit dem Zucker und dem Zitronensaft in einem Topf (vorzugsweise einem Marmeladentopf aus Kupfer) vermengen. Zum Kochen bringen und 5 Minuten ständig behutsam rühren. Mit einem Schaumlöffel regelmäßig abschäumen.
3 Den Topf vom Herd nehmen, die gehackte Schokolade zugeben und gut verrühren. Die Konfitüre in eine große Schüssel gießen und ein Stück Pergamentpapier direkt auf die Oberfläche legen, damit sich keine Haut bildet. Über Nacht in den Kühlschrank stellen.
4 Am Folgetag die Konfitüre erneut zum Sieden bringen und bei lebhafter Hitze unter ständigem Rühren 5 Minuten kochen lassen. Falls nötig, noch einmal abschäumen. Den Gargrad mit einem Küchenthermometer prüfen. Hat die Temperatur 105 °C erreicht, ist die Konfitüre fertig. Ein letztes Mal aufkochen und dann mithilfe einer Kelle und eines Trichters in sterile Gläser füllen. Die Konfitüre bis zum Rand einfüllen, da sich das Volumen beim Abkühlen wieder etwas reduziert. Die Gläser an Rändern und Seiten sorgfältig säubern und mit den Deckeln fest verschließen. Bis zum vollständigen Erkalten auf den Kopf stellen, damit im Glas ein Unterdruck entsteht.

Konfitüre schmeckt grundsätzlich besser, wenn man sie einige Tage durchziehen lässt.

Erdbeeren mit zweierlei Schokolade

ganz einfach

Für 6 Personen
Vorbereitung: 25 Minuten
Garzeit: 3–4 Minuten

500 g Erdbeeren
200 g weiße Schokolade
200 g Vollmilchschokolade
1 Bund frische Minze
Frisch gemahlener Pfeffer

1 Die Erdbeeren einzeln an den Kelchen hochhalten und mit einem trockenen Pinsel abbürsten. Nach dem Säubern der Früchte die Kelche entfernen.
2 Die beiden Schokoladen separat mit einem Sägemesser hacken und in getrennten Schüsseln im heißen Wasserbad schmelzen. Die Schüsseln anschließend aus dem Wasserbad nehmen.
3 Die Minzezweige abspülen und sorgfältig trocken tupfen. Die kleinsten Blätter abzupfen, die größeren für eine andere Verwendung zurücklegen.
4 Die Erdbeeren am Stielansatz mit einem kleinen Zahnstocher aufspießen und bis zur Hälfte in die weiße oder braune Schokolade tauchen. Wieder herausheben und sofort 2 kleine Minzeblättchen an die noch feuchte Schokolade heften. Den Zahnstocher wieder herausziehen, die Erdbeeren in kleine papierene Pralinenkapseln legen und für 1 Stunde kalt stellen. Kurz vor dem Servieren über jede Erdbeere etwas frisch gemahlenen Pfeffer streuen.

Orangettes mit rosa Zuckermandeln

ganz einfach

Ergibt 40 Orangettes
Am Vortag beginnen
Vorbereitung: 45 Minuten
Garzeit: 3–4 Minuten

40 Streifen kandierte Orange
500 g Edelbitter-Schokolade (60 % Kakaoanteil)
100 g rosa Zuckermandeln (ersatzweise gebrannte Mandeln), gehackt

H. Pouget
Restaurant Guy Savoy (Paris)

1 Falls nötig, überschüssigen Sirup von den kandierten Orangenstreifen über Nacht auf einem Kuchengitter abtropfen lassen und in einer Schüssel auffangen.
2 Am Folgetag die Schokolade mit einem Sägemesser hacken und auf dem heißen Wasserbad schmelzen.
3 Die gehackten Zuckermandeln auf einen tiefen Teller geben.
4 Einen Orangenstreifen auf eine Gabel legen und in die geschmolzene Schokolade tauchen. Überschüssige Schokolade abtropfen lassen und am Topfrand vom Gabelrücken abstreifen. Den Orangenstreifen in den gehackten Mandeln wenden und auf ein mit Pergamentpapier bedecktes Tablett legen. Mit den anderen Orangenstreifen in gleicher Weise verfahren.
5 Die Orangettes servieren, sobald die Schokolade erstarrt ist.

Nuss-Rosinen-Rochers

Ergibt etwa 30 Pralinen
Vorbereitung: 40 Minuten
Garzeit: 2–3 Minuten
Kühlen: 1 Stunde

150 g geschälte Mandeln
100 g Haselnusskerne
70 g Rosinen
150 g Edelbitter-Schokolade (60 % Kakaoanteil; oder 150 g Vollmilchschokolade)

1 Den Ofen auf 150 °C vorheizen.
2 Die Mandeln und die Haselnüsse auf einem mit Pergamentpapier bedeckten Blech ausbreiten und 15 Minuten rösten. Zwischendurch ab und zu wenden. Alle in ein Küchentuch einschlagen und darin kräftig aneinanderreiben, um die feine Haut zu lösen. Hautreste entfernen und die Mandeln und Nüsse grob hacken.
3 Die Rosinen und die gehackten Nüsse in einer Schüssel vermengen.
4 Die Schokolade mit einem Sägemesser hacken und in einer Kasserolle auf dem heißen Wasserbad schmelzen. Die geschmolzene Schokolade über die Nüsse und Rosinen gießen und gründlich durchmischen.
5 Mit einem Teelöffel kleine Häufchen der Masse auf Pergamentpapier auftragen und zu »Felsen« *(rochers)* formen. Im Kühlschrank für 1 Stunde kalt stellen, bis die Schokolade erstarrt ist.

Weiße Schokoladentrüffeln mit Kokos

Ergibt etwa 40 Trüffeln
Vorbereitung: 45 Minuten
Garzeit: 2–3 Minuten
Kühlen: 1 Stunde

300 g weiße Schokolade
¼ unbehandelte Limette
100 ml Sahne
4 cl brauner Plantagenrum
50 g Kokosraspel

1 Die weiße Schokolade mit einem Sägemesser hacken und in einer Schüssel auf dem heißen Wasserbad schmelzen.
2 Die Zeste der Limette dünn abschälen und fein hacken. Mit der Sahne in einem kleinen Topf vermengen und zum Kochen bringen. Den Topf vom Herd nehmen und den Rum einrühren.
3 Die Rum-Sahne-Mischung über die geschmolzene Schokolade gießen und rühren, bis die Masse glatt ist. Auf Raumtemperatur abkühlen lassen und anschließend für 1 Stunde in den Kühlschrank stellen.
4 Die Kokosraspel auf einen tiefen Teller geben. Mit einem Löffel kleine Mengen Trüffelmasse abnehmen und zu Kugeln formen. Die Kugeln rundherum in den Kokosraspeln wenden. Auf diese Weise sämtliche Trüffelmasse zu Pralinen verarbeiten. Die Trüffelpralinen in einem fest verschlossenen Gefäß im Kühlschrank aufbewahren.

Schokoladen-Aprikosen-Trüffeln

Ergibt etwa 50 Trüffeln
Vorbereitung: 35 Minuten
Garzeit: etwa 12 Minuten
Kühlen: 2 Stunden

50 g getrocknete Aprikosen
2 cl Aprikosengeist
240 g Halbbitter-Schokolade (55 % Kakaoanteil)
150 g frische Aprikosen
80 ml Sahne
30 g weiche Butter
Kakaopulver zum Bestäuben

1 Die getrockneten Aprikosen in etwa 3 mm kleine Würfel schneiden und in dem Aprikosengeist einlegen.
2 Die Schokolade mit einem Sägemesser hacken.
3 Die frischen Aprikosen waschen und abtrocknen. Die Früchte halbieren, entsteinen und fein würfeln. Die Würfel bei milder Hitze 5 Minuten dünsten und im Mixer pürieren. Auf mittlerer Stufe wieder erhitzen und die Sahne unterrühren. Zum Kochen bringen und vom Herd nehmen.
4 Unter ständigem Rühren auf drei Male die gehackte Schokolade in die Mischung einarbeiten. Die gewürfelte Butter und die abgetropften eingelegten Aprikosen zugeben und sorgfältig unterrühren.
5 Ein flaches Gefäß von 28 × 30 cm Größe mit Pergamentpapier auskleiden. Die Aprikosen-Ganache eingießen und 2 Stunden im Kühlschrank fest werden lassen.
6 Die Ganache auf einen zweiten Bogen Pergamentpapier stürzen und das Papier von der Unterseite abziehen. Die Ganache in etwa 1,5 × 3 cm große Quader schneiden.
7 Den Kakao in eine flache Schale sieben. Die Trüffeln einzeln hineinlegen und mit einer Gabel rundherum in dem Kakao wenden. Überschüssigen Kakao in einem Sieb vorsichtig abschütteln. Die Trüffeln in einem fest verschlossenen Gefäß im Kühlschrank lagern.

Schokoladen-Aprikosen-Trüffeln

Weiße Schokoladen-Pistazien-Trüffeln

Ergibt etwa 40 Trüffeln
Vorbereitung: 40 Minuten
Garzeit: etwa 17 Minuten
Kühlen: 2 Stunden 30 Minuten

200 g geschälte Pistazien
340 g weiße Schokolade
160 ml Sahne
75 g weiche Butter
2–3 Tropfen Bittermandelextrakt

1 Den Ofen auf 150 °C vorheizen.
2 Ein Blech mit Backpapier auslegen, die Pistazien darauf verteilen und im Ofen 15 Minuten rösten. Abkühlen lassen.
3 Die Schokolade mit einem Sägemesser hacken. Im Mixer 50 g der Pistazien zu feinem Pulver zermahlen. Die Sahne mit dem Pistazienpulver aufkochen und wieder vom Herd nehmen. Unter ständigem Rühren auf drei Male die Schokolade einarbeiten. Die Butter und das Bittermandelextrakt zugeben und sorgfältig verrühren. Die Masse im Kühlschrank 30 Minuten anziehen lassen.
4 Die Ganache in einen Spritzbeutel mit Lochtülle Nr. 8 füllen. Ein Tablett mit Pergamentpapier auslegen, dicht an dicht kleine Kugeln aufspritzen und für 2 Stunden kalt stellen.
5 Die restlichen 150 g Pistazien ganz fein hacken und in eine flache Schale geben. Die Trüffeln vom Papier lösen und einzeln mit einer Gabel in den Pistazien rollen, bis sie rundherum gut bedeckt sind. In einem fest verschlossenen Gefäß in den Kühlschrank stellen.

Schokoladen-Karamell-Trüffeln

Ergibt etwa 80 Trüffeln
Vorbereitung: 45 Minuten
Garzeit: etwa 10 Minuten
Kühlen: 3 Stunden

300 g Halbbitter-Schokolade (55 % Kakaoanteil)
180 g Vollmilchschokolade
260 ml Sahne
190 g extrafeiner Zucker
40 g leicht gesalzene Butter
Puderzucker
Kakaopulver

1 Beide Schokoladen mit einem Sägemesser hacken und in eine Schüssel geben. Die Sahne aufkochen und wieder vom Herd nehmen.
2 In einem Topf 50 g des Zuckers auf mittlerer Stufe erhitzen. Sobald er geschmolzen ist, weitere 50 g zugeben und schmelzen lassen. Den Vorgang fortsetzen, bis 190 g Zucker verbraucht sind. Sobald sich ein bernsteinfarbener Karamell gebildet hat, die Butter zugeben (Vorsicht vor spritzendem Karamell), umrühren und die kochend heiße Sahne zugießen. Die Mischung weitere 1–2 Minuten umrühren.
3 Den Sahnekaramell über die gehackte Schokolade gießen und die Mischung glatt rühren. Ein Tablett mit Pergamentpapier auslegen und einen flachen Tortenring (oder den Ring einer niedrigen Springform) daraufsetzen. Die Ganache 1,5 cm hoch eingießen und im Kühlschrank 2 Stunden fest werden lassen.
4 Die erstarrte Masse auf einen zweiten Bogen Pergamentpapier stürzen und das Papier von der Unterseite abziehen. Die Ganache in etwa 3 cm große Würfel schneiden. Die Hände mit etwas Puderzucker bestäuben und die Trüffelmasse zu Kugeln rollen. Die Kugeln auf ein mit Pergamentpapier bedecktes Tablett legen und 1 Stunde im Kühlschrank aushärten lassen.
5 Den Kakao in ein flaches Gefäß sieben. Die Trüffeln einzeln mit einer Gabel darin wenden; überschüssigen Kakao in einem Sieb behutsam abschütteln. Die Trüffeln in einem fest verschlossenen Gefäß in den Kühlschrank stellen.

Schokoladen-Himbeer-Trüffeln

Ergibt etwa 50 Trüffeln
Vorbereitung: 45 Minuten
Garzeit: 3–4 Minuten
Kühlen: 2 Stunden

320 g Edelbitter-Schokolade (65 % Kakaoanteil)
150 g Himbeeren
15 g extrafeiner Zucker
90 ml Sahne
30 g weiche Butter
1 ½ EL Himbeergeist
Kakaopulver

1 Die Schokolade mit dem Sägemesser hacken.
2 Die Himbeeren mit dem Stabmixer pürieren, durch ein feines Sieb streichen und in einen Topf geben. Den Zucker und die Sahne unterrühren, die Mischung zum Kochen bringen und wieder vom Herd nehmen.
3 Unter ständigem Rühren auf drei Male die gehackte Schokolade einarbeiten. Die Butter und den Himbeergeist zugeben und gründlich verrühren.
4 Ein flaches Gefäß von 28 × 30 cm Größe mit Pergamentpapier auslegen. Die Himbeer-Ganache einfüllen und 2 Stunden im Kühlschrank fest werden lassen.
5 Die Ganache auf ein zweites Stück Pergamentpapier stürzen und das Papier von der Unterseite abziehen. In etwa 1,5 × 3 cm große Quader schneiden.
6 Den Kakao in ein flaches Gefäß sieben. Die Trüffeln einzeln mit einer Gabel in dem Kakao wälzen, bis sie rundherum gut bedeckt sind. Überschüssigen Kakao in einem Sieb vorsichtig abschütteln. Die Trüffeln in einem fest verschlossenen Gefäß im Kühlschrank lagern.

Schokoladentrüffeln mit altem Marc de Champagne

Ergibt etwa 60 Trüffeln
Vorbereitung: 1 Stunde
Garzeit: 4–5 Minuten
Ruhen: 1 Stunde 30 Minuten
Kühlen: 2 Stunden

4 cl alter Marc de Champagne (ersatzweise alter Grappa)
30 g Rosinen
235 g Edelbitter-Schokolade (70 % Kakaoanteil)
120 g Vollmilchschokolade
120 ml Sahne
25 g extrafeiner Zucker
35 g Butter

Zum Überziehen und Fertigstellen
400 g Edelbitter-Schokolade (70 % Kakaoanteil)
Kakaopulver

V. Dallet
Pâtisserie-chocolaterie Florence und Vincent Dallet (Épernay)

1 In einem Topf ein Viertel des Marc de Champagne mit den Rosinen 2 Minuten auf mittlerer Stufe erhitzen. Flambieren und abkühlen lassen.
2 Beide Schokoladen mit einem Sägemesser hacken und in eine Schüssel geben.
3 Die Sahne mit dem Zucker zum Kochen bringen und über die Schokolade gießen. Mit einem Schneebesen sorgfältig verrühren, bis die Mischung glatt und cremig ist. Die gewürfelte Butter und den restlichen Marc einarbeiten.
4 Die flambierten Rosinen hacken und unter die Trüffelmasse ziehen. Bei Raumtemperatur 1 ½ Stunden leicht anziehen lassen.
5 Die Trüffelmasse in einen Spritzbeutel mit Lochtülle Nr. 8 füllen. Ein Tablett mit Pergamentpapier auslegen und dicht an dicht kleine Kugeln aufspritzen. Im Kühlschrank 2 Stunden fest werden lassen.
6 Die Schokolade für den Überzug mit einem Sägemesser hacken und im heißen Wasserbad schmelzen. Die Temperatur darf jedoch 32 °C nicht übersteigen (mit einem Küchenthermometer kontrollieren).
7 Den Kakao auf einen tiefen Teller sieben. Die Trüffeln einzeln mit einer Gabel aufnehmen, in die geschmolzene Schokolade tauchen und anschließend vorsichtig in dem Kakao wenden. Den Überzug 15 Minuten aushärten lassen, dann den überschüssigen Kakao in einem Sieb vorsichtig abklopfen. Die Trüffeln in einem fest verschlossenen Gefäß in den Kühlschrank stellen.

Schokoladen-Whisky-Trüffeln

Ergibt etwa 40 Trüffeln
Vorbereitung: 40 Minuten
Garzeit: 3–4 Minuten
Kühlen: etwa 3 Stunden

70 ml Sahne
2 cl Malt-Whisky
250 g Halbbitter-Schokolade
(55 % Kakaoanteil)
60 g Vollmilchschokolade
Puderzucker

1 Die Sahne aufkochen, vom Herd nehmen und den Whisky einrühren. Auf kleiner Stufe heiß stellen, jedoch nicht mehr zum Kochen bringen.
2 Beide Schokoladensorten hacken und abseits des Herdes auf drei Male unter die Whisky-Sahne mengen. Dabei behutsam mit einem Holzlöffel von innen nach außen in immer größeren Kreisen rühren.
3 Die Ganache in eine Schüssel gießen und im Kühlschrank 30 Minuten leicht anziehen lassen.
4 Sobald die Masse etwas fest geworden ist, in einen Spritzbeutel mit Lochtülle Nr. 8 oder 9 füllen. Ein Tablett mit Pergamentpapier auslegen und dicht an dicht Kugeln aufspritzen. Im Kühlschrank 2 Stunden fest werden lassen.
5 Etwas Puderzucker auf eine Platte sieben und die Trüffeln einzeln mit einer Gabel darin wälzen. Überschüssigen Zucker in einem Sieb behutsam abklopfen. Die Trüffeln in einem Behälter fest verschließen und in den Kühlschrank stellen.

Kandierte Grapefruitschalen mit Schokolade

Für 4 Grapefruits
Vorbereitung: etwa 25 Minuten
Garzeit: etwa 3–4 Minuten
Kühlen: 1 Stunde

Kandierte Grapefruitzesten von
4 Früchten (siehe S. 307)
300 g Halbbitter-Schokolade
(55 % Kakaoanteil)
100 g Kakaopulver (nach Belieben)

1 Die kandierten Grapefruitzesten zubereiten und im Kühlschrank abkühlen lassen.
2 Die Schokolade mit einem Sägemesser hacken und auf dem heißen Wasserbad schmelzen. Sobald sie geschmolzen ist und eine Temperatur von 35 °C erreicht hat (mit dem Küchenthermometer kontrollieren), die kandierten Zesten nicht ganz bis zum Ende hineintauchen. Kurz abtropfen und auf Pergamentpapier auf ein Tablett legen. Die Glasur im Kühlschrank 1 Stunde aushärten lassen.
3 Den Kakao (falls verwendet) in ein flaches Gefäß sieben. Nach Belieben die Grapefruitzesten einzeln mit einer Gabel darin wenden. Überschüssigen Kakao in einem Sieb vorsichtig abschütteln. Die kandierten Grapefruitschalen noch am selben Tag verzehren.

»›Schließe die Augen und öffne den Mund‹, sagte er. Sie gehorchte, und er legte ein Stück Zauberschokolade aus Oaxaca auf ihre Zunge. […] Sie freute sich über ihre Wirkung und wollte, von allem genesen, nichts anderes mehr.«

Gabriel García Márquez, Von der Liebe und anderen Dämonen, 1994

Kandierte Grapefruitschalen
mit Schokolade

»Trüffeln, Pralinen, Bonbons und Konfitüren Glanzstücke«

Pikante Schokoladen-Mandeln

Für 6–8 Personen
Vorbereitung: 30 Minuten
Garzeit: etwa 30 Minuten

200 g ganze geschälte Mandeln
¼ Vanilleschote
30 ml Wasser
100 g extrafeiner Zucker
100 g Kakaopulver
1 TL gemahlener *piment d'Espelette* (ersatzweise scharfes Paprikapulver)
1 TL gemahlener Ceylon-Zimt
½ TL frisch gemahlener schwarzer Pfeffer
150 g Edelbitter-Schokolade (65 % Kakaoanteil)

1 Den Ofen auf 150 °C vorheizen.
2 Ein Blech mit Backpapier auslegen, die Mandeln darauf verteilen und 12–15 Minuten im Ofen rösten.
3 Die Vanilleschote spalten und das Mark herauskratzen. Das Wasser, den Zucker und die Vanilleschote mit ihrem Mark zum Kochen bringen und den Sirup bis 118–120 °C kochen (mit einem Zuckerthermometer kontrollieren). Die noch heißen Mandeln hineingeben und vom Herd nehmen. Umrühren, bis sich rund um die Mandeln eine Hülle aus feinen Kristallen gebildet hat.
4 Die Mischung unter ständigem Rühren wieder erhitzen, bis die Mandeln von einem dunkelbraunen Karamell überzogen sind. Auf ein mit Backpapier bedecktes Blech geben, die Mandeln voneinander trennen und abkühlen lassen.
5 Den Kakao mit sämtlichen Gewürzen vermengen. Die Schokolade mit einem Sägemesser hacken und auf dem heißen Wasserbad schmelzen. Mit einer Gabel eine Mandel aufnehmen und in die geschmolzene Schokolade tauchen. Überschüssige Schokolade abtropfen lassen und am Schüsselrand abstreifen. Die Mandel sofort in dem gewürzten Kakao wenden. Mit den restlichen Mandeln in gleicher Weise verfahren.
6 Den Schokoladenüberzug trocknen lassen; überschüssigen Kakao in einem Sieb vorsichtig abklopfen. Die Mandeln in einem fest verschlossenen Gefäß lagern.

Schokoladen-Zitronen-Bonbons

Ergibt 65 Bonbons
Vorbereitung: 35 Minuten
Garzeit: 8–10 Minuten
Ruhen: 6 Stunden

3 unbehandelte Zitronen
500 g extrafeiner Zucker
65 g leicht gesalzene Butter
60 g ungesalzene Butter
250 g weiße Schokolade
100 g Vollmilchschokolade

1 Die Zitronen waschen und abtrocknen. Die Zeste dünn abschälen und ganz fein hacken. Auf einem großen Bogen Pergamentpapier mit dem Zucker vermengen und mit den Handflächen ineinanderreiben.
2 Den Saft der Zitronen auspressen und mit dem Zitronen-Zucker und sämtlicher Butter zum Kochen bringen. Die Mischung bis 118 °C kochen (mit einem Zuckerthermometer kontrollieren).
3 Beide Schokoladen mit einem Sägemesser hacken und in eine Schüssel geben. Unter ständigem Rühren langsam in einem dünnen Strahl den Sirup zugießen. Einen flachen Torten- oder Flan-Ring auf ein mit Pergamentpapier bedecktes Blech setzen und die Bonbonmasse 2 cm hoch einfüllen.
4 Die Masse 5–6 Stunden hart werden lassen und auf ein Brett stürzen. Das Pergamentpapier abziehen und die Masse in 2 cm große Würfel schneiden. Die Bonbons in Zellophan einwickeln.

Schokoladenpralinen mit Buchweizen

Ergibt etwa 60 Pralinen
Drei Tage im Voraus beginnen
Vorbereitung: 15 + 45 Minuten
Garzeit: etwa 35 Minuten

100 g Buchweizensamen
350 ml Sahne
400 g Edelbitter-Schokolade (65 % Kakaoanteil)
20 g weiche leicht gesalzene Butter
Traubenkernöl
600 g dunkle Kuvertüre (60 % Kakaoanteil)

H. Le Roux
Chocolaterie Le Roux (Quiberon)

1 Mit der Zubereitung 72 Stunden im Voraus beginnen. Den Ofen auf 180 °C vorheizen.
2 Auf einem Backblech die Buchweizensamen ausbreiten und 30 Minuten im Ofen rösten. Zwischendurch zwei- bis dreimal wenden.
3 Die Sahne in einem Topf zum Kochen bringen. Den gerösteten Buchweizen hineingeben und zugedeckt 3 Minuten ziehen lassen. Die Sahne durch ein Sieb abseihen und 270 ml Flüssigkeit abmessen. Falls nötig, noch etwas Sahne zugießen.
4 Die 400 g Schokolade mit einem Sägemesser hacken und in eine Schüssel geben. Die heiße Sahne zugießen und die Mischung behutsam glatt rühren. Die Butter untermengen und gleichmäßig einarbeiten.
5 Eine Auflaufform von 30 × 15 cm Größe mit etwas Öl einfetten und mit Pergamentpapier auskleiden. Die Ganache 1,5 cm hoch einfüllen und über Nacht bei Raumtemperatur stehen lassen.
6 Am nächsten Tag die Ganache auf ein Brett stürzen und das Papier abziehen. In 2 cm große Würfel schneiden und eine weitere Nacht bei Raumtemperatur stehen lassen.
7 Am dritten Tag die 600 g Kuvertüre temperieren (siehe Seite 323). Die Ganachewürfel mit einer Gabel einzeln aufnehmen und in die temperierte Schokolade tauchen. Überschüssige Schokolade am Schüsselrand vom Gabelrücken abstreifen. Die getauchten Pralinen auf Pergamentpapier setzen und mit einem Buchweizensamen garnieren. Die Kuvertüre aushärten lassen.

Knusprige Schoko-Mandelblättchen mit kandierten Orangen

Ergibt etwa 40 Stück
Vorbereitung: 30 Minuten
Garzeit: 15 Minuten
Ruhen: 30 Minuten

40 ml Wasser
40 g extrafeiner Zucker
250 g Mandelsplitter
Einige Tropfen Orangenblütenwasser
50 g kandierte Orangenschalen
100 g dunkle Kuvertüre (60 % Kakaoanteil)

S. Glacier
Gewinner des Wettbewerbs »Meilleur ouvrier de France en pâtisserie« (Beste Kraft Frankreichs im Bereich der Patisserie)

1 Den Ofen auf 180 °C vorheizen.
2 Das Wasser und den Zucker zum Kochen bringen. Zuerst die Mandeln, dann das Orangenblütenwasser unterrühren. Die Mischung auf ein mit Backpapier ausgelegtes Blech gießen und für 15 Minuten in den Ofen schieben. Abkühlen lassen.
3 Die kandierte Orangenschale fein hacken und unter die abgekühlten Mandeln mischen.
4 Die Kuvertüre temperieren (siehe Seite 323) und mit der Mandel-Orangen-Mischung vermengen.
5 Mit einem Teelöffel kleine Häufchen der Masse auf Pergamentpapier setzen, bei Raumtemperatur fest werden lassen und für 30 Minuten in den Kühlschrank stellen. Die Schoko-Mandelblättchen vom Papier lösen und servieren.

Weiche Schokokaramellen

Ergibt etwa 70 Bonbons
Vorbereitung: 45 Minuten
Garzeit: etwa 15 Minuten

120 g Edelbitter-Schokolade (60 % Kakaoanteil)
280 g Glukose (aus dem Reformhaus)
280 g extrafeiner Zucker
450 ml Sahne
40 g leicht gesalzene Butter

1 Die Schokolade mit einem Sägemesser hacken.
2 Die Glukose auf ganz kleiner Flamme erhitzen. Sobald sie zu schmelzen beginnt, den Zucker zugeben und die Mischung karamellisieren lassen, bis sie eine goldbraune Farbe angenommen hat.
3 Die Sahne zum Kochen bringen und in den Karamell gießen (auf spritzenden Karamell achtgeben).
4 Die Butter untermengen und den Karamell bis 113 °C kochen (mit einem Zuckerthermometer kontrollieren). Vom Herd nehmen und die gehackte Schokolade unterrühren.
5 Einen flachen Torten- oder Flan-Ring von 22 cm Durchmesser auf einen Bogen Backpapier setzen, die Karamellmasse einfüllen und vollständig erkalten lassen.
6 Den ausgehärteten Karamell auf ein Brett legen und das Backpapier abziehen. In Würfel schneiden. Die Karamellbonbons in Zellophan wickeln und in einem fest verschlossenen Gefäß aufbewahren.

Weiche Karamellbonbons mit schwarzer Schokolade

Ergibt etwa 35 Bonbons
Am Vortag beginnen
Vorbereitung: 10 Minuten + 1 Stunde
Garzeit: etwa 22 Minuten

100 g leicht gesalzene Butter
3 g feines Salz
50 g Edelbitter-Schokolade (99 % Kakaoanteil)
20 ml Wasser
100 g Glukose (aus dem Reformhaus)
250 g extrafeiner Zucker
200 ml Sahne
Traubenkernöl

1 Am Vortag die Butter in einer Schüssel mit dem Salz vermengen und in zwei Portionen von jeweils 15 g und 85 g teilen.
2 Die Schokolade mit einem Sägemesser hacken und auf dem heißen Wasserbad schmelzen.
3 In einem Topf das Wasser und die Glukose auf kleiner Stufe erhitzen. Den Zucker einrühren und die Mischung zu einem hellen Karamell kochen. Vom Herd nehmen und die 15 g Butter untermengen, um den Garprozess zu unterbrechen. Die Sahne leicht erwärmen und unter ständigem Rühen langsam in den Karamell gießen.
4 Den Karamell weiter erhitzen und die 85 g Butter zugeben. Sobald die Temperatur 118 °C erreicht hat (mit einem Zuckerthermometer kontrollieren), vom Herd nehmen. Behutsam die geschmolzene Schokolade unterrühren, bis die Mischung glatt ist. Zum Prüfen der Konsistenz einen Teller kalt stellen, einige Tropfen der Masse daraufgeben und leicht anziehen lassen. Der Karamell sollte noch geschmeidig, aber nicht zu flüssig sein.
5 Eine flache Form von 32 × 15 cm Größe mit Backpapier auskleiden und den Karamell einfüllen. Die Karamellschicht sollte etwa 1,5 cm dick sein. Über Nacht bei Raumtemperatur stehen lassen.
6 Am nächsten Tag die erstarrte Masse aus der Form lösen und auf ein Brett legen; das Papier ablösen. Die Messerklinge leicht einölen und den Karamell in 2 cm große Würfel schneiden. Die Bonbons in Zellophan wickeln.

H. Le Roux
Chocolaterie Le Roux (Quiberon)

Weiche Karamellbonbons
mit schwarzer Schokolade

Mandelkrokanttäfelchen mit Schokolade

Ergibt etwa 30 Stück
Vorbereitung: 45 Minuten
Garzeit: etwa 30 Minuten

100 g ganze geschälte Mandeln
100 g Glukose (aus dem Reformhaus)
120 g extrafeiner Zucker
5 g weiche leicht gesalzene Butter
Maiskeimöl
200 g Edelbitter-Schokolade
(70 % Kakaoanteil)

1 Den Ofen auf 180 °C vorheizen. Die Mandeln in kleine Stücke hacken und auf einem mit Pergamentpapier bedeckten Blech verteilen. Im Ofen 15 Minuten rösten.
2 Die Glukose auf ganz kleiner Stufe erhitzen, jedoch nicht aufkochen. Sobald sie zu schmelzen beginnt, den Zucker zugeben und die Mischung bis 165 °C kochen (mit einem Zuckerthermometer kontrollieren). Die noch heißen Mandeln zufügen und mit einem Holzlöffel umrühren, bis sie gleichmäßig mit Karamell überzogen sind. Zuletzt die Butter einarbeiten.
3 Den heißen Mandelkaramell sofort auf ein beschichtetes und nur leicht eingeöltes Blech gießen. Etwas abkühlen lassen und dann mit einem Wellholz gleichmäßig ausbreiten. Den Krokant mit einer Palette mehrfach zur Mitte hin zusammenschlagen, sodass die Unterseite immer wieder nach oben gewendet wird. Diesen Vorgang einige Male wiederholen, dann die Masse ganz dünn ausrollen.
4 Den Krokant mit einem schweren Messer in 3 × 3 cm große Quadrate schneiden und auf einen Bogen Pergamentpapier legen.
5 Die Schokolade mit einem Sägemesser hacken und auf dem heißen Wasserbad schmelzen. Die Mandelkrokantstücke einzeln mit einer Gabel aufnehmen und in die geschmolzene Schokolade tauchen. Überschüssige Schokolade vom Gabelrücken abstreifen. Sämtliche Täfelchen auf diese Weise mit Schokolade überziehen.
6 Die getauchten Mandelkrokanttäfelchen auf Pergamentpapier legen. Im Kühlschrank 1 Stunde aushärten lassen und in einem fest verschlossenen Behälter kalt stellen.

Kirschen in Schokolade

Für 40–50 Kirschen
Vier Stunden im Voraus beginnen
Vorbereitung: 1 Stunde
Garzeit: etwa 20 Minuten

40–50 in Weinbrand eingelegte Kirschen mit Stielen
250 g Fondant (Schmelzglasur, Fertigprodukt; aus dem Fachhandel oder aus der Konditorei)
250 g Edelbitter-Schokolade
(60 % Kakaoanteil)

1 Die Kirschen 2 Stunden im Voraus abtropfen lassen, den Weinbrand in einer Schüssel auffangen. Die Kirschen auf Küchenpapier ausbreiten und 2 Stunden trocknen lassen.
2 Den Fondant mit 1 Esslöffel Weinbrand geschmeidig rühren. Im heißen Wasserbad bei 60 °C (mit einem Küchenthermometer kontrollieren) unter ständigem Rühren schmelzen. Die Mischung sollte cremig und weich sein, sodass man die Kirschen darin eintauchen kann.
3 Die Kirschen einzeln am Stiel greifen und so weit in den Fondant tauchen, dass rund um den Stielansatz noch eine kleine Fläche unbedeckt bleibt. Die überzogenen Kirschen auf Pergamentpapier setzen; die Glasur härtet in wenigen Minuten aus. Den Fondant, sobald er zu fest wird, im Wasserbad wieder verflüssigen und gegebenenfalls mit weiterem Weinbrand geschmeidig rühren.
4 Die Schokolade mit einem Sägemesser hacken und auf dem heißen Wasserbad schmelzen. Die glasierten Kirschen nacheinander behutsam in die geschmolzene Schokolade tauchen. Diesmal vollständig bis zum Stiel eintauchen, damit sich keine Lufteinschlüsse bilden. Die Kirschen, ohne die Basis abzutropfen (sie dient als schützender kleiner Sockel) in Pralinenkapseln setzen.
5 Am nächsten Tag prüfen, ob der Überzug rundherum gedeckt hat. Sind Löcher oder Risse darin, sollten die Kirschen baldmöglichst verzehrt werden.

Bewahren Sie die Kirschen in einem fest verschlossenen Gefäß im Kühlschrank auf. Nach 8 Tagen schmecken sie am besten.

Himbeerpralinen mit Weinbrand

Für 45 Pralinen
Vorbereitung: 45 Minuten
Garzeit: etwa 15 Minuten
Kühlen: 2 Stunden 15 Minuten

45–50 in Weinbrand eingelegte Himbeeren
400 g Edelbitter-Schokolade (60 % Kakaoanteil)
125 g Fondant (Schmelzglasur, Fertigprodukt; aus dem Fachhandel oder aus der Konditorei)

1 Die Himbeeren abtropfen lassen und den Weinbrand in einer Schüssel auffangen. Die Früchte zum Trocknen auf Küchenpapier ausbreiten.
2 300 Gramm der Schokolade mit einem Sägemesser hacken und auf dem heißen Wasserbad schmelzen. Herunternehmen und abkühlen lassen.
3 Die Schokolade auf dem Wasserbad wieder auf 31 °C erwärmen (mit einem Küchenthermometer kontrollieren).
4 Ein oder zwei Hohlformen, wie sie für die Pralinenherstellung verwendet werden (Formen aus Kunststoff oder Metall mit runden oder würfelförmigen Kammern), mit einer Schicht Schokolade auspinseln und 30 Minuten im Kühlschrank fest werden lassen. Prüfen, ob die Schokolade überall lückenlos gedeckt hat. Falls nicht, eine zweite Schicht auftragen.
5 In jede Mulde eine Himbeere einsetzen. Zu große Exemplare halbieren und mit der Schnittfläche nach unten hineinlegen.
6 Den Fondant mit 1–2 Esslöffeln Weinbrand geschmeidig rühren und auf dem heißen Wasserbad unter ständigem Rühen schmelzen. Mit einem Küchenthermometer die Temperatur kontrollieren. Sie sollte 28 °C betragen.
7 Mit einem Teelöffel jede Himbeere mit etwas Fondant überziehen, die Form jedoch nicht bis zum Rand füllen, damit noch Platz für den Schokoladenüberzug bleibt. Im Kühlschrank 15 Minuten fest werden lassen.
8 Die restlichen 100 g Schokolade mit einem Sägemesser hacken und auf dem heißen Wasserbad schmelzen. Mit einem kleinen Löffel jede Praline mit etwas geschmolzener Schokolade verschließen. Die Pralinen für 2 Stunden in den Kühlschrank stellen.
9 Die Pralinen vorsichtig aus der Form lösen und in einem fest verschlossenen Behälter in den Kühlschrank stellen.

Wie Kirschen in Schokolade schmecken auch diese Himbeerpralinen am besten nach 8 Tagen, wenn der Fondant schön mit Alkohol durchzogen ist.

Schokoladen-Minzeblätter mit Zuckerreif

Für 2 Bund frische Minze
Am Vortag beginnen
Vorbereitung: 45 Minuten
Garzeit: 2–3 Minuten

2 Bund frische Minze
2 Eiweiße
150 g extrafeiner Zucker
150 g dunkle Kuvertüre
(70 % Kakaoanteil)

1 Am Vortag die großen Minzeblätter abzupfen, jedoch einen kleinen Stielansatz stehen lassen. Die Blätter waschen, abtropfen lassen und zwischen mehreren Lagen Küchenpapier trocken tupfen. Die kleinen Blätter für eine andere Verwendung zurücklegen.
2 Die Eiweiße in einer Schüssel nur leicht schaumig schlagen. Etwas Zucker auf einen Teller streuen und zu einer höchstens 5 mm dicken Schicht ausbreiten. Die Minzeblätter einzeln am Stielansatz greifen und durch das verschlagene Eiweiß ziehen. Über einem zweiten Teller kurz abtropfen lassen und dann rundherum in dem Zucker wenden. Die überzuckerten Blätter auf ein mit Pergamentpapier bedecktes Tablett legen. Den verbrauchten Zucker hin und wieder ergänzen. Die Minzeblätter über Nacht bei Raumtemperatur trocknen lassen.
3 Am nächsten Tag die Kuvertüre mit einem Sägemesser hacken, auf dem heißen Wasserbad schmelzen und temperieren (siehe Seite 323).
4 Die überzuckerten Minzeblätter bis zur Hälfte in die temperierte Schokolade tauchen und auf ein frisches Stück Pergamentpapier legen. Im Kühlschrank 15 Minuten fest werden lassen.
5 Die Schokoladen-Minzeblätter in einem Behälter fest verschließen. Im Kühlschrank halten sie sich 24 Stunden.

Schokoladen-Mandel-Rochers

Ergibt etwa 40 Stück
Vorbereitung: 45 Minuten
Garzeit: etwa 32 Minuten
Kühlen: 1 Stunde

70 g Mandelsplitter
65 g gemahlene Mandeln
65 g Puderzucker
4 Eiweiße
125 g extrafeiner Zucker
400 g dunkle Kuvertüre
(70 % Kakaoanteil)

1 Den Ofen auf 150 °C vorheizen.
2 Ein Blech mit Backpapier auslegen und die Mandelsplitter darauf verteilen. Im Ofen 5 Minuten rösten und hin und wieder wenden.
3 Die gemahlenen Mandeln, den Puderzucker und die abgekühlten Mandelsplitter vermengen. Die Eiweiße mit 30 g extrafeinem Zucker steif schlagen. Sobald die Masse fest ist, den restlichen Zucker unterschlagen. Mit einem biegsamen Spatel vorsichtig die Mandelmischung unter den Eischnee ziehen.
4 Die Mandel-Baisermasse in einen Spritzbeutel mit Lochtülle Nr. 8 füllen. Ein Blech mit Backpapier auslegen und Kugeln von 3–4 cm Durchmesser aufspritzen. Im nicht ganz geschlossenen Ofen 25 Minuten backen (die Tür mit einem Holzlöffel einen Spalt offen halten). Den Gargrad prüfen: Die Baiserkugeln sollten sich in der Mitte hellbraun gefärbt haben, auf keinen Fall dürfen sie noch weiß sein. Auf einem Kuchengitter abkühlen lassen.
5 Die Kuvertüre mit einem Sägemesser hacken, auf dem heißen Wasserbad schmelzen und temperieren (siehe Seite 323).
6 Die Baiserkugeln mit einer Gabel am Boden aufspießen und in die temperierte Schokolade tauchen. Überschüssige Schokolade vom Gabelrücken abstreifen. Die Rochers auf eine mit Pergamentpapier bedeckte Platte setzen und 1 Stunde im Kühlschrank fest werden lassen. In einem fest verschlossenen Behälter kalt stellen.

Schokoladen-Minzeblätter
mit Zuckerreif

Schoko-Crunchies mit »Studentenfutter«

Ergibt etwa 50 Stück
Vorbereitung: 35 Minuten
Garzeit: 2–3 Minuten

450 g dunkle Kuvertüre (60 % Kakaoanteil)
140 g gemischte Nüsse und Trockenfrüchte (z. B. Rosinen, getrocknete Feigen und Kirschen, Haselnüsse, Cashewkerne, Mandeln, Pekannüsse, Walnüsse, Pistazien, kandierter Ingwer, kandierte Orangenschale)

1 Die Kuvertüre mit einem Sägemesser hacken. Auf dem heißen Wasserbad schmelzen und anschließend temperieren (siehe Seite 323).
2 Die Nüsse und die getrockneten oder kandierten Früchte in kleine Stücke hacken.
3 Zwei Bleche mit Pergamentpapier auslegen.
4 Einen großen Teelöffel der temperierten Schokolade aufnehmen und aus 7–8 cm Höhe über die Löffelspitze langsam auf eines der Bleche laufen lassen. Dabei breitet sich die Schokolade kreisförmig aus. Sofort mit der vorbereiteten Trockenfruchtmischung bestreuen. Die restliche Schokolade in gleicher Weise auftragen und bestreuen.
5 Die Schoko-Crunchies im Kühlschrank 15 Minuten fest werden lassen. Schichtweise, durch Pergamentpapier getrennt, in einen Behälter legen und fest verschlossen im Kühlschrank aufbewahren.

Die Schoko-Crunchies halten sich bis zu 3 Wochen.

Schokoladen-Marshmallows

Für 850 g Marshmallows
Vorbereitung: 35 Minuten
Garzeit: etwa 8 Minuten
Ruhen: 3 Stunden

8 ¼ Blatt Gelatine (16,5 g)
150 ml Wasser
375 g extrafeiner Zucker
4 ½ Eiweiße
50 g Edelbitter-Schokolade (70 % Kakaoanteil)
15 g Kakaopulver
Maiskeimöl
Kakaopulver

1 Die Gelatine 20 Minuten in kaltem Wasser einweichen, gut ausdrücken und mit Küchenpapier trocken tupfen.
2 Das Wasser und den Zucker bis 142 °C kochen (mit einem Zuckerthermometer kontrollieren).
3 Die Eiweiße mit dem elektrischen Handrührgerät nicht zu steif schlagen. In einem dünnen Strahl nach und nach den gekochten Zucker zugießen. Die Gelatine unter die heiße Masse mengen und auf mittlerer Stufe 10 Minuten weiterschlagen.
4 Die Schokolade mit einem Sägemesser hacken und auf dem heißen Wasserbad schmelzen. Mit einem biegsamen Spatel die Schokolade und den gesiebten Kakao unter das geschlagene Eiweiß heben und sorgfältig einarbeiten.
5 Zwei rechteckige Formen von 28 cm Länge mit Alufolie auskleiden und leicht einölen. Die Masse 3 cm hoch einfüllen und glatt streichen. Bei Raumtemperatur 3 Stunden stehen lassen.
6 Die Masse in 3 cm große Würfel schneiden und einzeln in gesiebtem Kakaopulver wälzen.

Die Marshmallows halten sich bei Raumtemperatur 2 Tage.

A. Larher
Pâtisserie-chocolaterie
Arnaud Larher (Paris)

Schokoladen-»Maronen«

Ergibt 20 Stück
Vorbereitung: 45 Minuten
Garzeit: etwa 15 Minuten
Gefrierzeit: 1 Stunde 30 Minuten

50 g weiche Butter
200 g gesüßte Maronencreme aus der Dose
60 g zerstoßene kandierte Maronen *(marrons glacés)*
15 g Maisstärke für die Arbeitsfläche

Zum Überziehen
100 ml Wasser
25 g extrafeiner Zucker
50 g Glukose (aus dem Reformhaus)
50 g Edelbitter-Schokolade (70 % Kakaoanteil)
5 g leicht gesalzene Butter

1 Die Butter, die Maronencreme und die zerstoßenen kandierten Maronen gründlich vermengen. Die Masse zu zwei Kugeln formen.
2 Die Arbeitsfläche mit etwas Maisstärke bestäuben und die Kugeln zu zwei dicken »Würsten« rollen. Jede Wurst in 10 gleich große Stücke zerteilen (verwenden Sie ein Lineal als Hilfsmittel).
3 Die Stücke zu kleinen Kugeln rollen und den Teig an einer Seite mit den Fingerspitzen etwas zusammenkneifen, sodass sie wie Maronen aussehen.
4 Zwei Kastenformen auf die Arbeitsfläche stellen und auf jede Form parallel der Länge nach zwei Holzspieße legen. Etwas Abstand zwischen den Spießen lassen. Die »Maronen« einzeln mit kleinen Gabeln schräg von unten aufspießen und nebeneinander auf die Holzspieße legen. Die Formen mit den »Maronen« in den Gefrierschrank stellen und für 1 ½ Stunden einfrieren.
5 Den Überzug vorbereiten: In einem Topf das Wasser, den Zucker und die Glukose behutsam zum Kochen bringen. Die Schokolade mit einem Sägemesser hacken und auf dem heißen Wasserbad schmelzen. Den heißen Sirup ganz langsam in die geschmolzene Schokolade gießen und dabei ständig und zügig rühren. Die Mischung zurück in den Topf gießen, die Butter zugeben und 10 Minuten unter ständigem Rühren kochen. Dabei beginnt die eindickende Masse zu rauchen und steigt bis an den Rand des Topfes. Sobald sie 150 °C erreicht hat (mit einem Zuckerthermometer prüfen), den Topf vom Herd nehmen und auf ein mehrfach gefaltetes Küchentuch stellen. Das Tuch so falten, dass der Topf etwas schräg steht.
6 Die Maronen nacheinander mit der Spitze voran zu vier Fünfteln in die Schokoladenmasse tauchen. Diese darf die Gabel nicht berühren. Wieder herausheben, den an der Spitze ablaufenden Faden fest werden lassen und dann mit einer Schere abschneiden.
7 Die Gabeln so in eine flache Schale legen, dass die »Maronen« auf dem Rand ruhen. Abkühlen und aushärten lassen. Die »Maronen« in Pralinenkapseln setzen.

Wenn die Tauchschokolade zu fest wird, die Masse durch kurzes Erhitzen wieder auf die gewünschte Konsistenz bringen.

Die »Maronen« halten sich im Kühlschrank bis zu 24 Stunden. Danach beginnt die Schokoladenglasur langsam weich zu werden.

Schokoladen-Ingwerstäbchen

Für 250 g kandierten Ingwer
Am Vortag beginnen
Vorbereitung: 5 + 30 Minuten
Garzeit: 2–3 Minuten
Kühlen: 30 Minuten

250 g kandierter Ingwer
300 g dunkle Kuvertüre (60 % Kakaoanteil)

1 Am Vortag die äußere Zuckerschicht des Ingwers unter fließendem warmem Wasser abspülen. In einem Sieb abtropfen und über Nacht stehen lassen.
2 Am nächsten Tag die Kuvertüre mit einem Sägemesser hacken, im heißen Wasserbad schmelzen und temperieren (siehe Seite 323).
3 Den Ingwer in 4 mm breite Streifen schneiden. Die Streifen einzeln mit der Gabel aufnehmen und in die temperierte Schokolade tauchen. Überschüssige Schokolade abtropfen lassen und am Schüsselrand vom Gabelrücken abstreifen.
4 Die überzogenen Ingwerstreifen auf eine mit Pergamentpapier bedeckte Platte legen. Die Glasur im Kühlschrank 30 Minuten aushärten lassen und in einem fest verschlossenen Gefäß kalt stellen.

Marzipankugeln mit Kirschen

Ergibt etwa 20 Stück
Vorbereitung: 35 Minuten
Garzeit: 2–3 Minuten

200 g Marzipan-Rohmasse
100 g in Weinbrand eingelegte Kirschen
Puderzucker für die Arbeitsfläche
200 g dunkle Kuvertüre (60 % Kakaoanteil)
70 g feine Schokoladenraspel

1 Das Rohmarzipan in ganz kleine Stücke schneiden. Die Kirschen abtropfen lassen und grob hacken. Marzipan und Kirschen mit den Händen zu einer geschmeidigen, homogenen Masse verkneten.
2 Aus der Masse zwei Kugeln formen, die Arbeitsfläche mit Puderzucker bestäuben und die Kugeln zu zwei Strängen von etwa 2–3 cm Durchmesser rollen. Die Stränge in 2 cm dicke Scheiben schneiden.
3 Die Scheiben mit den Händen zu kirschgroßen Kugeln rollen.
4 Die Kuvertüre mit einem Sägemesser hacken, auf dem heißen Wasserbad schmelzen und temperieren (siehe Seite 323).
5 Die Schokoladenraspel in eine Schüssel geben. Die Marzipankugeln mit einer Gabel nacheinander einzeln aufspießen und in die temperierte Schokolade tauchen. Überschüssige Schokolade abtropfen lassen und am Schüsselrand vom Gabelrücken abstreifen. Die getauchten Kugeln sofort in den Schokoladenraspeln wälzen, bis sie rundherum gleichmäßig bedeckt sind.
6 Die fertigen Marzipankugeln auf Pergamentpapier auf eine Platte legen, für 15 Minuten in den Kühlschrank stellen und anschließend in Pralinenkapseln oder Papierschälchen setzen. In einem fest verschlossenen Gefäß in den Kühlschrank stellen.

Zitronenkaramell-Lollis

Für 12 Lollis
Vorbereitung: 35 Minuten
Garzeit: etwa 10 Minuten

Maiskeimöl
1 unbehandelte Zitrone
450 ml Sahne
280 g Glukose (aus dem Reformhaus)
280 g extrafeiner Zucker
40 g leicht gesalzene Butter
120 g Edelbitter-Schokolade (70 % Kakaoanteil)

12 lange Holzspieße

1 12 kleine Soufflé-Förmchen von 8 cm Durchmesser mit Alufolie auskleiden und ganz leicht mit Öl einpinseln.
2 Die Zitronenzeste dünn abschälen und sehr fein hacken. In einem Topf mit der Sahne vermengen und aufkochen.
3 In einem weiteren Topf die Glukose auf ganz kleiner Stufe behutsam erhitzen. Den Zucker zugeben und die Mischung bernsteinfarben karamellisieren lassen. Unter ständigem Rühren die in Stücke geschnittene Butter zugeben. Die Sahne zugießen und weiterrühren, bis die Mischung 115–116 °C erreicht hat (mit einem Zuckerthermometer kontrollieren).
4 Die Schokolade mit dem Sägemesser hacken und in den Sahnekaramell geben. Ganz behutsam umrühren, damit der Karamell nicht spritzt. Sobald die Mischung glatt ist, etwa 1,5 cm hoch in die vorbereiteten Förmchen einfüllen und abkühlen lassen.
5 Die Lollis aus der Form lösen und die Alufolie entfernen. Auf Holzspieße stecken und in Zellophan wickeln. In einem fest verschlossenen Behälter aufbewahren.

Schokoladentrüffeln mit Sarawak-Pfeffer

Ergibt etwa 50 Stück
Vorbereitung: 45 Minuten
Garzeit: 3–4 Minuten
Kühlen: 2 Stunden

330 g Edelbitter-Schokolade (70 % Kakaoanteil)
15 g schwarze Sarawak-Pfefferkörner (Pfeffer aus Sarawak, dem malaysischen Norden der Insel Borneo)
250 ml Sahne
50 g weiche Butter

Für den Überzug
Kakaopulver
Schwarzer Pfeffer aus Sarawak

1 Die Schokolade mit einem Sägemesser hacken. Den Pfeffer mit einem Wellholz oder im Mörser fein zermahlen.
2 Die Sahne mit dem zermahlenen Pfeffer aufkochen, vom Herd nehmen und zugedeckt 10 Minuten ziehen lassen.
3 Die Pfeffer-Sahne durch ein Sieb in einen anderen Topf seihen und erneut zum Kochen bringen. Den Topf vom Herd nehmen und auf drei Male die gehackte Schokolade hineingeben. Dabei ständig rühren, bis die Masse glatt ist. Dann die Butter untermengen und gleichmäßig einarbeiten.
4 Eine flache Form von 28 × 30 cm Größe mit Backpapier auslegen, die Pfeffer-Ganache einfüllen und 2 Stunden im Kühlschrank fest werden lassen.
5 Die Ganache auf ein zweites Stück Backpapier stürzen und das Papier von der Unterseite abziehen. In etwa 1,5 × 3 cm große Quader schneiden.
6 Den Kakao in eine flache Schale sieben und mit 4–5 Umdrehungen aus der Pfeffermühle würzen. Die Trüffeln einzeln hineingeben und mit einer Gabel in der Mischung wälzen, bis sie rundherum gut bedeckt sind. Überschüssigen Kakao in einem Sieb vorsichtig abschütteln. Die Trüffeln in einem fest verschlossenen Behälter in den Kühlschrank stellen.

Weiße Schokoladentrüffeln mit Pistazien und Matcha-Tee

Ergibt etwa 50 Trüffeln
Vorbereitung: 40 Minuten
Garzeit: 5–6 Minuten
Kühlen: 2 Stunden 30 Minuten

100 g weiche Butter
450 g weiße Schokolade
200 ml Sahne
20 g Matcha-Tee (fein pulverisierter japanischer Grüntee)

Für den Überzug
250 g geschälte gesalzene Pistazien
80 g Puderzucker
20 g Matcha-Tee

1 Die Butter in walnussgroße Stücke zerteilen und in eine Schüssel geben. Die Schokolade mit einem Sägemesser hacken und zu drei kleinen Häufchen aufschichten.
2 Die Sahne aufkochen und vom Herd nehmen. Den Matcha-Tee hineingeben und mit dem Schneebesen gleichmäßig verschlagen. Nacheinander die drei Schokoladenhäufchen zufügen und vor jeder nächsten Zugabe mit einem Holzlöffel sorgfältig einarbeiten. Die Butter untermengen und die Mischung mit dem Schneebesen glatt schlagen. In eine Schüssel gießen, mit Frischhaltefolie bedecken und etwa 30 Minuten im Kühlschrank fest werden lassen.
3 Die erstarrte Masse in einen Spritzbeutel mit Lochtülle Nr. 9 füllen. Ein Blech mit Backpapier auslegen und etwa 50 kleine Kugeln aufspritzen. Für 2 Stunden in den Kühlschrank stellen.
4 Inzwischen den Überzug vorbereiten: Die Pistazien in kleine Stücke hacken und mit dem gesiebten Puderzucker und dem Matcha-Tee vermengen. Die Trüffeln einzeln mit einer Gabel in der Mischung wenden und in einem Sieb behutsam abklopfen. In einem fest verschlossenen Gefäß im Kühlschrank aufbewahren.

Weiße Schokoladentrüffeln mit Pistazien und Matcha-Tee

»Ich habe den eigentümlich herben Geschmack des Matcha-Tees mit der zarten Cremigkeit weißer Schokolade und gerösteten gesalzenen Pistazien ein wenig abgemildert.«

Pierre Hermé
(Rezept siehe Seite 249)

Heiß- und Kaltgetränke

»Heiß- und Kaltgetränke ganz einfach«

ganz einfach

Für 1 Cocktail
Zubereitung: 5 Minuten

Zuckerrohrsirup
Kakaopulver
2 cl brauner Crème de Cacao
4 cl Cognac
20 ml Sahne
2 Eiswürfel

Alexandra

1 Auf einen tiefen Teller etwas Zuckerrohrsirup gießen und auf einen zweiten Teller etwas Kakaopulver streuen. Ein Martiniglas mit dem Rand vorsichtig zuerst in den Sirup, dann in den Kakao tauchen.
2 Den Crème de Cacao, den Cognac und die Sahne in einen Cocktail-Shaker füllen. Zwei Eiswürfel zugeben und 8–10 Sekunden kräftig schütteln. Durch das Barsieb in das vorbereitete Martiniglas abseihen und sofort servieren.

Dieser mäßig starke Cocktail ist ein idealer Digestif.

---

ganz einfach

Für 4 Personen
Vorbereitung: 15 Minuten
Garzeit: 3–4 Minuten

50 g Halbbitter-Schokolade (55 % Kakaoanteil)
180 ml Sahne
250 ml Mineralwasser
300 ml leicht gesüßter schwarzer Kaffee

Café »Bicerin«

1 Eine Glas- oder Edelstahlschüssel für 15 Minuten in den Gefrierschrank stellen.
2 Die Schokolade mit einem Sägemesser hacken.
3 Die Sahne in der kalt gestellten Schüssel mit dem elektrischen Handrührgerät steif schlagen.
4 Das Wasser in einem Topf zum Kochen bringen, die gehackte Schokolade zugeben und kräftig umrühren. In eine Schüssel gießen, abkühlen lassen und kalt stellen.
5 Kurz vor dem Servieren den Kaffee zubereiten und heiß in 4 Tassen füllen. Mit der erkalteten Schokolade aufgießen und mit einer Sahnehaube garnieren. Sofort servieren.

---

ganz einfach

Für 4 Personen
Vorbereitung: 10 Minuten
Garzeit: 4–6 Minuten

125 g Edelbitter-Schokolade (65–70 % Kakaoanteil)
500 ml Mineralwasser
50 g extrafeiner Zucker
25 g Kakaopulver

Heiße Schokolade wie in alten Zeiten

1 Die Schokolade mit einem Sägemesser hacken und in eine Schüssel geben.
2 Das Wasser mit dem Zucker zum Kochen bringen, den Kakao zugeben und mit dem Schneebesen kräftig verschlagen. Erneut zum Kochen bringen und vom Herd nehmen.
3 Die Mischung auf drei Male in die gehackte Schokolade gießen und mit einem Holzlöffel von innen nach außen in immer größer werdenden Kreisen verrühren.
4 Die heiße Schokolade mit dem Stabmixer 5 Minuten aufschäumen, heiß in Tassen füllen und sofort servieren.

Brasilianische Schokolade

1 Die Schokolade mit einem Sägemesser hacken.
2 Die Milch mit dem Zucker zum Kochen bringen.
3 In einem zweiten Topf das Wasser aufkochen, vom Herd nehmen und die gehackte Schokolade hineingeben. Kräftig verschlagen.
4 Die Mischung in die Milch gießen, den Kaffee zugeben und erneut kräftig verschlagen.
5 Die heiße Schokolade in 4 Tassen füllen und sofort servieren.

ganz einfach

Für 4 Personen
Vorbereitung: 10 Minuten
Garzeit: 4–5 Minuten

100 g Halbbitter-Schokolade (55 % Kakaoanteil)
500 ml Milch
70 g extrafeiner Zucker
250 ml Mineralwasser
100 ml sehr starker Kaffee

Karibische Schokolade

1 Die Limette waschen, abtrocknen und die Zeste dünn abschälen. Die Vanilleschote spalten und das Mark herauskratzen.
2 In einem Topf die Milch, die Hälfte der Kondensmilch, die Vanilleschote mit ihrem Mark, den Zimt und die Limettenzeste auf kleiner Stufe langsam erhitzen. Sobald sich am Rand kleine Bläschen bilden, sofort vom Herd nehmen; die Milch darf nicht aufkochen. Die Mischung 30 Minuten ziehen lassen.
3 Die Milch durch ein Sieb in einen anderen Topf abseihen.
4 Das Kakaopulver mit den restlichen 80 ml Kondensmilch verrühren. Die Maisstärke in einigen Tropfen kaltem Wasser auflösen und unter die Kakaomilch mengen. Die Mischung in die heiße Milch gießen und kräftig verschlagen.
5 Die Schokolade auf kleiner Flamme unter ständigem Schlagen wieder erhitzen, bis sie aufwallt. Sie sollte schön cremig sein.
6 Heiß in 4 Tassen füllen und sofort servieren.

ganz einfach

Für 4–6 Personen
Vorbereitung: 15 Minuten
Garzeit: 4–6 Minuten
Ziehen: 30 Minuten

1 unbehandelte Limette
1 Vanilleschote
1 l fettarme Milch (1,5 % Fett)
160 ml ungesüßte Kondensmilch
2 Stangen Ceylon-Zimt
70 g Kakaopulver
1 TL Maisstärke

Schokoladen-Whisky-Cocktail

1 Die Schokolade hacken und in eine Schüssel geben. Das Wasser mit dem Zucker zum Kochen bringen, den Kakao zufügen und die Mischung verschlagen, bis sie wieder aufwallt. Vom Herd nehmen und auf drei Male in die gehackte Schokolade gießen. Dabei behutsam mit einem Holzlöffel von innen nach außen in immer größer werdenden Kreisen rühren. Mit dem Stabmixer 5 Minuten aufschäumen, abkühlen lassen und in den Kühlschrank stellen.
2 Zum Servieren 100 ml der kalten Schokolade und je 2 cl Kakaolikör, Whisky und Bailey's in den Shaker füllen. 3 Esslöffel zerstoßenes Eis zufügen und kräftig schütteln. Durch das Barsieb in ein Martiniglas abseihen.
3 Die restlichen Drinks in gleicher Weise zubereiten. Die Cocktails sofort servieren und mit einem Strohhalm von oben nach unten abtrinken.

ganz einfach

Für 4 Personen
Vorbereitung: 10 Minuten
Garzeit: 3–4 Minuten

Für die kalte Schokolade
65 g Edelbitter-Schokolade (70 % Kakaoanteil)
350 ml Mineralwasser
25 g extrafeiner Zucker
12 g Kakaopulver

8 cl Kakaolikör
8 cl Malt-Whisky
8 cl Irish Cream (Bailey's)
12 EL zerstoßenes Eis

Schokoladen-Whisky-Cocktail

Heiße Schokolade mit Earl Grey

Für 4 Personen
Vorbereitung: 10 Minuten
Garzeit: 5–6 Minuten

500 ml Milch
12 g Earl-Grey-Tee
100 g Edelbitter-Schokolade (65 % Kakaoanteil)
135 g Vollmilchschokolade

1 Die Milch aufkochen und vom Herd nehmen. Den Tee einrühren und 4 Minuten ziehen lassen.
2 Die Milch durch ein Sieb in einen anderen Topf gießen.
3 Beide Schokoladen mit einem Sägemesser hacken, in die Milch geben und kräftig verschlagen.
4 Die Mischung auf mittlerer Stufe unter ständigem Schlagen bis knapp unter den Siedepunkt erhitzen. Sie darf nicht aufwallen.
5 Die Schokolade heiß in 4 Tassen füllen und sofort servieren.

Ganz wichtig bei diesem Rezept ist, dass die Schokolade nicht zu stark erhitzt wird (Schritt 4). Die Temperatur darf 95 °C nicht übersteigen. Arbeiten Sie sicherheitshalber mit einem Küchenthermometer.

F. Jouvaud
Pâtisserie Jouvaud (Avignon)

Heiße Wiener Schokolade

ganz einfach

Für 4 Personen
Vorbereitung: 15 Minuten
Garzeit: 4–5 Minuten

125 g Edelbitter-Schokolade (65–70 % Kakaoanteil)
500 ml Mineralwasser
50 g extrafeiner Zucker
25 g Kakaopulver
150 ml Sahne
10 g Puderzucker
Kakaopulver

1 Eine Glas- oder Edelstahlschüssel für 15 Minuten in den Gefrierschrank stellen.
2 Die Schokolade mit einem Sägemesser hacken und in eine weitere Schüssel geben.
3 Das Wasser mit dem Zucker zum Kochen bringen, den Kakao zugeben und mit dem Schneebesen kräftig verschlagen. Unter Schlagen erneut zum Kochen bringen und vom Herd nehmen.
4 Die Mischung auf drei Male in die gehackte Schokolade gießen und mit einem Holzlöffel von innen nach außen in immer größer werdenden Kreisen einarbeiten.
5 Die heiße Schokolade mit dem Stabmixer 5 Minuten aufschäumen.
6 Die Sahne in der kalt gestellten Schüssel mit dem elektrischen Handrührgerät steif schlagen und auf halber Strecke den gesiebten Puderzucker einarbeiten.
7 Vier große Tassen zu drei Vierteln mit heißer Schokolade füllen. Mit einem Esslöffel eine Sahnehaube daraufsetzen und mit etwas Kakaopulver bestäuben.

Eisschokolade mit Cola

Für 4–6 Personen
Vorbereitung: 10 Minuten
Garzeit: 3–4 Minuten

120 g Halbbitter-Schokolade (55 % Kakaoanteil)
500 ml Milch
30 g extrafeiner Zucker
150 ml sehr starker Kaffee
Etwa 12 Eiswürfel
300 ml eisgekühlte Cola
4–6 Kugeln Vanilleeis

1 Die Schokolade mit einem Sägemesser hacken.
2 Die Milch mit dem Zucker zum Kochen bringen. Die gehackte Schokolade zugeben und unter kräftigem Schlagen erneut erhitzen, bis die Mischung aufwallt. In eine große Schüssel oder einen Krug gießen, abkühlen lassen und in den Kühlschrank stellen.
3 Zum Servieren einige Eiswürfel in die Gläser füllen. Die eiskalte Cola unter die kalte Schokolade rühren und über das Eis in die Gläser gießen. Pro Person eine Kugel Vanilleeis in die Gläser geben und mit einem Strohhalm und einem kleinen Löffel sofort servieren.

Eiskakao mit Limetten-Kokosmilch

Für 4 Personen
Zubereitung: 10 Minuten

½ unbehandelte Limette
500 ml fettarme Milch (1,5 % Fett)
300 ml Kokosmilch
4 EL zerstoßenes Eis
40 g extrafeiner Zucker
40 g Kakaopulver
Kakaopulver zum Bestäuben

1 Die Limette waschen und abtrocknen. Die Schale mit einem Sparschäler oder einem Zesteur dünn abschälen und ganz fein hacken. Den Saft auspressen.
2 Die Milch und die Kokosmilch in der Küchenmaschine 30 Sekunden mixen. Das zerstoßene Eis, den Saft und die Zeste der Limette, den Zucker und das Kakaopulver zugeben und weitere 5 Minuten mixen. Die Mischung sollte schön cremig sein.
3 Den Kakao in 4 große Gläser füllen, mit Kakaopulver bestäuben und sofort servieren.

California Float

Für 4 Personen
Vorbereitung: 15 Minuten
Garzeit: etwa 10 Minuten
Gefrierzeit: etwa 2 Stunden

60 g Edelbitter-Schokolade (70 % Kakaoanteil)
½ Vanilleschote
500 ml Milch
10 g Rohrzucker

Für 1 Liter weißes Schokoladeneis
325 g weiße Schokolade
650 ml Milch
30 g Milchpulver
50 g extrafeiner Zucker

1 Die Schokolade mit einem Sägemesser hacken. Die Vanilleschote spalten und das Mark herauskratzen.
2 Die Milch mit der Vanilleschote und ihrem Mark zum Kochen bringen. Sobald sie aufwallt, den Rohrzucker und die gehackte Schokolade zugeben und kräftig verschlagen. Erneut unter ständigem Weiterschlagen aufkochen und vom Herd nehmen. Die Mischung in eine Schüssel gießen, abkühlen lassen und in den Kühlschrank stellen.
3 Für das Eis die weiße Schokolade mit dem Sägemesser hacken. Die Milch mit dem Milchpulver und dem Zucker aufkochen und unter kräftigem Schlagen die Schokolade einarbeiten. Erneut aufkochen und maximal 1 Minute köcheln lassen. Eine große Schüssel Eiswasser bereitstellen und eine zweite, kleinere Schüssel daraufsetzen. Die Creme hineingießen und abkühlen lassen. Gelegentlich umrühren. Die vollständig erkaltete Creme in die Eismaschine füllen und nach der Bedienungsanleitung gefrieren. Das Eis bis zum Servieren in den Gefrierschrank stellen.
4 Die kalte Schokolade in 4 hohe Gläser füllen und darin jeweils 2 Kugeln weißes Schokoladeneis »treiben« lassen. Mit einem Strohhalm und einem Eislöffel sofort servieren.

Schokoladen-Milkshake

ganz einfach

Für 1 Person
Zubereitung: 15 Minuten

Für die kalte Trinkschokolade (200 ml)
40 g Edelbitter-Schokolade (65–70 % Kakaoanteil)
150 ml Mineralwasser
15 g extrafeiner Zucker
8 g Kakaopulver

50 ml Milch
1 Kugel Schokoladeneis (gekauft oder siehe Rezept oben »California Float«)
1 Riegel Bitterschokolade zum Raspeln

F. Bellanger
Fauchon (New York)

1 Die Schokolade mit einem Sägemesser hacken und in eine Schüssel geben. Das Wasser mit dem Zucker zum Kochen bringen, den Kakao zugeben und mit dem Schneebesen kräftig verschlagen. Erneut aufkochen und vom Herd nehmen. Die Mischung auf drei Male in die gehackte Schokolade gießen und mit einem Holzlöffel von innen nach außen in immer größer werdenden Kreisen verrühren. Mit dem Stabmixer 5 Minuten aufschäumen, abkühlen lassen und in den Kühlschrank stellen.
2 Die Milch mit der kalten Schokolade und der Kugel Schokoladeneis in der Küchenmaschine mixen, bis die Mischung cremig ist. In ein großes Glas füllen und mit einem Messer einige Schokoladenspäne darüberraspeln. Sofort servieren.

»Heiß- und Kaltgetränke Glanzstücke«

Heiße Schokolade mit Ceylon-Tee und Vanilleeiswürfeln

1 Am Vortag die Sahne-Eiswürfel zubereiten: Eine Glas- oder Edelstahlschüssel 15 Minuten tiefkühlen. Die Vanilleschote spalten und das Mark herauskratzen. Den Puderzucker sieben. Die Sahne mit dem Vanillemark und dem Honig in der eiskalten Schüssel verrühren und steif schlagen. Dabei nach und nach den Puderzucker einarbeiten.
2 Die geschlagene Vanillesahne in 8 Segmente eines Eiswürfelbereiters füllen. Darauf achten, dass keine Luft eingeschlossen wird. Über Nacht einfrieren.
3 Am nächsten Tag die Milch aufkochen und vom Herd nehmen. Die Teebeutel hineingeben und 5 Minuten ziehen lassen. Wieder herausheben und am Topfrand gut ausdrücken.
4 Die Schokolade mit einem Sägemesser hacken und unter die Milch rühren. Auf mittlerer Stufe unter ständigem Schlagen zum Kochen bringen und ab dem Aufwallen 2 Minuten kochen lassen. Dabei ständig weiterschlagen. Vom Herd nehmen.
5 Die heiße Schokolade in 4 große Tassen füllen, jeweils 2 Vanilleeiswürfel hineingeben und sofort servieren.

Für 4 Personen
Am Vortag beginnen
Vorbereitung: 10 + 5 Minuten
Garzeit: 6–8 Minuten

Für die Vanilleeiswürfel
½ Vanilleschote
20 g Puderzucker
150 ml Sahne
10 ml Akazienhonig

Für die heiße Schokolade
500 ml fettarme Milch
2 Beutel Ceylon-Tee
100 g Vollmilchschokolade

Y. Brys
Dalloyau (Paris, 8. Arrondissement)

Heiße Milchschokolade mit Orange und Kardamom-Chantilly

1 Für die Chantilly-Sahne eine Glas- oder Edelstahlschüssel für 15 Minuten in den Gefrierschrank stellen. Die Orange waschen und abtrocknen. Mit einem Zesteur oder einem Sparschäler die Zeste der halben Frucht abschälen und ganz fein hacken. Die Sahne mit dem elektrischen Handrührgerät in der kalt gestellten Schüssel steif schlagen und dabei die Orangenzeste, den Kardamom und den Zucker einarbeiten.
2 Für die Schokolade die Orangen waschen und abtrocknen. Die Zeste dünn abschälen und sehr fein hacken. Die Milch und die Sahne zum Kochen bringen. Die Orangenzeste zugeben, umrühren und die Mischung vom Herd nehmen. Zugedeckt 15 Minuten ziehen lassen. Die Schokolade mit einem Sägemesser hacken, unter die Milch-Sahne-Mischung mengen und kräftig verschlagen. Bei schwacher Hitze weitere 5 Minuten rühren und durch ein Sieb passieren.
3 Die heiße Schokolade in 4 große Tassen füllen, mit einer Chantilly-Sahnehaube garnieren und sofort servieren.

Für 4 Personen
Vorbereitung: 20 Minuten
Garzeit: 4–6 Minuten
Ziehen: 15 Minuten

Für die Chantilly-Sahne
½ unbehandelte Orange
400 ml Sahne
2 g gemahlener Kardamom
20 g extrafeiner Zucker

Für die Schokolade
2 unbehandelte Orangen
500 ml Milch
300 ml Sahne
350 g Vollmilchschokolade

H. Pouget
Restaurant Guy Savoy (Paris)

Heiße Milchschokolade mit Orange und Kardamom-Chantilly

Himbeer-Schokolade »Chloé«

Für 4 Personen
(4 Highball-Gläser à 250 ml)
Vorbereitung: 25 Minuten
Garzeit: 4–5 Minuten

Für den Himbeerschaum
¾ Blatt Gelatine (1,5 g)
135 g frische Himbeeren
80 ml Mineralwasser
10 g extrafeiner Zucker

Für die kalte Schokolade
125 g Edelbitter-Schokolade (65–70 % Kakaoanteil)
160 g frische Himbeeren
700 ml Mineralwasser
50 g extrafeiner Zucker
25 g Kakaopulver

1 Für den Himbeerschaum die Gelatine 20 Minuten in kaltem Wasser einweichen. Die Himbeeren durch ein Passiergerät drehen und das aufgefangene Fruchtmark durch ein feines Sieb streichen. Das Wasser mit dem Zucker aufkochen und vom Herd nehmen. Die Gelatine gut ausdrücken und mit dem Himbeersaft unter den heißen Sirup mengen. Gut verrühren, abkühlen lassen und in den Kühlschrank stellen.

2 Die Schokolade mit einem Sägemesser hacken und in eine Schüssel geben. Die restlichen Himbeeren durch das Passiergerät drehen und das aufgefangene Püree durch ein Sieb streichen. Das Wasser mit dem Zucker zum Kochen bringen. Den Kakao zugeben und die Mischung kräftig verschlagen, bis sie wieder aufkocht. Auf drei Male in die gehackte Schokolade gießen und mit einem Holzlöffel von innen nach außen in immer größer werdenden Kreisen behutsam verrühren. Sobald die Mischung glatt ist, den Himbeersaft untermengen. Abkühlen lassen und in den Kühlschrank stellen.

3 Einen Siphon zu drei Vierteln mit dem Himbeersirup füllen und die Gaskapsel einsetzen. Kalt stellen.

4 Zum Servieren die kalte Schokolade noch einmal durchrühren und in 4 Highball-Gläser (oder Whisky-Tumbler) gießen. Die Gläser sollten zu etwa drei Fünftel gefüllt sein. Den Siphon mit beiden Händen kräftig schütteln und etwas Himbeerschaum auf die Schokolade sprühen. Mit einem Strohhalm und einem kleinen Löffel sofort servieren. Die Schokolade mit dem Strohhalm von oben abtrinken und den Himbeerschaum mit dem Löffel genießen.

(Bild siehe Seite 262/263)

Kalte exotische Schokolade

Für 4 Personen
(4 Highball-Gläser à 250 ml)
Vorbereitung: 25 Minuten
Garzeit: 4–5 Minuten

Für den Kokosschaum
½ Blatt Gelatine (1 g)
60 ml Mineralwasser
20 g extrafeiner Zucker
150 ml ungesüßte Kokosmilch (aus der Dose)

Für die kalte Schokolade
125 g Edelbitter-Schokolade (65–70 % Kakaoanteil)
700 ml Mineralwasser
50 g extrafeiner Zucker
25 g Kakaopulver
150 ml ungesüßte Kokosmilch (aus der Dose)

1 Für den Kokosschaum die Gelatine 20 Minuten in kaltem Wasser einweichen. Das Wasser mit dem Zucker aufkochen und wieder vom Herd nehmen. Die Gelatine gut ausdrücken und mit der Kokosmilch unter den heißen Sirup rühren. Abkühlen lassen und anschließend kalt stellen.

2 Die Schokolade mit einem Sägemesser hacken und in eine Schüssel geben. Das Wasser mit dem Zucker zum Kochen bringen. Den Kakao zugeben und die Mischung kräftig verschlagen, bis sie wieder aufkocht. Auf drei Male in die gehackte Schokolade gießen und mit einem Holzlöffel von innen nach außen in immer größer werdenden Kreisen behutsam verrühren. Sobald die Mischung glatt ist, die Kokosmilch unterrühren. Abkühlen lassen und in den Kühlschrank stellen.

3 Einen Siphon zu drei Vierteln mit dem Kokossirup füllen und die Gaskapsel einsetzen. Kalt stellen.

4 Zum Servieren die kalte Schokolade noch einmal durchrühren und in 4 Highball-Gläser (oder Whisky-Tumbler) gießen. Die Gläser sollten zu etwa drei Fünftel gefüllt sein. Den Siphon mit beiden Händen kräftig schütteln und etwas Kokosschaum auf die Schokolade sprühen. Mit einem Strohhalm und einem kleinen Löffel sofort servieren. Die Schokolade mit dem Strohhalm von oben abtrinken und den Kokosschaum mit dem Löffel genießen.

Für 4 Personen
(4 Highball-Gläser à 250 ml)
Vorbereitung: 25 Minuten
Garzeit: 4–5 Minuten

Für den Passionsfruchtschaum
1 Blatt Gelatine (2 g)
80 ml Mineralwasser
20 g extrafeiner Zucker
8 Passionsfrüchte

Für die kalte Schokolade
125 g Edelbitter-Schokolade (65–70 % Kakaoanteil)
500 ml Mineralwasser
125 g extrafeiner Zucker
25 g Kakaopulver
8 Passionsfrüchte

Kalte Schokolade »Mogador«

1 Für den Passionsfruchtschaum die Gelatine 20 Minuten in kaltem Wasser einweichen. Das Wasser mit dem Zucker aufkochen und wieder vom Herd nehmen. Die Gelatine gut ausdrücken und unter den heißen Sirup rühren. Die Passionsfrüchte halbieren, das Fruchtmark herauslöffeln und durch ein Sieb streichen. Den Saft auffangen und unter den Sirup mengen. Abkühlen lassen und in den Kühlschrank stellen.
2 Die Schokolade mit einem Sägemesser hacken und in eine Schüssel geben. Das Wasser mit dem Zucker zum Kochen bringen. Den Kakao zugeben und die Mischung kräftig verschlagen, bis sie wieder aufkocht. Auf drei Male in die gehackte Schokolade gießen und mit einem Holzlöffel von innen nach außen in immer größer werdenden Kreisen behutsam glatt rühren. Die Passionsfrüchte halbieren, das Fruchtmark durch ein Sieb streichen und den aufgefangenen Saft unter die Schokolade mengen. Abkühlen lassen und kalt stellen.
3 Einen Siphon mit dem Passionsfruchtsirup zu drei Viertel vollfüllen und die Gaskapsel einsetzen. Kalt stellen.
4 Zum Servieren die kalte Schokolade noch einmal durchrühren und in 4 Highball-Gläser (oder Whisky-Tumbler) gießen. Die Gläser sollten zu etwa drei Fünftel gefüllt sein. Den Siphon mit beiden Händen kräftig schütteln und etwas Passionsfruchtschaum auf die Schokolade sprühen. Mit einem Strohhalm und einem kleinen Löffel sofort servieren. Die Schokolade mit dem Strohhalm von oben abtrinken und den Passionsfruchtschaum mit dem Löffel genießen.

Für 4 Personen
(4 Martinigläser à 250 ml)
Vorbereitung: 15 Minuten
Garzeit: 4–5 Minuten

Für den weißen Schokoladenschaum
¾ Blatt Gelatine (1,5 g)
85 g weiße Schokolade
100 ml Mineralwasser
5 g extrafeiner Zucker
2 Eiweiße

160 ml Sahne
8 cl Marie Brizard
8 cl weißer Crème de Cacao
12 EL zerstoßenes Eis

F. E. Grasser-Hermé
Kochbuchautor (Paris)

Eisbär

1 Für den Schokoladenschaum die Gelatine 20 Minuten in kaltem Wasser einweichen. Die Schokolade mit einem Sägemesser hacken und in eine Schüssel geben. Das Wasser mit dem Zucker aufkochen und wieder vom Herd nehmen. Die Gelatine gut ausdrücken und unter den heißen Sirup rühren. Die Mischung auf drei Male über die gehackte Schokolade gießen und mit einem Holzlöffel von innen nach außen in immer größer werdenden Kreisen behutsam glatt rühren. Die Eiweiße unterziehen, abkühlen lassen und in den Kühlschrank stellen.
2 Einen Siphon mit dem erkalteten Schokoladensirup zu drei Viertel vollfüllen und die Gaskapsel einsetzen. In den Kühlschrank stellen.
3 Zum Servieren pro Drink 40 ml Sahne, jeweils 2 cl Marie Brizard und Crème de Cacao und 3 Esslöffel zerstoßenes Eis in den Shaker geben. Kräftig schütteln und in ein Martiniglas abseihen. Den Siphon mit beiden Händen kräftig schütteln und die Cocktails mit einer Schaumkrone garnieren.
4 Die anderen Drinks in gleicher Weise zubereiten. Mit einem Strohhalm und einem kleinen Löffel sofort servieren. Die Schokolade mit dem Strohhalm von oben abtrinken und die Schaumkrone mit dem Löffel genießen.

Himbeer-Schokolade »Chloé«

»Hier trifft die frische Säure eines luftigen Himbeerschaums auf eine üppige, cremige Wiener Schokolade.«

Pierre Hermé

(Rezept siehe Seite 260)

Ein ganzes Menü mit Schokolade

»Vorspeisen und Beilagen«

Geeiste Foie-gras-Würfel mit Balsamico-Karamell und heißer Schokolade

Für 4 Personen
(ergibt etwa 20 kleine Würfel)
Am Vortag beginnen
Vorbereitung: 15 + 30 Minuten
Garzeit: etwa 20 Minuten

Für die Entenlebercreme
50 ml heller Geflügelfond (oder ein lösliches Fertigprodukt)
100 g rohe Entenstopfleber *(foie gras de canard cru)*
10 g *vergeoise blonde* (weicher, hellbrauner Zucker aus Frankreich; ersatzweise Muscovado-Zucker)
1 TL Balsamico-Essig
Salzblüte (Fleur de Sel)
Frisch gemahlener Pfeffer

Für die heiße Schokolade
40 g Edelbitter-Schokolade (55 % Kakaoanteil)
700 ml heller Geflügelfond)
1 gestrichener TL Kakaopulver
½ TL Curry
2 Prisen Salzblüte (Fleur de Sel)

Für den Balsamico-Karamell
200 ml Balsamico-Essig
50 g extrafeiner Zucker

Für die Teighülle
4 Filoteigblätter
Olivenöl für das Blech

Zum Fertigstellen
Walnussöl
Balsamico-Essig
Salzblüte (Fleur de Sel)
Frisch gemahlener Pfeffer

Ph. Conticini
Exception gourmandes (Paris)

1 Am Vortag die Entenlebercreme zubereiten: Den Geflügelfond erhitzen, mit der Entenstopfleber, dem Zucker, Essig, Salz und etwas frisch gemahlenem Pfeffer in die Küchenmaschine geben und zu einer glatten, geschmeidigen Creme pürieren.
2 Die Entenlebercreme mit einem Teelöffel in einen oder zwei Eiswürfelbereiter füllen und mit Frischhaltefolie bedecken. Über Nacht einfrieren.
3 Am nächsten Tag die heiße Schokolade zubereiten: Die Schokolade mit dem Sägemesser hacken. Den Geflügelfond erhitzen, das Kakaopulver, die gehackte Schokolade, den Curry und die Salzblüte zugeben, gut verrühren und 2 Minuten auf kleiner Flamme garen. Im heißen Wasserbad warm stellen.
4 Für den Karamell den Balsamico und den Zucker in einem kleinen Topf vermengen und bei mittlerer Hitze 10–12 Minuten sirupartig einkochen lassen.
5 Den Ofen auf 160 °C vorheizen. Ein Blech mit Backpapier auslegen und mit etwas Öl einpinseln.
6 Die Filoteigblätter mit einer Schere in Quadrate von 6 cm Kantenlänge schneiden. Sie benötigen 1 Quadrat pro Entenleberwürfel. Die gefrorenen Würfel aus der Form lösen. Ein kleines Filoteigblatt auf ein feuchtes Tuch legen. Den Eiswürfel in die Mitte platzieren und wie ein kleines Paket in den Teig einpacken. Die Enden unter dem Paket einschlagen. Auf das vorbereitete Blech legen und die restlichen Entenleberwürfel in gleicher Weise verpacken.
7 Das Blech in der Ofenmitte einschieben und die Pakete 3–4 Minuten backen. Sie sollten nur leicht Farbe nehmen.
8 Den Backofengrill vorheizen.
9 Die Teigpakete mit dem Balsamico-Sirup einpinseln und 1–2 Minuten unter dem Grill karamellisieren lassen. Gut aufpassen, dass sie nicht verbrennen. Den Ofen ganz ausschalten, das Blech wieder in der Mitte einschieben und bei nicht ganz geschlossener Tür (mit einem Holzlöffel offen halten) noch 1 Minute durchziehen lassen.
10 Die heiße Schokolade in 4 kleine Becher füllen, mit einigen Tröpfchen Walnussöl und Balsamico beträufeln und mit Salzblüte und etwas Pfeffer bestreuen.
11 Die heißen Teigpakete auf einer Platte in einer dekorativ gefalteten Serviette anrichten. Zunächst in einen Foie-gras-Würfel beißen und dann einen Schluck heiße Schokolade nehmen.

Entenleberterrine mit Galgant und Kakao

Für 4–6 Personen
Drei Tage im Voraus zubereiten
Vorbereitung: 25 Minuten
Garzeit: 45 Minuten

1 rohe Entenstopfleber von 500–550 g *(foie gras de canard cru)*
1 Streifen (1,5 g) getrockneter Galgant (aus dem Asia-Shop)
1 Tonkabohne (mandelförmige Bohne mit Vanillearoma; aus dem Gewürzfachhandel)
1 »Stange« Langer Pfeffer (aus dem Asia-Shop)
2 g Muscovado-Zucker
4 g Kakaopulver
6 g Salz

1 Die Stopfleber 30 Minuten in handwarmem Wasser einweichen. Abtropfen lassen und mit einem Küchentuch abtrocknen. Die beiden Lappen vorsichtig voneinander trennen. Die Innenflächen leicht einschneiden und die Adern herausziehen.
2 Den Galgant, die Tonkabohne und den Langen Pfeffer im Mörser oder in der Gewürzmühle zu einem feinen Pulver zermahlen. Das Pulver sieben und mit dem braunen Zucker, dem Kakao und dem Salz sorgfältig vermengen. Die Stopfleberlappen mit der Mischung bestreuen und in eine ihrer Größe entsprechende Terrine legen.
3 Den Ofen auf 110 °C vorheizen.
4 Eine ofenfeste Form mit etwas heißem Wasser füllen, die Terrine einsetzen und zugedeckt im Ofen 45 Minuten garen.
5 Die Terrine herausnehmen, eine gute Stunde abkühlen lassen und anschließend für 2–3 Tage in den Kühlschrank stellen.
6 Die Entenleberterrine 30 Minuten vor dem Servieren aus dem Kühlschrank nehmen. Mit warmem geröstetem Bauernbrot servieren.

J.-P. Clément
Fauchon (Paris, 8. Arrondissement)

Gebratene Entenstopfleber mit Kakaokruste und Schokoladen-Jus

Für 8 Personen
Vorbereitung: 15 Minuten
Garzeit: etwa 6 Minuten

8 Scheiben rohe Entenstopfleber
Feines Salz, *piment d'Espelette* (ersatzweise scharfes Paprikapulver)

Für die Kruste
5 g Kakaopulver
30 g Kakaobruch (siehe S. 335)
60 g Paniermehl
6 g zerstoßener grüner Anis

Für die Schokoladen-Jus
30 g Edelbitter-Schokolade (70 % Kakaoanteil)
30 g Akazienhonig
5 g Kakaopulver
1 g *piment d'Espelette*
200 ml Entenfond

Für den Salat
40 g gemischte Blattsalate, 10 g Senfsprossen, 10 g Rucola, 1 Zweig Kerbel, abgezupft, 4 Schnittlauchhalme, in 5 cm lange Stücke geschnitten
15 g frisch geriebene Kokosraspel
Saft von ½ Limette, 10 ml Olivenöl
Salz, *piment d'Espelette*, Fleur de Sel

1 Die Entenleberscheiben salzen und von einer Seite mit *piment d'Espelette* würzen.
2 Für die Kruste den Kakao, den Kakaobohnenbruch, das Paniermehl und den Anis im Mixer grob zermahlen. Die Mischung gleichmäßig auf die bereits gewürzte Seite der Scheiben auftragen. In den Kühlschrank stellen.
3 Für die Schokoladen-Jus die Schokolade mit einem Sägemesser hacken. Den Honig mit dem Kakao und dem *piment d'Espelette* in einem Topf vermengen und auf kleiner Stufe erwärmen. Den Entenfond zugießen, die Mischung glatt rühren und dann die gehackte Schokolade zugeben. Gut verrühren, bis die Schokolade geschmolzen ist. Warm stellen.
4 Sämtliche Blattsalate waschen und gut abtropfen oder trocken schleudern. Die Salatblätter mit den Senfsprossen, dem Rucola, Kerbel, Schnittlauch und den Kokosraspeln vermengen. Aus dem Limettensaft, dem Olivenöl, dem *piment d'Espelette* und Salz eine Vinaigrette zubereiten.
5 Eine beschichtete Pfanne bei starker Hitze ohne Fettzugabe heiß werden lassen. Sobald sie zu rauchen beginnt, die Entenleberscheiben mit der unbedeckten Seite nach unten einlegen und 2 Minuten braten. Vorsichtig wenden und von der anderen Seite weitere 2 Minuten braten.
6 Den Salat mit der Vinaigrette anmachen. Die gebratene Entenleber auf Tellern anrichten und mit einigen Kristallen Fleur de Sel bestreuen. Rundherum einen Streifen Schokoladen-Jus auftragen. Mit dem Salat garnieren und sofort servieren.

H. Darroze
Restaurant Hélène Darroze (Paris)

Gebratene Entenstopfleber mit
Kakaokruste und Schokoladen-Jus

Makkaroni in weißer Schokoladensauce mit Pistazien, Mascarpone und Ziegenkäse

ganz einfach

Für 4 Personen
Vorbereitung: 10 Minuten
Garzeit: etwa 15 Minuten

60 g milde weiße Zwiebeln
2 EL Olivenöl
250 g Makkaroni
50 ml trockener Weißwein
500 ml Milch

Für die Sauce
50 g geschälte Pistazien
80 g weiße Schokolade
100 g Mascarpone
50 g Ziegenfrischkäse
200 ml Milch
60 g Edelbitter-Schokolade (70 % Kakaoanteil), gerieben, zum Servieren

1 Die Zwiebeln schälen und fein hacken. Das Öl in einem Topf auf mittlerer Stufe erhitzen, die Zwiebeln hineingeben und unter ständigem Rühren etwa 5 Minuten anschwitzen. Sie sollten glasig sein, jedoch keine Farbe annehmen. Die Makkaroni zugeben und 2 Minuten unter Rühren mit anschwitzen. Den Wein zugießen, vollständig verkochen lassen und dann die Milch hineingeben. Salzen und bei ganz schwacher Hitze *al dente* garen. Darauf achten, dass die Milch nicht anbrennt.
2 Die Pistazien im Mixer pulverisieren. Die Schokolade mit einem Sägemesser hacken, in einen großen Topf geben und auf dem heißen Wasserbad schmelzen. Aus dem Wasserbad nehmen und sorgfältig den Mascarpone, den Ziegenfrischkäse und die Milch unterrühren.
3 Die Makkaroni abgießen, abtropfen lassen und unter die Schokoladensauce mengen. Die gemahlenen Pistazien zugeben und auf mittlerer Stufe noch 1 Minute durchrühren. Auf tiefen Tellern anrichten und mit der geriebenen Schokolade zum Bestreuen sofort servieren.

F. E. Grasser-Hermé
Kochbuchautor (Paris)

Hasen-Rillettes mit Schokoladen-Weinsauce

Für 6 Personen
Vorbereitung: 25 Minuten
Garzeit: etwa 2 Stunden 30 Minuten
Marinieren: 12 Stunden

Für die Marinade
1 große Zwiebel
50 ml natives Olivenöl extra
3 cl Armagnac
3 Zweige Thymian

1 Hase von 1,5–2 kg, in Stücke zerteilt
250 g fetter Speck
40 g Butter
2 große Zwiebeln
2 Möhren
1 Knoblauchzehe
500 ml Rotwein
1 EL extrafeiner Zucker
1 Bouquet garni
Salz, frisch gemahlener Pfeffer
1 EL Kakaopulver

Für die Sauce
250 ml Rotwein, 100 ml Portwein
50 g Edelbitter-Schokolade (65 % Kakaoanteil)
1 TL Johannisbeergelee

1 Für die Marinade die Zwiebel schälen und fein hacken. Das Öl, den Armagnac, den Thymian und die gehackte Zwiebel in einer Schüssel vermengen. Die Hasenstücke einlegen und an einem kühlen Ort 12 Stunden (nicht länger) marinieren. Die Fleischstücke von Zeit zu Zeit wenden.
2 Den Speck in dünne Streifen schneiden. Die Hälfte der Butter in einem Schmortopf erhitzen. Die Speckstreifen hineingeben und etwa 8 Minuten unter gelegentlichem Rühren anbraten. Die Zwiebeln, die Möhren und den Knoblauch schälen. Die Zwiebeln in dünne Scheiben schneiden, die Möhren vierteln.
3 Die Speckstreifen aus dem Topf heben und auf einen Teller legen. Die Zwiebelscheiben und die Zwiebeln aus der Marinade zugeben und in etwa 5 Minuten Farbe annehmen lassen. Wieder herausnehmen und zu dem Speck auf den Teller legen.
4 Die Hasenstücke aus der Marinade heben und mit einem Tuch sorgfältig abtrocknen.
5 Die restliche Butter in dem Schmortopf erhitzen. Die Hasenstücke einlegen und etwa 8 Minuten von allen Seiten anbraten. Mit dem Rotwein ablöschen, den Zucker, die Möhren, die Knoblauchzehe, die Zwiebeln, das Bouquet garni und den Speck zugeben und mit Salz und Pfeffer würzen. Zugedeckt auf ganz kleiner Flamme 1 Stunde schmoren.
6 Nach 1 Stunde eine Kelle der Schmorflüssigkeit abnehmen und in einer Schüssel mit dem Kakaopulver verrühren. Zurück in den Topf gießen, gut umrühren und zugedeckt 1 weitere Stunde bei schwacher Hitze schmoren.
7 Die Hasenstücke herausheben und auf einem Brett etwas abkühlen lassen.
8 Die Schmorflüssigkeit zum Kochen bringen und auf die Hälfte reduzieren. Durch ein Sieb passieren.
9 Das Hasenfleisch mit einer Gabel von den Knochen lösen und in eine Schüssel geben. Mit dem eingekochten Schmorsaft benetzen und mit der Gabel in grobe

V. Ferniot
Autor und Gastro-Kritiker (Paris)

Stücke zerpflücken und zerdrücken (nicht ganz so fein wie üblicherweise bei Rillettes). Abschmecken.

10 Für die Sauce den Rotwein und den Portwein in einem kleinen Topf zum Kochen bringen und auf die Hälfte der ursprünglichen Menge einkochen lassen. Die Schokolade mit einem Sägemesser hacken und abseits des Herdes in den reduziertren Wein rühren. Das Johannisbeergelee zugeben und die Sauce glatt rühren (falls nötig, im Mixer kurz aufschlagen).

11 Die lauwarmen Hasen-Rillettes mit geröstetem Bauernbrot servieren. Die warme Schokoladen-Weinsauce separat dazureichen.

Schokoladen-»Tofu« mit warmem geräuchertem Schellfisch und Lauch

Für 6 Personen
Am Vortag beginnen
Vorbereitung: 10 + 15 Minuten
Garzeit: 4–5 + 13 Minuten
Entsalzen: 4 Stunden

Für den »Tofu«
450 ml Fischfond
1 Prise gemahlener Safran
5 Kardamomsamen
4 g Agar-Agar (Geliermittel aus Algenextrakt; aus dem Reformhaus oder Asia-Shop)
150 ml Sahne
150 g Edelbitter-Schokolade (70 % Kakaoanteil)

500 g Haddock (geräuchertes Schellfischfilet)
700 ml Milch
18 Stangen Mini-Lauch (oder das Weiße von 3 Lauchstangen, längs geviertelt)
Salz

Für die Sauce
50 ml Sojasauce
20 ml Wasser
100 ml Traubenkernöl
20 ml frisch gepresster Zitronensaft
1 TL ganzer rosa Pfeffer
4 Prisen Chilipulver

F. Bau
École du Grand Chocolat Valrhona (Tain-l'Hermitage)

1 Am Vortag den falschen Tofu zubereiten: Den Fischfond mit dem Safran und den gespaltenen Kardamomsamen aufkochen, vom Herd nehmen und zugedeckt 5 Minuten ziehen lassen. Den Agar-Agar und die Sahne einrühren und erneut zum Kochen bringen. Vom Herd nehmen. Die Schokolade mit einem Sägemesser hacken und in eine Schüssel geben. Die kochend heiße Flüssigkeit zugießen und kräftig verschlagen, bis die Schokolade geschmolzen ist. Die Mischung durch ein Sieb 2,5 cm hoch in eine flache Form gießen. Abkühlen lassen und über Nacht in den Kühlschrank stellen.

2 Am nächsten Tag den Schellfisch 3–4 Stunden in die Milch einlegen, um überschüssiges Salz auszuschwemmen. Abtropfen lassen, trocken tupfen und in 6 Stücke schneiden.

3 Die Mini-Lauchstangen putzen, waschen und in kochendem Salzwasser 8 Minuten garen. Abtropfen lassen.

4 Für die Sauce die Sojasauce, das Wasser, das Öl und den Zitronensaft verrühren. Nicht salzen.

5 Den Schokoladen-»Tofu« in Würfel schneiden.

6 Die Schellfischstücke 5 Minuten im Dampf garen. Auf Tellern anrichten und dekorativ mit dem »Tofu« und dem Lauch garnieren. Den rosa Pfeffer und den Chili darüberstreuen. Mit einem Streifen Sauce umträufeln und servieren.

Kleine Lauchsoufflés mit Schokolade

Für 6 Personen
Vorbereitung: 25 Minuten
Garzeit: etwa 20 Minuten

500 g Lauch (nur das Hellgrüne)
100 ml Wasser
30 g Maisstärke
50 g Mehl
40 g Milchpulver
10 Eigelbe
60 g Butter, plus 25 g für die Formen
50 g Edelbitter-Schokolade
(70 % Kakaoanteil)
10 Eiweiße
1 Prise feines Salz

1 Den Lauch waschen, in dünne Scheiben schneiden und 2 Minuten dämpfen. Sofort in Eiswasser kalt abschrecken, abtropfen lassen und mit den Händen gut ausdrücken. Den Lauch im Mixer pürieren und anschließend durch ein Sieb streichen, um holzige Fasern zu entfernen. In einem Topf abkühlen lassen. Die Maisstärke in etwas Wasser auflösen und unter das Lauchpüree rühren.
2 Das Lauchpüree auf mittlerer Stufe erhitzen. Das gesiebte Mehl und das Milchpulver zugeben und dabei kräftig mit einem Schneebesen schlagen. Die Mischung 5 Minuten garen und vom Herd nehmen. Auf drei Male die Eigelbe zufügen und vor jeder nächsten Zugabe sorgfältig einarbeiten. In Stücken die Butter untermengen, die Masse nochmals durchschlagen und abkühlen lassen.
3 Den Ofen auf 235 °C vorheizen. 6 kleine Soufflé-Förmchen ausbuttern. Die Schokolade mit einem Sägemesser hacken. Die Eiweiße mit dem Salz steif schlagen. Zunächst ein Drittel des Eischnees unter die Lauchmasse mengen, dann behutsam den Rest unterheben. Die Soufflémasse bis zur halben Höhe in die Förmchen füllen und mit einer Schicht gehackter Schokolade bedecken. Bis zu drei Viertel der Förmchenhöhe mit weiterer Soufflémasse auffüllen und die Förmchen sanft auf die Arbeitsfläche klopfen, um die Masse zu glätten und abzusenken. Die Lauchsoufflés 12 Minuten im Ofen backen und sofort servieren.

F. E. Grasser-Hermé
Kochbuchautor (Paris)
Inspiriert von einem Rezept von Alain Passard

Garnelen-Tempura mit Erdbeeren, Mango und Schokoladensauce

Für 4 Personen
Vorbereitung: 15 Minuten
Garzeit: 2–3 Minuten pro Frittiergang

16 große Garnelen
8 Erdbeeren
½ Mango (100 g)

Für die Schokoladensauce
100 g Edelbitter-Schokolade
(70 % Kakaoanteil)
50 g frische Ingwerwurzel
200 ml *mirin* (süßlich-scharfer Reiswein; aus dem Asia-Shop)
100 ml Sahne

Für den Tempura-Teig
200 ml sehr kaltes japanisches Bier
1 raumtemperiertes Ei
100 g Mehl

Zum Frittieren und Fertigstellen
1 l Sonnenblumenöl
15 g Mehl
Salzblüte (Fleur de Sel)
1 TL Matcha-Tee (fein pulverisierter japanischer Grüntee)
1 Limette, geviertelt

1 Die Garnelen schälen und gegebenenfalls den langen schwarzen Darm entfernen. Die Krustentiere an der Unterseite fünfmal schräg leicht einschneiden, damit sie sich beim Garen nicht zusammenkrümmen.
2 Die Erdbeeren mit einem feuchten Tuch abreiben. Die halbe Mango schälen und das Fruchtfleisch in dicke Stäbe schneiden.
3 Für die Sauce die Schokolade mit einem Sägemesser hacken und in eine Schüssel geben. Den Ingwer schälen und in kleine Stücke hacken. Den *mirin* mit der Sahne aufkochen, vom Herd nehmen und den Ingwer unterrühren. Die Mischung über die Schokolade gießen und kräftig verschlagen, bis sie geschmolzen ist. Die Sauce im heißen Wasserbad warm stellen.
4 Für den Tempura-Teig das kalte Bier und das raumtemperierte Ei in einer Schüssel verschlagen, bis die Mischung glatt ist. Das Mehl hineinsieben und dabei ständig weiterschlagen, bis es vollständig eingearbeitet ist.
5 In einer Fritteuse oder einem großen Topf das Öl auf 185–190 °C erhitzen.
6 Die Garnelen, die Erdbeeren und die Mangostäbchen mit etwas Mehl bestäuben. Portionsweise durch den Tempura-Teig ziehen und in dem heißen Öl in 2–3 Minuten ausbacken.
7 Die ausgebackenen Stücke mit einem Schaumlöffel herausheben und zum Abtrocknen auf ein vierfach gefaltetes Küchentuch legen. Mit etwas Fleur de Sel und Matcha-Tee bestreuen und mit den Limettenvierteln servieren. Vor dem Genießen mit etwas Limettensaft beträufeln.

H. Takeuchi
Kaiseki (Paris)

Warmer Topinambursalat mit Guanaja-Sauce

ganz einfach

Für 4 Personen
Vorbereitung: 20 Minuten
Garzeit: etwa 12 Minuten

800 g Topinambur
65 g Guanaja-Schokolade (Grand-Cru-Schokolade aus dem Hause Valrhona; ersatzweise Edelbitter-Schokolade, 70 % Kakaoanteil)
130 ml Wasser
25 g extrafeiner Zucker
60 ml Sahne
Piment d'Espelette (ersatzweise scharfes Paprikapulver)
Olivenöl
Salzblüte (Fleur de Sel)

P. Mikanowski
Kochbuchautor (Paris)

1 Die Topinamburs schälen und in 5 mm dünne Scheiben schneiden. Einen Topf mit Salzwasser zum Kochen bringen, die Topinamburscheiben hineingeben und ab dem erneuten Aufwallen 8–10 Minuten garen. Mit einer Messerspitze den Gargrad prüfen, sie sollten weich sein und sich mühelos einstechen lassen.
2 Die Schokolade mit einem Sägemesser hacken. Das Wasser, den Zucker, die Sahne, die gehackte Schokolade und 1 Prise *piment d'Espelette* in einem Topf vermengen. Auf kleiner Stufe zum Kochen bringen und unter ständigem Rühren mit einem Holzlöffel köcheln lassen, bis die Mischung cremig wird und den Löffelrücken überzieht.
3 Die Topinamburscheiben abtropfen lassen und auf einer tiefen Servierplatte anrichten. Vorsichtig mit der Schokoladensauce umgießen. Das Gemüse mit etwas Salzblüte und nach Belieben mit weiterem *piment d'Espelette* bestreuen und sofort servieren.

Möhrenrahmsuppe mit Schokoladensorbet-Klößchen

Für 4 Personen
Vorbereitung: 15 Minuten
Garzeit: etwa 1 Stunde 5 Minuten

Für das Schokoladen-Sorbet
100 g Edelbitter-Schokolade (70 % Kakaoanteil)
250 ml Mineralwasser
50 g extrafeiner Zucker
40 g Kakaopulver
150 ml Milch
2 Streifen kandierte Orangenschale

Für die Möhrenrahmsuppe
1 Schalotte
350 g Möhren
15 g frische Ingwerwurzel
1 EL Sonnenblumenöl
1 EL Trüffelöl (nach Belieben)
400 ml Mineralwasser
1 TL Honig (vorzugsweise Heidehonig)
Saft von 1 Orange
30 g Butter
1 Prise gemahlene Süßholzwurzel (nach Belieben)
1 Prise gemahlener Galgant (aus dem Asia-Shop, nach Belieben)
100 ml Sahne
Grissini zum Servieren

I. Astier
Kochbuchautorin (Paris)

1 Für das Sorbet die Schokolade mit einem Sägemesser hacken. Das Wasser mit dem Zucker aufkochen, 2–3 Minuten köcheln lassen und vom Herd nehmen. Den Kakao hineinsieben, kurz verschlagen, dann die gehackte Schokolade zugeben. Weiterschlagen, bis die Masse glatt ist. Die kalte Milch zugießen und sorgfältig unterrühren.
2 Die Masse abkühlen lassen, in die Eismaschine füllen und nach der Bedienungsanleitung gefrieren.
3 Die kandierte Orangenschale fein würfeln und, sobald das Sorbet etwas angezogen hat, in der Eismaschine unter die Sorbetmasse rühren.
4 Für die Möhrenrahmsuppe die Schalotte schälen und fein hacken. Die Möhren schälen und in dünne Scheiben schneiden. Den Ingwer schälen. In einem Topf beide Öle auf mittlerer Stufe erhitzen. Die gehackte Schalotte hineingeben, mit etwas Mineralwasser benetzen und unter Rühren kurz anschwitzen. Achtgeben, dass sie nicht ansetzt. Die Möhrenscheiben, den Honig und den Orangensaft zufügen. Den Ingwer mit einer Knoblauchpresse in die Mischung pressen. Die Butter würfeln und behutsam untermischen. Das restliche Mineralwasser zugießen und auf ganz kleiner Stufe 1 Stunde köcheln lassen. Darauf achten, dass die Möhren immer so eben mit Wasser bedeckt sind. Kurz vor Ende der Garzeit nach Belieben das Süßholz- und Galgantpulver unterrühren (nicht salzen oder pfeffern). Die Suppe vom Herd nehmen und zugedeckt 20 Minuten durchziehen lassen.
5 Die Suppe in der Küchenmaschine oder mit dem Stabmixer pürieren und bei laufendem Gerät die kalte Sahne zugießen. Die Suppe warm oder kalt in Schalen schöpfen, in die Mitte ein Klößchen Schokoladen-Sorbet setzen und mit Grissini servieren.

»Hauptgerichte«

Gebratene Pétoncles mit Chicorée und Kakaobohnen

ganz einfach

Für 4 Personen
Vorbereitung: 10 Minuten
Garzeit: etwa 25 Minuten

3 junge Chicoréeköpfe
1 ½ Passionsfrüchte
Saft von 2 Orangen
2 TL Honig (vorzugsweise Heidehonig)
1 TL Kakaobruch (siehe S. 335; ersatzweise ganze Kakaobohnen im Mörser zerstoßen)
20 ausgelöste *pétoncles* (Kammmuscheln mit etwa 6 cm Durchmesser), gesäubert
40 g Butter
Balsamico-Essig

1 Den Strunk der Chicoréeköpfe herausschneiden, die Blätter ablösen und in Streifen schneiden. Die Passionsfrucht halbieren, das Fruchtmark auslösen und durch ein Sieb streichen. Die Chicoréestreifen, den Orangensaft, das Passionsfruchtpüree und den Honig in einem Topf verrühren. Aufkochen und bei schwacher Hitze etwa 20 Minuten sanft garen. Zum Ende der Garzeit den Kakaobruch unterrühren. Warm stellen.
2 Die Jakobsmuscheln waschen und abtrocknen. Die Butter in einer Pfanne bei mittlerer Hitze aufschäumen und braun werden lassen. Die Muscheln einlegen und von jeder Seite etwa 1 Minute braten. Mit ein paar Tropfen Balsamico-Essig beträufeln. Muscheln und Chicorée auf vorgewärmten Tellern anrichten und sofort servieren.

Wenn Sie keine Pétoncles bekommen, können Sie auch Jakobsmuscheln nach diesem Rezept zubereiten. Es genügen dann 12 Stück für 4 Personen.

I. Astier
Kochbuchautorin (Paris)

Jakobsmuschelgratin mit weißem Schokoladen-Sabayon

Für 4 Personen
Vorbereitung: 15 Minuten
Garzeit: 6–8 Minuten

12 frische, ausgelöste Jakobsmuscheln
40 Longanfrüchte (in Indien und China beheimatete Frucht; aus dem Asia-Shop; ersatzweise 20 Litschis)

Für das Sabayon
50 g weiße Schokolade
Zeste von ⅛ unbehandelten Yuzu (vor allem in Japan verbreitete Zitrusfrucht; ersatzweise Mandarine)
3 Eigelbe
60 ml *mirin* (süßlich-scharfer Reiswein; aus dem Asia-Shop)
60 ml Yuzu-Saft (aus dem Asia-Shop; ersatzweise Limettensaft)
Salzblüte (Fleur de Sel)
Frisch gemahlener Pfeffer

1 Die Jakobsmuscheln unter fließendem kaltem Wasser abspülen. Den orangefarbenen Rogen (Corail) vom Muskelfleisch (Nüsschen) trennen. Salzwasser in einem Topf zum Kochen bringen. Die Nüsschen und ihren Corail hineingeben und 5 Sekunden blanchieren. Herausheben und auf 4 tiefe Teller verteilen. Die Longanfrüchte entsteinen und ebenfalls auf die Teller geben.
2 Für das Sabayon die Schokolade mit einem Sägemesser hacken. Die Schale der Yuzu dünn abschälen und ganz fein hacken. Die Eigelbe mit dem *mirin* in einem Schneekessel (oder einer runden Schüssel) vermengen und auf das heiße Wasserbad setzen. Bei mittlerer Hitze mit dem elektrischen Handrührgerät aufschlagen, bis die Masse dick und schaumig ist. Mit Salz und etwas Pfeffer würzen. Den Schneekessel aus dem Wasserbad heben und noch 1 Minute weiterschlagen. Sorgfältig die gehackte Schokolade sowie den Saft und die Schale der Yuzu untermengen.
3 Den Backofengrill vorheizen.
4 Die Jakobsmuscheln und Longanen mit dem Sabayon überziehen und unter dem sehr heißen Grill 1 Minute gratinieren. Sofort servieren.

H. Takeuchi
Kaiseki (Paris)

Gebratene Jakobsmuscheln
mit Chicorée und Kakaobohnen

Geschmorte Perlhuhnkeulen in Schokoladensauce

Für 8 Personen
Am Vortag beginnen
Vorbereitung: 10 + 15 Minuten
Garzeit: etwa 2 Stunden 10 Minuten
Marinieren: etwa 12 Stunden

Für die Marinade
1 Möhre
1 Zwiebel
1 Bouquet garni (Petersilie, Thymian, Lorbeer, Selleriezweig)
5 Wacholderbeeren
1 Flasche kräftiger Rotwein (z. B. Syrah)
40 ml Himbeeressig

8 Perlhuhnkeulen
2 EL Erdnussöl
1 Hühnerbrühwürfel
60 g Edelbitter-Schokolade (70 % Kakaoanteil)
½ Glas Schweineblut (vom Schlachter) oder 150 g Blutwurst *(boudin noir)*
50 g Butter
Salz
Frisch gemahlener Pfeffer

1 Am Vortag das Geflügel marinieren: Die Perlhuhnkeulen in eine große Schüssel legen. Die Möhre und die Zwiebel schälen, in Streifen schneiden und über den Keulen verteilen. Das Bouquet garni und die Wacholderbeeren zugeben und mit dem Wein und Essig übergießen. An einem kühlen Ort über Nacht marinieren lassen.
2 Am nächsten Tag die Keulen aus der Marinade nehmen und mit Küchenpapier sorgfältig trocken tupfen. Die Marinade durch ein Sieb in eine andere Schüssel gießen (auch das Gemüse wird noch gebraucht).
3 Das Öl in einem Schmortopf erhitzen. Die Keulen salzen und pfeffern und von beiden Seiten anbraten.
4 Die Keulen wieder herausnehmen und die festen Zutaten aus der Marinade hineingeben. Unter Rühren 5–8 Minuten etwas Farbe nehmen lassen. Den Topf etwas neigen und das Fett mit einer kleinen Kelle herausschöpfen. Mit der Marinade ablöschen, zum Kochen bringen und bei starker Hitze auf die Hälfte einkochen lassen.
5 Den Ofen auf 180 °C vorheizen.
6 Wenn die Flüssigkeit genügend eingekocht ist, den Brühwürfel zugeben und durch Rühren auflösen. Die Perlhuhnkeulen wieder einlegen und zugedeckt im Ofen 1 ½ Stunden schmoren.
7 Die Schokolade mit einem Sägemesser hacken. Den Schmortopf aus dem Ofen nehmen und bei schwacher Hitze auf den Herd setzen. Die Keulen herausheben, abtropfen lassen und auf einer Servierplatte warm stellen.
8 Das Schweineblut (oder die zerkrümelte Blutwurst) zugeben und mit einem Schneebesen kräftig verschlagen. Die Sauce darf nicht mehr aufkochen. Die Schokolade unterrühren.
9 Die Sauce durch ein feines Sieb in eine Schüssel abseihen. In Stücken die Butter zugeben und die Sauce kräftig aufschlagen, sie sollte schön sämig sein und glänzen. Abschmecken. Die Perlhuhnkeulen mit der Sauce übergießen und sofort servieren.

A. Cordel
Pâtisserie-chocolaterie
»Au Palet d'Or« (Bar-le-Duc)

In Banyuls geschmorte Rinderbacke mit Schokoladensauce

Für 6 Personen
Am Vortag beginnen
Vorbereitung: 25 + 15 Minuten
Marinieren: 12 Stunden
Garzeit: etwa 2 Stunden

1,5 kg Rinderbacke
1 Zwiebel
1 Schalotte
1 Knoblauchzehe
1 Möhre
4 Gewürznelken
Zeste von ⅛ unbehandelten Orange
1 Bouquet garni (Thymian, Lorbeer, Stangensellerie, weißer Lauch, glatte Petersilie)
400 ml Rotwein (Roussillon oder Languedoc)
250 ml Banyuls (französischer Süßwein)

1 Am Vortag die Rinderbacke in etwa 5 cm große Würfel schneiden. Die Zwiebel, die Schalotte, den Knoblauch und die Möhre schälen. Die Zwiebel vierteln und jedes Viertel mit einer Nelke spicken. Die Schalotte und den Knoblauch halbieren, die Möhre in dicke Scheiben schneiden. Sämtliche Zutaten in eine große Schüssel geben. Die Orangenzeste und das Bouquet garni einlegen. Mit dem Rotwein und dem Banyuls übergießen, pfeffern und an einem kühlen Ort über Nacht marinieren.
2 Am nächsten Tag den Ofen auf 180 °C vorheizen.
3 Das Fleisch aus der Marinade heben und trocken tupfen. Die Marinade in einem Topf auf mittlerer Stufe erhitzen.
4 Den Bauchspeck entschwarten und in kleine Streifen schneiden. Die Zwiebeln schälen, aber 2 cm des grünen Schafts stehen lassen. Waschen und längs halbieren.
5 In einem Schmortopf das Entenfett erhitzen. Die Speckstreifen scharf anbraten. Sobald sie etwas Farbe genommen haben, die weißen Zwiebeln zugeben und ebenfalls rundherum bräunen. Beides wieder herausnehmen.
6 Das Mehl sieben und die Fleischwürfel leicht damit bestäuben. Das Fleisch in den Schmortopf geben und bei mittlerer Hitze von allen Seiten braun anbraten. Den Speck und die Zwiebeln wieder hinzufügen und die heiße Marinade zugießen. Mit Salz und Pfeffer würzen, die Orangenschale entfernen und den Topf zudecken.

150 g gepökelter Bauchspeck
4 Bund junge weiße Zwiebeln
50 g Entenfett
10 g Mehl
20 g Edelbitter-Schokolade
(60 % Kakaoanteil)
Salz
Frisch gemahlener Pfeffer

V. Ferniot
Autor und Gastro-Kritiker (Paris)

7 Das Fleisch im Ofen 1 ¾ Stunden schmoren. Nach 1 Stunde die Temperatur auf 160 °C reduzieren.
8 Den Schmortopf aus dem Ofen nehmen. Das Bouquet garni und die gespickten Zwiebeln entfernen. Den Schmorsaft durch ein Sieb in einen anderen Topf abseihen. Das Fleisch und Gemüse in dem Topf zugedeckt zur Seite stellen.
9 Die Schokolade mit einem Sägemesser hacken. Die Schmorflüssigkeit auf kleiner Stufe wieder erhitzen, die Schokolade untermengen und die Mischung glatt rühren.
10 Das Fleisch und Gemüse auf einer Platte anrichten, mit der Schokoladensauce übergießen und sofort servieren.

Hasennüsschen mit Schokoladen-Teesauce

Für 4 Personen
Vorbereitung: 25 Minuten
Garzeit: etwa 3 Stunden
Marinieren: maximal 12 Stunden

12 Hasennüsschen à 30 g (kleine Medaillons aus dem Rückenfilet)
1 EL Erdnussöl zum Braten
Salz und Pfeffer aus der Mühle

Für die Marinade
1 kg Wildknochen und -parüren
1 Möhre
1 Zwiebel
1 Stange Bleichsellerie
½ Knoblauchknolle
1 Zweig Thymian
½ Lorbeerblatt
1 Prise zerstoßener Pfeffer
Weinessig
½ Flasche kräftiger Rotwein

Für die Sauce
2 EL Erdnussöl
250 ml Kalbsjus (oder in Wasser aufgelöster Instant-Kalbsfond)
4 TL Yunnan-Tee (milder Schwarztee)
20 g Edelbitter-Schokolade
(70 % Kakaoanteil)
15 g Butter
Salz und Pfeffer aus der Mühle

J.-P. Clément
Fauchon (Paris, 8. Arrondissement)

1 Die Wildknochen und -parüren und die Hasennüsschen in eine große Schüssel legen. Die Möhre, die Zwiebel und den Sellerie schälen, in kleine Würfel schneiden und über den Knochen und dem Fleisch verteilen. Die ungeschälte halbe Knoblauchknolle, den Thymian, Lorbeer, Pfeffer und einige Tropfen Essig zugeben. Mit dem Rotwein übergießen und maximal 12 Stunden marinieren lassen.
2 Die Marinade durch ein Sieb in eine andere Schüssel gießen. Die Hasennüsschen trocken tupfen und in den Kühlschrank legen.
3 Für die Sauce das Öl in einem Schmortopf erhitzen. Die Knochen und Parüren hineingeben und unter gelegentlichem Rühren etwa 10 Minuten rundherum bräunen. Die restlichen Zutaten aus der Marinade zugeben und kurz anrösten. Mit der Marinade ablöschen und auf mittlerer Stufe auf die Hälfte einkochen lassen. Die Kalbsjus zugießen, mit Salz und Pfeffer würzen und auf kleiner Flamme 2 ½ Stunden leise köcheln lassen. Regelmäßig abschäumen. Die Jus durch ein Sieb in einen Topf passieren, den Tee einrühren und zugedeckt 7 Minuten ziehen lassen. Erneut durch ein Sieb in einen weiteren Topf gießen und auf mittlerer Stufe wieder erhitzen. Die Schokolade mit einem Sägemesser hacken und in die Jus einrühren. Sobald die Sauce glatt ist, die Butter zugeben und kräftig verschlagen.
4 Die Hasennüsschen salzen und pfeffern. Das Öl in einer Pfanne auf großer Stufe erhitzen. Sobald es zu rauchen beginnt, das Fleisch einlegen und von jeder Seite 30 Sekunden braten. Die Hasennüsschen auf vorgewärmten Tellern anrichten, mit einem Saucenring umgießen und sofort servieren.

Mole Poblano nach Art des Klosters Santa Rosa

Für 10–12 Personen
Vorbreitung: 30 Minuten
Garzeit: Etwa 2 ½ Stunden

1 Truthahn oder 1 Pute von etwa 3 kg, in nicht zu große Stücke zerteilt
2 große Zwiebeln, 2 Möhren
2 Stangen Bleichsellerie
2 Knoblauchzehen, 1 Lauchstange
Grobes Salz, 5 schwarze Pfefferkörner

Für die Mole
250 g Mulato-Chilis, 375 g Pasilla-Chilis
2 altbackene Maistortillas
125 g altbackenes Weißbrot
3 Knoblauchzehen
1 Zwiebel
75 g Kürbiskerne
125 g ganze geschälte Mandeln
1 TL Anissamen
150 g Schweineschmalz
200 g Edelbitter-Schokolade (65 % Kakaoanteil)
3 Pfefferkörner
3 Gewürznelken
15 g Stangenzimt
75 g Sesamsamen
175 g Dosentomaten (nur das Fleisch)

1 Die Truthahnstücke in einen großen Topf legen. Die Zwiebeln, die Möhren, den Sellerie und den Knoblauch schälen, den Lauch putzen. Das Gemüse grob würfeln und zu dem Fleisch geben. Mit Wasser bedecken und auf kleiner Stufe langsam zum Kochen bringen. Abschäumen, mit Salz und Pfeffer würzen und zugedeckt bei schwacher Hitze 2 Stunde garen.
2 Für die Mole die Samen und Scheidewände der Chilis entfernen, die Chilis im Mörser zerdrücken und auf einen Teller geben. Die Tortillas und das Brot zerbröckeln. Den Knoblauch und die Zwiebel schälen und in Scheiben schneiden. Die Kürbiskerne mit den Mandeln und dem Anis im Mörser zermahlen.
3 In einem Schmortopf das Schmalz erhitzen, die zerdrückten Chilis 2 Minuten anrösten und wieder herausnehmen. In einem Topf ½ Liter Wasser zum Kochen bringen und die angerösteten Chilis 2 Minuten blanchieren, um sie etwas zu entschärfen. Abtropfen lassen und beiseite stellen. Die Schokolade mit einem Sägemesser hacken. Das Schmalz in dem Schmortopf auf mittlerer Stufe wieder erhitzen. Die Tortilla- und Brotbrösel, den Knoblauch, die Zwiebel, die zerstoßenen Kürbiskerne, Mandeln und Anissamen, den Pfeffer, die Nelken, den Zimt sowie die Hälfte der Sesamsamen hineingeben und anschwitzen. Die Tomaten und 4 Kellen der Geflügelbrühe zufügen und 30 Minuten auf kleiner Flamme köcheln lassen. Hin und wieder umrühren. Die Chilis und die gehackte Schokolade untermengen und weitere 2 Minuten garen.
4 Die Geflügelstücke aus der Brühe heben, abtropfen lassen und in einen großen Topf legen. Die Brühe durch ein Sieb in einen weiteren Topf abseihen, auf die Hälfte einkochen lassen und unter die Mole rühren. Sie sollte eine leicht sämige Konsistenz haben. Die Mole mit dem Stabmixer pürieren und durch ein Sieb über die Geflügelstücke gießen. Gut durchmischen und noch einmal aufkochen. Die restlichen Sesamsamen goldgelb rösten. Die Mole Poblano in einer Schüssel anrichten und mit den Sesamsamen bestreut servieren.

M. C. Zamudio
Koch (London)

Pikantes Schokoladenhuhn

Für 4 Personen
Vorbereitung: 15 Minuten
Garzeit: etwa 50 Minuten

1 Poularde von 1,7 kg, in 8 Stücke zerteilt
10 g Mehl
2 EL Erdnussöl
1 Zwiebel
2 Knoblauchzehen
4 Vogelaugen-Chilis
3 Tomaten
250 ml Geflügelfond
50 g gemahlene Mandeln
3 Prisen gemahlener Koriander
50 g Edelbitter-Schokolade (70 % Kakaoanteil)
Salz, frisch gemahlener Pfeffer

1 Die Poulardenstücke salzen, pfeffern und leicht mit Mehl bestäuben. In einem Schmortopf das Öl erhitzen, die Geflügelstücke einlegen und etwa 6 Minuten von allen Seiten anbraten.
2 Die Zwiebel und den Knoblauch schälen und in Streifen schneiden. Die Chilis hacken. Die Tomaten einige Sekunden in kochendes Wasser tauchen und enthäuten. Die Samen entfernen und das Fruchtfleisch würfeln.
3 Die Geflügelstücke aus dem Topf nehmen, die Zwiebel, den Knoblauch und die Chilis hineingeben und 2 Minuten anbraten. Das Fleisch wieder einlegen und den Geflügelfond zugießen. Auf kleiner Stufe 25 Minuten leise köcheln lassen. Nach der Hälfte der Zeit die Tomatenwürfel und die gemahlenen Mandeln untermengen. Mit etwas Pfeffer und dem gemahlenen Koriander würzen.
4 Die Poulardenstücke herausnehmen und die Haut unter dem heißen Backofengrill knusprig werden lassen. Die Schokolade mit dem Sägemesser hacken, unter die Garflüssigkeit mengen und verschlagen. Das Fleisch wieder einlegen und weitere etwa 15 Minuten garen. Heiß servieren.

F. Simon
Journalist und Gastro-Kritiker

Mole Poblano nach Art
des Klosters Santa Rosa

Gebratenes Kabeljaufilet und Klippfischpüree auf gedünstetem Lauch mit Schokoladensauce

1 Am Vortag auf einer großen Platte eine Schicht grobes Meersalz ausbreiten. Die Kabeljaufilets darauflegen und mit weiterem Meersalz vollständig bedecken. Den Fisch 6 Stunden in dem Salzbett liegen lassen und dann unter kaltem Wasser abspülen. Die Filets in eine Schüssel kaltes Wasser legen und 6 Stunden wässern. Das Wasser zwischendurch zwei- bis dreimal erneuern.
2 Am nächsten Tag eines der Kabeljaufilets in 6 Stücke schneiden und mit Küchenpapier trocken tupfen.
3 Den Ofen auf 170 °C vorheizen.
4 Das Stockfischpüree zubereiten: Die Kartoffeln waschen, abtrocknen und ungeschält in die Fettpfanne des Ofens legen. Je nach Größe 20–25 Minuten backen. Sie sollten ganz weich sein. Zur Garprobe mit einem Messer einstechen.
5 Die Zwiebel und den Knoblauch schälen und mit der Milch und dem Bouquet garni in einem großen Topf zum Kochen bringen. Von der Kochstelle nehmen und zugedeckt 10 Minuten ziehen lassen. Auf kleiner Stufe wieder erhitzen, das unzerteilte Kabeljaufilet einlegen und 8–10 Minuten garen. Sobald sich Schaum an der Oberfläche absetzt, ist der Fisch gar. Kurz abtropfen lassen, auf einem Tuch abtrocknen und das Fleisch zerpflücken.
6 Die Sahne erhitzen. Die noch heißen Kartoffeln schälen, grob zerkleinern und mit dem zerpflückten Kabeljau in der Küchenmaschine pürieren. Bei laufendem Gerät langsam die heiße Sahne zugießen, dann das Olivenöl einarbeiten. Das Klippfischpüree mit Pfeffer abschmecken und zugedeckt im heißen Wasserbad warm stellen.
7 Den Lauch längs vierteln, waschen und abtrocknen. In ganz feine Streifen schneiden. Die Butter und das Öl bei schwacher Hitze heiß werden lassen. Den Lauch hineingeben und mit Salz und Pfeffer würzen. Umrühren und etwa 10 Minuten sanft garen, bis sämtliche Flüssigkeit im Topf verkocht ist. Der Lauch sollte glasig sein, jedoch keine Farbe nehmen. Warm stellen.
8 Für die Sauce die Schokolade mit einem Sägemesser hacken. Den Madeira in einem Topf einkochen lassen, bis nur noch 100 ml Flüssigkeit verblieben sind. Den Geflügelfond zugeben und weitere 7 Minuten kochen. Vom Herd nehmen und die Schokolade unterrühren. Sobald die Sauce glatt ist, auf kleiner Stufe wieder erhitzen und stückeweise die Butter unterschlagen. Die Sauce darf nicht mehr aufkochen. Zugedeckt im heißen Wasserbad warm stellen.
9 Den Ofen auf 180 °C vorheizen.
10 Die sechs Kabeljaustücke von der Fleischseite mit etwas Pfeffer und Curry würzen. Das Öl in einer beschichteten Pfanne heiß werden lassen. Den Fisch einlegen und von jeder Seite 1 Minute braten. In eine feuerfeste Form legen und je nach Dicke der Filets im Ofen noch 5–8 Minuten garen.
11 Zum Servieren auf jedem Teller ein kleines Lauchbett ausbreiten und etwas Klippfischpüree daraufgeben. Die gebratenen Kabeljaufilets darauf anrichten und mit der Schokoladensauce umgießen. Sofort servieren.

Für 6 Personen
Am Vortag beginnen
Vorbereitung: 1 Stunde
Garzeit: etwa 70 Minuten

2 Kabeljaufilets (insgesamt 2–2,5 kg), mit Haut
Grobes Meersalz
4 Prisen Curry
1 EL Olivenöl
Frisch gemahlener Pfeffer

Für das Klippfischpüree
600 g Kartoffel
1 Zwiebel
4 Knoblauchzehen
3 l Milch
1 Bouquet garni
100 ml Sahne
300 ml Olivenöl
Frisch gemahlener Pfeffer

Für den Lauch
400 g Lauch (nur das Weiße)
30 g Butter
1 EL Erdnussöl
Salz
Frisch gemahlener Pfeffer

Für die Schokoladensauce
250 g Halbbitter-Schokolade (55 % Kakaoanteil)
1 Flasche (750 ml) Madeira
100 ml Geflügelfond
100 g leicht gesalzene Butter
Salz
Frisch gemahlener Pfeffer

X. Mathieu
Hôtel Le Phébus (Joucas)

Taubenragout mit Apfel-Quitten-Kompott und Salmis-Schokoladensauce

Für 4 Personen
Vorbereitung: 35 Minuten
Garzeit: 4 Stunden

2 Tauben à 450–500 g
500 g Entenfett
1 Zweig frischer Thymian
5 Knoblauchzehen
Salzblüte (Fleur de Sel)
Frisch gemahlener Pfeffer

Für das Apfel-Quitten-Kompott
500 g Äpfel (z. B. Gravensteiner, Cox Orange, Gloster)
500 g Quitten
50 g rohe Entenstopfleber *(foie gras de canard cru)*
1 Knoblauchzehe
1 grüner Apfel (knackig und säuerlich)
10 ml Zitronensaft

Für die Sauce
20 g Entenfett
1 Schalotte
2 Knoblauchzehen
1 Zweig frischer Thymian
10 ml Sherry-Essig
300 ml Rotwein
50 g rohe Entenstopfleber *(foie gras de canard cru)*
50 g Edelbitter-Schokolade (70 % Kakaoanteil)
Salzblüte (Fleur de Sel)

J.-F. Piège
Hôtel de Crillon (Paris)

1 Bitten Sie Ihren Geflügelhändler, die Keulen abzutrennen und die Brust mit den Flügeln in zwei Teile zu teilen. Lassen Sie sich auch die Herzen und Lebern mitgeben.
2 In einem Schmortopf 480 g des Entenfetts mit dem Thymian und den ganzen, ungeschälten Knoblauchzehen erhitzen. Die Keulen mit Salz und Pfeffer würzen, in das heiße Fett einlegen und auf kleiner Flamme 45 Minuten sanft schmoren.
3 Den Ofen auf 150 °C vorheizen.
4 Für das Kompott die 500 g Äpfel und die Quitten schälen und entkernen. Die Früchte mit der Entenstopfleber und der ungeschälten Knoblauchzehe in einen großen Bogen Alufolie wickeln und in eine feuerfeste Form legen. Im Ofen 2 Stunden garen. Den Ofen eingeschaltet lassen. Die Früchte mit der Entenstopfleber und dem zuvor geschälten Knoblauch zerdrücken und gut vermengen. Den grünen Apfel schälen, entkernen und in kleine Würfel schneiden. Mit dem Zitronensaft beträufeln und beiseite stellen.
5 Für die Sauce die restlichen 20 g Entenfett in einem Schmortopf auf großer Stufe erhitzen. Die Taubenstücke einlegen, rundherum 6 Minuten anbraten. In den Ofen schieben und 6 Minuten garen. Wieder herausnehmen und 5 Minuten ruhen lassen. Die Brustfilets auslösen und warm stellen. Den austretenden Bratensaft auffangen und zurückbehalten.
6 Die ausgelösten Taubenkarkassen mit den Flügeln hacken. Die Schalotte schälen und in Scheiben schneiden. Die Knoblauchzehen mit der Messerklinge zerdrücken. Die Schalotte, den Knoblauch und den Thymian in dem Schmortopf 2 Minuten anbraten. Die Knochen zugeben und 10 Minuten rösten.
7 Das Fett abgießen, mit dem Sherry-Essig ablöschen und vollständig verkochen lassen. Den Rotwein zugießen und etwa 20 Minuten reduzieren, bis die Sauce sämig wird. Den zurückbehaltenen Bratensaft unterrühren und weitere 20 Minuten garen. Das sich an der Oberfläche absetzende Fett abschöpfen. Den Topf vom Herd nehmen und 15 Minuten stehen lassen.
8 Die Sauce durch ein Sieb in einen Topf passieren und zum Kochen bringen. Die Herzen und Lebern der Tauben fein hacken und mit der restlichen Entenstopfleber unterrühren. Die Schokolade mit einem Sägemesser hacken, in die Sauce geben und verschlagen, bis sie geschmolzen ist. Die Sauce noch einmal passieren und auf kleiner Flamme warm stellen.
9 Zum Servieren die Brustfilets schräg in dünne Scheiben schneiden und pfeffern. Das Apfel-Quitten-Kompott auf einer Platte zu einer Kuppel aufschichten und die Apfelwürfel darüber verteilen. Die Taubenbrustscheiben und die geschmorten Keulen darauf anrichten und servieren. Die Salmis-Schokoladensauce separat dazureichen.

Als Garnitur können Sie auch verschiedene frische Kräuter (zum Beispiel Kerbel oder glatte Petersilie) kurz in heißem Öl frittieren und über das Geflügel streuen.

Basisrezepte

»Schokolade: einfache Handgriffe und Vorbereitungsarbeiten«

Für 200 g Schokolade
Zubereitung: 10–15 Minuten

Schokolade auf dem Wasserbad schmelzen

1 Die Schokolade auf ein großes Brett legen und mit einem Sägemesser in feine Splitter hacken: Dazu das Messer in die eine Hand nehmen, den Ballen der anderen Hand flach auf den Klingenrücken legen und sanft nach unten drücken. Die gehackte Schokolade mit dem Messerrücken vom Brett in eine feuerfeste Schüssel, vorzugsweise aus Glas und Edelstahl, streichen.

2 Heißes Wasser in einen Topf füllen und die Schüssel daraufstellen. Sie darf den Topfboden nicht berühren. Das Wasser auf kleiner Stufe erhitzen, jedoch nicht zum Kochen bringen. Es darf zu keiner Zeit sieden.

3 Sobald die Schokolade zu schmelzen beginnt, mit einem Holzlöffel behutsam umrühren. Feine Schokoladensplitter schmelzen innerhalb von 2–3 Minuten. Die Schüssel aus dem Wasserbad heben und die geschmolzene Schokolade noch einmal durchrühren, bis sie ganz glatt ist.

Sie können die Schokolade auch in der Mikrowelle schmelzen: Die Schokolade mit dem Sägemesser hacken und in ein geeignetes Gefäß (also nicht aus Glas oder Metall) geben. Auf mittlerer Stufe für 1 Minute in die Mikrowelle stellen und anschließend durchrühren. Weitere 30 Sekunden schmelzen und erneut umrühren. Den Vorgang fortsetzen, bis die Schokolade vollständig geschmolzen ist.

1

2

3

Schokoladenröllchen

Für 100 g Bitter-, Vollmilch- oder weiße Schokolade
Zubereitung: 10 Minuten

1 Zunächst muss die Schokolade etwas weich gemacht werden. Das geht am besten mit einem Föhn: Die Schokolade mit der glatten Seite nach oben auf ein Stück Pergamentpapier legen und die Oberfläche durch ständige Hin- und Herbewegungen des Föhns leicht anwärmen.
2 Die angewärmte Schokolade vor dem Schaben der Röllchen 2 Minuten ruhen lassen. Zum Schaben einen Sparschäler mit feststehender Klinge verwenden. Die Schokolade schräg auf das Pergamentpapier gestützt halten und mit der Klingenspitze durch leichten Druck Röllchen abschaben.
3 Die Schokoladenröllchen mit einer Palette nach und nach auf ein weiteres Stück Pergamentpapier legen und bis zur weiteren Verwendung kalt stellen.

Schokoladenraspel

Die Schokolade zunächst wie beschrieben mit dem Föhn weich machen und 2 Minuten ruhen lassen. Anschließend auf der feinen Seite einer Käse- oder Gemüsereibe fein raspeln. Die Raspel mit einer Palette aufnehmen und bis zur weiteren Verwendung in den Kühlschrank stellen.

Ganache zum Überziehen und Dekorieren

Für 400 g Ganache
Zubereitung: etwa 15 Minuten

150 g Edelbitter-Schokolade (70 % Kakaoanteil)
10 g Kakaopulver
150 ml Sahne

1 Die Schokolade mit einem Sägemesser hacken und in eine Schüssel geben. Das Kakaopulver sieben.
2 Die Sahne und den Kakao in einen kleinen Topf geben und gut verschlagen. Zum Kochen bringen und wieder vom Herd nehmen.
3 Etwas heiße Sahne in die Mitte der gehackten Schokolade gießen und mit einem Holzlöffel in kleinen kreisenden Bewegungen verrühren. Nach und nach die restliche Sahne zugießen und behutsam in immer größer werdenden Kreisen unterrühren. Sobald die Schokolade geschmolzen ist, mit einem Stabmixer 2 Minuten aufschlagen.
4 Die Ganache auf Raumtemperatur abkühlen lassen. Sobald sie von cremiger, geschmeidiger Konsistenz ist, je nach Rezeptangabe mit einer Metallpalette auftragen und verstreichen.

Diese Ganache dient zum Überziehen und Dekorieren von Gebäck und Kuchen aller möglichen Größen und Sorten. Damit sich die Masse gut verstreichen lässt, sollte sie schön glatt und geschmeidig sein, etwa wie eine Salbe. Ist sie zu fest, lässt sie sich durch behutsames Erhitzen im Wasserbad wieder auf die richtige Konsistenz bringen: Die Ganache für 1 Minute in das Wasserbad setzen, wieder herunternehmen und die Masse vorsichtig vom Schüsselrand zur Mitte verrühren. Den Vorgang ein- bis zweimal wiederholen, bis die Ganache die gewünschte Konsistenz hat. Rühren Sie grundsätzlich mit langsamen, verhaltenen Bewegungen, um so wenig Luft wie möglich einzuarbeiten, da Lufteinschlüsse die Haltbarkeit erheblich verkürzen.

Übrig gebliebene Ganache können Sie 2–3 Tage im Kühlschrank aufbewahren. Tiefgefroren hält sie sich bis zu 1 Monat.

Ganache mit Zimt zum Überziehen

Eine Zimtstange über Pergamentpapier in Stücke zerbrechen und unter die 150 ml Sahne mengen. Den gesiebten Kakao zugeben, die Mischung aufkochen und sofort wieder vom Herd nehmen. Den Zimt 10 Minuten ziehen lassen. Die Sahne durch ein Sieb gießen und wie oben beschrieben fortfahren.

Schokoladenglasur

1 Zuerst die Schokoladensauce zubereiten: Die Schokolade mit einem Sägemesser hacken und mit dem Wasser, dem Zucker und der Crème fraîche in einem Topf mit schwerem Boden vermengen. Bei schwacher Hitze allmählich zum Kochen bringen und unter Rühren leise köcheln lassen, bis die Sauce cremig ist und den Löffelrücken überzieht. Vom Herd nehmen und beiseite stellen. Für den Schokoladenguss die Schokolade ebenfalls hacken und die Sahne in einem Topf mit schwerem Boden aufkochen.
2 Die Sahne vom Herd nehmen, ein wenig gehackte Schokolade hineingeben und mit einem Holzlöffel ganz behutsam von innen nach außen unterrühren. In kleinen Portionen die restliche Schokolade in gleicher Weise einarbeiten. Die Mischung mindestens auf 60 °C abkühlen lassen.
3 Sobald die Temperatur erreicht ist, die in Stücke geschnittene Butter untermengen. Dabei so wenig wie möglich rühren. Die Schokoladensauce zugießen und erneut durch möglichst sparsames Rühren einarbeiten, bis die Masse glatt ist.

Die Schokoladenglasur wird warm zwischen 30 und 45 °C verarbeitet. Am einfachsten lässt sie sich mithilfe einer kleinen Kelle über einen Kuchen ziehen. Kühlt die Glasur zu stark ab, kann man sie im heißen Wasserbad (oder in der Mikrowelle), ohne zu rühren, wieder erwärmen.

Für einen Kuchen für 8 Personen
Zubereitung: 25–30 Minuten

Für 100 g Schokoladensauce
25 g Edelbitter-Schokolade (70 % Kakaoanteil)
50 ml Wasser
15 g extrafeiner Zucker
25 ml Crème fraîche

Für den Schokoladenguss
100 g Edelbitter-Schokolade (70 % Kakaoanteil)
80 ml Sahne
20 g weiche Butter

1

2

3

»Cremes und Saucen«

Echte Vanillesauce (*crème anglaise à la vanille*)

Für 10 Personen
Am Vortag beginnen
Vorbereitung: 5 + 15 Minuten
Garzeit: etwa 20 Minuten

500 ml Milch
500 ml Sahne
2 Vanilleschoten
12 Eigelbe
200 g extrafeiner Zucker

1 Am Vortag die Milch und die Sahne in einem Topf vermengen. Die Vanilleschote spalten und das Mark herauskratzen. Schote und Mark in die Milch-Sahne-Mischung geben und zum Kochen bringen. Vom Herd nehmen und abkühlen lassen. Über Nacht in den Kühlschrank stellen.

2 Am nächsten Tag die Mischung erneut kurz aufwallen lassen und die Vanilleschote entfernen. Die Eigelbe und den Zucker 3 Minuten verschlagen. Die heiße Flüssigkeit nach und nach in einem dünnen, stetigen Strahl in die Eigelb-Zucker-Mischung gießen und dabei ständig weiterschlagen.

3 Die Creme in einem Topf bei mittlerer Hitze unter ständigem Schlagen auf 85 °C erhitzen. Zur Garprobe einen Holzlöffel eintauchen und mit dem Finger über den Löffelrücken fahren. Bleibt eine deutlich sichtbare Spur zurück, hat die Creme die richtige Konsistenz.

4 Die Creme vom Herd nehmen und weitere 4–5 Minuten behutsam umrühren, bis sie sämig wird. Durch ein feines Sieb in eine Schüssel abseihen. Eine große Schüssel mit Eiswasser vorbereiten und die Vanillecreme zum Abkühlen hineinsetzen. Gelegentlich umrühren. Die Creme für einige Stunden, am besten über Nacht, in den Kühlschrank stellen, damit die Aromen sich miteinander verbinden können.

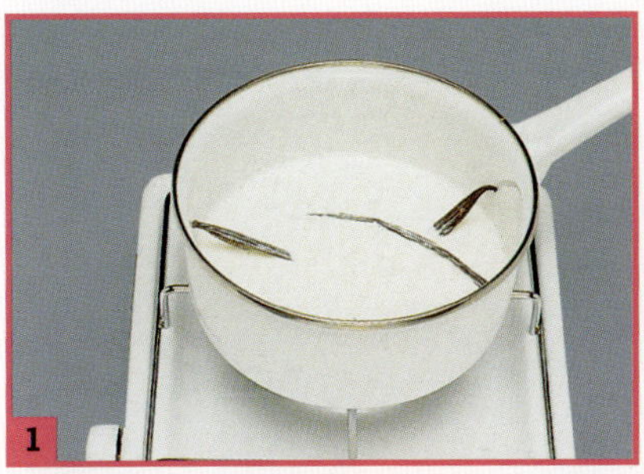
1

2

3

4

Chantilly-Sahne mit Edelbitter-Schokolade

Für 500 ml Sahne
Zubereitung: 10–15 Minuten
Kühlen: 6–8 Stunden

100 g Edelbitter-Schokolade (70 % Kakaoanteil)
500 ml Sahne
50 g extrafeiner Zucker

1 Die Schokolade mit einem Sägemesser hacken und in eine Schüssel legen. Die Sahne in einen Topf gießen, den Zucker einstreuen und mit einem Holzlöffel gründlich verrühren. Bei schwacher Hitze langsam zum Kochen bringen und wieder vom Herd nehmen.
2 Die heiße Sahne sofort über die Schokolade gießen und dabei kräftig mit einem Schneebesen verschlagen.
3 Die Mischung abkühlen lassen, mit Frischhaltefolie bedecken und für mindestens 6–8 Stunden in den Kühlschrank stellen. Sie sollte beim Aufschlagen nicht wärmer als 4 °C sein.
4 Eine Glas- oder Edelstahlschüssel für 15 Minuten in den Gefrierschrank stellen. Die kalte Schokoladensahne hineingießen und mit dem elektrischen Handrührgerät auf mittlerer Stufe steif schlagen. Nicht zu lange schlagen, sonst wird die Chantilly körnig.

Wenn Sie möchten, können Sie Schritt 1–3 bereits am Vortag erledigen und die Chantilly-Sahne mit Frischhaltefolie bedeckt (damit sich keine Haut bildet) über Nacht in den Kühlschrank stellen.

Chantilly-Sahne mit Vollmilchschokolade

Auf gleiche Weise lässt sich auch eine Chantilly mit Vollmilchschokolade zubereiten. Rechnen Sie 210 g Vollmilchschokolade auf 300 ml Sahne und 50 g Zucker. Und denken Sie daran: Die Sahne darf beim Steifschlagen nicht wärmer als 4 °C sein.

1

2

3

4

Schokoladencreme

Für 750 ml Creme
Vorbereitung: 15 Minuten
Garzeit: etwa 15 Minuten
Kühlen: 3 Stunden

6 Eigelbe
125 g extrafeiner Zucker
250 ml Milch
250 ml Sahne
170 g Edelbitter-Schokolade (70 % Kakaoanteil)

1 Die Eigelbe mit dem Zucker in einer Schüssel verquirlen.
2 Die Milch und die Sahne auf mittlerer Stufe aufkochen. Vom Herd nehmen und etwas heiße Flüssigkeit zügig unter die Eigelb-Zucker-Masse schlagen. Unter ständigem Weiterschlagen nach und nach die restliche Milch-Sahne-Mischung zugießen.
3 Die Creme in einem Topf auf mittlerer Stufe unter ständigem Schlagen auf 85 °C erhitzen. Zur Garprobe einen Holzlöffel eintauchen und mit dem Finger über den Löffelrücken fahren. Bleibt eine deutlich sichtbare Spur zurück, hat die Creme die richtige Konsistenz. Vom Herd nehmen und noch 4–5 Minuten umrühren, bis die Creme sämig wird.
4 Die Schokolade mit einem Sägemesser hacken und in eine Schüssel geben. Die Hälfte der warmen Creme zugießen und behutsam verrühren. Sobald die Masse glatt ist, die restliche Creme unterrühren.
5 Die Schokoladencreme abkühlen lassen und zwischendurch regelmäßig umrühren. Vor der Weiterverarbeitung 3 Stunden im Kühlschrank leicht anziehen lassen.

Schokoladencreme mit Passionsfrüchten

Für 750 ml Creme
Vorbereitung: 20 Minuten
Garzeit: etwa 15 Minuten
Kühlen: 3 Stunden

7 Passionsfrüchte
6 Eigelbe
125 g extrafeiner Zucker
100 ml Milch
250 ml Sahne
170 g Edelbitter-Schokolade (70 % Kakaoanteil)

1 Die Passionsfrüchte halbieren, das Fruchtfleisch herauslösen und durch ein Sieb in eine Schüssel streichen.
2 In einer zweiten Schüssel die Eigelbe mit dem Zucker verquirlen und das Passionsfruchtpüree untermengen.
3 Die Milch und die Sahne bei milder Hitze zum Kochen bringen. Vom Herd nehmen, etwas heiße Flüssigkeit in die Eigelb-Zucker-Masse gießen und rasch verschlagen. Unter ständigem Weiterschlagen nach und nach die restliche Milch-Sahne-Mischung einarbeiten.
4 Die Creme in einem Topf auf mittlerer Stufe unter ständigem Schlagen auf 85 °C erhitzen. Zur Garprobe einen Holzlöffel eintauchen und mit dem Finger über den Löffelrücken fahren. Bleibt eine deutlich sichtbare Spur zurück, hat die Creme die richtige Konsistenz. Vom Herd nehmen und noch 4–5 Minuten umrühren, bis die Creme sämig wird.
5 Die Schokolade mit einem Sägemesser hacken und in eine Schüssel geben. Die Hälfte der warmen Creme zugießen und behutsam verrühren. Sobald die Masse glatt ist, die restliche Creme unterrühren.
6 Die Creme abkühlen lassen und zwischendurch regelmäßig umrühren. Vor der Weiterverarbeitung 3 Stunden im Kühlschrank etwas fest werden lassen.

Konditorcreme (*crème pâtissière*)

1 In einem Topf mit schwerem Boden die Maisstärke, 30 g des Zuckers und die Milch verschlagen. Die Vanilleschote spalten und das Mark herauskratzen. Schote und Mark in die Milch geben und bei milder Hitze unter ständigem Schlagen zum Kochen bringen.
2 In einer Schüssel die Eigelbe mit dem restlichen Zucker 3 Minuten verschlagen. In einem dünnen Strahl unter ständigem Schlagen langsam die heiße Vanillemilch zugießen. Die Mischung zurück in den Topf gießen und auf mittlerer Stufe langsam erhitzen. Dabei ununterbrochen weiterschlagen. Die Creme beim allerersten Aufwallen vom Herd nehmen und in eine kleine Schüssel füllen. Die Vanilleschote entfernen.
3 Eine große Schüssel mit Eiswasser vorbereiten und die Schüssel mit der Creme hineinsetzen.
4 Die Butter in kleine Würfel schneiden und auf einen Teller legen. Sobald die Temperatur der Creme unter 60 °C sinkt (mit einem Küchenthermometer prüfen), portionsweise die Butter zugeben und zügig unterrühren. Die Konditorcreme mit Frischhaltefolie bedecken, damit sich keine Haut bildet, und vollständig abkühlen lassen. Sofort weiterverarbeiten.

Konditorcreme mit Schokolade

Für eine Konditorcreme mit Schokolade 125 g Edelbitter-Schokolade mit einem Sägemesser hacken und, bevor die Butter zugegeben wird, auf drei Male behutsam unter die warme Creme rühren (Schritt 4). Die Schokolade vor jeder nächsten Zugabe sorgfältig einarbeiten. Umrühren, bis die Creme ganz glatt ist.

Für 400 g Konditorcreme
Vorbereitung: 25 Minuten
Garzeit: etwa 8 Minuten

40 g Maisstärke
100 g extrafeiner Zucker
500 ml kalte Milch
1 Vanilleschote
3 Eigelbe
25 g weiche Butter

1

2

3

4

Für 320 g Ganache
Zubereitung: 10–15 Minuten
Garzeit: etwa 2 Minuten

150 g weiche Butter
160 g Edelbitter-Schokolade (70 % Kakaoanteil) für eine dunkle Ganache oder 180 g Vollmilchschokolade für eine helle Ganache
110 ml Milch

Ganache zum Füllen und Garnieren

1 Die Butter in einer Schüssel mit einer Gabel verkneten und zerdrücken, bis sie schön weich und cremig ist.
2 Die Schokolade mit einem Sägemesser hacken und in eine zweite Schüssel geben. Die Milch zum Kochen bringen. Etwas kochend heiße Milch in die Mitte der Schokolade gießen und behutsam mit einem Holzlöffel in kleinen Kreisen unterrühren.
3 Nach und nach die restliche Milch zugießen und in immer größer werdenden Kreisen unter die Schokolade rühren.
4 Sobald die Temperatur der Mischung unter 60 °C sinkt, portionsweise die Butter zugeben und vorsichtig untermengen. Die Masse nicht zu intensiv bearbeiten, damit sie schön cremig bleibt.

Wird die Ganache beim Abkühlen zu fest, kann man sie im heißen Wasserbad oder in der Mikrowelle behutsam wieder etwas geschmeidiger machen. Rühren Sie die Masse so wenig wie möglich um.

Ganache mit Zimt
Eine Stange Zimt über Pergamentpapier in kleine Stücke zerbröckeln und in einem Topf mit der Milch vermengen. Zum Kochen bringen, sofort wieder vom Herd nehmen und 10 Minuten ziehen lassen. Die Milch durch ein Sieb gießen und erneut aufkochen. Etwas heiße Milch in die Mitte der Schokolade gießen und mit einem Holzlöffel in kleinen Kreisen behutsam unterrühren. Wie oben beschrieben fortfahren und fertig stellen (Schritt 3 und 4).

Mousse Sabayon

Für etwa 900 g Sabayon
Vorbereitung: 20 Minuten
Garzeit: etwa 8 Minuten

20 ml Wasser
70 g extrafeiner Zucker
1 Ei
3 Eigelbe
150 g Edelbitter-Schokolade (70 % Kakaoanteil)
500 ml Sahne

1 In einem Topf das Wasser mit dem Zucker aufkochen und 3 Minuten (nicht länger) kochen lassen. Sofort vom Herd nehmen.
2 In einer Schüssel das Ei mit den Eigelben verschlagen und dabei in einem dünnen Strahl den heißen Sirup zugießen. Die Masse weiter aufschlagen, bis sie ihr Volumen verdreifacht hat und kalt ist.
3 Die Schokolade mit einem Sägemesser hacken und auf dem heißen Wasserbad schmelzen. In eine große Schüssel geben und auf 45 °C abkühlen lassen.
4 Eine Glas- oder Edelstahlschüssel für 15 Minuten in den Gefrierschrank stellen und anschließend die Sahne darin steif schlagen. Zunächst ein Viertel der Sahne unter die geschmolzene Schokolade mengen, dann ganz behutsam den Rest unterheben.
5 Mit einem Schneebesen vorsichtig die aufgeschlagene Eigelb-Sirup-Masse unterziehen und gleichmäßig einarbeiten. Sofort weiterverarbeiten.

Die Mousse Sabayon ist eine Mousse au Chocolat, unter die ein Sabayon, also eine im Wasserbad aufgeschlagene Masse aus Eigelb und Zuckersirup gehoben wird. Sie dient zum Garnieren von Kuchen und Torten, beispielsweise für eine Charlotte.

Schokoladensauce

Ergibt etwa 500 ml
Vorbereitung: 10 Minuten
Garzeit: etwa 12 Minuten

130 g Edelbitter-Schokolade (70 % Kakaoanteil)
250 ml Wasser
70 g extrafeiner Zucker
125 ml Sahne

1 Die Schokolade mit einem Sägemesser hacken und in einen Topf mit schwerem Boden geben. Das Wasser, den Zucker und die Sahne zufügen und mit einem Holzlöffel sorgfältig verrühren.
2 Die Mischung auf mittlerer Stufe unter ständigem Rühren langsam zum Kochen bringen. Die Hitze auf niedrige Stufe stellen und leise köcheln lassen, bis die Sauce cremig ist und den Löffelrücken überzieht. Dabei ständig weiterrühren. Vom Herd nehmen.
3 Die Sauce heiß weiterverarbeiten oder unter gelegentlichem Rühren auf Raumtemperatur abkühlen lassen. In eine Schüssel umfüllen und in den Kühlschrank stellen.

Die Sauce hält sich in einem fest verschlossenen Gefäß im Kühlschrank bis zu 2 Wochen.

Zum Wiedererwärmen die Sauce auf ein mäßig heißes Wasserbad setzen und gelegentlich umrühren.

»Zucker kochen«

Sicherheitshinweis: Zucker wird sehr heiß, daher ist beim Sirup- oder Karamellkochen immer größte Vorsicht geboten. Schon eine kleine Unachtsamkeit kann zu schlimmen Verbrennungen führen. Lassen Sie darum heißen Sirup niemals in die Nähe von Kindern gelangen.

Je höher die Temperatur des Wassers, desto mehr Zucker lässt sich darin auflösen. Bei einer Temperatur von 19 °C liegt der Sättigungspunkt zum Beispiel bei 2 kg Zucker pro Liter Wasser; erhitzt man es dagegen auf 100 °C, lassen sich in 1 Liter Wasser fast 5 kg Zucker auflösen. Trocken erhitzter Zucker schmilzt bei 160 °C, ab 160–170 °C beginnt das Karamell-Stadium. Ab 190 °C verbrennt der Zucker.

Zunächst wird der Zucker bei schwacher Hitze in dem Wasser aufgelöst. Dann erhöht man die Temperatur und bringt den Sirup allmählich zum Kochen. Von nun an ist höchste Aufmerksamkeit gefragt, da die verschiedenen Kochstadien, die über die späteren Verwendungsmöglichkeiten entscheiden, sehr dicht beieinander liegen.
Die einfachste Kontrolle ermöglicht ein Zuckerthermometer, das bis 200 °C skaliert ist. Mit ein bisschen Erfahrung kann man die Temperatur aber auch von Hand an der Beschaffenheit des Zuckers erkennen, die für das jeweilige Stadium charakteristisch ist (siehe Seite 292).

Breitlauf (100 °C): Der völlig klare Zuckersirup beginnt zu sieden. Taucht man rasch einen Schaumlöffel hinein, geliert der Sirup und überzieht die Oberfläche vollständig. Verwendung: Babas, Savarins und in Sirup eingelegte Früchte.
Schwacher Faden (103–105 °C): Der Sirup dickt langsam ein. Zur Probe taucht man Daumen und Zeigefinger in Eiswasser, nimmt etwas Sirup auf (am besten von einem Löffel) und taucht die Finger sofort wieder ins Eiswasser. Zwischen den Fingern lässt sich ein dünner, 2–3 mm langer Faden ziehen, der leicht reißt. Verwendung: Kandierte Früchte.
Starker Faden (106–110 °C): Der Sirup bildet zwischen den Fingern einen etwas kräftigeren Faden von 5 mm Länge. Verwendung: Glasuren.
Schwacher Flug (110–112 °C): Der Sirup bildet an der Oberfläche kugelrunde Bläschen. Zwischen den Fingern lässt er sich zu einem relativ dichten, festen Faden ziehen.
Starker Flug (113–115 °C): Der zwischen den befeuchteten Fingern gezogene Sirup bildet einen bis zu 2 cm langen Faden. Verwendung: Kandierte Maronen, Konfitüren.
Kleiner Ballen (116–125 °C): Der Sirup bildet auf der Fingerspitze eine weiche, leicht abgeflachte Kugel. Verwendung: Buttercreme, Makronen, Italienische Baiser-Masse, weißer (französischer) Nougat.
Großer Ballen (126–135 °C): Die sich bildende Kugel ist formbeständig und relativ fest. Verwendung: Karamell, Zuckerdekor.
Kleiner Bruch (140–150 °C): Der Sirup ist geschmeidig und lässt sich leicht zwischen den Fingern biegen. Da er jedoch an den Zähnen klebt, wird er in diesem Stadium nicht verwendet.
Großer Bruch (155 °C): Die zwischen den Fingern zusammengedrückte Kugel ist hart, klebt nicht mehr und bricht wie Glas. Der Sirup färbt sich strohgelb. Verwendung: Bonbons, gezogener und gesponnener Zucker.
Heller Karamell (160–170 °C): Der Sirup enthält jetzt kaum noch Wasser und verwandelt sich in einen hellen, bernsteinfarbenen Karamell. Verwendung: Karamellguss für Formen sowie für Süßigkeiten und Puddings, Krokant.
Dunkler Karamell (180–190 °C): Der Karamell färbt sich dunkelbraun, entwickelt ein intensives Karamellaroma und verliert seine Süßkraft. Verwendung: Cremes, Mousses und Eisspeisen.

Das Kochstadium des Zuckers prüfen

Vor allem bei geringen Mengen prüfen Profis das Kochstadium des Zuckers häufig von Hand: Eine Schüssel mit Eiswasser am Herd bereitstellen und die Finger hineintauchen. Dann ganz rasch mit Zeigefinger und Daumen etwas Sirup aufnehmen und sofort wieder in das Eiswasser tauchen. Durch leichtes Zerreiben und Auseinanderziehen der Finger lässt sich nun die Beschaffenheit des Sirups prüfen. Die manuelle Probe kann bis zum »großen Bruch« durchgeführt werden, im Karamell-Stadium ist sie sehr gefährlich.

1 Der Sirup lässt sich zwischen den nassen Fingern ganz leicht zu einem dünnen Faden ziehen. Daher der Ausdruck »den Zucker zum schwachen Faden kochen«.

2 Bildet der Sirup beim Zerreiben zwischen den Fingern einen rundlichen, weichen Buckel, spricht man vom »kleinen Ballen« (siehe Foto). Bildet sich eine festere, formbeständige Kugel, wurde der Zucker »zum großen Ballen« gekocht.

3 Lässt sich der zusammengedrückte Zucker ganz leicht mit den Fingern verbiegen, spricht man vom »kleinen Bruch«.

4 Zum »großen Bruch« gekochter Zucker zerbricht beim Auseinanderziehen sofort.

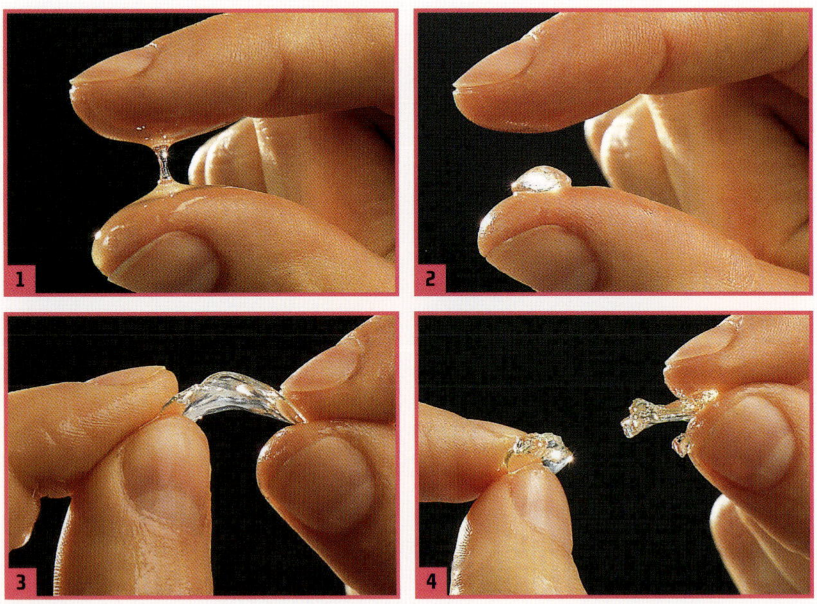

Hinweis: Die Zuckerkonzentration eines Sirups wird in °Bé (Baumé) angegeben. Gemessen wird sie mit einer Zuckerwaage, die je nach dem spezifischen Gewicht der Lösung mehr oder weniger tief einsinkt. Auf der von dem französischen Chemiker Baumé entwickelten Skala lässt sich dann der Zuckergehalt ablesen (siehe Tabelle Seite 11).

Zuckersirup 30 °Bé

Ergibt etwa 1 Liter Zuckersirup (Läuterzucker)
Zubereitung: einige Minuten

450 ml Wasser
500 g extrafeiner Zucker

1 Das Wasser und den Zucker in einem Topf vermengen und umrühren, bis sich der Zucker vollständig aufgelöst hat. Bei mittlerer Hitze langsam zum Kochen bringen.

2 Sobald der Sirup aufwallt, vom Herd nehmen und auf Raumtemperatur abkühlen lassen. Im Kühlschrank aufbewahren.

»Teige, Biskuits und Baisermassen«

Für etwa 250 g Teig
Dauer: etwa 10 Minuten

Eine Form mit Teig auskleiden

1 Den Teig mit einem Wellholz auf der leicht bemehlten Arbeitsfläche ausrollen. Die Form auf den Teig stellen und mit einem kleinen Messer rundherum einen Kreis ausschneiden, der etwa 3 cm größer ist als die Form. Die Form herunternehmen und leicht ausbuttern.
2 Die Teigplatte mit einer Palette von der Arbeitsfläche lösen, lose um das Wellholz legen und über der Form Stück für Stück vorsichtig wieder abrollen; so vermeiden Sie, dass sich der Teig beim Backen wieder zusammenzieht.
3 Den Teig mit dem Zeigefinger sorgfältig am Rand der Form einpassen. Mit dem Wellholz über die Form rollen und den überhängenden Teig durch sanften Druck auf den Rand abtrennen.
4 Den Teig an den Seiten mit dem Zeigefinger und Daumen rundherum andrücken, sodass sich das Wellenmuster der Form durchdrückt. Die ausgekleidete Form vor dem Füllen 30 Minuten kalt stellen oder je nach Größe der Form und Dicke des Teiges 20–25 Minuten bei 180 °C blindbacken.

Diese Methode ist für alle Mürbeteige (pâte brisée, pâte sucrée) und für Sandteig (pâte sablée) geeignet.

Baiser- oder Biskuitböden formen und backen

Für 500 g Mandel- oder Haselnuss-Dacquoise
Am Vortag beginnen
Vorbereitung: 25 Minuten
Ruhen vor dem Backen: 20 Minuten

135 g gemahlene Mandeln (oder Haselnüsse)
150 g Puderzucker
5 Eiweiße
50 g extrafeiner Zucker
Puderzucker zum Bestäuben

1 Einen Bogen Pergamentpapier auf die Arbeitsfläche legen. Die gemahlenen Mandeln (oder Haselnüsse) mit dem Puderzucker durch ein feines Sieb auf das Papier sieben.
2 Die Eiweiße mit dem elektrischen Handrührgerät auf kleiner Stufe halb steif schlagen. Bei laufendem Gerät auf drei Male den extrafeinen Zucker einarbeiten.
3 Sobald der Eischnee weiche Spitzen zieht, die Mandel-Puderzucker-Mischung einstreuen und mit einem biegsamen Gummispatel vorsichtig unterheben.
4 Die Dacquoise-Masse in einen Spritzbeutel mit Lochtülle Nr. 12 füllen. Ein Backblech mit Backpapier auslegen und mit einem Bleistift 2 Kreise von der gewünschten Bodengröße aufzeichnen. Die Masse spiralförmig von innen nach außen in die vorgezeichneten Kreise spritzen.
5 Die Dacquoise-Böden vor dem Backen mit etwas Puderzucker bestäuben (das geht am besten mit einem kleinen feinmaschigen Sieb) und 10 Minuten ruhen lassen. Erneut mit Puderzucker bestäuben und weitere 10 Minuten ruhen lassen. Anschließend je nach Größe 15–20 Minuten im 170 °C heißen Ofen backen.

Diese Dacquoise-Böden schmecken 24 Stunden nach dem Backen am besten. Der Durchmesser lässt sich je nach Rezept variieren.

Nach der gleichen Methode können Sie auch aus Baisermassen (siehe Seite 295) und verschiedenen Biskuitteigen Torten- und Kuchenböden formen. Die Größe der zum Aufspritzen verwendeten Tülle richtet sich nach dem jeweiligen Rezept.

1

2

3

4

Französische Baisermasse

Für 750 g Baisermasse
Zubereitung: etwa 10 Minuten

8 Eiweiße
500 g extrafeiner Zucker
1 TL natürliches Vanilleextrakt (oder das Mark von 2 Vanilleschoten)

1 Die Eier trennen und das Eiweiß in eine ganz saubere Schüssel geben. Darauf achten, dass keine Eigelbreste das Eiweiß verunreinigen, sonst lässt es sich nicht steif schlagen. Das Vanilleextrakt (oder das Vanillemark) zugeben und mit dem elektrischen Handrührgerät auf kleiner Stufe aufschlagen. Dabei von Beginn an nach und nach die Hälfte des Zuckers einstreuen.
2 Die Masse auf mittlerer Stufe weiterschlagen, bis sie ihr Volumen verdoppelt hat. Bei laufendem Gerät behutsam 125 g des verbliebenen Zuckers einstreuen und weiterschlagen, bis die Masse glatt, fest und glänzend ist.
3 Immer noch bei laufendem Gerät den restlichen Zucker zugeben und den Eischnee ganz steif schlagen. Die Masse darf nicht mehr von den Rührschlegeln fließen und sollte feste Spitzen ziehen.
4 Die Baisermasse in einen Spritzbeutel mit Lochtülle (Größe siehe unten) füllen. Ein Blech mit Backpapier auslegen und die Masse wie in dem jeweiligen Rezept angegeben aufspritzen. Die Backzeit beträgt bei 120 °C je nach Form und Größe der Baisers zwischen 30 Minuten und 1 ¼ Stunden.

Verwenden Sie für kleine runde Baisers von 8 cm Durchmesser einen Spritzbeutel mit Lochtülle Nr. 14 oder 16.

Für Baiserböden von 20 bis 22 cm Durchmesser die Masse in einen Spritzbeutel mit Sterntülle Nr. 9 füllen und wie auf Seite 294 beschrieben spiralförmig aufspritzen.

Für doigts de fée (»Feenfinger«) – schmale Stäbchen von 8 cm Länge – benötigen Sie Lochtülle Nr. 10 oder 12. Die Masse in geraden Linien auf das Backpapier aufspritzen.

Zum Prüfen des Gargrads ein Baiser aufbrechen. Es sollte im Inneren hellbeige sein.

1

2

3

4

Löffelbiskuits

Für 300 g Löffelbiskuitmasse
Vorbereitung: 15 Minuten
Backzeit: etwa 15 Minuten

55 g Mehl
6 Eigelbe
85 g extrafeiner Zucker
3 Eiweiße

1 Das Mehl in eine Schüssel sieben. In einer zweiten Schüssel die Eigelbe mit 50 g des Zuckers hellgelb und schaumig schlagen.
2 Die Eiweiße mit dem elektrischen Handrührgerät steif schlagen und dabei die restlichen 35 g Zucker einarbeiten.
3 Den Eischnee in die Eigelb-Zucker-Masse geben und mit einem Holzlöffel vorsichtig unterheben. Das Mehl einstreuen und ebenfalls behutsam unterziehen.
4 Ein Blech von 30 × 40 cm Größe mit Backpapier auslegen.
5 Die Biskuitmasse in einen Spritzbeutel mit Lochtülle Nr. 7 füllen und nebeneinander über die gesamte Länge des Blechs kleine Stäbe von 4 cm Länge und 1,5 cm Breite aufspritzen. Die Löffelbiskuits in dem auf 220 °C vorgeheizten Ofen etwa 15 Minuten backen.

Sie können natürlich auch klassische Löffelbiskuits von 10 cm Länge formen.

Böden aus Löffelbiskuitmasse

Für 300 g Biskuitmasse
Vorbereitung: 15 Minuten
Backzeit: etwa 15 Minuten

55 g Mehl
6 Eigelbe
85 g extrafeiner Zucker
3 Eiweiße
Puderzucker

1 Das Mehl in eine Schüssel sieben. In einer zweiten Schüssel die Eigelbe mit 50 g des Zuckers hellgelb und schaumig schlagen.
2 Die Eiweiße mit dem elektrischen Handrührgerät steif schlagen und dabei die restlichen 35 g Zucker einarbeiten.
3 Den Eischnee in die Eigelb-Zucker-Masse geben und mit einem Holzlöffel vorsichtig unterheben. Das Mehl einstreuen und ebenso behutsam unterziehen.
4 Ein Blech von 30 × 40 cm Größe mit Backpapier auslegen.
5 Auf dem Backpapier mit einem Bleistift zwei Kreise von 22 cm Durchmesser vorzeichnen. Die Biskuitmasse in einen Spritzbeutel mit Lochtülle Nr. 7 füllen. Die Lochtülle jeweils in der Kreismitte ansetzen und die Masse spiralförmig nach außen bis zum Rand des Kreises aufspritzen. Die Böden mit Puderzucker bestäuben und 5 Minuten ruhen lassen. Erneut mit Puderzucker bestäuben und dann im 220 °C heißen Ofen etwa 15 Minuten backen.

Schokoladenbiskuit mit Mehl

Für etwa 500 g Biskuitmasse
Zubereitung: 10 Minuten

100 g Mehl
100 g Kakaopulver
45 g Butter
3 Eiweiße
100 g extrafeiner Zucker
5 Eigelbe

1 Das Mehl und den Kakao in einer Schüssel mit den Fingerspitzen vermengen und in eine zweite Schüssel sieben.
2 Die Butter in einem Topf bei schwacher Hitze zerlassen. Sobald sie geschmolzen ist, vom Herd nehmen und abkühlen lassen.
3 Die Eiweiße mit dem elektrischen Handrührgerät steif schlagen und nach etwa der Hälfte der Zeit auf zwei Male 50 g des Zuckers einarbeiten.
4 Die restlichen 50 g Zucker und die Eigelbe mit dem elektrischen Handrührgerät schaumig schlagen.
5 Von der Eigelb-Masse 2 Esslöffel abnehmen und unter die noch lauwarme Butter rühren. Dann vorsichtig mit einem biegsamen Spatel den Eischnee unterziehen.
6 Sobald die Masse homogen ist, ganz behutsam die Mehl-Kakao-Mischung unterheben und zuletzt die restliche Eigelb-Masse unterarbeiten.

Schokoladenbiskuit ohne Mehl

Für etwa 600 g Biskuitmasse
Zubereitung: 25 Minuten

90 g Edelbitter-Schokolade
(66 % Kakaoanteil)
8 Eigelbe
240 g extrafeiner Zucker
6 Eiweiße

1 Die Schokolade mit einem Sägemesser hacken und auf dem heißen Wasserbad schmelzen. Aus dem Wasserbad nehmen.
2 Die Eigelbe und die Hälfte des Zuckers mit dem elektrischen Handrührgerät schaumig schlagen.
3 Die Eiweiße steif schlagen und dabei auf drei Male den restlichen Zucker einstreuen.
4 Mit einem Holzlöffel ein Drittel des Eischnees unter die Eigelb-Masse mengen. Die geschmolzene Schokolade zugießen und kräftig verrühren.
5 Sobald die Masse glatt ist, mit einem biegsamen Spatel vorsichtig den restlichen Eischnee unterheben.
6 Die Masse in einen Spritzbeutel mit Lochtülle Nr. 8 füllen. Ein Blech mit Backpapier auslegen und den Teig in der gewünschten Form aufspritzen.

Dieser Biskuit geht beim Backen ein wenig auf, daher sollte man die Form etwas kleiner ausführen als eigentlich gewünscht.

Der Biskuit ist nach dem Backen relativ trocken, zieht aber beim Abkühlen wieder etwas Feuchtigkeit an. Daher sollte man ihn vollständig abkühlen lassen, bevor man das Papier abzieht.

Klassischer Mürbeteig *(pâte brisée)*

Für etwa 500 g Mürbeteig
Zubereitung: 15 Minuten
Kühlen: mindestens 2 Stunden

185 g weiche Butter
50 ml Milch
1 gestrichener TL Salz
1 gestrichener TL extrafeiner Zucker
250 g Mehl
1 Eigelb

1 Die Butter in kleine Stücke schneiden und in eine Schüssel geben. Mit einem Holzspatel zerdrücken und kräftig verrühren, bis sie cremig wird.
2 In einer Schale die Milch, das Salz und den Zucker gründlich vermengen. Die Mischung nach und nach zur Butter geben und gleichmäßig verrühren. Das Mehl in eine Schüssel sieben und portionsweise in die Masse einarbeiten. Das Eigelb zugeben und sämtliche Zutaten rasch zu einem Teig verkneten.
3 Den Teig auf die bemehlte Arbeitsfläche legen, mit dem Handballen gegen die Unterlage drücken und wegschieben. Den Teig wieder aufnehmen, zu einer Kugel formen und den Vorgang wiederholen. Erneut zu einer Kugel formen und leicht abflachen. Den Teig in Frischhaltefolie wickeln und für mindestens 2 Stunden in den Kühlschrank legen.
4 Vor Weiterverarbeitung die Arbeitsfläche erneut mit Mehl bestäuben und den Teig mit einem Wellholz wie gewünscht ausrollen.

Es ist wichtig, die Zutaten möglichst schnell zu verarbeiten, damit die Butter beim Kneten nicht schmilzt und der Teig eine schöne feinkörnige Konsistenz bekommt.

Sie können Mürbeteig auch in der Küchenmaschine zubereiten: Die in Stücke zerteilte Butter, das Salz, den Zucker, das Eigelb und die Milch hineingeben und mit dem Knethaken zu einer cremigen Masse verarbeiten. Das gesiebte Mehl zugeben und weiterkneten, bis sich der Teig zu einem Kloß formt. In Frischhaltefolie wickeln und mindestens 2 Stunden in den Kühlschrank legen. Mürbeteig lässt sich gut einfrieren. Zuvor wird der Teig nach dem Ruhen im Ganzen oder portioniert fest in Frischhaltefolie gewickelt. Vor der Verwendung lässt man ihn im Kühlschrank langsam wieder auftauen. Nicht mehr durcharbeiten, da er sonst seine geschmeidige Konsistenz einbüßt.

1

2

3

4

Brandteig *(pâte à choux)*

Für 750 g Brandteig
Zubereitung: 10 Minuten

130 ml Wasser
130 ml Milch
1 gestrichener TL extrafeiner Zucker
1 gestrichener TL Salz
110 g Butter
140 g Mehl
5 Eier

1 Das Wasser, die Milch, das Salz und den Zucker in einem Topf verrühren, bis sich die Zutaten vollständig aufgelöst haben. Die Butter zugeben und unter Rühren mit einem Holzspatel zum Kochen bringen. Sobald die Mischung aufkocht, auf einmal das Mehl hineinschütten und kräftig mit dem Holzspatel rühren, bis sich ein glatter Mehlkloß gebildet hat. Die Brandmasse weitere 2–3 Minuten rühren, bis sich der Kloß vom Boden und Rand des Topfes löst (diesen Vorgang nennt man »abbrennen«).
2 Die Brandmasse sofort in eine große Schüssel umfüllen. Ein Ei zunächst in eine kleine Schale schlagen, dann in die Masse geben und sorgfältig einarbeiten. Auf diese Weise sämtliche Eier hineingeben und gut unterrühren.
3 Den Teig weiter kräftig durcharbeiten und gelegentlich umwenden, bis er glatt und glänzend aussieht und bandartig vom Löffel fließt.
4 Den Brandteig unverzüglich weiterverarbeiten: In einen Spritzbeutel mit Lochtülle füllen und in der gewünschten Form (zum Beispiel lange Streifen für Éclairs) auf ein mit Backpapier ausgelegtes Blech spritzen.

Brandteig wird grundsätzlich aus Wasser und Milch im Mischungsverhältnis eins zu eins hergestellt. Nimmt man nur Wasser, wird der Teig zu trocken.

Nicht nur aus geschmacklichen Gründen, sondern auch für die Konsistenz ist es unbedingt nötig, den Teig zu salzen und zu zuckern.

Brandteig mit Schokolade
Für eine Version mit Schokolade geben Sie bei Schritt 1 einfach 15 g gesiebtes Kakaopulver mit in die Flüssigkeit.

1

2

3

4

Blätterteig *(pâte feuilletée)*

Ergibt etwa 1 kg Teig
Zubereitung: 30 Minuten
Ruhen: etwa 8 Stunden

1 EL feines Salz (14 g)
200 ml kaltes Wasser
500 g weiche Butter
400 g Mehl
Mehl für die Arbeitsfläche

1 In einem Glas das Salz in dem Wasser auflösen. In einem Topf 75 g der Butter zerlassen. Das Mehl in eine Schüssel geben, das Wasser zugießen und verrühren. Dann die zerlassene Butter gleichmäßig einarbeiten. Den Teig jedoch nicht zu intensiv durchwirken. Zu einem Kloß formen, leicht abflachen und in Frischhaltefolie gewickelt 2 Stunden kühlen. Dies ist der Grundteig.
2 Die restlichen 425 g Butter in ganz kleine Stücke schneiden und in eine Schüssel geben. Mit einem Holzspatel verkneten und verrühren, bis sie etwa die gleiche Konsistenz wie der Grundteig hat. Die Arbeitsfläche mit Mehl bestäuben, den gekühlten Grundteig darauflegen und etwa 2 cm dick zu einem möglichst gleichmäßigen Quadrat ausrollen.
3 Die Butter in die Mitte legen und ebenfalls zu einem Quadrat ausbreiten, das jedoch um 90 ° gedreht ist (siehe Bild).
4 Die Teigecken über die Butter schlagen, sodass ein quadratisches Paket entsteht. Die Nahtstellen zusammendrücken.
5 Das Teigpaket zu einem Rechteck ausrollen, das dreimal so lang wie breit ist.
6 Das Teigrechteck dreifach zusammenschlagen, sodass wieder ein Quadrat entsteht. Dies war die erste »Tour«.
7 Das Teigpaket um 90 °drehen, zu einem Rechteck von gleicher Größe wie das erste ausrollen und erneut dreifach zusammenschlagen. Damit ist die zweite Tour abgeschlossen. Den Teig in Frischhaltefolie wickeln und 2 Stunden kalt stellen. Diesen Vorgang wiederholen, bis Sie den Teig insgesamt sechsmal getourt haben. Nach jeder zweiten Tour den Teig 2 Stunden kühlen.
8 Die Anzahl der Touren nach jedem Durchgang durch Fingerdruck auf dem Teig vermerken. Den fertigen Blätterteig bis zur Verwendung in den Kühlschrank legen.

1

2

3

4

Schokoladen-Blätterteig
(pâte feuilletée au chocolat)

Ergibt etwa 1,2 kg Teig
Am Vortag beginnen
Zubereitung: etwa 40 Minuten
Ruhen: etwa 10 Stunden

Für den Grundteig
70 g Butter
420 g Mehl
180 ml Wasser
2 gestrichene TL Salz

Für die zweite Phase
425 g weiche Butter
50 g Kakaopulver

1 Den Grundteig zubereiten: Die Butter zerlassen. Das Mehl in eine Schüssel sieben und in der Mitte eine Mulde bilden. Nach und nach zuerst das Wasser und das Salz hineingeben und untermischen, dann die zerlassene Butter einarbeiten. Den Teig 1 Minute durchkneten und auf der bemehlten Arbeitsfläche zu einem Quadrat von 15 cm Seitenlänge ausrollen. In Frischhaltefolie wickeln und für 2 Stunden in den Kühlschrank legen.
2 Die zweite Phase vorbereiten: Die Butter mit einem Holzspatel in einer Schüssel cremig rühren. Den Kakao hineinsieben und gleichmäßig unter die Masse mischen. Die Butter zu einem Quadrat von 12 cm Seitenlänge formen und in Frischhaltefolie gewickelt für 2 Stunden kalt stellen.
3 Den Grundteig und das Butterquadrat aus dem Kühlschrank nehmen. Den Grundteig auf der bemehlten Arbeitsfläche etwa 1 cm dick zu einem 30 × 18 cm großen Rechteck ausrollen. Das Butterquadrat auf die untere Hälfte des Rechtecks legen und durch sanften Druck mit den Fingerspitzen gleichmäßig verteilen. Die obere Teighälfte darüberschlagen und die Ränder fest zusammendrücken. Das Teigpaket in Frischhaltefolie wickeln und 1 Stunde kühlen.
4 Den Blätterteig touren: Den Teig zu einem Rechteck ausrollen, das dreimal so lang wie breit ist (18–20 cm × 54–60 cm). Das untere Teigdrittel zur Mitte schlagen, dann das obere Drittel darüberschlagen, sodass ein Quadrat entsteht. Darauf achten, dass die Ränder bündig übereinanderliegen. Das Teigpaket in Frischhaltefolie gewickelt 1 Stunde kühlen.
5 Den Arbeitsgang wiederholen (dies ist die zweite Tour) und den Teig erneut für 1 Stunde kalt stellen. Auf gleiche Weise dem Teig vier weitere Touren geben. Er muss nicht unbedingt nach jeder Tour gekühlt werden, darf aber beim Ausrollen nicht zu weich sein. Den Blätterteig vor der Weiterverarbeitung für mindestens 6 Stunden oder über Nacht in den Kühlschrank legen.

Umgekehrter Blätterteig *(pâte feuilletée inversée)*

Ergibt etwa 1,2 kg Teig
Zubereitung: 30 Minuten
Ruhen: etwa 8 Stunden

Für den Grundteig
110 g weiche Butter
150 ml Wasser
½ TL Essig
15 g Salzblüte (Fleur de Sel)
175 g Mehl (Type 405)
175 g Mehl (Type 550)

Für die zweite Phase
75 g Mehl (Type 405)
75 g Mehl (Type 550)
375 g weiche Butter
Mehl für die Arbeitsfläche

1 Den Grundteig zubereiten: Die Butter in einem kleinen Topf schmelzen und abkühlen lassen. In einem Glas das Wasser, den Essig und das Salz vermengen.
2 Beide Mehlsorten in einer Schüssel mit der zerlassenen Butter verrühren. Nach und nach das Essigwasser zugießen und unterarbeiten. Der Teig sollte geschmeidig, jedoch nicht zu weich sein. Je nachdem wie gut das Mehl die Flüssigkeit aufnimmt, werden Sie eventuell nicht sämtliches Essigwasser benötigen.
3 Den Teig zu einem Kloß rollen, mit den Händen etwas abflachen und in eine quadratische Form bringen. In Frischhaltefolie wickeln und 2 Stunden kühlen.
4 Die zweite Phase vorbereiten: In einer Schüssel beide Mehlsorten mit der Butter zu einem homogenen Teig verkneten. Den Teig zu einem Kloß formen und mit den Händen zu einem 2 cm dicken Kreis ausbreiten. In Frischhaltefolie wickeln und 2 Stunden kühlen. Den Teigkreis auf der bemehlten Arbeitsfläche 1 cm dünn ausrollen.
5 Den Grundteig in die Mitte des Teigkreises legen und die Teigränder darüberschlagen, sodass der Grundteig vollständig in den Teig gehüllt ist. Das Paket über die gesamte Oberfläche mit der Faust etwas flach drücken.
6 Das Wellholz mit Mehl bestäuben und das Teigpaket zu einem Rechteck ausrollen, das dreimal so lang wie breit ist. Darauf achten, dass die Teigränder nicht aufbrechen.
7 Das Teigrechteck gedanklich in vier Teile teilen, zuerst das untere Viertel zur Mitte falten, dann das obere Viertel so umschlagen, dass es bündig anschließt.
8 Den Teig in der Mitte zusammenfalten; damit ist die sogenannte »doppelte Tour« abgeschlossen. Das Teigpaket um 90 ° drehen, sodass die geschlossene Seite nach links zeigt, und dem Teig eine weitere doppelte Tour geben. Das Paket leicht abflachen, in Frischhaltefolie wickeln und 1 Stunde kühlen.
9 Den Teig erneut mit der geschlossenen Seite nach links auf die bemehlte Arbeitsfläche legen, zunächst mit den Händen etwas flach drücken und dann zu einem Rechteck ausrollen, das dreimal so lang wie breit ist. Wie beschrieben zusammenlegen (eine doppelte Tour geben), das Teigpaket um 90 ° drehen und den Vorgang wiederholen. Überschüssiges Mehl abklopfen, den Teig in Frischhaltefolie wickeln und 1 Stunde kühlen.
10 Vor der Verwendung wird der Teig noch einmal einfach getourt: Den Teig wie zuvor mit der Faltung nach links liegend zu einem Rechteck ausrollen. Zuerst das untere Drittel, dann das obere Drittel zur Mitte überschlagen, sodass ein Quadrat entsteht. In Frischhaltefolie gewickelt 30 Minuten kühlen.
11 Den Blätterteig je nach gewünschter Menge portionieren.

Sie können den Blätterteig bis zu 48 Stunden im Kühlschrank aufbewahren oder einfrieren.

Bei vielen Rezepten bleiben kleine Teigreste zurück, die man für kleine süße oder salzige Snacks verwenden kann. Die Reste jedoch nicht verkneten, sondern übereinanderlegen, mit den Händen flach drücken und mit dem Wellholz zusammenpressen.

Karamellisierter Blätterteig *(pâte feuilletée caramélisée)*

Ergibt 460 g Teig
Vorbereitung: 5 Minuten
Backzeit: 18–20 Minuten

400 g umgekehrter Blätterteig (siehe S. 302)
40 g extrafeiner Zucker
20 g Puderzucker
Mehl für die Arbeitsfläche

1 Den Ofen auf 230 °C vorheizen. Ein Blech mit Backpapier auslegen und mit einem Pinsel etwas befeuchten. Den Blätterteig etwa 4 mm dünn zu einem 30 × 40 cm großen Rechteck ausrollen, locker um das Wellholz legen und über dem Blech wieder abrollen. Den Teig mit einer Gabel mehrfach einstechen und gleichmäßig mit dem extrafeinen Zucker bestreuen. In den Ofen schieben, die Temperatur sofort auf 190 °C reduzieren und 8 Minuten backen. Einen Gitterrost auflegen, damit der Teig nicht zu stark aufgeht, und weitere 5 Minuten backen.
2 Das Blech aus dem Ofen nehmen und das Gitter entfernen. Den Teig mit einem weiteren Stück Backpapier bedecken und ein zweites Blech umgedreht auflegen. Beide Bleche fest zusammenhalten und den Teig auf das neue Blech stürzen. Das erste Blech und das Backpapier entfernen und den Teig mit dem Puderzucker bestreuen. Wieder in den Ofen schieben und bei 250 °C weitere 5–7 Minuten backen, bis der Zucker geschmolzen und goldbraun karamellisiert ist.

Karamellisierter Blätterteig ist ideal für kleine und große Millefeuilles (Tausendblätterkuchen) geeignet, da die Karamellschicht verhindert, dass die Füllcreme den Teig aufweicht.

Beim Backen von Blätterteig sollte man das Backpapier immer etwas befeuchten, so lässt sich vermeiden, dass sich der Teig während des Backens wieder zusammenzieht.

Karamellisierter Schokoladen-Blätterteig *(pâte feuilletée caramélisée au chocolat)*

Ergibt 450 g Teig
Vorbereitung: 10 Minuten
Backzeit: etwa 25 Minuten
Kühlen: 1 Stunde

400 g Schokoladen-Blätterteig (siehe S. 301)
30 g extrafeiner Zucker
20 g Puderzucker
Mehl für die Arbeitsfläche

1 Ein Blech mit Backpapier auslegen und mit einem Pinsel etwas befeuchten. Den Schokoladen-Blätterteig auf der bemehlten Arbeitsfläche etwa 4 mm dünn zu einem 30 × 40 cm großen Rechteck ausrollen, locker um das Wellholz legen und über dem Blech wieder abrollen. Mit Frischhaltefolie bedecken und für eine gute Stunde kalt stellen.
2 Den Ofen auf 230 °C vorheizen.
3 Den Blätterteig gleichmäßig mit dem Zucker bestreuen und in den Ofen schieben. Die Temperatur sofort auf 190 °C herunterstellen und 8–10 Minuten backen. In dieser Phase geht der Teig etwas auf und nimmt Farbe.
4 Das Blech halb herausziehen, ein Gitter auf den Teig legen, damit er nicht zu stark aufgeht, und weitere 10 Minuten backen. Aus dem Ofen nehmen und die Temperatur auf 245 °C erhöhen.
5 Das Gitter entfernen und den Blätterteig mit weiterem Backpapier bedecken. Ein zweites Blech umgedreht auflegen, beide Bleche fest zusammenhalten und den Teig auf das neue Blech stürzen. Das obere Blech und das Backpapier entfernen. Den Teig mit dem Puderzucker bestreuen und weitere 3–5 Minuten backen, bis die Oberfläche gleichmäßig karamellisiert ist. Auf ein Gitter legen und vor dem Zuschneiden mindestens 1 Stunde abkühlen lassen.

Süßer Mürbeteig *(pâte sucrée)*

Ergibt 580 g Teig
Zubereitung: 15 Minuten
Kühlen: mindestens 4 Stunden
¼ Vanilleschote (oder ½ Mokkalöffel ungesüßtes Vanillepulver)
150 g weiche Butter
100 g Puderzucker
250 g Mehl
2 Prisen Salz
1 Ei
30 g gemahlene Mandeln

1 Die Vanilleschote spalten und das Mark herauskratzen. Die Butter in Stücke schneiden.
2 Den Puderzucker mit dem Vanillemark (oder dem Vanillepulver) in einer Schüssel vermengen.
3 Das Mehl auf die Arbeitsfläche sieben. Das Salz zugeben und die Butterstücke darüber verteilen. Butter und Mehl mit den Händen ineinander reiben und zügig zu einer grobkrümeligen Masse verkneten.
4 Den Teig zusammenfassen und in die Mitte eine Vertiefung drücken. Das Ei hineinschlagen, dann den Zucker mit der Vanille und die gemahlenen Mandeln zugeben. Sämtliche Zutaten mit den Fingerspitzen grob vermischen und dann möglichst rasch verkneten.
5 Den Teig einige Male mit dem Handballen gegen die Arbeitsfläche drücken, wegschieben und wieder aufnehmen. Zu einer Kugel formen und in Frischhaltefolie gewickelt mindestens 4 Stunden kühlen.

Süßer Mürbeteig lässt sich von Hand am besten auf einer kühlen Marmorplatte oder einer Holzunterlage kneten. Damit die Butter durch die Wärme der Hände nicht schmilzt, sollten die Zutaten so rasch wie möglich verarbeitet werden.

Nach dem Kneten muss der Teig unbedingt eine Weile im Kühlschrank ruhen, damit er elastisch wird, beim Ausrollen nicht reißt und sich während des Backens nicht zusammenzieht.

Süßer Mürbeteig mit Kokosmehl

Für eine Version mit Kokos ersetzen Sie die 30 g gemahlene Mandeln durch die entsprechende Menge Kokosmehl (gemahlene Kokosraspel).

Süßer Mürbeteig mit Sesam

Nach dem gleichen Rezept lässt sich auch ein süßer Mürbeteig mit Sesam realisieren: Den Ofen auf 150 °C vorheizen. Auf einem Blech 40 g Sesamsamen verteilen und etwa 10 Minuten im Ofen rösten. Nach der Hälfte der Zeit mit einem Holzlöffel wenden. Den Vorgang gut überwachen, damit der Sesam nicht verbrennt; er sollte am Ende goldbraun sein. Abkühlen lassen und bei Schritt 4 in den Teig einarbeiten.

Gewürzter süßer Mürbeteig

Bei dieser Variante geben Sie unter Schritt 4 eine Messerspitze gemahlenen grünen Kardamom und 2 Messerspitzen Vier-Gewürze-Pulver (*quatre-épices*; Gewürzmischung aus schwarzem Pfeffer, Muskatnuss, Gewürznelken und Ingwer) hinzu.

»Grundzubereitungen mit Nüssen und Früchten«

Karamellisierte Haselnüsse oder Mandeln

Vorbereitung: 20 Minuten
Garzeit: etwa 25 Minuten

200 g Haselnusskerne oder Mandeln
¼ Vanilleschote
40 ml Wasser
125 g extrafeiner Zucker

1 Den Ofen auf 150 °C vorheizen.
2 Die Haselnüsse oder Mandeln auf einem Blech ausbreiten und 15 Minuten im Ofen rösten. Nach der Hälfte der Zeit mit einem Holzlöffel wenden.
3 Die Haselnüsse oder Mandeln in ein Küchentuch einschlagen und kräftig aneinanderreiben, um die feine, dunkle Haut abzulösen. Die Nüsse wieder auf das Blech geben und im ausgeschalteten Ofen warm halten.
4 Die Vanilleschote spalten und das Mark herauskratzen. Das Wasser und den Zucker in einem Topf mit schwerem Boden vermengen. Die Vanilleschote und ihr Mark zugeben und zum Kochen bringen. Den Sirup bis 118–120 °C kochen (mit einem Zuckerthermometer kontrollieren).
5 Den Sirup vom Herd nehmen, die noch heißen Nüsse hineingeben und mit einem Holzlöffel verrühren, bis der Zucker an den Nüssen kristallisiert.
6 Die Mischung auf mittlerer Stufe wieder erhitzen und zu einem dunklen Karamell kochen. Rasch auf ein beschichtetes Blech gießen, die Vanilleschote entfernen und abkühlen lassen. Die karamellisierten Haselnüsse oder Mandeln in einem fest verschlossenen Gefäß lagern.

Auf gleiche Weise lassen sich Pinienkerne, Pekannüsse, Pistazien und Walnüsse karamellisieren.

Karamellisierte Nüsse eigenen sich zum Dekorieren von Gebäck, als Füllung für Crêpes oder als Bestandteil oder Garnitur von Eisspeisen, Nougats und vielem mehr.

Gesalzene karamellisierte Mandeln oder Haselnüsse
Sobald der Sirup bernsteinfarben karamellisiert ist (Schritt 6), den Topf vom Herd nehmen und 10 g Butter unterrühren (Vorsicht vor spritzendem Karamell). Eine Prise Salzblüte (Fleur de Sel) zugeben und noch einmal sorgfältig umrühren.

Himbeer-Coulis

Ergibt 500 ml Himbeer-Coulis
Zubereitung: 5 Minuten

500 g Himbeeren
100 g extrafeiner Zucker

1 Die Himbeeren sorgfältig verlesen. Die Früchte mit dem Zucker in eine Schüssel geben und mit dem Stabmixer pürieren.
2 Das Püree mit einem biegsamen Spatel durch ein feines Sieb in eine Schüssel streichen. Die Coulis vor der weiteren Verwendung mindestens 8 Stunden in den Kühlschrank stellen.

Erdbeer- und Aprikosen-Coulis
Für eine Erdbeer-Coulis 500 g Erdbeeren und 80 g Zucker mit dem Stabmixer pürieren und anschließend 40 ml frisch gepressten Zitronensaft unterrühren.
Für eine Aprikosen-Coulis 600 g weiche, vollreife Früchte mit 100 g Zucker pürieren und mit 40 ml frisch gepresstem Zitronensaft vermengen.

Am nächsten Tag ist die Konsistenz dieser Frucht-Coulis noch samtiger und geschmeidiger.

Frucht-Coulis lassen sich gut einfrieren, daher bietet es sich an, in der Früchtesaison einen Vorrat für den Winter anzulegen.

1

2

Pochierte Birnen

Ergibt etwa 1 kg pochierte Birnen
Am Vortag zubereiten
Vorbereitung: 15 Minuten
Garzeit: einige Minuten

1,2 kg reife Williams-Birnen
100 ml frisch gepresster Zitronensaft
½ Vanilleschote
1 l Wasser
500 g extrafeiner Zucker

1 Die Birnen schälen, die Stiele stehen lassen.
2 Die Früchte in eine Schüssel legen, mit 50 ml des Zitronensafts übergießen und einreiben, damit sie nicht braun anlaufen.
3 Die halbe Vanilleschote spalten und das Mark herauskratzen. Das Wasser in einem Topf mit dem Zucker, dem restlichen Zitronensaft, der Vanilleschote und ihrem Mark vermengen und zum Kochen bringen.
4 Die Birnen einlegen, wieder zum Kochen bringen und vom Herd nehmen. Zugedeckt über Nacht in dem Sirup ziehen lassen.

Am Vortag zubereiten
Vorbereitung: 20 Minuten
Garzeit: 1 Stunde 40 Minuten
Ziehen: 1 Nacht

4 unbehandelte Grapefruits (vorzugsweise rotfleischige Früchte) oder 8 unbehandelte Zitronen oder 6 unbehandelte kernlose Orangen

Für den Sirup
10 Sarawak-Pfefferkörner (ersatzweise anderer schwarzer Pfeffer)
1 l Wasser
500 g extrafeiner Zucker
4 EL frisch gepresster Zitronensaft
1 Sternanis
1 Vanilleschote (oder 5–6 bereits anderweitig verwendete Schoten ohne Mark)

Kandierte Zitrusschalen

1 Die Früchte gründlich waschen und abtrocknen. Die Blüten- und Stängelansätze kappen. Die Früchte aufrecht auf die Arbeitsfläche stellen und mit einem scharfen Messer der Rundung folgend breite Streifen Schale mit einer großzügigen Schicht Fruchtfleisch daran abschneiden.
2 Die Schalenstücke in kochendes Wasser geben und ab dem erneuten Aufwallen 2 Minuten blanchieren. Unter fließendem Wasser kalt abschrecken. Diesen Vorgang zweimal wiederholen. Die Schalen abtropfen lassen.
3 Für den Sirup die Vanilleschote spalten und das Mark herauskratzen. Die Pfefferkörner im Mörser zerstoßen und mit dem Wasser, dem Zucker, dem Zitronensaft, dem Sternanis sowie der Vanilleschote und ihrem Mark in einem Topf vermengen. Zum Kochen bringen, die Zitrusschalen einlegen und den Topf mit einem Deckel zu drei Vierteln zudecken. Auf ganz kleiner Flamme 1 ½ Stunden leise köcheln lassen. Die Schalen und den Sirup in eine Schüssel gießen und abkühlen lassen. Mit Frischhaltefolie bedeckt über Nacht in den Kühlschrank stellen.
4 Am nächsten Tag die kandierten Zitrusschalen in einem Sieb über einer Schüssel abtropfen lassen. In etwa 1 cm breite Streifen schneiden und nach Belieben vor der Weiterverarbeitung in Zucker wenden.

Das dreifache Blanchieren der Zitrusschalen lässt sich beschleunigen, wenn Sie mit drei Töpfen gleichzeitig arbeiten.

Sie können den Sirup bis zu einer Woche im Voraus zubereiten und im Kühlschrank aufbewahren.

Küchenpraxis und Warenkunde

Küchengeräte und Arbeitsmittel

Schokolade ist ein empfindliches Produkt, das hohe Ansprüche an Werkzeuge und Geräte stellt. Dabei profitieren die Schokoladenerzeugnisse von der ständig steigenden Qualität der Materialien und der immer größeren Präzision der Arbeitsgeräte.

Werkzeuge, Zubehör und Messgeräte

Neben den gängigen Utensilien, die zur Standardausrüstung jeder Küche gehören, erfordert der Umgang mit Schokolade auch einige Spezialwerkzeuge.

Einige Werkzeuge zur Grundausstattung

Schüsseln: Zum Rühren, Mischen, Kneten und Schlagen der Zutaten. Für die Arbeit mit dem elektrischen Handrührgerät oder zum vorsichtigen Unterheben von empfindlichen Zutaten sollten sie ausreichend tief sein und eine weite Öffnung haben. Die Wahl des Materials – Glas, Keramik, Edelstahl, Kunststoff – ist nicht nur Geschmacksache. Metall ist ein guter Kälte- und Wärmeleiter, darum ist die Gerinnungsgefahr beim Sahneschlagen in einer kalten Edelstahlschüssel am geringsten. Hitzebeständige Schüsseln mit abgerundetem Boden aus Edelstahl sind auch im heißen Wasserbad einsetzbar.

Schneebesen

Holzlöffel, Holzspatel: Die klassischen Rührwerkzeuge. Spatel haben ein flaches Blatt mit gerader Kante, ideal zum schonenden Schaben auf empfindlichen Oberflächen. Da Holz nicht leitet, kommen sie auch beim Umgang mit heißen Zutaten zum Einsatz.

Teigschaber: Ein Spatel aus flexiblem Kunststoff mit einer abgerundeten und einer spitzen Ecke. Teige, Cremes und Zutatenreste lassen sich damit leicht aus der Schüssel aufnehmen oder entfernen. Die grifflose Teigkarte erfüllt die gleiche Funktion.

Schnee- und Federbesen: Mit unterschiedlich dünnen Drähten aus Edelstahl zum Aufschlagen von Sahne, Cremes und Eiern.

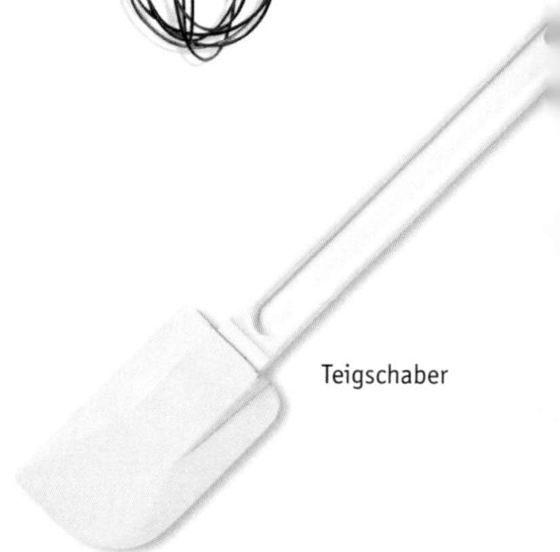

Teigschaber

Kuchengitter: Ein Metallrost zum Abkühlen von Kuchen und Gebäck sowie zum Abtropfen und Aushärten von getauchten Pralinen und Ähnlichem.

Backpinsel: Ein Pinsel (vorzugsweise mit Naturborsten aus Seide) zum Ausbuttern von Formen, zum Bestreichen von Gebäck mit Eiweiß oder Eigelb und zum Tränken von Biskuits mit Sirup.

Zesteur (Zestenreißer): Werkzeug mit flacher, kurzer Klinge mit kleinen Löchern oder einer schmalen Schneide zum Abschälen dünner Streifen Zitrusschale.

Spitzsieb (Chinois): Konisch geformtes Metallsieb mit Griff zum Abseihen von Saucen, Coulis, Sirupen etc. In gelochtem Metall und feinmaschigem Draht erhältlich.

Teigrädchen

Mehlsieb: Ein feinmaschiges, becherförmiges Sieb mit Griff zum Durchsieben von Mehl, Backpulver, Kakao und Puderzucker. Wahlweise auch als Rüttelsieb erhältlich.

Spezielle Werkzeuge in der Pâtisserie

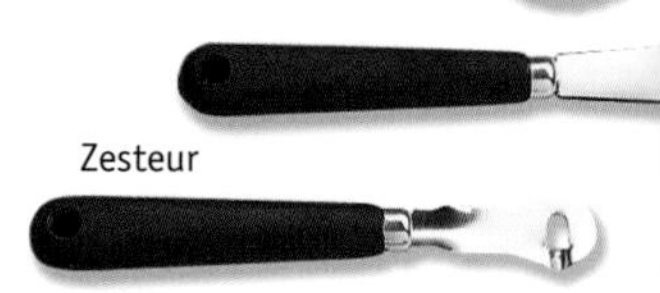

Zesteur

Wellholz, Nudelholz: In der Regel aus Holz oder mit Kunststoff beschichtet. Sehr einfach und praktisch sind die grifflosen französischen Wellhölzer.

Spritzbeutel

Teigrädchen: Zum gleichmäßigen Zuschneiden von ausgerollten Teigen.

Spritzbeutel, Dressiersack: Ein spitz zulaufender Beutel aus geschmeidigem Stoff oder Kunststoff mit Plastik- oder Metalltüllen in verschiedenen Größen. Je nach Verwendung der Spritzmasse sind die Düsen unterschiedlich geformt – glatt (Lochtülle), gezackt (Sterntülle), geschlitzt (Bandtülle). Spritzbeutel dienen zum Spritzen und Füllen von Gebäck wie zum Beispiel Windbeutel, Baisers, Dacquoise-Böden, zum Formen von Pralinen, Konfekt und Bonbons, zum Verzieren von Torten und Süßspeisen und vielem mehr. Die in diesem Buch am häufigsten verwendeten Tüllen sind die Größen 6, 7, 8, 9, 10, 12, 14 und 16.

Ausstechformen: Die in verschiedenen Größen und Formen erhältlichen Teigausstecher aus Metall oder Plastik dienen zum Ausstechen geometrischer Formen und anderer Motive (Herzen, Tannen, Sterne ...).

Silikonbackmatte: Eine flexible, ofenfeste und kältebeständige Unterlage, die sich wie Backpapier einsetzen lässt. Sie ist mikrowellentauglich und abwaschbar.

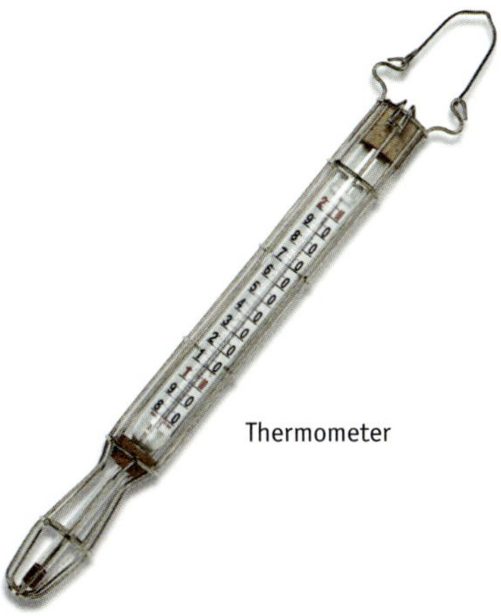

Thermometer

Spezialzubehör in der Chocolaterie

Sägemesser: Unverzichtbar zum Hacken von Schokolade. Die Klinge sollte einen kurz- und enggezahnten Wellenschliff haben und starr sein.

Pralinengabel: Eine Gabel mit zwei oder drei langen Zinken zum Eintauchen von Pralinen und Konfekt in flüssige Schokolade.

Schneeschlagkessel: Eine in verschiedenen Größen erhältliche Metallschüssel mit rundem Boden, die vor allem für Arbeiten auf dem heißen Wasserbad verwendet wird, zum Beispiel zum Schmelzen von Schokolade, zum Aufschlagen von Sabayon oder zum Abziehen von Eiercremes. Damit sie festen Halt hat, sollte der Topf ausreichend groß sein.

Palette: Dieses mit einem langen, geraden oder trapezförmigen (zuweilen auch abgewinkelten) Metallblatt ausgestattete Werkzeug dient zum Auftragen und Glattstreichen von Cremes und Überzügen und zum Ausbreiten und Tablieren von temperierter Schokolade.

PVC-Folie: Eine lebensmittelechte halbfeste, durchsichtige Spezialfolie, die es in verschiedenen Größen im Fachhandel gibt. Sie dient zum Ausformen und Trocknen temperierter Schokolade zum Beispiel für Dekorzwecke. Die Formen lassen sich anschließend ganz leicht ablösen und bewahren einen schönen Glanz.

Marmor- oder Granitplatte: Die glatte, kalte Oberfläche ist ideal für die Verarbeitung temperierter Kuvertüre.

Schneekessel

Mess- und Wiegegeräte

Messbecher: Gefäß aus Glas, Metall oder Plastik mit bis zu 2 Liter Fassungsvermögen und Messskalen für verschiedene Trockensubstanzen (Mehl, Zucker, Reis etc.). Sehr kleine Mengen lassen sich mit einem Ess- oder Teelöffel abmessen (siehe Umrechnungstabelle auf Seite 11).

Küchenwaagen: Die mit einer Waagschale oder einer flachen Auflage ausgestatteten Geräte reichen in der Regel bis 2 kg, manche auch bis 5 kg. Mechanische Federwaagen mit Zifferblattanzeige funktionieren auf 5 bis 10 g genau. Am exaktesten arbeiten Elektro-Waagen mit Digitalanzeige.

Thermometer: Die Skala des klassischen Küchenthermometers reicht bis 120 °C. Zuckerthermometer vertragen wegen der hohen Temperaturen, die beim Zuckerkochen entstehen, bis zu 200 °C. Spezialthermometer zum Temperieren von Schokolade sind dagegen nur bis 70 °C ausgelegt. Am genauesten arbeiten Thermometer mit Sonde, die die Temperatur im Inneren der Speisen messen – auch bei Schokolade.

Sägemesser

Elektrische Küchengeräte und spezielles Zubereitungsgeschirr

Handrührgerät: Unverzichtbar zum Steifschlagen von Eischnee und Sahne. Dank verschiedener einsetzbarer Rühr- und Knetwerkzeuge vielseitig einsetzbar.
Stabmixer, Standmixer: Der mit einem Griff und einem rotierenden Schneidewerk ausgestattete Stabmixer lässt sich manuell direkt im Topf oder in der Schüssel einsetzen. Standmixer bestehen aus einem Fuß, der den Motor enthält, und einem Becheraufsatz aus Kunststoff mit rotierendem Messer. Beide dienen zum Mixen und Aufschäumen von Saucen und anderen Flüssigkeiten sowie zum Zermahlen oder Pürieren verschiedenster Zutaten, beispielsweise von Früchten für eine Coulis.
Küchenmaschine: Ein multifunktionales Gerät mit einer feststehenden Schüssel von 1,25–5 Liter Fassungsvermögen und zahlreichen Einsätzen für die verschiedensten Aufgaben: Rühr- und Knetschlegel, Schneide- und Reibewerkzeuge, Saftpresse und manchmal sogar mit Zentrifuge. Je nach Größe, Ausstattung und Leistung gibt es erhebliche Preisunterschiede.
Eismaschine (Sorbetière): Sie besteht aus einem motorgetriebenen Rührwerk und einer herausnehmbaren Trommel, in der die Eismasse während des Gefrierens ständig umgewälzt und gerührt wird. Eismaschinen sind relativ kostspielig, liefern aber binnen kurzer Zeit hervorragende Ergebnisse.
Elektrisches Schokoladenfondue: Ein elektrisch beheizter Topf mit Thermostat für Schokoladenfondues oder zum Schmelzen und Warmhalten von Schokolade für Pralinen und Hohlkörper.
Schokoladenfondue-Set: Wie ein klassisches Käsefondue-Set besteht es aus einem Keramiktopf, langen Gabeln und einem Stövchen mit offener Flamme.

Savarin-Form

Küchenpapier und Folien

Backpapier: Imprägniertes und sehr hitzebeständiges Papier zum Auskleiden von Blechen und Backformen.
Aluminiumfolie: Zum Abdecken von Speisen im Ofen als Schutz vor zu großer Hitzeeinwirkung oder zum Warmhalten von Speisen.
Frischhaltefolie (Klarsichtfolie): Eine sehr dünne, elastische Folie zum Schutz vor Fremdgerüchen im Kühlschrank und vor Austrocknung (rohe Teige, Cremes). Manche Produkte sind auch mikrowellengeeignet.
Pergamentpapier: Fettundurchlässiges Papier zum Auslegen von Blechen und Backformen. Kann auch durch Butterbrotpapier ersetzt werden.
Papierschälchen: Die gefältelten, hitzebeständigen Papierschälchen dienen in der größeren Version zum Auskleiden von kleinen Backförmchen (z. B. für Muffins) oder als dekorative Kapseln für Pralinen und Konfekt.

Kuchen- und Backformen

Ob traditionelle Formen aus Metall oder zeitgemäße Modelle aus Kunststoff, das reiche Angebot an Backformen bietet für jeden Geschmack und Geldbeutel das Richtige. Spezialformen für die Schokoladenküche sollte man allerdings im Fachhandel kaufen.

Große Kuchenformen

Baba-Form: Becherform mit glattem oder geriffeltem Rand und herausnehmbarem Boden. Sie gibt den topfkuchenähnlichen Babas ihre typische Form. Verbreitet ist auch die Mini-Version mit etwa 150 ml Volumen. Oft werden Babas jedoch auch in einer Savarin-Form gebacken.
Kastenform: Eine rechteckige Backform, die es in mehreren Größen und auch mit praktischen Griffen gibt.

Backformen aus Metall

Die gute alte Metallkuchenform aus Großmutters Zeiten ist dank der guten Leitfähigkeit des Materials, die ein gleichmäßiges Backen des Teiges garantiert, immer noch topmodern. Beschichtete Kupferformen sehen besonders schön aus, sind aber nicht ganz pflegeleicht, da sie mit der Zeit anlaufen. Weißblech ist sehr preiswert, muss jedoch trocken gelagert werden, da es schnell rostet. Etwas teurer, aber sehr robust ist Edelstahl, allerdings bereitet das Stürzen oder Herauslösen des Kuchens manchmal Probleme. Abhilfe leisten Antihaftbeschichtungen wie Teflon® bei Aluformen oder Exopan® bei Formen aus Weißblech. Da die empfindliche Oberfläche leicht zerkratzt, ist bei beschichteten Formen jedoch behutsames Hantieren gefragt.

Biegsame Formen

Formen aus Silikon machen den klassischen Backformen mehr und mehr Konkurrenz, denn sie vereinen eine Vielzahl von Vorzügen: Sie sind strapazierfähig, elastisch und pflegeleicht, sie haften nicht, beschleunigen das Garen und erleichtern das Herauslösen. Zudem entfällt das Einfetten. Ihr Nachteil: Die große Flexibilität des Materials macht das Hantieren mit der gefüllten Form – vor allem bei Flüssigkeiten – zum Drahtseilakt. Am besten stellt man die Form zu diesem Zweck gleich auf den Ofenrost, sodass man sie nachher nur noch einschieben muss. Mittlerweile gibt es fast die ganze Palette klassischer Backformen aus Silikon.

Charlotten-Form: Leicht konische, meist glattwandige Form mit kleinen Henkeln zum leichteren Stürzen der Charlotte. Es gibt auch Ausführungen mit gewelltem Rand, bei denen das Auskleiden mit Löffelbiskuits leichter fällt.

Gugelhupfform: Eine runde Kranzform mit geriffelter Wandung, die traditionell aus Keramik oder Steingut besteht.

Moule à manqué: Diese französische, meist runde, seltener auch eckige Metallform mit hohem Rand hat gewöhnlich eine glatte Oberfläche und ist in den unterschiedlichsten Größen erhältlich. Es gibt sie auch beschichtet. Die *moule à manqué* ist ideal für Biskuitteige und wegen ihrer leicht konischen Form besonders geeignet für Kuchen, die gestürzt und dann glasiert werden.

Springform: Eine runde Form aus Metall, oft auch beschichtet, mit herausnehmbarem Boden. Sie ist besonders für Kuchen geeignet, die nach dem Backen nicht gestürzt werden.

Savarin-Form: Eine runde Form, meist aus glattem Metall, die an dem großen Loch in der Mitte zu erkennen ist, das dem Savarin seine typische Kranzform verleiht.

Soufflé-Form: Eine hohe, runde Porzellanform, deren Innenwand gerade und glatt ist, damit die Soufflé-Masse aufgehen kann. Es gibt sie in allen möglich Größen, auch Versionen aus Glas oder Steingut sind im Handel.

Tarte-Form (Obstkuchenform, Tourtière): Eine runde, flache Form mit glattem oder geripptem Rand, die es in den verschiedensten Materialien (Metall, Glas, Porzellan, Silikon) und in unterschiedlichen Größen gibt (22 cm, 24 cm, 28 cm und 32 cm). Ausführungen mit herausnehmbarem Boden sind bei sehr flüssigen Füllungen oder Belägen nicht zu empfehlen, da sie leicht durchsickern und in den Ofen tropfen.

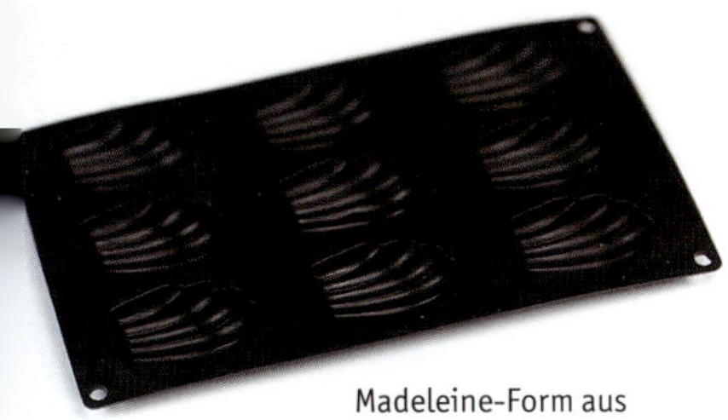

Madeleine-Form aus Silikon

Kleine Backformen

Waffeleisen: Früher waren die klappbaren Formen aus Gusseisen. Zum Backen legte man sie auf die heiße Herdoberfläche oder in die Ofenglut. Heute erledigen elektrischen Waffeleisen aus teflonbeschichtetem Aluminium mit Thermostat die Arbeit.

Tartelette-Form: Kleine Tarte-Form von etwa 8 cm Durchmesser.

Petits-Fours-Förmchen: Miniatur-Backförmchen aus Metall oder Kunststoff für kleine Törtchen und Petit Fours. Es gibt zahlreiche Formen und Ausführungen.

Madeleine-Form: Ein Blech mit 6 bis 24 muschelförmigen Mulden zum Backen von Madeleines. Verbreitet sind Formen aus Silikon und aus beschichtetem Metall, aus denen sich das Gebäck leicht herauslösen lässt.

Auflaufförmchen *(ramequin)***:** Kleine Soufflé-Form aus Porzellan oder feuerfestem Glas.

Auflaufförmchen aus Porzellan

Charlotten-Form

Moule à manqué

Kastenform

Tarte-Form (Tourtière)

Backformen und Gießformen für Profis

Kuchenringe und Backrahmen: Runde Backringe sind aus rostfreiem Stahl und dienen zum Backen von Biskuits und Tartes sowie zum Zusammensetzen von Torten. Es gibt sie in unterschiedlichen Höhen und Größen (8–12 cm Durchmesser für kleine Portionskuchen und 18–28 cm für große Kuchen). Der Handel bietet auch größenverstellbare Ringe. Das Backen erfolgt auf einer Silikonmatte oder auf einem mit Backpapier ausgelegten Blech. Ihr Vorteil: problemloses Herauslösen des Gebäcks, geringer Anschaffungspreis, und da man sie ineinanderstecken kann, verbrauchen sie wenig Stauraum. Nach dem gleichen Prinzip funktionieren Alu-Backrahmen, die es in allen möglichen Größen und Formen (quadratisch, rechteckig, Herzen etc.) gibt.

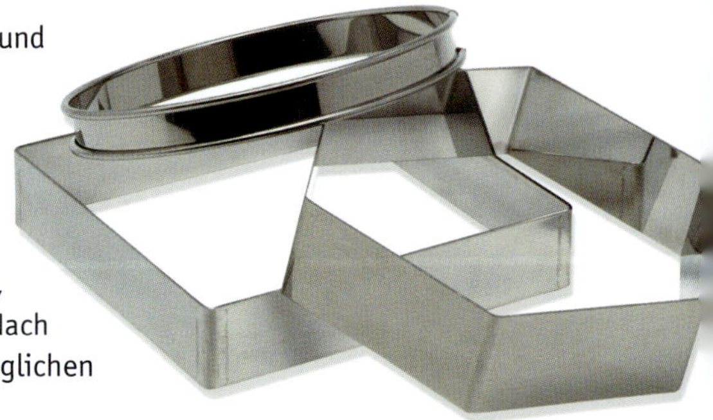

Kuchenringe und Backrahmen

Formen für Schokoladenfiguren und Hohlkörper: Die wunderbaren Hohlformen aus Hartzinn, die bis in die 1960er-Jahre verwendet wurden, sind leider Geschichte und mittlerweile begehrte Sammlerstücke (allein die französische Firma Létang hat 12.000 verschiedene Formen hergestellt). Moderne Hohlformen aus synthetischen Materialien sind weniger kostspielig und unkompliziert in der Anwendung.

- Hohlformen aus undurchsichtigem Polycarbonat oder transparentem PVC sind gleichermaßen einfach zu handhaben. Die Schokoladenfiguren lassen sich leicht herauslösen und haben einen schönen Glanz. Es gibt einfache Ausführungen mit zwei Vertiefungen in der Gussform, Doppelformen mit Verschlussklemmen und große Gussformen, in denen größere Mengen desselben Motivs gegossen werden können.
- Flexible Silikonformen lassen sich für Schokoladenfiguren ebenso verwenden wie für die Herstellung anderer Süßigkeiten, allerdings hat das Ergebnis einen weniger schönen Glanz. Dafür ist das Herauslösen der Figuren völlig problemlos.

Hohlformen für Schokoladenfiguren

Herde und Backöfen

Das größte Können und Geschick in der Pâtisserie oder im Umgang mit Schokolade nützt nichts, wenn Herd und Ofen nicht den Anforderungen genügen. Außerdem sind Öfen, egal welcher Heizart, individuell verschieden, sodass die optimale Regulierung der Hitze ein bisschen Erfahrung voraussetzt.

Küchenherde

Gasherd: Gasherde haben je nach Topfgröße und Hitzebedarf unterschiedlich große Brennstellen, die bei vielen Modellen automatisch gezündet werden können. Ihr Vorteil ist, dass sich die Hitzezufuhr unmittelbar und stufenlos regeln lässt.
Elektroherd: Die Temperatur wird über einen Thermostat geregelt, der die gewünschte Hitze konstant hält. Elektroherde gelten als sicherer gegenüber gasbetriebenen Geräten, ihr großer Nachteil ist jedoch die zeitverzögerte Regulierung der Hitze.
Ceran®-Herd: Ausgestattet mit einem Kochfeld aus Glaskeramik mit verschiedenen Zonen, die durch Wärmestrahlung beheizt werden und stufenlos regelbar sind. Eine Halogen-Kochzone heizt besonders schnell und stark – ideal zum scharfen Anbraten und Grillen.
Induktionsherd: Er besteht ebenfalls aus einem Glaskeramik-Kochfeld, bei dem eine Induktionsspule ein wechselndes magnetisches Feld erzeugt, durch die das Kochgeschirr erhitzt wird. Induktionsherde arbeiten bei niedrigen wie bei hohen Temperaturen sehr präzise und garantieren hohe Sicherheit.

Backöfen

Je nach Funktionsweise, Fabrikat und individuellen Heizeigenschaften kann es zwischen den unterschiedlichen Öfen erhebliche Abweichungen geben, auch wenn die Standard-

Warum verbrennt ein Schokoladenkuchen so leicht?
Über den Erfolg oder Misserfolg eines Kuchens entscheidet in hohem Maße ein einwandfreier Backvorgang, der gewöhnlich durch das Ofenfenster anhand der Bräunung des Kuchens leicht zu überwachen ist. Bei einem Schokoladenkuchen, der ja bereits vor dem Backen dunkelbraun ist, geht das leider nicht. Außerdem enthalten Kakao und Schokolade extrem wenig Wasser (unter 1 %) und beginnen daher schon nach kurzer Zeit zu verbrennen. Halten Sie sich bei schokoladenhaltigen Teigwaren also unbedingt exakt an die Garzeiten, sonst bildet sich eine schwarze, unangenehm bittere Kruste auf dem Gebäck.

einteilung der Temperaturregler das Gegenteil vermuten lässt. Für die Rezepte in diesem Buch beziehen sich die Angaben auf einen Umluftofen. Die Garzeiten in einem herkömmlichen Ober-Unterhitze-Ofen müssen unter Umständen leicht angeglichen werden.
Gasöfen: Sie garen schnell, ohne die Speisen allzu sehr auszutrocknen, da bei der Gasverbrennung Feuchtigkeit im Backraum entsteht.
Elektrische Öfen: Traditionelle Elektroöfen heizen ungleichmäßig, da der größte Teil der Hitze im Unterboden des Backraums produziert wird. Kombi-Modelle bieten alternative Funktionen wie das Umluft- oder Heißluftgaren, bei dem ein Ventilator oder ein Gebläse für eine gleichmäßige Verteilung der Hitze im Garraum sorgt. Relativ neu auf dem Markt sind Dampfgarer, die mit heißem Dampf arbeiten, ein für Aroma, Konsistenz und Vitamine besonders schonendes Verfahren. Auch sie gibt es als mulifunktionale Kombi-Geräte. Bei allen Elektroöfen lassen sich Temperatur und Dauer des Garvorgangs im Voraus einstellen, moderne Geräte bieten zudem zahlreiche interessante Programmiermöglichkeiten. Elektroöfen sollten grundsätzlich 10–15 Minuten vorgeheizt werden.

Ob ein Kuchen ein Erfolg wird, hängt auch von der Reinhaltung und Pflege des Ofens ab. In einem verschmutzten Ofen nehmen Speisen während des Garens einen bitteren, verbrannten Nachgeschmack an. Elektroöfen sind in der Regel mit einem Selbstreinigungssystem ausgestattet, bei dem eine besondere Beschichtung der Wände während des Normalbetriebs die Verschmutzung auflöst, oder Rückstände bei sehr hoher Temperatur (500 °C) verbrannt werden (Pyrolyse).
Mikrowellen: Mikrowellen sind hochfrequentige elektromagnetische Strahlen, die beim Durchdringen einer Speise die darin enthaltenen Wassermoleküle in Bewegung versetzen und auf diese Weise erhitzen. In der Mikrowelle lassen sich Speisen in Rekordzeit auftauen, aufwärmen oder garen. Zum Braten, Grillen oder Backen sind sie nicht geeignet. Dennoch haben sie in der Pâtisserie ihre Berechtigung, sei es zum Weichmachen kalter Butter oder zum Schmelzen von Schokolade. Dabei sollte man allerdings immer schrittweise vorgehen und die Leistung auf 600 Watt beschränken. Metall hat in der Mikrowelle nichts zu suchen, auch Porzellan- oder Keramikgefäße mit Metallverzierungen sind nicht mikrowellentauglich.

OFENTEMPERATUREN

Temperatur Elektro-Thermostat		Temperatur Gasofenthermostat	
1	ca. 60 °C	1	ca. 155 °C
2	ca. 80 °C	2	ca. 170 °C
3	ca. 100 °C	3	ca. 190 °C
4	ca. 120 °C	4	ca. 210 °C
5	ca. 140 °C	5	ca. 235 °C
6	ca. 150 °C	6	ca. 260 °C
7	ca. 180 °C	7	ca. 280 °C
8	ca. 210 °C	8	ca. 295 °C
9	ca. 270 °C		
10	ca. 300 °C		

Diese Angaben sind ungefähre Richtwerte, die von Ofen zu Ofen etwas abweichen können.
Zu Informationen über Umluftöfen lesen Sie die Bedienungsanleitung.

Die Wahl der richtigen Zutaten

In kaum einer anderen Disziplin der Kochkunst ist die Kenntnis und sorgsame Auswahl der Produkte so entscheidend für das Ergebnis wie in der Chocolaterie und der feinen Dessertküche.

Mehl, Grieß und Speisestärke

Mehl wird aus getrockneten, gemahlenen Körnern verschiedener Getreide gewonnen (Weizen, Roggen, Gerste, Mais, Reis, Buchweizen). Unter den Grießsorten ist der aus Durum-Weizen erzeugte Hartweizengrieß von Bedeutung. Stärkemehle werden aus Getreide und besonders stärkehaltigen Knollen hergestellt.

Roggenmehl

Mehl

Weizenmehl wird je nach Ausmahlungsgrad (Anteil der Mehlausbeute am Getreidekorn) in »Typen« unterteilt. Das gängige Haushaltsmehl der **Type 405** ist das feinste und hellste Mehl. Es wird auch »Auszugsmehl« genannt und enthält kaum noch Kleie (die den Mehlkörper umgebende Schale). Es ist vor allem für Kuchen und Feingebäck geeignet. Besonders in Frankreich und Großbritannien verbreitet sind selbstgehende Mehle, denen das Backtriebmittel bereits zugesetzt ist *(farine à gâteaux, self-raising flour)*. Die **Type 550** wird für helle Brote und Brötchen eingesetzt, die **Type 1050** für Mischbrote und kräftige Backwaren. Instant-Mehl ist vor allem zum klumpenfreien Andicken von Saucen und flüssigen Cremes geeignet.
Roggenmehl gibt es ebenfalls in unterschiedlichen Ausmahlungsgraden. Es ist reich an Ballaststoffen und vor allem in der Brotbäckerei von Bedeutung.
Reismehl ist eher in der asiatischen Küche verbreitet, wo es zu allen möglichen Teigwaren verarbeitet wird und als Grundlage für Beignet- und Ausbackteige dient.

Grieß

Unterschieden werden je nach den Mahlgraden »grob, »mittel« und »fein« **Weichweizengrieß**, den man vor allem für Süßspeisen verwendet, und der aus Durum-Weizen gewonnene **Hartweizengrieß**, der für Couscous (grob), Gnocchi und Süßspeisen (mittel) sowie für Suppen und Breie (fein) zum Einsatz kommt.

Stärkemehle

Stärkemehle werden aus besonders stärkehaltigem Getreide oder Gemüse wie Mais, Reis, Kartoffeln und Maniok gewonnen. **Maisstärke** hat den Vorteil, dass gebundene Flüssigkeiten klar bleiben. Ebenfalls zum Andicken von Saucen und Cremespeisen wird die feinpulverige weiße **Kartoffelstärke** verwendet. **Maniokstärke** ist besser unter dem Namen **Tapioka** bekannt und vor allem in Südostasien verbreitet. Man findet sie im Feinkosthandel oder im Asia-Markt als feine Kügelchen (Perltapioka) und als Flocken.

Maisstärke

Warum man Mehl sieben sollte

Mehl, Speisestärke, Backpulver und Kakao neigen wegen der extrem feinen Körnung des Pulvers dazu, in der Verpackung zu verklumpen, vor allem, wenn es feucht wird. Es geht viel schneller und einfacher, diese kleinen Klümpchen mit einem feinen Sieb aufzubrechen oder herauszufiltern, als sie mühsam zu zudrücken, wenn sie bereits in einer Flüssigkeit schwimmen oder in einer zähen Masse eingelagert sind.

Milchprodukte, Fette und Eier

Sahne, Butter, Milch und Eier sind Grundzutaten in der Pâtisserie und Chocolaterie, darum sind ihre Qualität und Frische besonders wichtig. In jedem Fall sollte man das Mindesthaltbarkeitsdatum (MHD) beachten, das sich immer auf das ungeöffnete Produkt bezieht. Öle kommen im Umgang mit Schokolade nur beschränkt zum Einsatz.

Milch

Für Süßspeisen wird bevorzugt Kuhmilch verwendet – wegen des milden, eher neutralen Geschmacks.

Rohmilch: Unbehandelte Milch mit 3,5–5 % Fettgehalt, die nur ab Hof verkauft wird. Da sich die darin enthaltenen Mikroorganismen rasch vermehren, muss sie abgekocht werden. Abgepackt kommt sie gelegentlich auch als »Vorzugsmilch« (3,5–4,0 %) in den Handel.

Frischmilch oder **Pasteurisierte Milch** wird kurzzeitig auf 72–75 °C erhitzt. Dabei werden etwa 95 % der Bakterien abgetötet. Ihre Haltbarkeit beträgt etwa 15 Tage. Sie ist die Standardmilch in der Pâtisserie.

Ultrahocherhitzte Milch (H-Milch) wird durch kurzzeitige Erhitzung auf etwa 150 °C sterilisiert. Sie hält sich ungeöffnet mindestens drei Monate. Einmal geöffnet verdirbt sie jedoch schneller als Frischmilch.

Mikrofiltrierte Milch: Ganz neu ist ein Verfahren, bei dem die Milch durch eine ganz feine Membran fließt, die sämtliche Mikroorganismen herausfiltert. Die praktisch keimfreie Milch vereint lange Haltbarkeit (mehr als drei Monate) mit den geschmacklichen Qualitäten von Rohmilch.

Der Handel unterscheidet auch verschiedene Fettstufen, **Vollmilch** mit 3,5 % Fett, **Trinkmilch** (fettarme Milch) mit 1,5–1,8 % Fett und **Magermilch** (entrahmte Milch) mit maximal 0,3 % Fett. **Kondensmilch** ist Milch, der teilweise das Wasser entzogen wurde, ihr Fettgehalt beträgt zwischen 4 und 10 %. **Milchpulver** wird durch vollständiges Entziehen des Wassers gewonnen.

Sahneprodukte

Sahne ist Milchfett, das sich mit der Zeit ganz von selbst an der Oberfläche der Milch absetzt und abschöpfen lässt. Im industriellen Stil wird es durch Zentrifugieren gewonnen. Es ist die Grundlage für eine Vielzahl von Süß- und Sauerrahmprodukten, die frisch, pasteurisiert oder ultrahocherhitzt auf den Markt kommen.

Schlagsahne enthält 30–33 % Fett, mit dem Zusatz »extra« sogar mindestens 35 %. Sie kommt am häufigsten in der Pâtisserie zum Einsatz, etwa für Chantilly-Sahne (schlichte »Sahne« eignet sich mit 25–29 % Fett nicht zum Schlagen). Ein besonders gehaltvoller und dicker Süßrahm ist die französische **Crème double** mit mindestens 40 %. Bei **Crème fraîche** handelt es sich dagegen in der Regel um einen dicken Sauerrahm mit 30–40 % Fettgehalt. Sie wird zum Abrunden von kalten und heißen Saucen verwendet, ihr leicht säuerlicher Geschmack passt wunderbar zu Fruchtdesserts. Auch Sauerrahmprodukte gibt es in verschiedenen Fettstufen.

Crème fraîche

Butter

Butter wird aus pasteurisiertem, gereiftem Rahm hergestellt, der maschinell so lange geschlagen und geknetet wird, bis sich das Fett abtrennt und verklumpt. Sie muss zu 82 % aus Fett bestehen bei maximal 16 % Wasser. Die Einteilung in Handelsklassen erfolgt durch amtliche Prüfung nach einem 25-Punkte-System. Dabei werden neben Geruch, Geschmack und Aussehen auch die Streichfähigkeit, Textur und die Verteilung des Wassers bewertet. Die wichtigsten Handelsklassen sind »Deutsche Markenbutter« (mindestens 20 Punkte) und »Deutsche Molkereibutter« (mindestens 15 Punkte).

Butter

Landbutter wird vom Milchbauern selbst erzeugt und darf unter bestimmten Bedingungen auch aus Rohmilch hergestellt werden.

Weiter unterschieden werden **Sauerrahmbutter**; sie wird aus gesäuerter Sahne hergestellt (frisches, säuerliches Aroma), und **Süßrahmbutter**, die ohne Zusatz von Milchsäurebakterien erzeugt wird und ein mildes, sahniges Aroma hat. Bei **mildgesäuerter Butter** erfolgt die Säuerung erst nach der Reifung.

Eher im Ausland beliebt ist **gesalzene Butter**, zum Beispiel in Frankreich, wo der Verbraucher die Wahl zwischen *demi-sel* (0,5–3 % Salz) und *salé* (mehr als 3 % Salz) hat.

Fettreduzierte Butter »Milchhalbfett« (39–42 %) eignet sich wegen des hohen Wassergehalts nicht zum Backen und Garen bei hohen Temperaturen.

Grundsätzlich gilt. Je größer die Qualität der Butter, desto besser wird der Teig. Da Fette leicht Fremdgerüche annehmen, sollte man Butter stets gut verpackt aufbewahren.

Speiseöle

Pflanzenöle bestehen zu 100 % aus Fett. In der Pâtisserie kommen sie in erster Linie als Frittierfett für Krapfen und zum Backen von Crêpes zum Einsatz. Für Beignets ist Sonnenblumenöl die gängige Wahl. Geschmacksneutrale Öle wie Traubenkern- und Maiskeimöl werden für Crêpes und das japanische Tempura bevorzugt. Das würzige Aroma von Olivenöl schätzt man bei Croûtons oder auf einer Pizza.

Eier

Beim Kauf von Eiern ist besonders auf die Größe und die Güteklasse (Frische) zu achten.

Größe: Unterschieden werden die Gewichtsklassen S (klein), unter 53 g; M (mittel), 53–63 g; L (groß), 63–73 g und XL (extra groß), über 73 g. Für die Rezepte in diesem Buch wurden Eier der Größe M veranschlagt.

Güteklasse: Im Handel findet man ausschließlich Eier der Klasse A. Sie gelten als »frisch« bis 28 Tage nach dem Legedatum, das auf dem Ei oder der Verpackung vermerkt sein muss. Den Zusatz »extra frisch« dürfen Eier bis 9 Tage nach dem Legedatum bzw. 7 Tage nach dem Verpacken tragen. Für Zubereitungen, bei denen die Eier nicht durchgegart werden (Mousses, aufgeschlagene Cremes), sollte man immer zu »extra frischer« Ware greifen. Auch die Haltungsart wird für viele Verbraucher immer wichtiger. Über sie gibt die erste Ziffer des Erzeugercodes Auskunft: 0 = Ökologische Erzeugung, 1 = Freilandhaltung, 2 = Bodenhaltung, 3 = Käfighaltung. Eier sollten vor Licht geschützt bei 5–8 °C gelagert werden.

Warum sind exakte Zutatenmengen in der Pâtisserie so wichtig?

Das Gelingen eines Kuchens setzt präzises, gewissenhaftes Arbeiten voraus. Dabei ist das richtige Mengenverhältnis der Grundzutaten ganz entscheidend. Das gilt übrigens auch für Cremes und Mousses. Geraten die Proportionen aus der Balance, funktioniert das Rezept eventuell nicht. Also sollte man alle Zutaten vor der Verarbeitung sorgfältig wiegen oder abmessen. Das gilt auch für Eier, die nicht der Klasse M angehören.

Warum müssen Teige vor dem Backen ruhen?

Die meisten Teige, wie zum Beispiel Mürbeteig, enthalten Mehl, Wasser und Butter. Beim Mischen der Zutaten lagert sich das Wasser in die Mehlkörner ein. Die darin enthaltene Stärke quillt und sorgt gewissermaßen als »Klebstoff« für den Zusammenhalt des Teiges. Dieser Prozess vollzieht sich schrittweise, da das Wasser etwas Zeit braucht, bis es sämtliche Mehlkörner durchdrungen hat. Darum sollte man Teige vor dem Ausrollen immer eine gewisse Zeit ruhen lassen.

Zucker und andere natürliche Süßungsmittel

Die ganze Welt der Süßigkeiten wäre ohne Zucker nicht denkbar. Doch gibt es neben den vielen Zuckersorten auch andere Mittel, die das Naschen versüßen.

Rüben- und Rohrzucker

Weißer Zucker: Der klassische Haushaltszucker wird aus Zuckerrüben oder Zuckerrohr gewonnen und grundsätzlich raffiniert. Er besteht zu 95–99,8 % aus reiner Saccharose. Bei 100 °C beginnt die Verflüssigung, bei 160 °C erreicht der Zucker das helle Karamell-Stadium, ab 180 °C wird der Karamell dunkel. Im Handel wird weißer Zucker auch nach Korngröße unterschieden. Neben dem relativ groben »Kristallzucker« sind auch feine und extrafeine Sorten (Sandzucker, Kastorzucker) im Handel. Feinkörnige Zuckersorten genießen in der Pâtisserie und Chocolaterie den Vorzug.

Der grobkörnige und schwerer lösliche **Einmachzucker** wird wegen seiner konservierenden Eigenschaften für Konfitüren und zum Einkochen von Früchten verwendet.

Puderzucker ist der feinste Vertreter im Zuckersortiment. Er wird aus gemahlenem weißen Zucker gewonnen und kann bis zu 3 % Stärke enthalten. Verwendet wird er zum Bestäuben von Kuchen, Waffeln und anderem Gebäck, für Glasuren und um Schlagsahne mehr Körper zu verleihen.

Brauner Zucker: Unraffinierter brauner Zucker wird in der Pâtisserie wegen seines würzigen Aromas geschätzt. Brauner Rohrzucker, in Frankreich *cassonade* genannt, wird aus Zuckerrohrsirup gewonnen, dem man einen Teil der Melasse entzogen hat (ein sehr dunkler, aromatischer Sirup, der bei der Zuckerherstellung anfällt). Er hat ein leichtes Rumaroma.

Vollrohrzucker wird aus eingedicktem und anschließend getrocknetem Zuckerrohrsaft gewonnen, ist reich an Mineralien und hat einen vollwürzigen, lakritzähnlichen Geschmack. In Frankreich verbreitet ist ein hell- bis dunkelbrauner weicher Zucker, der aus Zuckerrübensirup gewonnen und je nach Färbung als *vergeoise blonde* (hell) oder *vergeoise brune* (dunkel) in den Handel kommt. Er hat eine ausgeprägte Karamellnote. Ersatzweise kann man zu **Muscovado-Zucker** (nicht-raffinierter Rohrzucker mit hohem Melasseanteil) greifen.

Vanillezucker: Weiße Zuckerraffinade, die mit mindestens 10 % natürlichem Vanillearoma oder getrockneter Vanille versetzt wurde. Eine preiswerte Alternative zu echter Vanille und leicht zu verarbeiten. Vanillinzucker ist eine Mischung aus feinem Zucker und naturidentischem Vanillearoma.

Andere Süßungsmittel

Fondant

Honig: Er wird aus dem von Bienen gesammelten Blütennektar gewonnen. Je nach botanischer Herkunft hat Honig ein ganz charakteristisches Aroma, das bei der Wahl für ein Rezept zu berücksichtigen ist. Milde, blumige Sorten wie Akazienhonig eignen sich am besten für Biskuits und verschiedene feine Kuchenteige, während kräftige, dunkle Honige besser zu würzigen Zubereitungen wie Honig- oder Lebkuchen passen.

Glukose: Ein aus Speisestärke (hauptsächlich Mais) gewonnener Sirup, der das Auskristallisieren des Zuckers in Bonbons, Karamellen und Ganachen verhindert. Erhältlich ist Glukosesirup in Reformhäusern und im Fachhandel.

Fondant: Eine weiße, milchige Paste, die aus Zuckersirup und Glukose hergestellt wird und als Glasur für Früchte, Konfekt und Gebäck (zum Beispiel Éclairs) dient. Fondant lässt sich auch mit Schokolade, Kaffee oder Likören aromatisieren. Man bekommt ihn im Fachhandel oder beim Konditor.

Weitere wichtige Zutaten in der Pâtisserie und Chocolaterie

Oft steht und fällt das Gelingen und die Originalität eines Rezeptes mit einigen besonderen Zutaten, die für die richtige Konsistenz und Bindung sorgen, das Aroma abrunden oder das gewisse dekorative Etwas beisteuern.

Backtriebmittel, Gelatine und Backlinsen

Natron (Speisenatron): Ein alkalisches Salz, das als feines weißes Pulver gehandelt wird und als Triebmittel beispielsweise für Gewürzkuchen- oder bestimmte Biskuitteige verwendet wird. Erhältlich ist es im Supermarkt.

Gelatine ist eine gelierfähige, durchsichtige Substanz, die aus tierischem Eiweiß (Kollagen) gewonnen wird. Sie ist geruchs- und geschmacksneutral. Im Handel wird Gelatine in Blattform (je 2 g) und als Pulver angeboten. Sie dient zum Gelieren und Eindicken von Süßspeisen wie Mousses, Cremes (z. B. Bayerische Creme) und Frucht-Coulis. Vor der Verwendung muss Gelatine 3 Minuten in kaltem Wasser eingeweicht werden. Anschließend drückt man sie gut aus und löst sie in der heißen (nicht kochenden) Flüssigkeit (Milch, Sahne, Fruchtsaft) auf. Für kalte Zubereitungen kann man die eingeweichte Gelatine auch auf kleiner Flamme im Topf oder in der Mikrowelle (10 Sekunden auf maximaler Stufe) auflösen.

Getrocknete Bohnen oder Linsen: Sie dienen zum Blindbacken eines Teigbodens (Backen ohne die Füllung). Dieser wird mit Pergament ausgelegt und mit den getrockneten Hülsenfrüchten beschwert, damit der Teig beim Backen nicht zu stark aufgeht.

Backhefe: Hefe wird frisch meist in Würfelform (42 g) als »Bäckerhefe« oder getrocknet als Pulver angeboten. Ihre Triebkraft verdanken die mikroskopisch kleinen Hefepilze dem Kohlendioxid, das sich bei der Vergärung des im Mehl enthaltenen Zuckers abspaltet. Es treibt den Teig nach oben – der Teig »geht«.

Verwendet wird Hefe zum Beispiel für Brot-, Pizza- und Briocheteige, für Doughnuts und für Gugelhupf. Frische Hefe hält sich im Kühlschrank etwa 10 Tage. Zu finden ist sie im Kühlregal in jedem Supermarkt oder beim Bäcker. Trockenhefe wird in 7-Gramm-Päckchen angeboten (entspricht einem halben Würfel frischer Hefe) und ist ein Jahr haltbar. Sie kann gleich mit dem Mehl gemischt werden.

Ein sehr verbreitetes Backtriebmittel ist **Backpulver**, das aus einem Kohlensäure bildenden Salz – meist Natron – und einem Säuerungsmittel, zum Beispiel Zitronensäure oder Weinstein, besteht. Backpulver sollte gesiebt und sorgfältig mit dem Mehl vermischt werden.

Puddingpulver: Instant-Fertigmischung aus Zucker, Geliermittel, Stärke und eventuell Eiern.

Fertige Teige und Backwaren

Löffelbiskuits: Das locker-luftige Gebäck mit hohem Eianteil ist Bestandteil vieler Desserts wie Charlotten, Tiramisu oder »Norwegisches Omelett« (siehe Seite 226). Erhältlich in jedem Supermarkt, besser aber frisch vom Bäcker.

Brikteigblätter *(feuilles de brik)***:** Ein strudelähnlicher, knuspriger Teig aus Tunesien, der aus gekochtem Weizengrieß hergestellt und in Olivenöl gebacken wird. Die Blätter lassen sich wie Crêpes mit allen möglichen süßen und salzigen Zubereitungen füllen. Sie werden in arabischen Lebensmittelläden angeboten.

Würzen mit Schokolade

Schokolade in salzigen Zubereitungen stößt bei den Anhängern der klassischen französischen Küche noch immer verbreitet auf Skepsis. Dabei handelt es sich um eine uralte Tradition (Truthahn *al mole*, Languste auf katalanische Art, Neunauge *à la bordelaise*), die gekonnt die geschmacklichen Qualitäten von Schokolade und Kakao einsetzt, um Fisch- und Fleischgerichten ein ganz besonderes Aroma zu verleihen. Mit etwas Fingerspitzengefühl dosiert, ist Schokolade ein Gewürz wie jedes andere, und kaum einer nimmt es in einer Speise überhaupt wahr. Ein Versuch lohnt allemal!

Blattgelatine

Sesamsamen

Biskuitböden: Ein praktisches Fertigprodukt und eine vielseitige Grundlage sowohl für einfache Obstkuchen als auch für aufwendige Torten. Dank seiner lockeren Konsistenz nimmt der Teig Sirupe und Frucht-Coulis sehr gut auf.
Filoteig: Die papierdünnen griechischen Teigblätter werden aus Weizenmehl und Wasser hergestellt. Sie sind hauchzart, sehr dekorativ und haben ein sehr subtiles Aroma. Das türkische Pendant heißt Yufka. Da die Teigblätter schnell austrocknen, sollte man sie mit einem feuchten Tuch bedeckt halten. Man findet sie im griechischen und türkischen Lebensmittelhandel.

Besondere Zutaten zum Würzen und Verfeinern

Griottines®: In Kirschwasser und Branntwein eingelegte, entsteinte Sauerkirschen *(griottes)* aus Frankreich. Zu beziehen sind sie im Feinkosthandel oder über das Internet.
Marsala: Ein sizilianischer Likörwein mit 16–20 % Vol. Alkohol. Er hat ein walnussartiges und an Orangen erinnerndes Aroma und wird häufig in der Küche und für Desserts verwendet, so zum Beispiel für Tiramisu.
Mascarpone: Ein sehr cremiger italienischer Frischkäse aus Kuh- oder Büffelmilch, unverzichtbar für die Zubereitung von Tiramisu. Mittlerweile ist Mascarpone überall im gut sortierten Lebensmittelhandel zu finden.
Nutella®: Ein inzwischen weltbekannter süßer Brotaufstrich, der ursprünglich aus Italien stammt. Er besteht aus Zucker, Pflanzenöl, Haselnüssen, fettarmem Kakaopulver, teilentrahmter Milch und Aromastoffen. Sein Geschmack erinnert an Nougat.
Tabasco®: Eine scharfe Chilisauce aus roten Chilis, Salz und Essig, die in Louisiana erfunden wurde, aber den Namen eines mexikanischen Bundesstaates trägt. Das würzigpikante Aroma harmoniert wunderbar mit Schokolade, eine Kombination, die an die feurigen Schokoladenrezepte aus präkolumbischen Zeiten erinnert.

Getreideprodukte und Samen

Zerealien: Zerealien wie Cornflakes, Hafer- oder andere Getreideflocken werden sortenrein oder als Mischungen zum Beispiel mit Trockenfrüchten (Müsli) oder mit gepufftem Reis oder Weizen angeboten. Sie verleihen vielen Gebäcksorten, Kuchen und Mousses eine knusprige und zuweilen auch röstige Note.
Sesam: Die ungeschält je nach Sorte cremefarbenen bis schwarzen Samen (im geschälten Zustand sind sie weiß) werden häufig geröstet für Brote und Gebäck wie Brioche sowie für zahlreiche orientalische Süßspeisen verwendet. Man bekommt sie in arabischen Lebensmittelläden und im Feinkosthandel.
Reis: Ganz grob unterscheidet man zwischen Langkornreis, der beim Kochen die Form bewahrt und körnig bleibt, und Rundkornreis, der beim Garen stärker zerkocht und klebrig wird. Letzterer ist ideal für süße Zubereitungen wie Milchreis geeignet, da er die Milch gut aufnimmt. Der in Italien für Risotto verwendete Arborio ist für diesen Zweck die beste Wahl, da er schön cremig, aber nicht breiig wird.

Langkornreis

Vollkornreis

Arborio-Reis

Grundtechniken des Chocolatiers

Kuvertüre temperieren (erste Methode)

Für 300 g dunkle, helle oder weiße Kuvertüre
Dauer: etwa 20 Minuten

1 Die Kuvertüre mit einem Sägemesser hacken und 200 g in eine Schüssel geben. Die Schüssel auf ein heißes Wasserbad setzen, darauf achten, dass sie den Topfboden nicht berührt. Die Kuvertüre mit einem Holzlöffel ständig behutsam umrühren. Sobald sie vollständig geschmolzen ist, mit einem Sondenthermometer (siehe Seite 311) oder einem Schokoladenthermometer die Temperatur messen. Sie sollte 55 °C betragen.

2 Die Schüssel sofort aus dem Wasserbad nehmen und die restlichen 100 g Schokolade einstreuen. Zum Abkühlen in eine zweite Schüssel setzen, die mit Eiswasser gefüllt ist. Von Zeit zu Zeit umrühren, da die Kuvertüre sonst am Rand wieder zu stocken beginnt, und auf 27 °C herunterkühlen. Sie können die Kuvertüre auch bei Raumtemperatur abkühlen lassen. Das Eiswasser beschleunigt den Vorgang lediglich.

3 Die auf 27 °C abgekühlte Kuvertüre sofort wieder in das heiße Wasserbad setzen und unter ständigem Rühren mit einem Holzlöffel langsam auf 30–33 °C erwärmen. Da die Differenz relativ gering ist, den Temperaturanstieg sorgfältig überwachen und immer wieder mit dem Thermometer kontrollieren. Die Kuvertüre ist jetzt temperiert und fertig zur Weiterverarbeitung.

Egal welche Menge temperierter Schokolade für das Rezept vorgesehen ist, der Vorgang des Temperierens ist immer der gleiche.

Lediglich speziell für die Verarbeitung in der Pâtisserie und Confiserie hergestellte Kuvertüre lässt sich temperieren, da sie leichter schmilzt und flüssiger wird als herkömmliche Tafelschokolade.

Das Temperieren von Schokolade ist nicht schwer. Es erfordert lediglich etwas Sorgfalt, Geduld und präzises Arbeiten, denn die exakte Einhaltung der Temperatur ist der ganze Schlüssel zum Erfolg.

1

2

3

Kuvertüre temperieren (zweite Methode)

Für 300 g dunkle, helle oder weiße Kuvertüre
Dauer: etwa 20 Minuten

1 Die Kuvertüre mit einem Sägemesser hacken und in eine Schüssel geben. Auf ein heißes Wasserbad setzen (darauf achten, dass die Schüssel nicht den Topfboden berührt) und unter Rühren mit einem Holzlöffel schmelzen. Sobald die Kuvertüre vollständig geschmolzen ist, mit einem Sondenthermometer (siehe Seite 311) oder einem Schokoladenthermometer die Temperatur messen. Sie sollte 55 °C betragen.
2 Die Schüssel sofort aus dem Wasserbad nehmen und zum Abkühlen in eine zweite, mit Eiswasser gefüllte Schüssel setzen. Von Zeit zu Zeit umrühren, da die Kuvertüre sonst am Rand wieder zu stocken beginnt, und auf 27 °C herunterkühlen. Sie können die Kuvertüre auch bei Raumtemperatur abkühlen lassen. Das Eiswasser soll den Vorgang lediglich beschleunigen.
3 Die auf 27 °C abgekühlte Kuvertüre sofort wieder in das heiße Wasserbad setzen und unter ständigem Rühren mit einem Holzlöffel langsam auf 30–33 °C erwärmen. Da die Differenz relativ gering ist, den Temperaturanstieg sorgfältig überwachen und immer wieder mit dem Thermometer kontrollieren.
4 Die Kuvertüre ist jetzt temperiert und gebrauchsfertig. Ob sie optimal temperiert ist, lässt sich ganz einfach prüfen: Die Spitze einer Palette hineintauchen und einige Sekunden in den Kühlschrank legen. Ist die erstarrte Kuvertüre glatt und von seidigem Glanz, ist sie richtig temperiert. Fehlerhaft temperierte Kuvertüre ist matt und zieht Schlieren.

Hohlfiguren gießen

Für 300 g dunkle, helle oder weiße Kuvertüre
Dauer: etwa 20 Minuten

1 Die Kuvertüre mit einem Sägemesser hacken und temperieren (siehe Seite 323 oder 324). Sobald sie die richtige Temperatur von 30–33 °C erreicht hat, die Form über die Schüssel halten und die geschmolzene, temperierte Kuvertüre mit einer kleinen Kelle einfüllen.
2 Die überschüssige Kuvertüre aus der Form zurück in die Schüssel gießen. Die Form umgedreht über einem Bogen Pergamentpapier auf ein Kuchengitter legen.
3 Sobald die Kuvertüre gut abgetropft ist und langsam fest zu werden beginnt, mit einem kleinen Messer rundherum den Rand säubern und überstehende Stellen abschneiden. Die anderen Formen in gleicher Weise ausgießen.
4 Die Figuren in den Formen im Kühlschrank 10–15 Minuten aushärten lassen. Anschließend noch 2–3 Minuten bei Raumtemperatur liegen lassen und dann aus der Form lösen. Dazu die Form von außen und an den Rändern mit den Fingerspitzen behutsam andrücken, bis sich die Figur herauslösen lässt.

Je nach Verwendung kann man die Figuren unterschiedlich dick gießen. Soll der Guss etwas dicker sein, wiederholen Sie den Füllvorgang ein- bis zweimal. Vermeiden Sie aber Lufteinschlüsse.

Die Formen müssen, egal welches Motiv Sie wählen (Ostereier, Hühner, Glocken, Weihnachtsmänner, Schokoladentafeln etc.), in einwandfreiem Zustand und absolut sauber sein. Vor Gebrauch werden sie mit einem trockenen Küchentuch ausgewischt. Wenn Sie kleine Tortelette-Förmchen ausgießen wollen, dürfen sie nur für diesen Zweck verwendet werden. Die Oberfläche der Formen muss völlig glatt sein. Am besten sind Formen aus Stahl, speziellen Metalllegierungen oder aus lebensmittelechtem Kunststoff.

1

2

3

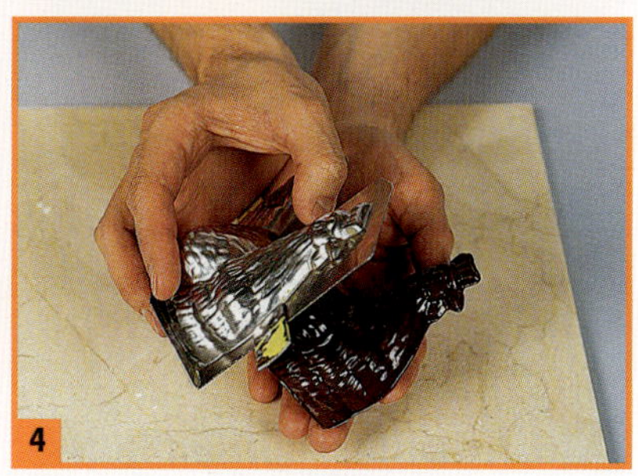
4

Pralinen und Konfekt mit Schokolade überziehen

Für 400 g dunkle, helle oder weiße Kuvertüre, geschmolzen und temperiert
Gesamtdauer: 15 Minuten

1 Eine Praline oder ein Konfektstück mit einer Gabel aufnehmen (am besten mit einer Pralinengabel) und behutsam in die geschmolzene und temperierte Schokolade (siehe Seite 323 oder 324) tauchen. Wieder herausheben und die überschüssige Schokolade einige Sekunden abtropfen lassen.
2 Den Gabelrücken vorsichtig am Schüsselrand abstreifen. Diesen Vorgang einige Male wiederholen, damit der Überzug auch an der Unterseite der Praline schön gleichmäßig und dünn wird. Die Gabel auf ein mit Pergamentpapier bedecktes Tablett oder Blech setzen und das Pralinen- oder Konfektstück mit einer Messerspitze behutsam herunterschieben.

1

2

Schokoladenschuppen

Ergibt etwa 80 Schuppen
400 g dunkle Kuvertüre
Zubereitung: 30 Minuten

Eine feste, transparente Folie (PVC-Folie) auf eine Marmorplatte legen. Die Kuvertüre mit einem Sägemesser hacken und temperieren (siehe Seite 323 oder 324). Die temperierte Schokolade in einen Spritzbeutel mit Lochtülle Nr. 8 füllen und haselnussgroße Häufchen auf die Folie auftragen (Sie können für diesen Arbeitsschritt auch einen kleinen Löffel verwenden). Die Schokoladenhäufchen mit der Spitze einer Palette abflachen und etwas in die Länge ziehen, sodass sie eine schuppenähnliche Form bekommen. Die Schokoladenschuppen auf der Folie im Kühlschrank aushärten lassen.

Ergibt 30 Vollmilch-schokoladenblätter
260 g Vollmilchkuvertüre
Zubereitung: 30 Minuten

Feine Schokoladenblätter

1 Die Kuvertüre mit einem Sägemesser hacken und temperieren (siehe Seite 323 oder 324). Für die Unterlage benötigen Sie drei feste, transparente PVC-Folien mit 20 cm Kantenlänge. Eine der Folien auf ein großes Stück Pergamentpapier legen und ein Drittel der Schokolade in die Mitte gießen. Die Schokolade mit einer Metallpalette gleichmäßig verstreichen. Um die Oberfläche zu glätten, die Folie an den unteren beiden Ecken mit zwei Spachteln anheben und wieder auf die Unterlage zurückfallen lassen. Die restliche Schokolade auf die anderen beiden Folien auftragen.
2 Die Folien in den Kühlschrank legen und die Schokolade einige Minuten nur ganz leicht anziehen, aber nicht aushärten lassen. Wieder herausnehmen. Aus Karton eine rechteckige Schablone von 4 × 10 cm Größe schneiden. Mithilfe der Schablone und einem kleinen Messer Rechtecke auf den Schokoladenplatten vorzeichnen. Erneut für einige Minuten in den Kühlschrank stellen.
3 Die Schokoladenplatten mit einem weiteren Bogen Folie bedecken und mit einem Backblech beschweren, damit sich die Schokolade beim Festwerden nicht nach oben wölbt. Wieder einige Minuten in den Kühlschrank stellen. Die obere Folie abziehen und, bevor die Schokolade vollständig ausgehärtet ist, die Platten entlang den vorgezeichneten Linien in Rechtecke schneiden. Die Messerklinge nach jedem Rechteck sorgfältig säubern.

Diese Schokoladenblätter werden zum Beispiel für die »Süße Lust« auf Seite 98 benötigt.

In gleicher Weise kann man auch Schokoladenblätter aus dunkler oder weißer Kuvertüre herstellen.

1

2

3

Schokoladen-»Zigaretten« und -Röllchen

Für 75 g dunkle, helle oder weiße Kuvertüre
Zubereitung: 10 Minuten

1 Die Kuvertüre mit einem Sägemesser hacken und temperieren (siehe Seite 323 oder 324). Eine Marmorplatte 30 Minuten in den Gefrierschrank legen. Die gut durchgekühlte Platte auf einem Küchentuch auf die Arbeitsfläche legen. Die Hälfte der temperierten Schokolade in die Mitte der Platte gießen und mit einer Metallpalette rasch und möglichst dünn verstreichen.
2 Die erstarrte, aber noch weiche Schokolade sofort mit einem Metallspachtel abschaben: Den Spachtel schräg ansetzen und mit sanftem Druck gegen die Marmorunterlage wegschieben, dabei rollt sich die abgeschabte Schokolade zu einer »Zigarette« auf. Die Röllchen nicht mit den Fingern berühren, sondern mit dem Spachtel vorsichtig aufnehmen und auf ein Stück Pergamentpapier legen.
3 Die »Zigaretten« 15 Minuten im Kühlschrank aushärten lassen. Anschließend nach Belieben mit der Spachtelkante in kleine Röllchen schneiden oder ganz lassen. Bis zur Verwendung im Kühlschrank aufbewahren.

Für diese dekorativen »Zigaretten« oder Röllchen sollte man immer Kuvertüre verwenden und sie temperieren. Untemperiert neigt die Schokolade beim Festwerden zur Bildung eines weißen Films.

1

2

3

Bänder, Tropfen, Schlangen

Für 100 g dunkle, helle oder weiße Kuvertüre
Zubereitung: je nach gewünschter Form etwa 20 Minuten
Aushärten: etwa 30 Minuten

1 Die Kuvertüre mit einem Sägemesser hacken und temperieren (siehe Seite 323 oder 324). Einen Bogen Pergamentpapier auf der Arbeitsfläche ausbreiten. Aus lebensmittelechter Kunststofffolie Streifen in der gewünschten Größe der Dekorformen schneiden und mit Klebstreifen auf dem Papier fixieren. Zwischen den Streifen 1 cm Abstand lassen. Etwas temperierte Kuvertüre auf die Streifen geben und mit einer Metallpalette in der gewünschten Dicke verstreichen. Bei Raumtemperatur etwas anziehen, aber nicht aushärten lassen. Die Streifen von der Unterlage lösen und mitsamt der noch weichen Kuvertüre in die gewünschte Form bringen.

2 Für einen Torten-Dekorring einen Tortenring in der entsprechenden Größe mit dem Streifen – Schokoladenseite nach außen – umwickeln. Die Enden gegebenenfalls kürzen und gerade schneiden. Sobald die Kuvertüre fest wird, das Band mit einem breiten Gummiband leicht fixieren. Im Kühlschrank 30 Minuten aushärten lassen.

3 Für eine Schlangen- oder Federform benötigen Sie einen etwa 20 cm langen und 2 cm breiten Streifen Folie. Die Kuvertüre dünn auftragen, kurz anziehen lassen und dann mit den Händen auf der Arbeitsfläche in die gewünschte Form bringen. Im Kühlschrank 30 Minuten fest werden lassen.

4 Für eine Tropfenform etwas kürzere Streifen vorbereiten. Die Kuvertüre dünn auftragen, die Streifen mit der Schokoladenseite nach innen auf die Längskante stellen und die Enden fest zusammendrücken (oder mit einer Büroklammer fixieren). Die Tropfen 30 Minuten kalt stellen. Sämtliche Formen erst nach dem völligen Aushärten der Schokolade aus dem Kühlschrank nehmen. Die Folien vorsichtig abziehen und die Dekorformen bis zur Verwendung wieder in den Kühlschrank stellen.

Mit fachgerecht temperierter Edelbitter-, Vollmilch- oder weißer Kuvertüre und transparenter Kunststofffolie (spezielle lebensmittelechte Folien finden Sie im Fachhandel) lassen sich alle möglichen Formen realisieren (Bänder, Ringe, Herzen, Tropfen, Schlangen und vieles mehr).

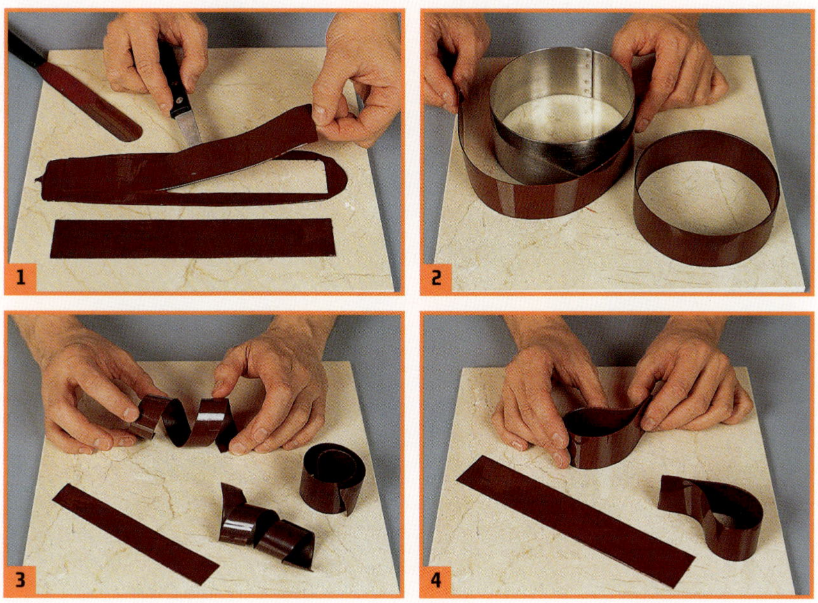

Schokoladenfächer

Für 75 g dunkle Kuvertüre (oder 90 g Vollmilchkuvertüre, oder 100 g weiße Kuvertüre)
Zubereitung: 10 Minuten

1 Die Kuvertüre mit einem Sägemesser hacken und bei 40 °C schmelzen. Eine Marmorplatte 30 Minuten im Gefrierschrank durchkühlen lassen und anschließend auf einem Küchentuch auf die Arbeitsfläche legen. Ein Drittel der geschmolzenen Schokolade in die Mitte der Platte gießen und rasch mit einer Palette zu einem dünnen Rechteck von etwa 10 × 12 cm Größe verstreichen. Einen Metallspachtel auf den Rand des Rechtecks setzen und die Schokolade an der Kante mit einem Finger fixieren. Die Schokolade mit kurzen Vorwärtsbewegungen des Spachtels behutsam von der Marmorplatte schaben, sodass sie sich gegen den Widerstand des Fingers fächerförmig auffältelt.
2 Auf diese Weise Stück für Stück weiter am Rand entlang arbeiten und Schokoladenfächer abschaben.
3 Die fertigen Fächer mit dem Spachtel aufnehmen und mit einem Messer auf ein Stück Pergamentpapier schieben. Bis zur Verwendung in den Kühlschrank stellen. Die restliche geschmolzene Kuvertüre in gleicher Weise zu Schokoladenfächern verarbeiten.

Während der Herstellung dieser Schokoladenfächer darf die Raumtemperatur auf keinen Fall über 22 °C liegen.

Für Fächer aus Vollmilchkuvertüre oder weißer Kuvertüre darf man die geschmolzene Kuvertüre ruhig etwas dicker auftragen, da sich diese Sorten nur schwer dünn verstreichen lassen. Denken Sie daran, die Marmorplatte nach jedem Durchgang 15 Minuten in den Gefrierschrank zu legen, damit sie immer schön kalt ist.

Für 100 g dunkle, helle oder weiße Kuvertüre
Zubereitung: 30 Minuten
Kühlen: 15 + 30 Minuten

Stechpalmen-Schokoladenblätter

1 Die Kuvertüre mit einem Sägemesser hacken und temperieren (siehe Seite 323 oder 324). Die Stechpalmenblätter (mit Stielen) mit einem feuchten Baumwolltuch abreiben und sorgfältig trocknen. Die Spitze eines sauberen, trockenen Pinsels in die temperierte Schokolade tauchen und behutsam abtropfen. Ein Blatt am Stiel festhalten und die Rückseite mit Schokolade bestreichen. Dabei den Pinsel von der Mittelrippe nach außen führen und darauf achten, dass keine Schokolade auf die Blattvorderseite gelangt.
2 Die mit Schokolade überzogenen Blätter auf ein Stück Pergamentpapier legen und 15 Minuten im Kühlschrank fest werden lassen. Wieder herausnehmen und auf derselben Seite eine weitere dünne Schicht Schokolade auftragen.
3 Die Blätter weitere 30 Minuten in den Kühlschrank stellen, bis die Schokolade fest ist. Einzeln herausnehmen, das Blatt am Stiel greifen und vorsichtig von der Schokolade abziehen.

Sie können auch andere Blätter verwenden, zum Beispiel Lorbeer, Orange, Zitrone, Birkenfeige (Ficus), Gardenie oder Kamelie. Selbst Kunststoffblätter lassen sich für diesen Zweck verwenden. Bestreichen Sie je nach Blattsorte die glatte oder die geäderte Seite mit Schokolade.

1

2

3

Schokoladen-Latein von A bis Z

Die mit * versehene Begriffe können Sie auch in diesem Glossar nachschlagen

A

Adstringens: Ein zusammenziehender Effekt auf der Zunge und an der Mundschleimhaut, der ein trockenes, pelziges Gefühl hinterlässt. Ausgelöst wird es durch Bitterstoffe (Tannin) in der Schokolade.

Alkalisierung: Verfahren in der Kakaopulverherstellung, bei dem der rohe Kakaobruch* mit Alkalien wie Natriumcarbonat oder Pottasche behandelt wird. Das Alkalisieren verbessert die Löslichkeit des Pulvers und dient der Optimierung von Farbe und Geschmack.

Aroma: Gesamtgeschmackseindruck, der sich aus der Verbindung von Geruch und Geschmack über den Rachen-Nasen-Kanal (Eustachische Röhre) zusammensetzt. Bei der Aromabildung des Kakaos unterscheidet man die bis zur Fruchtreife in der Bohne entwickelten Aromastoffe, die durch Aufbereitung nach der Ernte wie Fermentation* und Trocknung gebildeten Aromen und die Reaktionsaromen, die durch thermische Behandlung wie das Rösten entstehen (nach É Cros, CIRAD; Zentrum für internationale Zusammenarbeit in der Agrarforschung, Frankreich).

Aromavorstufen: Während der Fermentation* und Trocknung potenziell in der Bohne angelegte Aromen, die erst beim Rösten voll ausgebildet werden.

Atole: Ein traditionelles mexikanisches Maisgetränk, das aus Maismehl, Kakao und Wasser zubereitet wird. In den Kakaoanbaugebieten Mexikos wird Atole häufig zusätzlich mit gerösteten, gemahlenen Kakaobohnen aromatisiert.

Austauschfette: Pflanzenfette, die bis zu einem maximalen Anteil von 5 % als Ersatz für Kakaobutter* in Schokoladenerzeugnissen verwendet werden dürfen. Zugelassen sind die Fette Shea, Illipe, Sal, Kokum gurgi, Mangokernöl und Palmöl.

Azteken: Vorkolumbischer Volksstamm, der vor der Eroberung Mexikos durch Hernán Cortés im Jahre 1519 ein riesiges Reich beherrschte, das sich über das heutige Mexiko bis nach Guatemala erstreckte. Die Azteken forderten von den Maya* Tributzahlungen, die in Kakaobohnen zu entrichten waren. So war Kakao nicht nur ein Getränk, sondern auch ein Zahlungsmittel.

B

Baba: Die spanische Bezeichnung (baba = span. Schleim) für die weißliche, breiig-klebrige, süßsäuerlich schmeckende Fruchtpulpe der Kakaofrucht, in der die Bohnen eingelagert sind. Die Baba verwandelt sich während der Fermentation in Alkohol und Essigsäure und ist wichtiger Bestandteil auf dem Weg zur Schokoladengewinnung.

Bain-Marie (Wasserbad): Im Wasserbad werden empfindliche Speisen durch indirekte Hitzeeinwirkung gegart oder erwärmt. Dabei ruht das Gargefäß, zum Beispiel ein Schneeschlagkessel, auf einem Topf mit fast siedendem Wasser. Für das Schmelzen von Schokolade ist das Bain-Marie unverzichtbar. Es dient auch dazu, die für die geschmolzene Schokolade ideale Temperatur während der Weiterverarbeitung konstant zu halten. In der Gastronomie bezeichnet Bain-Marie außerdem ein beheizbares Wasserbecken zum Warmstellen von Speisen.

Ballotin: Der Erfinder der Praline, der Belgier Jean Neuhaus, entwickelte 1915 zum Schutz des fragilen Naschwerks auch die erste Pralinenschachtel, das Ballotin, das er sich patentieren ließ. Inzwischen haben die kleinen »Schatzkisten« im edlen Design die ganze Welt erobert.

Blütenkissen: Kleine polsterähnliche Verdickungen der Kakaorinde, auf denen die Kakaoblüten wachsen.

C

Chocolatier: Ein auf die Herstellung von Schokoladenprodukten spezialisierter Konditor. In Frankreich wird unter den Chocolatiers zusätzlich zwischen dem *couverturier*, der Kakaobohnen zu Schokolade, Kuvertüre und anderen Primärprodukten verarbeitet, und dem *confiseur chocolatier* unterschieden, der sich der hohen Kunst der Pralinenherstellung widmet.

Chocolatière: Eine speziell für die Zubereitung von heißer Trinkschokolade konzipierte Kanne aus Metall oder Porzellan. Sie ist meist mit einem Quirl zum Aufschäumen ausgestattet und hat einen rechtwinklig angebrachten Griff aus Holz, damit man sich nicht verbrennt. Der relativ hoch gelegene Schnabel reduziert die Gefahr des Überschäumens.

Conchieren: Wichtiger Arbeitsschritt in der Schokoladenherstellung, der sich in der »Conche«, einer 1879 von Rudolphe Lindt erfundenen Maschine vollzieht. Dabei wird die Kakaomasse* bei einer bestimmten Temperatur stundenlang gewälzt und gerührt. Vor der Entwicklung leistungsstarker Conchen konnte das bis zu 72 Stunden dauern. Durch das Conchieren entwickelt die Schokolade ihren zarten Schmelz und ihr volles Aroma. Der Wassergehalt sinkt, unerwünschte Säuren werden verflüchtigt. In dieser Phase werden auch zusätzliche Kakaobutter* und eventuell Emulgatoren zugemischt. Der Name »Conche« (von spanisch *concha*: Muschel) geht auf die muschelähnliche Form der Lindt'schen Ur-Maschine zurück.

Confiseur chocolatier: siehe Chocolatier.

Couverturier: siehe Chocolatier.

Crème de Cacao: Kakaolikör mit rund 18 % Vol. Er enthält mindestens 250 g Zucker pro Liter sowie je nach Rezeptur Sahne oder Milch.

Criollo: Die edelste aller Kakaosorten, deren spanischer Name übersetzt »Einheimischer Kreole« bedeutet (im Gegensatz zu Forastero* – »Fremdling«), wurde bereits von den Maya* selektiert und später von den spanischen Kolonisatoren in Venezuela kultiviert. Der Criollo ist an den sehr hellen, fast weißen, runden Bohnen zu erkennen. Sein Anteil an der Weltproduktion beträgt gerade mal 1 %.

Cru: Ein aus dem französischen Weinbau übernommener Qualitätsbegriff. Er bezeichnet Schokolade aus hochwertigen Bohnen eines begrenzten Anbaugebietes, das auf der Verpackung deutlich vermerkt sein muss. Auch die beim Wein gängigen Steigerungen wie »Grand cru« oder »Premier Cru« sind verbreitet, etwa bei ganz besonders erlesener Qualität oder wenn die Bohnen von einer einzigen Plantage stammen (Plantagenschokolade, *estate-chocolate*).

Cuvée: Ähnlich wie beim Wein bezeichnet »Cuvée« den Verschnitt mehrerer Sorten Kakaobohnen und/oder Bohnen verschiedener Herkunft. Bei den meisten Schokoladen handelt es sich um Cuvées.

D

Desodorierung: Da Kakaobutter* für die verschiedensten Folgeprodukte verwendet wird und vor allem deren Konsistenz und Schmelz optimieren soll, muss sie geschmacklich neutral sein. Zu diesem Zweck wird sie desodoriert, d. h. unter Luftabschluss mit Dampf behandelt.

E

Edelkakao: Kakaosorten werden grundsätzlich in Edelkakaos, auch »Aromabohnen« genannt, und Konsumkakaos (»Konsumbohnen«) unterteilt. Edelkakaos zeichnen sich durch ein intensives, hochkomplexes und lang anhaltendes Aroma mit sehr individuellen Nuancen aus. Ihr Anteil an der Weltproduktion liegt unter 5 %. Festgelegt wurden die Standards von der Internationalen Kakaoorganisation ICCO. Die meisten Edelkakaos kommen aus Süd- und Mittelamerika (Costa Rica, Dominikanische Republik, Ecuador, Grenada, Trinidad & Tobago, Venezuela, Jamaika, Panama, Surinam, St. Lucia, St. Vincent und Grenadinen), aber auch aus Madagaskar, São-Tomé und Principe sowie Java und Papua-Neuguinea.

Enfleurage: Altes Verfahren der Aromagewinnung, bei der die Schokolade mehrere Tage dem direkten Kontakt frischer Blüten (Jasmin, Veilchen etc.) ausgesetzt wird. Dabei zieht das Blütenaroma in die Kakaobutter* ein. Die Methode beruht auf der natürlichen Eigenschaft von Fetten, Fremdgerüche sehr leicht anzunehmen. In der Parfumindustrie ist die Gewinnung von Duftstoffen durch Enfleurage noch heute eine gängige Praxis.

F

Fermentation: Während der Fermentation werden die Bohnen und die Pulpe (Baba*) der Kakaofrüchte in hölzernen Gärkästen mit gelochten Böden vier bis sieben Tage vergoren. Dabei durchlaufen sie verschiedene, durch Hefen und Mikroben ausgelöste biochemische Prozesse (alkoholische Gärung, Milchsäure- und Essigsäuregärung), in deren Verlauf sich in den Kakaobohnen die für den Geschmack der späteren Schokolade wichtigen Aromavorstufen* bilden und Bitterstoffe abgebaut werden. Die Fermentation hat auch einen konservierenden Effekt, da sie den Keim der Bohnen abtötet.

Forastero: Der Name dieser Kakaosorte von eher durchschnittlicher Qualität bedeutet »Fremdling«. Sie stammt ursprünglich aus dem Amazonasbecken und wurde angeblich von den spanischen Konquistadoren in Mittelamerika kultiviert und verbreitet. Aus Forasteros werden fast ausnahmslos Konsumkakaos* hergestellt. Ihr Anteil an der Weltproduktion beträgt 80 %.

G

Ganache: Eine aus Schokolade, Sahne und/oder Butter hergestellte Trüffelcreme zum Füllen von Pralinen und verschiedenen Süßwaren sowie zum Überziehen und Verzieren von Torten und anderem Gebäck. Sie kann mit Gewürzen, Früchten, Blüten, Kaffee, Likör und vielem mehr aromatisiert sein. Der Legende nach ist die Ganache das Zufallsprodukt eines tollpatschigen Gesellen, der versehentlich kochende Sahne über die Schokolade goss, worauf ihn sein Meister einen »Ganache« (Blödmann, Tölpel) schimpfte. Dabei hatte der Unglückliche soeben eine der feinsten Massen in der Geschichte der Schokolade erfunden. Ganache wird auch als Pariser Creme bezeichnet.

Genotyp: Die Gesamtheit des individuellen genetischen Materials eines menschlichen, tierischen oder pflanzlichen Organismus. Heute verfügt die Mehrzahl der Kakao produzierenden Länder über eigene Kakao-Genbanken zum Schutze des durch Abholzung und übermäßiges Kreuzen gefährdeten Artenreichtums und der genetischen Vielfalt.

Gianduja: Eine ursprünglich aus Italien stammende nougatähnliche Masse aus Zucker, Kakao (mindestens 32 %), gerösteten, fein gemahlenen Haselnüssen (zwischen 20 und 40 %) und eventuell fein gemahlenen Walnüssen und Mandeln.

I

ICCO (International Cocoa Organization): Internationales Gremium zur Förderung und Harmonisierung der Beziehungen zwischen den Kakao produzierenden Staaten und den Abnehmerländern. Im Jahre 2001 unterzeichneten die 30 Mitgliedstaaten der ICCO ein internationales Übereinkommen über eine nachhaltige Kakaowirtschaft, mit dem Ziel einer ausgewogenen Entwicklung des Kakaohandels im Interesse aller daran beteiligten Parteien. Der Sitz der Organisation ist London. (www.icco.org).

IGP (indication géographique protégée): Europäisches Gütesiegel, das die Herkunft eines Produktes aus einem klar definierten Gebiet oder einem bestimmten Ort schützt. Diese Erzeugnisse dürfen eine »geschützte geografische Angabe« (g. g. A) tragen. Der Kakao aus Chuao in Venezuela ist mit einem solchen Siegel ausgezeichnet.

Intérieur: Mit dem französischen Begriff »Intérieur« (das Innere) bezeichnet man in der Pralinenherstellung die Füllung der Pralinen. Diese kann aus Ganache*, Gianduja*, Praliné*-Masse, Marzipan, Nougat und vielem mehr bestehen.

K

Kakao: Aus dem Nahuatl, der Sprache der Azteken abgeleiteter Begriff (von *cacahuatl*), der die Samen der Kakaofrucht, aber auch eine bestimmte Kakaosorte (Criollo, Forastero etc.) bezeichnet. Außerdem wird er als Kurzwort für Kakaopulver und die daraus zubereiteten Getränke verwendet. Lebensmittelrechtlich gibt »Kakao« den gesamten in der Schokolade enthaltenen Anteil an Kakaotrockenmasse und Kakaobutter* an (zum Beispiel »70 % Kakao«), inklusive des Kakaobutterzusatzes*, dessen Anteil nicht eigens aufgeführt ist.

Kakaoanteil: Der prozentuale Anteil an Trockenmasse aus der Kakaobohne und Kakaobutter in einer Schokolade. Er muss auf der Verpackung angegeben sein. Je höher der Prozentsatz, desto geringer die in der Schokolade enthaltene Zuckermenge.

Kakaobruch (Kakaokernbruch): Die nach dem Fermentieren getrockneten und gebrochenen Bohnen. Man unterscheidet den rohen und den gerösteten Kakaobruch, auch *nibs* genannt. Kakaobruch gewinnt sowohl in der Pâtisserie als auch in der Küche immer mehr an Bedeutung. Man findet ihn im Schokoladenfachhandel.

Kakaobutter: Von Natur aus in der Kakaobohne eingelagertes cremefarbenes Fett, das nicht ranzig wird. Es schmilzt annähernd bei Körpertemperatur (etwa bei 32–33 °C). Gewonnen wird die Kakaobutter durch Pressen der Kakaomasse*.

Kakaobutterzusatz: Während des Conchierens* zusätzlich beigemengte Kakaobutter, die den Glanz, die Struktur und die Viskosität der Schokolade beeinflusst. Die zugegeben Menge entscheidet über den Schmelz im Mund und über das Verhalten beim Temperieren*.

Kakaofrucht: So groß der Sortenreichtum, so groß die morphologische und farbliche Vielfalt der etwa 400 g schweren Früchte, deren dicke, furchige Schale entweder weiß, gelb, rot oder auch violett sein kann. Sie enthalten 40–50 Samen, die in einer gelatinösen, essbaren Fruchtpulpe, Baba* genannt, eingelagert sind. Im Französischen heißt die Kakaofrucht *cabosse*, abgeleitet von dem altfranzösischen Begriff für »Kopf« *(caboce)*, so genannt, weil die Form der Früchte an die künstlich deformierten Schädel adliger Maya erinnerte.

Kakaolikör: 1. Anderer Name für die Kakaomasse, die als Rohstoff für die Herstellung von Schokolade und Kakaopulver dient. 2. Klarer Likör, der aus einem Aufguss aus Kakaobohnen und mindestens 100 g Zucker pro Liter erzeugt wird.

Kakaomasse: Die durch das Mahlen des gerösteten Kakaobruchs* gewonnene flüssige Rohmasse für die Schokoladenherstellung.

Kakaonibs: Andere Bezeichnung für den gerösteten Kakaobruch*. Das Rösten kann vor oder nach dem Brechen der getrockneten Kakaobohnen erfolgen. Aus dem Kakaobruch wird durch Zermahlen die Schokoladenrohmasse (Kakaomasse*) gewonnen.

Kakaopulver: Die Kakaomasse wird durch Pressen in Kakaobutter* und Kakaopresskuchen getrennt. Durch Mahlen des Presskuchens* entsteht das Kakaopulver, dessen Restfettanteil je nach Dauer des Pressvorgangs noch zwischen 10 und 25 % beträgt. Liegt der Anteil unter 20 %, muss das Kakaopulver im Handel als »fettarm« oder »stark entölt« gekennzeichnet werden.

Konsumkakao: Mit über 90 % entfällt der weitaus größte Teil der weltweiten Kakaoproduktion auf die Konsumkakaos, Sorten mit geringen bis mittleren geschmacklichen Qualitäten – meistens sind es Forasteros* (siehe auch Edelkakao).

Kristallisieren: siehe Temperieren

Kuvertüre: »Schokoladenkuvertüre«, so die exakte Bezeichnung, hat mit mindestens 31 % einen besonders hohen Kakaobutteranteil, der ihr besonders gute Schmelz- und Fließeigenschaften verleiht. Daher ist sie ideal zum Tauchen von Pralinen und als Überzug für Gebäck geeignet. Der Fettanteil kann je nach gewünschter Verwendung sogar bis zu 50 % betragen.

L

Lecithin: Fettähnliche Substanz, die in größeren Mengen im Eigelb, in Soja und in Sonnenblumen vorkommt. Lecithin dient als Emulgator, der die Struktur der Schokolade stabilisiert. Tatsächlich ist Schokolade im Grunde eine Emulsion, also eine Vermischung von eigentlich nicht mischbaren Substanzen – der Kakaobutter und dem in den festen Bestandteilen verbliebenen Wasser.

M

Maskieren: Die Oberfläche eines Kuchens vollständig verkleiden, zum Beispiel mit Schokolade, Ganache oder Fondant.

Maya: Einstige Hochkultur im präkolumbischen Mittelamerika, um die sich noch immer zahlreiche Mythen und Rätsel ranken und die bereits den als heilig geltenden Kakao kultivierten. Ihre Blüte erlebte die Zivilisation der Maya zwischen den Jahren 200 und 1400 unserer Zeitrechnung. Danach gerieten sie zunächst unter das Joch der Azteken*, später wurden sie von den spanischen Eroberern unterworfen.

Mole Poblano: Feurig scharfe Schokoladensauce, die traditionell zu Truthahn serviert wird (siehe Seite 276). Das berühmte und etwas geheimnisumwitterte Rezept wurde angeblich im Kloster von Puebla (Mexiko) erfunden und soll in seiner Urform mehr als hundert Zutaten enthalten haben.

N

Nacional: Alte Kakaosorte aus Ecuador mit dicken blassvioletten Bohnen, die durch ihr ausgeprägtes blumiges Aroma bestechen.

O

Olmeken: Die Olmeken in Mittelamerika waren vermutlich die Ersten, die Kakaobäume kultivierten und durch Züchtung selektierten. Die Bohnen wurden in Form von Getränken konsumiert. Ihre Blütezeit hatte die am Golf von Mexiko ansässige Kultur der Olmeken zwischen 1200 und 400 v. Chr.

P

Praliné: Füllmasse aus mehr oder weniger fein gemahlenen Mandeln und/oder Haselnüssen und Zucker, die für die unterschiedlichsten Süßwaren verwendet wird. Die deutsche Bezeichnung ist Nugat, nicht zu verwechseln mit dem berühmten französischen Nougat aus Montélimar, der aus Zucker, Honig, Eiweiß, Mandeln und Pistazien hergestellt wird.

Praline: Kleines Naschwerk, das die unterschiedlichsten Füllungen enthalten kann (Ganache, Marzipan, Likör etc.). Für die Bezeichnung »Praline« muss es zu mindestens 25 % aus Schokolade bestehen und »mundgerecht« sein. Erfunden wurde die Praline in ihrer heutigen Form 1912 in Brüssel von dem Belgier Jean Neuhaus. Ursprünglich geht der Name »Praline« jedoch auf den französischen Herzog Plessis-Praslin zurück. Als sein Küchenmeister ihm einmal mit geschmolzenem Zucker überzogene Mandeln zum Dessert servierte, war dieser so begeistert, dass er die Süßigkeit »Praslin« taufte. Noch heute heißen gebrannte Mandeln im Französischen *pralines*.

Presskuchen: Fester brauner Rückstand, der beim Pressen der flüssigen Kakaomasse* zurückbleibt, nachdem die Kakaobutter* abgeflossen ist. Durch Zermahlen des Presskuchens wird Kakaopulver* gewonnen.

R

Reif: Ein matter, weißlicher Belag oder ungleichmäßige, raue Flecken auf der Schokolade. Unterschieden werden Zuckerreif, gelöste Zuckerkristalle, die sich nach dem Verdunsten der Flüssigkeit an der Oberfläche absetzen, und Fettreif, gelöste Fettpartikel, die auf der Schokolade wieder auskristallisieren. Verursacht wird Reif meist durch unsachgemäße Lagerung, große Temperaturschwankungen oder fehlerhaftes Temperieren*.

S

Schokoholik: Schokoladensüchtiger.

Schokolade: Erzeugnis aus Kakao* (mindestens 35 % Gesamtkakaotrockenmasse), Zucker und eventuell Lecithin* und Vanille. Der Kakaoanteil variiert je nach Sorte und Produktart. Der Anteil an Kakaobutter* darf bis zu 5 % durch bestimmte Austauschfette ersetzt werden. Unterschieden werden Bitterschokolade, Milchschokolade und weiße Schokolade.
Bitterschokolade: Enthält mindestens 43 % Kakaotrockenmasse. Bezeichnungen wie »Halbbitter« oder »Zartbitter« setzen mindestens 50 % Kakaoanteil voraus, Edelbitter-Schokolade muss mindestens 60 % Kakaoanteil aufweisen. Je höher der Kakaoanteil, desto geringer der Zuckergehalt. *Milchschokolade*: Mindestens 25 % Kakaotrockenmasse sowie Milchpulver, Vanille und eventuell Lecithin. Der Mindestkakaoanteil für Vollmilchschokolade liegt bei 30 %. *Weiße Schokolade*. Keine Schokolade im eigentlichen Sinne. Sie besteht aus Kakaobutter (mindestens 20 %), Milchpulver, Zucker und in der Regel Vanille. Bei »gefüllter Schokolade« muss der Schokoladenanteil am Gesamtgewicht mindestens 25 % betragen.

Schokoladentafel: Bis zur Erfindung der Fondant-Schokolade im Jahre 1879 durch den Schweizer Rudolphe Lindt wurde Schokolade hauptsächlich in flüssiger Form konsumiert, denn erst durch das von Lindt entdeckte Verfahren des Conchierens* erhielt die Schokolade den nötigen Schmelz, der sie auch im festen Zustand zum Genuss machte. Heute entfällt auf die Tafel in all ihren Variationen fast 70 % des gesamten Schokoladenkonsums.

Schokoriegel: Längliches Konfekt mit Schokoladenüberzug und verschiedenen Füllungen (Cremes, Nüsse, Karamell). Der Ur-Schokoriegel wurde im Jahre 1923 von dem Amerikaner Forrest Mars erfunden.

T

Tablieren: Methode zum Abkühlen der geschmolzenen Schokoladenkuvertüre während des Temperierens*. Dabei wird ein Teil der flüssigen Schokolade auf eine Marmorplatte gegossen und mit einer Palette so lange hin und her gestrichen, bis die Masse dickflüssig wird. Anschließend wird sie wieder unter die restliche Schokolade gemengt.

Tauchen: Das Überziehen von Pralinen* und Trüffeln* mit Schokolade oder einer Fettglasur. Dies geschieht von Hand mittels einer Tauchgabel oder maschinell in großen Tauchbädern. Der Fachbegriff heißt »Enrobieren«, abgeleitet vom französischen »enrober«/»enrobage« (umhüllen/ Umhüllung).

Temperaturkurve (Kristallisationskurve): Damit das Schokoladenprodukt am Ende eine stabile Struktur, seidigen Glanz und den perfekten Bruch erhält, muss die Schokolade kontrolliert in einer dreistufigen »Temperaturkurve« temperiert werden. Sie wird zunächst auf 55 °C erhitzt, dann auf 27 °C abgekühlt und zuletzt wieder auf 30–33 °C erwärmt.

Temperieren (Kristallisieren): Kontrolliertes Erwärmen und Wiederabkühlen der Schokolade über eine dreistufige Temperaturkurve*. Das Temperieren erhält den seidigen Glanz der Schokolade und verbessert das Knacken beim Bruch. Temperiert wird Schokolade zum Tauchen von Pralinen, zum Überziehen und Dekorieren von Gebäck und zum Gießen von Figuren.

Theobroma cacao: Abgeleitet vom griechischen *theobroma*, »Speise der Götter«. Botanischer Name, den der schwedische Naturwissenschaftler und Begründer der modernen Artensystematik Carl von Linné dem Kakaobaum im Jahre 1753 gab.

Theobromin: Eine koffeinähnliche, alkaloide Substanz im Kakao, die erstmals 1841 nachgewiesen wurde. Sie wirkt anregend auf Herz, Kreislauf, Muskeln, Nieren und das Nervensystem. Die Wirkung ist allerdings bei weitem nicht so groß wie beim Koffein. Theobromin ist auch in Kolanüssen und Guarana enthalten.

Trinitario: Erster Hybride unter den Kakaosorten, der im 18. Jahrhundert auf der Insel Trinidad durch natürliche Kreuzung von Criollo* und Forastero* entstand. Trinitarios gelten als sehr robust und ertragreich. Die weltweiten Bestände sind relativ gering, liefern aber hochwertige Kakaos.

Trüffel: Meist runde, mit Ganache* (Trüffelcreme) gefüllte und in Kakaopulver gewälzte Praline.

Fachbegriffe aus der Pâtisserie

Die meisten der folgenden Fachbegriffe sind in ähnlicher oder gleicher Bedeutung auch in der Küche gebräuchlich. Hier werden sie jedoch aus der Sicht des Pâtissiers erklärt.

A

Abaisse: Ein in der gewünschten Dicke und Form ausgerollter Teigboden zum Auskleiden einer Backform oder eines Blechs.

Abbrennen: Eine wichtige Phase bei der Herstellung von Brandteig. Dabei wird die Mischung aus Wasser oder Milch, Butter, Mehl, Salz und Zucker bei starker Hitze mit einem Holzlöffel kräftig durchgerührt, bis sie sich als Kloß vom Topfboden löst. Durch das Abbrennen verdampft überschüssiges Wasser und das Mehl verkleistert. Anschließend werden die Eier eingearbeitet.

Ablöschen: Angeschwitzte oder angebratene Zutaten mit Wein, Sahne oder einer anderen Flüssigkeit aufgießen, um Röststoffe vom Topfboden zu lösen.

Abrösten: Eine Masse auf kleiner Flamme behutsam erhitzen, entweder um sie zu trocknen oder um Aromastoffe zu entwickeln.

Abschäumen: Den sich während des Garens an der Oberfläche einer Flüssigkeit absetzenden Schaum abschöpfen, zum Beispiel beim Kochen von Sirup, Zucker oder Konfitüre. Zum Abschäumen verwendet man je nach Schaummenge einen Schaumlöffel, eine kleine Kelle oder einen Esslöffel.

Abschlagen: Einen Hefeteig nach dem ersten und zweiten Gehen auf der Arbeitsfläche kräftig durchkneten und zusammenschlagen, damit die eingeschlossenen Gärgase entweichen. Das ist Vorausaussetzung für eine feine und lockere Porung des Gebäcks.

Abschrecken: Unter fließendem kaltem Wasser oder in Eiswasser rasch abkühlen, um den Garprozess zu unterbrechen.

Abseihen: Eine Flüssigkeit oder Creme durch ein Sieb gießen, um feste Bestandteile oder Verunreinigungen herauszufiltern.

Abstechen: Mit einem Löffel von einer Masse kleine Portionen abnehmen und formen, um sie in einer Flüssigkeit zu kochen, im heißen Fett zu frittieren oder sonst wie weiterzuverarbeiten.

Abtropfen: Zutaten oder Speisen in einem Sieb, einem Durchschlag oder auf einem Rost von überschüssiger Flüssigkeit befreien.

Anziehen lassen: Eine Masse abkühlen oder anfrieren lassen, bis sie eine streichfähige oder formbare Konsistenz hat. Zum Beispiel lässt man Eismassen vor der Zugabe von Früchten, Nüssen und Ähnlichem etwas anziehen, damit diese sich gleichmäßig verteilen und nicht auf den Boden sinken. Auch bei vielen Cremespeisen erfolgt die Zugabe fester Zutaten erst, wenn die Creme eine gewisse Bindung hat.

Appareil: Masse aus verschiedenen Zutaten, die vor dem Garen oder vor dem Abkühlen einer Süßspeise eingearbeitet wird.

Aprikotieren: Kuchen oder anderes Gebäck mit heißer Aprikosenkonfitüre einpinseln. Häufig dient das Aprikotieren als eine Art »Grundierung« für die eigentliche Glasur, damit diese das Gebäck nicht durchweicht und schön glänzt.

Aufguss: Eine heiße Flüssigkeit, in der man verschiedene Würzzugaben wie beispielsweise Vanille oder Zimt solange ziehen lässt, bis sie das Aroma angenommen hat.

Aufschäumen: Eine Masse, zum Beispiel Eigelb und Zucker, mit dem Schneebesen schaumig schlagen oder Zubereitungen (Suppen, Saucen, Säfte) im Mixer aufmixen, um ihnen eine luftige, schaumige Beschaffenheit zu verleihen.

Aufschlagen: Eine Masse mit dem Schneebesen oder dem elektrischen Handrührgerät kräftig verschlagen, damit sie glatt und cremig oder locker und luftig wird.

Ausbacken: Siehe Frittieren.

Ausstechen: Aus einem ausgerollten Teig mit Ausstechringen verschiedene geometrische Figuren oder andere Motive stanzen. Oder mit einem Kugelausstecher (Pariser Löffel) Früchte aushöhlen oder kugelige Formen ausstechen.

Auswellen: Einen Teig auf der bemehlten Arbeitsfläche ausrollen (frz. *abaisser*).

B

Baba au Rhum: Mit Rumsirup getränktes Hefeteiggebäck.

Bain-Marie: siehe Kapitel »Schokoladen-Latein von A–Z«

Bayerische Creme (Crème bavaroise): Klassische Dessertspeise, die mit Früchten, Sauce oder Coulis gereicht wird. Basis bildet eine Crème anglaise. Sie wird mit Gelatine angedickt und mit Schlagsahne aufgelockert und verfeinert.

Binden: Eine Flüssigkeit oder Speise durch Zugabe von Bindemitteln wie Mehl, Speisestärke, Eigelb oder Sahne andicken und auf die gewünschte Konsistenz bringen oder für den festen Zusammenhalt der Zutaten sorgen.

Blanchieren: Früchte oder Nüsse (zum Beispiel Mandeln oder Pfirsiche) kurz in siedendem Wasser kochen oder überbrühen, um das Schälen oder Häuten zu erleichtern oder um die Struktur etwas aufzuschließen. Im Französischen bezeichnet »blanchir« auch das Aufschlagen von Eigelb mit Zucker, bis die Masse hell und schaumig wird.

Blindbacken: Einen Teig – meist Mürbeteig – ohne Füllung backen. Dazu wird der Teig mit getrockneten Hülsenfrüchten beschwert, damit er sich während des Backens nicht aufwirft. Ein Teigboden wird blindgebacken, wenn die Füllung nicht gegart werden muss oder die Garzeit kürzer ist als die des Teiges. Außerdem weichen vorgebackene Teigböden bei besonders flüssigen Füllungen nicht so leicht durch.

Brandig: Ein Teig wird brandig, wenn die Zutaten, vor allem die Butter, zu langsam oder zu warm verarbeitet werden. Dabei verleiht ihm das schmelzende Fett eine speckige, wachsige Beschaffenheit. Brandig werden meist von Hand geknetete Teige, zum Beispiel Mürbeteig, die zu lange durchgewirkt wurden, sodass die Butter durch die Wärme der Hände schmilzt. Auch zu trockene Teige, die schlecht zusammenhalten, nennt man zuweilen brandig.

Brioche: Feines, sehr butter- und eireiches Hefegebäck.

Bugnes: Süße Lyoner Krapfen.

C

Chantilly (Crème Chantilly, Chantilly-Sahne): Geschlagene, mit Zucker und Vanille aromatisierte Sahne.

Chemisieren: Eine Form gleichmäßig mit Gelee ausgießen oder eine Eisbombenform mit einer Schicht Eismasse ausstreichen, bevor die eigentliche Masse eingefüllt wird. Auch beim Ausgießen von Teighüllen mit Aspik, etwa bei einer Pastete, spricht man von Chemisieren.

Chiqueter: Einen ausgerollten Blätterteig am Rand mit einer Messerspitze in regelmäßigen Abständen leicht einkerben, damit der Teig beim Backen gleichmäßig aufgeht und ein dekoratives Muster entsteht.

Coulis: Ein flüssiges Püree aus frischen oder gegarten Früchten.

Crème anglaise (Englische Creme): Die »echte Vanillesauce«, eine Creme aus Eigelben, Milch (manchmal auch Sahne), Zucker und Vanille, die im heißen Wasserbad »zur Rose abgezogen« (siehe Seite 345) wird, dient als Grundsauce und als Basis für zahlreiche weitere Dessertzubereitungen, zum Beispiel für Eiscremes oder Bayerische Creme.

Crème bavaroise: siehe Bayerische Creme.

Crème patissière: siehe Konditorcreme.

D

Dacquoise: Mit gemahlenen Nüssen oder Mandeln verfeinerte Baisermasse.

Deglasieren (Deglacieren): Siehe Ablöschen.

Degraissieren: Siehe Entfetten.

Dekantieren: Eine Flüssigkeit durch vorsichtiges Abgießen von Trübstoffen und Verunreinigungen befreien, die sich als Bodensatz abgesetzt haben.

Demoulieren: Eine Speise stürzen oder aus der Form lösen.

Dressieren: Eine Masse mit dem Spritzbeutel (Dressiersack) aufspritzen, sei es zur Formgebung oder zu dekorativen Zwecken.

E

Einarbeiten: Eine Beigabe sorgfältig untermischen, bis sie sich vollständig und gleichmäßig mit den anderen Zutaten verbunden hat.

Einfetten: Ein Backblech, eine Backform oder ein Backring mit Fett einstreichen, damit der Teig während des Backvorgangs nicht anhaftet und um das Herauslösen des Gebäcks zu erleichtern.

Einkochen: Flüssigkeit bei starker Hitze verkochen lassen, um eine Zubereitung auf die gewünschte Konsistenz zu bringen und die Aromen zu konzentrieren.

Einschneiden: Gebäck oder Fruchtzubereitungen für eine ansprechende Präsentation mit Einschnitten versehen, sodass ein dekoratives Muster entsteht.

Einweichen: Getrocknete Zutaten wie Dörrobst in Flüssigkeit einlegen, um sie für die Weiterverarbeitung aufzuweichen.

Emincieren: Früchte in möglichst gleichmäßige Scheiben oder Streifen schneiden.

Emulgieren: Zwei eigentlich nicht mischbare Flüssigkeiten, beispielsweise Öl und Wasser, gleichmäßig und mehr oder weniger dauerhaft miteinander vermengen. Dies geschieht häufig durch Zugabe von Ei, da das im Eigelb enthaltene Lecithin ein wirksamer Emulgator ist.

Engraissieren: Siehe Einfetten.

Entfetten: Überschüssiges Fett, das sich auf einer Flüssigkeit absetzt, abschöpfen. Bei geringen Mengen lässt sich das problemlos mit saugfähigem Küchenpapier erledigen. Bei erkalteten Zubereitungen kann man das Fett als erstarrte Schicht ganz einfach abheben.

Entsteinen: Den Stein bestimmter Steinfrüchte wie Kirschen oder Pflaumen mit einem speziellen Werkzeug – dem Entsteiner – herausdrücken.

F

Façonnieren: Einen Teig oder eine Zubereitung in eine besondere Form bringen.

Festonieren: Gebäck oder Kuchen mit einem gezackten oder geriffelten Rand versehen.

Flambieren: Eine warme Süßspeise mit hochprozentigem Alkohol oder Likör übergießen und anzünden.

Foncieren: Eine Kuchenform mit Teig auskleiden und diesen sorgfältig einpassen. Dazu wird der Teig entweder vorher passgenau zurechtgeschnitten oder der überhängende Rand nach dem Auskleiden der Form mit einem Wellholz durch leichten Druck abgetrennt.

Fondant: Schmelzglasur aus Zuckersirup, die häufig eingefärbt oder aromatisiert wird und als Füllmasse oder Überzug für Konfekt und Gebäck dient.

Fraisieren: Einen Teig auf der Arbeitsfläche mit dem Handballen bearbeiten. Ziel des Fraisierens ist eine möglichst gute Bindung der Zutaten, ohne dass die Konsistenz des Teiges gummiartig wird.

Frappieren: Eine Creme, eine Masse oder eine Flüssigkeit rasch herunterkühlen.

Frittieren: Speisen schwimmend in heißem Fett aus- oder fertig backen. Häufig wird das Frittiergut zuvor in Mehl gewendet oder durch einen Teig (zum Beispiel Ausbackteig, Crêpe-Teig oder Brandteig) gezogen, damit es eine knusprige, goldbraune Kruste bekommt.

G

Garnieren: Speisen dekorativ anrichten oder verzieren.

Garziehen: Siehe Pochieren.

Gehen lassen: Das Volumen eines Hefe- oder Sauerteiges durch Fermentation vergrößern (den Teig aufgehen lassen).

Gerinnen: Das Verklumpen oder Ausflocken von Cremes, Sahne und Ganache. Dies kann zum Beispiel unter Einwirkung von Säure geschehen oder durch zu starkes Erhitzen von eihaltigen Zubereitungen (Eiercremes). Auch wenn sich die Bestandteile einer Emulsion wieder voneinander trennen, etwa bei einer Mayonnaise, spricht man von Gerinnen.

Glasieren (Glacieren): Warme oder kalte Süßspeisen sowie Gebäck und Kuchen mit einer dünnen Glasurschicht aus Fruchtgelee, Schokolade, Fondant oder Zuckerguss überziehen, um ihnen Glanz und ein appetitliches Aussehen zu verleihen.

Glatt rühren: Flüssigkeiten oder andere Zutaten in eine Zubereitung einrühren, bis die Masse völlig homogen ist.

Gratinieren: Speisen bei starker Oberhitze im Ofen überbacken, damit sie eine schöne Farbe und eine knusprige Kruste bekommen.

Grenieren: Siehe Gerinnen.

Gummieren: Kleingebäck (Petit Fours) im warmem Zustand mit einer dünnen Schicht geschmolzenem Gummi arabicum überglänzen oder Pralinen vor dem Überziehen mit einer sehr dünnen Schicht Gummi arabicum »grundieren«.

H

Hacken: Zutaten (Mandeln, Haselnüsse, Pistazien, Kräuter, Zitrusschalen) mit einem schweren Küchenmesser oder einem Wiegemesser in sehr feine Stücke zerkleinern.

Haschieren: Siehe Hacken.

Homogenisierung: Ein Verfahren, bei dem die Milch mit hohem Druck durch feine Düsen gepresst wird, um das enthaltene Fett in winzige Partikel zu zerteilen. Diese sind anschließend gleichmäßig und relativ stabil in der Flüssigkeit verteilt, sodass sich der Rahm nicht mehr absetzt.

K

Kaltrühren: Cremes oder Saucen in einem Wasserbad mit Eiswasser so lange rühren, bis sie fast oder ganz erkaltet sind. Das beschleunigt das Abkühlen und unterbindet die Hautbildung.

Kandieren: Früchte, Fruchtschalen oder Nüsse in konzentriertem Zuckersirup garen und ziehen lassen, bis sie vollständig mit Sirup durchzogen sind. Nach dem Abtropfen und Trocknen sind sie mit einer feinen Zuckerkruste umhüllt.

Kannelieren: Zu Dekorzwecken mit einem Riefenschneider parallele Rillen in die Schale von Früchten (Zitronen, Orangen) schneiden. Auch das Zurechtschneiden von ausgerollten Teigstücken mit einem gezackten Teigrädchen nennt man »kannelieren«.

Karamellisieren: Zucker oder Zuckersirup zu Karamell kochen. Darüber hinaus kann Karamellisieren auch bedeuten, Früchte oder Gebäck mit Karamell zu überziehen und überzuckerte oder glasierte Speisen unter dem Backofengrill zu bräunen.

Klären: Sirupe, Fruchtsaucen und Gelees durch Filtrieren oder vorsichtiges Dekantieren von Trübstoffen befreien. Beim Klären von Butter wird die Butter im heißen Wasserbad, ohne zu rühren, zerlassen und abgeschäumt. Dann gießt man das reine Butterfett vorsichtig von der auf den Boden gesunkenen Molke ab.

Kneten: Einen Teig mit den Händen (oder in der Küchenmaschine) bearbeiten und durchwirken, um ihn geschmeidig zu machen und der Struktur Zusammenhalt zu geben. Viele Teige auf Hefebasis, zum Beispiel Brotteige, müssen in jedem Fall geknetet werden, damit sie gleichmäßig aufgehen und beim Backen schön locker werden.

Kolorieren: Eine Speise färben oder ihre Farbe durch ein Färbemittel intensivieren.

Konditorcreme (Crème pâtissière): Eine in der Dessertküche sehr vielseitig verwendete Grundcreme aus Milch, Eiern, Zucker und Vanille, die mit Mehl oder Maisstärke eingedickt und vielfach auch mit Kaffee, Schokolade, Alkoholika oder Fruchtzubereitungen abgewandelt wird. Sie kommt in erster Linie als Füllcreme für Gebäck und Kuchen zum Einsatz (siehe Seite 288).

L

Läuterzucker: Zuckersirup, der aus Zucker und Wasser gewöhnlich im Mischungsverhältnis 1 : 1 gekocht wird. Man verwendet ihn zum Tränken von Backwaren, aber auch als Süßungsmittel, für die Herstellung von Glasuren und zum Garen von Früchten.

M

Marmorieren: Eine Gebäck- oder Dessertoberfläche mit einer marmorähnlichen Maserung versehen. Dazu wird die Oberfläche zunächst mit Fondant oder Gelee glasiert. Dann zeichnet man darauf mit der eingefärbten Glasur mit Hilfe eines Spritztütchens parallele Linien und verstreicht diese in regelmäßigen Abständen mit einer Messerspitze. Das Marmorieren ist eine beliebte Verzierung bei Millefeuille (Tausendblätterkuchen). Bei Schokoladen- oder Ganache-Überzügen lässt sich ein Marmoreffekt erzielen, indem man zwei unterschiedlich gefärbte Überzüge mit einer Palette ineinander verstreicht.

Mazerieren: Frische oder getrocknete Früchte in eine aromatische Flüssigkeit (Likör, Sirup, Wein, Tee etc.) einlegen und einige Zeit ziehen lassen, bis sie gut durchtränkt sind und das Aroma angenommen haben.

Mehlieren: Teig oder Gargut vor der Weiterverarbeitung mit Mehl bestäuben oder eine Form mit Mehl ausstreuen. Auch die Arbeitsfläche wird in der Regel vor dem Auswellen eines Teiges mit Mehl bestäubt.

Meringuieren: Mit Baisermasse (Meringue) überziehen.

Millefeuille: Der klassische Millefeuille aus der französischen Pâtisserie ist ein rechteckiges Blätterteigtörtchen mit Cremefüllung. Mittlerweile wird der Begriff (Millefeuille bedeutet »Tausendblatt«) auch für viele andere geschichtete Gebäck- und Dessertzubereitungen verwendet.

Montieren: Eiweiß, Sahne, Cremes oder eine Zuckermasse mit dem Schneebesen oder dem elektrischen Handrührgerät kräftig aufschlagen, um Luft einzuarbeiten und Volumen zu geben. In der warmen Küche bezeichnet Montieren auch das Binden von Saucen durch Aufschlagen mit eiskalter Butter.

N

Nappage: Französische Bezeichnung für Tortenguss, ein flüssiges Gelee auf Früchtebasis (Aprikose, Erdbeere, Himbeere), mit dem hauptsächlich Obstkuchen, aber auch Babas, Savarins und verschiedene andere Süßspeisen überzogen werden, um ihnen Glanz zu verleihen und sie vor Austrocknung zu schützen.

Nappieren: Eine Speise mit einer Sauce, Coulis oder Creme überziehen, sodass sie vollständig und möglichst gleichmäßig bedeckt ist.

P

Parfait: Eine Eisspeise, die im Gefrierschrank, nicht in der Eismaschine gefroren wird. Die Grundmasse besteht aus Eigelben, Zucker und Sahne und kann mit den unterschiedlichsten Zutaten und Aromabeigaben ergänzt oder abgewandelt werden, zum Beispiel mit Vanille, Zimt, Schokolade, Likör, Kaffee, Früchten, Nüssen und vielem mehr. Da Parfait während des Einfrierens nicht gerührt wird, sind die Eiskristalle gröber, daher ist der Schmelz nicht so zart wie bei Eis aus der Eismaschine.

Parfümieren: Einer Speise durch Zugabe von Gewürzen, Wein oder Alkohol ein besonderes Aroma geben, das den natürlichen Eigengeschmack unterstreicht und ergänzt.

Pariser Creme: Andere Bezeichnung für Ganache, eine feine Füllcreme, die aus Schokolade, Sahne und Butter besteht. Sie kann aus dunkler, heller oder auch weißer Schokolade sein und wird häufig aromatisiert.

Passieren: Flüssigkeiten oder halbfeste Zubereitungen (z. B. Püriertes) durch ein mehr oder weniger feines Sieb gießen oder streichen, um unerwünschte Rückstände (Kerne, Schalen, Fasern) oder Verunreinigungen herauszufiltern.

Patissier: Gewissermaßen der »Süßspeisenkoch« in der Küchenbrigade. Er ist für die Zubereitung von Desserts zuständig. Im Französischen bedeutet Pâtissier auch Konditor.

Pâton: Französische Bezeichnung für den fertig tourierten (getourten) Blätterteig.

Petits Fours: Kleine verzierte Küchlein und Törtchen.

Pikieren: Teigböden mit einer Gabel mehrfach einstechen, damit sie sich während des Backens nicht aufwerfen.

Pilieren: Zutaten im Mörser *(pilon)* zerstampfen, zermahlen oder pulverisieren, zum Beispiel Mandeln oder Haselnüsse.

Pochieren: Früchte in einer Flüssigkeit (Wasser, Sirup) knapp unter dem Siedepunkt gar ziehen.

Pomade: Kalte, halbfeste Butter wird durch kräftiges Rühren oder Schlagen auf eine geschmeidige, salbenähnliche Konsistenz gebracht. »Butter zu Pomade schlagen«.

Pralinieren: Mandeln oder andere Nüsse in Zucker karamellisieren (erster Schritt bei der Herstellung von Praliné-Masse). Auch die Zugabe von Praliné-Masse in eine Creme oder eine andere Zubereitung nennt man zuweilen Pralinieren.

Profiterole: Kleiner, meist mit einer Creme oder Chantilly-Sahne gefüllter Windbeutel.

R

Raspeln: Feste Zutaten mit einer Reibe in grobe Späne oder Streifen zerkleinern (zum Beispiel Obst).

Reduzieren: siehe Einkochen.

Refraichieren: siehe Abschrecken.

Rösten: Nüsse wie Mandeln, Haselnüsse oder Pistazien auf einem Blech ausbreiten und ohne Fettzugabe unter häufigem Wenden im Ofen bräunen. Neben der Farbgebung dient das Rösten auch der Aromabildung.

S

Sabayon: Eine im Wasserbad aufgeschlagene Weinschaumcreme, die als Dessertsauce oder als eigenständige Nachspeise serviert wird. Das klassische Sabayon besteht aus Wein, Zucker und Eigelben. Manchmal werden weitere Aromen zugesetzt oder der Wein durch Rum, Liköre, Kaffee und vieles mehr ersetzt.

Schlagen: Zutaten durch kräftiges Schlagen, zumeist mit einem Schneebesen, gleichmäßig vermengen, um ihnen Struktur und Konsistenz zu verleihen oder um Luft einzuarbeiten und ihnen Volumen zu geben.

Schmelzen: Feste Zutaten oder Fette wie Schokolade oder Butter durch Hitze verflüssigen. Bei empfindlichen Speisen geschieht dies meist im heißen Wasserbad.

Sieben: Mehl, Backpulver, Puderzucker und andere streufähige Zutaten mit einem Sieb filtern, um kleine Verklumpungen aufzuschließen und Fremdkörper zu entfernen.

Sorbet: Eine halb gefrorene Eisspeise auf Früchtebasis (Fruchtsaft, -püree oder -sirup), häufig mit Likör, Wein oder Hochprozentigem aromatisiert, aber ohne Sahne oder andere Milchprodukte.

T

Teig und Masse: In der Bäckerei und Konditorei unterscheidet man je nach Zutaten, Beschaffenheit und Verarbeitungsweise zwischen Teigen und Massen. Während bei Teigen Mehl der Hauptbestandteil ist, bestehen Massen in erster Linie aus Fett, Zucker und Eiern. Der Mehlanteil ist dagegen eher gering. So werden Massen in der Regel gerührt und geschlagen, während man Teige überwiegend durch Kneten oder kombinierte Mischtechniken zubereitet und verarbeitet. Letztere sind relativ fest, elastisch und formbar, Massen sind weicher und oft fließ- und dressierfähig. Typische Teige sind Hefeteig, Blätterteig und Mürbeteig; Beispiele für Massen sind Biskuitmasse, Baisermasse oder Brandmasse.

Tourieren (Touren): Das wiederholte Ausrollen und Zusammenlegen von Blätterteig. Dabei werden der Grundteig und das eingeschlagene Fett zu zahlreichen Lagen aufgeschichtet, die beim Backen aufgehen und dem Gebäck die typische blättrige Struktur geben. Jedes Ausrollen und Zusammenlegen bezeichnet man als »Tour«.

Tränken: Gebäck mit Sirup oder Alkohol benetzen, um dem Teig Substanz und Aroma zu verleihen (Babas, Biskuits etc.).

U

Überglänzen: Speisen durch Auftragen eines Überzugs Glanz verleihen, um sie optisch ansprechender zu machen. Warme Speisen werden häufig mit geklärter Butter überglänzt, für kalte Speisen verwendet man in der Regel Aspik, das kurz vor dem Stocken mit dem Pinsel aufgetragen wird. Bei Gebäck und bestimmten Süßspeisen sorgen Fruchtgelees und Zuckerglasuren für den Glanz (siehe auch »Glasieren«).

Unterheben: Besonders empfindliche Massen wie Eischnee oder geschlagene Sahne möglichst vorsichtig einarbeiten. Dies geht am besten mit einem biegsamen Spatel oder einem Schneebesen. Bearbeitet man die Masse zu stark, entweicht die darin eingeschlossene Luft wieder und die Mousse oder Creme verliert ihre lockere, luftige Konsistenz. Man spricht auch von Unterziehen.

V

Vorteig: Bei Hefeteigen wird vor der eigentlichen Teigbereitung häufig aus Mehl, Hefe und Wasser ein Vorteig angesetzt, den man einige Stunden (bei Brotteigen auch Tage) fermentieren lässt. Erst dann werden die restlichen Zutaten beigemischt. Mit einem Vorteig zubereitete Backwaren werden besonders locker und aromatisch. Bei Sauerteigbroten nennt man den Vorteig auch »Starter«.

Z

Zeste: Die mit einem Sparschäler, einem Juliennereißer oder einem speziellen Zesteur dünn abgeschälte Schale von Zitrusfrüchten. Es wird grundsätzlich nur die Zeste von unbehandelten Früchten (ungespritzt und ungewachst) verwendet.

Ziselieren: Siehe Einschneiden.

Zuckerkonzentration: Die Konzentration einer Zuckerlösung lässt sich mit einer Zuckerwaage messen, die je nach Dichte der Flüssigkeit mehr oder weniger tief einsinkt. Traditionelle Zuckerwaagen geben die Konzentration noch in °Baumé an, moderne Dichtemesser messen die Konzentration in Gramm pro Liter (g/l).

Zur Rose abziehen: Eine Eiercreme im heißen Wasserbad unter Rühren langsam erhitzen, bis sie eindickt. Dies geschieht bei etwa 80–85 °C. Zur Kontrolle lässt man die Creme über den Löffelrücken laufen und bläst darüber. Bilden sich Wellen, die an eine Rose erinnern, hat die Creme die richtige Konsistenz erreicht. Wird sie weiter erhitzt, gerinnt sie.

Bibliografie

Allgemeines und Geschichte

Bailleux, Nathalie, Gabriele Krüger-Wirrer: Das Buch der Schokolade. München: Heyne 1996.

Beckett, Stephen T.: Moderne Schokoladentechnologie. Rohstoffe, Verfahrenstechnik, Qualitätskontrolle, Industrial chocolate manufacture and use (deutsche Ausg.) Hamburg: Behr 1990.

Beckett, Stephen T.: The science of chocolate. Cambridge: Royal Soc. of Chemistry 2000.

Brillat-Savarin, Physiologie du goût. Paris: Librairie G. Adam, 1948.

Camporesi, Piero: Le goût du chocolat. Paris: Grasset 1992.

Chocolat, de la boisson élitaire au bâton populaire, XVIe–XXe siècle, éd. M. Van Nieuwenhuize. Bruxelles 1996.

Clayrence-Smith, William G.: Cocoa and chocolate, 1765–1914. London: Routledge 2000.

Cluizel, Michel: Chocolatrium. Damville, Ad Litteram Éditions 2002.

Cocoa-Research Unit. The University of the West Indies (ed.). Annual report 1998, St. Augustine, Trinidad et Tobago.

Coe, Sophie D., Michael D. Coe: Die wahre Geschichte der Schokolade. Frankfurt: Fischer 1997.

Cros, Émile, Sandrine Charliau, Nathalie Jeanjean: Post-Harvest Processing. Keystep in Cocoa Quality, 2nd international symposium on confectionery science, Pennstt University, 14–16 nov. 1999.

Dickhaut, Sebastian: Schokolade: rund um das »süße Laster« – von der Kakaobohne bis zur Schokoladentorte: Warenkunde, Küchentechnik und verführerische Rezepte. München: Gräfe und Unzer 1998.

Dillinger, Teresa L. (u. a.): Food of the gods. Cure for humanity? A cultural history of the medicinal and ritual use of chocolate. Veröffentlicht im Anhang von »The Journal of Nutrition«. 2000.

Franklin, Alfred: La vie privée d'autrefois. Paris: Plon 1893.

Gay, Jutta, Alejandro Wilbrand, Christopher Wilbrand: Schokolade – ein Genuss. Gräfe & Unzer 2006.

Graf, Roland: Adeliger Luxus und städtische Armut. Turia & Kant 2006.

Harwich, Nikita: Histoire du chocolat. Paris: Desjonquères, 1992.

Labat, Jean-Baptiste: Les Nouveaux Voyages aux Îles de l'Amérique. Paris: Pierre-François Giffart 1722.

Landa, Diego de: Relation des choses du Yucatán. Paris: A. Bertrand 1864.

Lemmer, Manfred (Hrsg.): Jean Anthelme Brillat-Savarin. Physiologie des Geschmacks oder physiologische Anleitung zum Studium der Tafelgenüsse. Reprod. d. Ausg. Braunschweig 1865. Leipzig: Koehler & Amelang 1983.

MacFadden, Christine: Schokolade – der zarte Genuss; faszinierende Geschichte, köstliche Vielfalt, verführerische Rezepte. Augsburg: Bechtermünz 1997.

Mangin, Arthur: Le Cacao et le chocolat, Paris: Guillaumin et Cie, Libraires 1860.

Menninger, Annerose: Genuss im kulturellen Wandel. Tabak, Kaffee, Tee und Schokolade in Europa (16.–19. Jahrhundert), 488 S. (Beiträge zur Wirtschafts- und Sozialgeschichte; 102). Stuttgart: Steiner 2004.

Mohr, Harald: Der sinnliche Chocolatier. Feinstes Naschwerk für Genuss-Süchtige – In: Kultur-Journal Mittelthüringen, Bd. 2 (2005), 6.

Motamayor, Risterucci, Lopez, Ortiz, Moreno, Lanaud: Cacao Domestication I. The Origin of the cacao cultivated by the Mayas, Heredity, Nature publishing group, 2002.

Müller, Wolf: Seltsame Frucht Kakao; Geschichte des Kakaos und der Schokolade. Hamburg: Gordian-Rieck 1957.

Popol Vuh. Das Buch des Rates. Mythos und Geschichte der Maya. Aus dem Quiché übertragen und erläutert von Wolfgang Cordan. 9. Aufl. München: Diederichs 1995.

Richart, Michel: Chocolat mon amour. Paris: Somogy Éditions d'Art 2001.

Roder, Hartmut: Schokolade: Geschichte, Geschäft und Genuss. Bremen: Edition Temmen 2002.

Roret, Manuels: Confiseur et chocolatier, Paris: Éditions Charles Moreau 1892.

Schiedlausky, Günther: Tee, Kaffee, Schokolade – ihr Eintritt in die europäische Gesellschaft. München: Prestel 1961.

Steinle, Robert Fin: Schokolade – Nahrungsmittel oder Pausenfüller? Dettelbach: Röll 2004.

Stubbe, Henry: The Indian Nectar, or, a Discourse Concerning Chocolata, the Nature of the Cacao-Nut and the Other Ingredients of that Composition Is Examined and Stated According to the Judgement and Experience of Indian and Spanish Writers. J. C. for Andrew Crook, London 1662.

Terrio, Susan J.: Crafting the culture and history of French chocolate. Berkeley: University of California Press 2000.

Thill, Angelika: Kunst in Schokolade [Hrsg.] Gesellschaft für Moderne Kunst <Köln> Ausstellung Museum Ludwig und Imhoff-Stollwerck-Museum, Köln, 17. März – 19. Juni 2005. Hatje-Cantz 2005.

Richtlinien und Verordnungen

Richtlinie 2000/36/EG des Europäischen Parlaments und des Rates vom 23. Juni 2000 über Kakao- und Schokoladeerzeugnisse für die menschliche Ernährung.

Amtsblatt Nr. L 197 vom 03/08/2000 S. 0019 – 0025.

Directive 2000/36 du 23 juin 2000 relative aux produits de cacao et de chocolat destinés à l'alimentation humaine (Journal officiel n° L 197 du 03/08/2000).

Décret n° 2003–702 du 29 juillet 2003 sur la répression des fraudes dans la vente des marchandises et des falsifications des denrées alimentaires en ce qui concerne les produits de cacao et de chocolat destinés à l'alimentation humaine (Journal officiel n° 2003–31 du 01/08/2003).

Schokolade und Gesundheit

Denis Richard, Jean-Louis Senon: Dictionnaire des drogues, des toxicomanies et des dépendances. Paris: Larousse-Bordas 1999.

Knight, Ian: Chocolate and cocoa – health and nutrition. Malden, MA: Blackwell Science [u. a.] 1999.

Montignac, Michel: Gesund mit Schokolade. Offenburg: Artulen-Verlag 1996.

Robert, H.: Les vertus thérapeutiques du chocolat, Paris: Éditions Artulen 1990.

Schuhmacher, Ulrike: Das Thema »Schokolade« als exemplarisches Beispiel im Hinblick auf Medien und Konsum, Leben und Gesundheit. Freiburg 1998.

Theophilotechnus: Vier Sonderbare und allgemeine Gesundheits-Mittel: Wordurch Allen und jeden Kranckheiten vorzukom[m]en/ bey Weibs und Manns-Persohnen/ auch selbige der mehrere Theil können curiert werden. Oder Ausführliche Beschreibung/ Ursprung/ Praeparierung ... des Chineser-Thee, Türckischen Coffe, Spanischen Chocolatho, und Teutschen Taback. Augspurg: Stretter 1699.

Rezepte

Bernachon, Maurice et Jean-Jacques: La Passion du chocolat. Paris: Flammarion 1985.

Collister, Linda, Brigdal, Martin, Heßmann, Gabriele: Lust auf Schokolade. Verführerische Kuchen, Kekse & Desserts. Münster: Hölker 2006.

Deseine, Trish: Je veux du chocolat! Paris: Marabout 2002.

Hermé, Pierre et Dorie Greenspan: Mes desserts au chocolat. Paris: Agnès Vienot 2002.

Hermé, Pierre: Chocolate Desserts.Little,Brown & Co. 2001.

Hermé, Pierre: Die Patisserie von Pierre Hermé. Fotos: Stefan Christiansen. Stuttgart: Matthaes Verlag 2004.

Hermé, Pierre: Larousse des desserts. Paris: Larousse 1997. (Neuaufl. 2002).

Hermé, Pierre: Plaisirs sucrés, Hachette 1997.

Lefort, Yannick: La Journée chocolat. Paris: Hachette 1996.

Lenôtre, Gaston: Das große Buch der Patisserie. Die besten Rezepte vom König der Feinbäcker. Düsseldorf: Econ 1978.

Linxe, Robert, Michèle Carles, Christine Fleurent: La Maison du chocolat. Paris: Chêne 2000.

Lousada, Patricia: Schokolade. 100 unentbehrliche Rezepte. München: Christian Verlag 1998.

Roux, Michel: Desserts, meine Leidenschaft. München: Christian Verlag 1995.

Quellen für die Zitate

Asturias, Miguel Angel: Hommes de maïs. Paris: Albin Michel 1970.

Bianu, Z., Luis Mizon: Eldorado, Poèmes et chants des Indiens précolombiens. Paris: Seuil 1999.

Colette, Sidonie Gabrielle: Claudine s'en va. Paris: Michel 1975.

Dahl, Roald: Charlie und die Schokoladenfabrik. Hamburg: Warner Bros. Entertainment Inc. 2005.

Daudet, Alphonse: Les Aventures prodigieuses de Tartarin de Tarascon. Paris: Librio 2004.

García Márquez, Gabriel: Von der Liebe und anderen Dämonen. Frankfurt: Fischer Taschenbuch Verlag 2004.

Harris, Joan: Chocolat. Paris: J'ai Lu 2002.

Humboldt, Alexander von: Von Mexiko Stadt nach Veracruz. Tagebuch. Hrsg.von Ulrike Leitner. Berlin: Akademie Verlag 2005.

James Joyce: Ulysses (dt. Ausg.) Frankfurt: Suhrkamp 1981.

Joyce, James: Ulysse. Penguin Books 1982.

Leon-Portilla, M. et B. Leander: Anthologie nahuatl. Paris: L'Harmattan/Éditions UNESCO 1996.

Mann, Thomas: Buddenbrooks. Verfall einer Familie. Frankfurt: Fischer Taschenbuch Verlag 2004.

Proust, Marcel: Auf der Suche nach der verlorenen Zeit. Dt. von Eva Rechel-Mertens. [Taschenbuchausg. in 3 Bd.] Frankfurt: Suhrkamp 2003.

Proust, Marcel: À la recherche du temps perdu. Paris: Gallimard, »La Pléiade« 1954.

Stendhal, M. Henri: La Chartreuse de Parme. Classiques Garnier 1950.

Turgan, Julien: Usine de Noisiel: fabrique du chocolat Menier. Paris: M. Lévy frères 1860.

Villars, Marie de: Lettres à Madame de Coulanges. Paris: Plon 1868.

Alphabetisches Verzeichnis der Rezepte

Hier finden Sie sämtliche Rezepte in alphabetischer Reihenfolge. Einfache Zubereitungen, die auch Anfängern gelingen, sind mit gekennzeichnet. Die *kursiv* gedruckten Seitenzahlen beziehen sich auf Abbildungen zu den Rezepten.

A

B

C

D

E

F

G

H

J

K

M

N

O

P

R

S

Verzeichnis der Rezepte nach Zutaten

In diesem Register sind die Rezepte nach den Zutaten geordnet, die bei einer Zubereitung eine Hauptrolle spielen oder für ein charakteristisches Aroma sorgen. Einfache, auch für Anfänger geeignete Rezepte, sind mit ✎ gekennzeichnet. Die *kursiv* gedruckten Seitenzahlen beziehen sich auf Abbildungen zu den Rezepten.

T

Zitronensirup

Verzeichnis der Grundrezepte

Hier sind sämtliche Basisrezepte und Grundtechniken in alphabetischer Reihenfolge aufgelistet. Die technisch anspruchsvolleren Zubereitungen und Handgriffe, die etwas Übung verlangen, sind mit einem Stern ★ gekennzeichnet. Bei Arbeiten, die mit Bildfolgen illustriert werden, sind die Seitenangaben kursiv gedruckt.

Verzeichnis der Rezepte bekannter Patissiers

In diesem Verzeichnis finden Sie die Beiträge aller namhaften Persönlichkeiten, die als »Gast-Autoren« an diesem Buch mitgewirkt haben (Patissiers, Chocolatiers, Köche, Kochbuchautoren ...). Die einfachen, auch für Anfänger geeigneten Rezepte sind mit einer Eistüte versehen. Die *kursiv* gedruckten Seitenzahlen beziehen sich auf Abbildungen zu den Rezepten.

Patissiers und Chocolatiers, die dem Verband »Relais Desserts« angehören

Fotonachweis

Foodfotos, Stepfotos und Aufmacherseiten
Photographies de Nicolas Bertherat ©Coll. Larousse
Styling der **Food- und Stepfotos:** Sabine Paris
Aufmacherseiten: Coco Jobard
ausgenommen:
S. 292, 300-301: Studio Vezelay ©Coll. Larousse
S. 285, 288, 294, 295, 298, 299, 306: G + S Photographie ©Coll. Larousse

Fotos der Geräte und Produkte
Photographies d'Olivier Ploton ©Coll. Larousse
ausgenommen:
S. 23 u., 310, 311 o., 311 o. M., 311 m u., 312, 313 o. M., 313 M. l., 313 M. r., 313 u. l., 313 u. r., 314 o., 321 u. l., 321 u. M., 321 u. r.: G+S photographie ©Coll. Larousse
S. 39: Nicolas Bertherat ©Coll. Larousse

Weitere Fotografien
Seite 12 ©AKG – S. 14 ©Dagli Orti – S. 15 r. ©Werner Forman/AKG – S. 16 ©AKG – S. 17 Ph. Coll. Archives Larousse – S. 18 u. l. ©R. G. Ojeda/RMN – S. 18 u. M. ©R. G. Ojeda/RMN – S. 18 u. r. Coll. Chantal du Chouchet, ph. Olivier Ploton ©Archives Larousse – S. 19 Ph. Hubert Josse ©Archives Larbor – S. 20 Ph. Olivier Ploton ©Archives Larousse – S. 21 ©Toshifumi Kitamura-STF/AFP – S. 22 ©Archives Larousse – S. 23 o. l. ©Jacques Brun/Jacana/Hoa-Qui – S. 23 o. M. ©V. Tibère – S. 23 o. r. ©Bruno Morandi/Age/Hoa-Qui – S. 24 ©AKG – S. 25 ©Dario Novellino/Nature Pl/Jacana – S. 27 ©Lydie/Sipa – S. 29 ©J.L. Lenee/Hoa-Qui – S. 30 o. l. ©Boyer/Roger-Viollet – S. 30 o. r. ©Boyer/Roger-Viollet – S. 30 u. r. ©Collection Roger-Viollet – S. 31 ©Boyer/Roger-Viollet – S. 33 l. ©Bianchetti/Leemage – S. 33 2. v. l. Coll. privée ©Bianchetti/Leemage – S. 33 M. Henriet Biarritz ©Patrick Tohier/Photomobile – S. 33 4. v. l. Henriet Biarritz ©Patrick Tohier/Photomobile – S. 33 r. Henriet Biarritz ©Patrick Tohier/Photomobile – S. 35 ©Selva/Leemage – S. 37 r. ©Collection Kharbine-Tapabor – S. 38 ©Collection Christophe L – S. 43 o. ©DR Morley Read/Science Photo Library/ Cosmos – S. 51 o. ©Collection Kharbine-Tapabor – S. 51 u. Ph. Jean-Loup Charmet ©Archives Larbor – S. 52 ©Collection Yli/ Sipa/DR – S. 53 ©The Advertising Archive – S. 54 ©Jérôme Bilic/Stockfood/Studio X – S. 308 ©Yves Bagros/Sucré Salé.

Sabine Paris dankt für die freundliche Zusammenarbeit: Les marques du groupe ARC INTERNATIONAL (Luminarc, Salviati – Tel.: 0810810759 – Arc International, 41 avenue du Général-de-Gaulle, 62510 Arques) – Blues Leaves – Bosch (Tel.: 0892698010) – La Compagnie Zanzibar (Tel.: 0553039889 – 7 rue Saint-Front, 24000 Périgueux) – J. Louis Coquet (Tel.: 0555560828 – Avenue de Limoges, 87400 Saint-Léonard-de-Noblat) – CMO Tissu (Tel.: 0140204598 – 5 rue Chabanais, 75002 Paris) – Cristel (Tel.: 0381961752 – liste des points de vente sur demande) – La Forge Subtile (Tel.: 0140510930 – 3 rue Henry de Jouvenel, 75006 Paris) – Himla (Tel.: 0147080388 – en vente au Bon Marché, 24 rue de Sèvres, 75007 Paris) – Jars céramistes (Tel.: 0475316831 – quartier Rapon, 26140 Anneyron) – Jaune de Chrome (Tel.: 0140469920 – 13 rue des Quatre-Vents, 75006 Paris) – Corinne Jausserand (Tel.: 0603405004) – Médard de Noblat (Tel.: 0555753022 – 177, rue Émile-Dourdet, 87400 Sauviat-sur-Vige) – Mora (Tel.: 0145081924 – 13 rue Montmartre, 75001 Paris) – Revol (Tel.: 0475039999 – en vente au BHV Rivoli, 14 rue du Temple, 75001 Paris) – Rösle (Tel.: 0385255050 – en vente à la Boutique Émile Henry, Zone industrielle, 71110 Marcigny) – Sabre (Tel.: 0144073764 – 4 rue des Quatre-Vents, 75006 Paris) – A. Turpault (Tel.: 0320440737 – en vente aux boutiques Elve, 301 rue de Bourgogne, 45000 Orléans et 17 Galerie des Grands-Hommes, 33000 Bordeaux).

Coco Jobard dankt für die freundliche Zusammenarbeit: Christofle (Tel.: 0149334366 – 9 rue Royale, 75008 Paris) – Flamant (Tel.: 0156811240 – 8 rue de Fürstenberg / 8 rue de l'Abbaye, 75006 Paris) – Marie-Papier (Tel.: 0143216320 – 26 rue Vavin, 75006 Paris) – Papeterie Trait (Tel.: 0143252824 – 35 rue de Jussieu, 75005 Paris) – Siècle (Tel.: 0147034803 – 24 rue du Bac, 75007 Paris).

Der Verlag dankt Culinarion (Tel.: 01 45 48 94 76 – 99 rue de Rennes, 75006 Paris) für die freundliche Zusammenarbeit.